OEUVRES COMPLÈTES

DE

MOLIÈRE

NOUVELLE ÉDITION AUGMENTÉE D'UNE VIE DE MOLIÈRE

ET DE NOTICES SUR CHAQUE PIÈCE

PAR ÉMILE DE LA BÉDOLLIÈRE

PREMIÈRE PARTIE

PARIS
GUSTAVE BARBA, ÉDITEUR
31 — RUE DE SEINE — 31

OEUVRES COMPLÈTES

DE

MOLIÈRE

I

PARIS, TYPOGRAPHIE PLON FRÈRES, RUE DE VAUGIRARD, 36.

OEUVRES COMPLÈTES

DE

MOLIÈRE

NOUVELLE ÉDITION AUGMENTÉE D'UNE VIE DE MOLIÈRE

ET DE NOTICES SUR CHAQUE PIÈCE.

PAR ÉMILE DE LA BÉDOLLIÈRE

PREMIÈRE PARTIE.

PARIS

GUSTAVE BARBA, ÉDITEUR

31 — RUE DE SEINE — 31

VIE DE MOLIÈRE

« Quel est le meilleur auteur de mon temps? demandait Louis XIV à Racine. — Sire, c'est Molière, répondit sans hésitation le poëte tragique. — Je ne le croyais pas, dit le roi, mais vous vous y connaissez mieux que moi. »

Boileau rendait le même hommage à Molière, disant : « Je ne lui connais point de supérieur pour l'esprit et pour le naturel. Ce grand homme l'emporte de beaucoup sur Corneille, sur Racine et sur moi. Car, ajoutait-il en riant, il faut bien que je me mette de la partie. »

La postérité a ratifié le jugement que portaient sur Molière ses plus illustres contemporains. Aucun de nos écrivains n'est plus universellement admiré. Lisez les *Trois Siècles* de Sabbathier de Castres, les *Mémoires* de Palissot, les *Observations sur la comédie* de Riccoboni, l'*Art de la comédie* et les *Études sur Molière* de Cailhava, les *Histoires du théâtre* des frères François et Claude Parfait, du chevalier de Mouhy, de Beauchamp, du duc de la Vallière, de M. H. Lucas; les *Cours de littérature* de La Harpe, de Batteux, de Marmontel, de Villemain, de Saint-Marc Girardin; les *Siècles littéraires* de Desessart, les biographies spéciales de Charles Perrault, de Grimarest, de La Serre, de Voltaire, d'Auger, de J. Taschereau; tous exaltent, encensent, idolâtrent le plus illustre des poëtes comiques. Il a été loué sur tous les tons en prose et en vers, comme dramaturge et comme philosophe; il n'a manqué d'honneurs ni de son vivant ni après sa mort.

Le 13 brumaire an VIII (4 novembre 1799), M. Alexandre Lenoir, architecte, conservateur des monuments français, assisté de Cailhava et de La Porte, fils d'un souffleur de la Comédie-Française, apposa sur une maison de la rue de la Tonnellerie cette inscription : *J.-B. Poquelin de Molière est né en cette maison en* 1620. L'habitation a été reconstruite, mais l'on y a scrupuleusement conservé le buste de Molière avec ces mots : *J.-B. Poquelin Molière. Cette maison a été bâtie sur l'emplacement où il naquit l'an* 1620.

C'est une double erreur. Molière ne naquit pas en 1620, et son père n'habitait pas la rue de la Tonnellerie. Divers actes authentiques, découverts par de patients investigateurs, permettent de préciser tous les faits relatifs à Molière. On a relevé sur les registres de l'église Saint-Eustache l'acte des fiançailles et du mariage de ses parents, à la date du 25 et du 26 avril 1621, et son acte de baptême, qui est conçu en ces termes :

« Du samedi 15 janvier 1622, fut baptisé Jean, fils de Jean Pouquelin, tapissier, et de Marie Cressé, sa femme, demeurant rue Saint-Honoré, le parrain Jean Pouquelin, porteur de grains, la marraine, Denise les Cacheux, veuve de feu Sébastien Asselin, vivant marchand tapissier. »

Comme il était d'usage, lorsqu'un enfant était présenté à l'église un ou plusieurs jours après sa naissance, d'indiquer cette circonstance sur les registres, il est hors de doute que Jean Poquelin vint au monde le matin du 15 janvier 1622. Son véritable nom, mal orthographié par le scribe de la paroisse, se retrouve dans un catalogue manuscrit contenant les noms des propriétaires et des principaux locataires de plusieurs maisons de la rue Saint-Honoré.

« Année 1637, maison où pend pour enseigne le *Pavillon de Cinges*, appartenant à M. Moreau, et occupée par le sieur J. Pocquelin, maître tapissier. Elle consiste en un corps d'hôtel, boutique et cour faisant le coin de la rue des Estuvées, taxée à 8 livres. »

Par un contrat passé le 27 septembre 1668 devant maître Levasseur, notaire au Châtelet, *la maison des Cinges, au coin de la rue des Vieilles Étuves* est vendue moyennant 32,000 livres, à la charge par l'acquéreur d'entretenir le bail fait à J. Pocquelin, marchand tapissier.

Cette maison est aujourd'hui détruite; une partie de son emplacement a été utilisé pour l'élargissement de la rue des Vieilles-Etuves, et sur l'autre s'est élevée une maison nouvelle, qui donne à la fois dans cette rue et dans la rue Saint-Honoré. Le vieux poteau cornier, qui représentait les singes échelonnés sur un pommier, avait été transporté au musée des monuments français, et l'on ignore ce qu'il est devenu depuis la dispersion des richesses de cette collection.

Le père de Molière eut plus tard une habitation aux halles de Paris; mais au lieu d'être située rue de la Tonnellerie, elle se trouvait du côté opposé, sous les Petits-Piliers ou Piliers d'Etain, en face de la fontaine du Pilori, qu'alimentaient les eaux de l'aqueduc des Prés-Saint-Gervais. Cette position topographique est indiquée par l'acte de décès suivant : « Mercredi 27 février 1669, service complet; assistance de M. le curé; quatre prêtres porteurs pour défunt Jean Poquelin, tapissier valet de chambre du roi, bourgeois de Paris, demeurant sous les piliers des Halles, devant la fontaine, a été inhumé dans notre église (Saint-Eustache). »

Le père et le grand-père de Molière étaient tapissiers et valets de chambre du roi. Cinq de ses parents avaient été juges-consuls de la ville de Paris depuis 1547 jusqu'en 1585. Cette juridiction, qui donna naissance au tribunal de commerce, avait été créée par Charles IX. Les magistrats en étaient tirés des six corps, des marchands drapiers, épiciers, apothicaires, merciers, pelletiers, orfévres et bonnetiers, et tous les commerçants un peu notables avaient l'ambition d'en faire partie. Le père de Molière rêva pour son fils les honneurs du consulat, et le vouant à vendre ou à poser des tapis, il se contenta pour toute éducation de lui apprendre l'écriture, la lecture et les quatre règles. L'intelligence de Molière aurait pu s'étioler faute de soins et de développements, sans l'intervention de son grand-père qui aimait passionnément le théâtre, et conduisait souvent son petit-fils à l'hôtel de Bourgogne, situé dans la rue Mauconseil, et occupé par les meilleurs comédiens du temps. On y remarquait entre autres Hugues Quéru, dit Gaultier-Garguille; Robert Guérin, dit Gros-Guillaume; Henri Legrand, dit Turlupin; et, dans un genre plus relevé, Pierre le Messier, dit Belle-Rose, qui jouait les héros de Corneille.

Le tapissier, qui destinait son fils à la survivance de sa charge et de sa boutique, vit avec déplaisir qu'on l'habituait à la dissipation en le conduisant sans cesse au spectacle. « Avez-vous donc envie d'en faire un comédien? disait-il un jour à l'aïeul. — Plût à Dieu, s'écria celui-ci, qu'il fût aussi bon comédien que Belle-Rose! »

Peu à peu les idées de l'enfant s'élargirent. Il entrevit une autre sphère que celle où on voulait le laisser végéter, et demanda à étudier. Il avait quatorze ans lorsqu'il lui fut permis d'entrer au collége que les jésuites avaient fondé en 1564, dans la rue Saint-Jacques, sous le nom de collége de Clermont de la Société de Jésus. Il ne fallut que cinq ans au jeune homme pour faire toutes ses classes y compris la philosophie. Il eut pour professeur Pierre Gassendi, astronome et philosophe, qui avait ressuscité les doctrines mal appréciées d'Epicure pour les opposer à celle d'Aristote. Molière s'enthousiasma du livre *De Naturâ rerum* de l'épicurien Lucrèce, et en commença même une traduction en vers qui fut son premier essai littéraire. Il la disposa plus tard pour l'impression; mais un domestique prit par mégarde un cahier de cette traduction pour faire des papillotes, et Molière, qui était assez irritable, jeta le reste au feu dans un accès de mauvaise humeur. Il ne nous reste de son œuvre que la charmante tirade que débite Eliante à la fin de la scène v de l'acte II du *Misanthrope*. Par une assez heureuse innovation, le jeune Poquelin avait rendu en prose tout l'argumentation philosophique, et en vers les magnifiques descriptions dont le poëme de Lucrèce est enrichi.

Au nombre des condisciples de Molière étaient des jeunes gens qui devinrent plus tard des hommes distingués, tels que le prince de Conti, François Bernier, qui donna le premier des renseignements exacts sur l'Indoustan; Cyrano de Bergerac, le facétieux auteur du *Voyage dans la lune*; Jean Hesnault, connu par le sonnet de l'*Avorton*, et L'Huillier-Chapelle, écrivain facile, causeur aimable, qui dut sa renommée moins aux grâces négligées de ses écrits qu'aux brillantes saillies de sa conversation.

Au moment où Molière terminait ses études et où il se préparait à suivre désormais ses penchants, il fut obligé de suivre le roi Louis XIII dans le Midi. Son père, retenu à Paris par les affaires commerciales, était dans l'impossibilité de remplir les fonctions de valet de chambre, et il fallut que celui qui devait avoir sa survivance le remplaçât auprès du monarque. Cette excursion dut développer le génie de Poquelin. Il vit Perpignan repris sur les Espagnols, et Richelieu presque mourant ranimant toute son énergie pour déjouer la conspiration de Cinq-Mars. De retour à Paris, Molière paraît avoir songé à se faire avocat, si l'on en croit un passage d'*Elomire*, ou les *Médecins vengés*, comédie publiée en 1670 par le Boulanger de Chalussay.

> En quarante et quelque peu devant,
> Je sortis du collége, et j'en sortis savant;
> Puis venant d'Orléans, où je pris mes licences,
> Je me fis avocat au retour des vacances;
> Je suivis le barreau pendant cinq ou six mois,
> Où j'appris à plein fond l'ordonnance et les lois.
> Mais, quelque temps après, me voyant sans pratique,
> Je quittai là Cujas, et je lui fis la nique.
> Me voyant sans emploi, je songe où je pouvais
> Bien servir mon pays des talents que j'avais;
> Mais ne voyant point où que dans la comédie,
> Pour quoi je me sentais un merveilleux génie,
> Je formai le dessein de faire en ce métier
> Ce qu'on n'avait point vu depuis un siècle entier,
> C'est-à-dire, en un mot, ces fameuses merveilles
> Dont je charme aujourd'hui les yeux et les oreilles.

Tallemant des Réaux prétend au contraire que Molière fut destiné à l'état ecclésiastique, et il termine ainsi une revue des comédiens en 1656 : « Il faut finir par la Béjart. Je ne l'ai jamais vue, mais on dit que c'est la meilleure actrice de toutes. Elle est dans une troupe de campagne. Elle a joué à Paris, mais ç'a été dans une troisième troupe qui n'y fut que quelque temps. Un garçon, nommé Molière, quitta les bancs de la Sorbonne pour la suivre. Il en fut longtemps amoureux, donnait des avis à la troupe, et enfin s'en mit et l'épousa. Il a fait des pièces où il y a de l'esprit; mais ce n'est pas un merveilleux acteur, si ce n'est pour le ridicule. Il n'y a que sa troupe qui joue ses pièces. Elles sont comiques. « Tallemant des Réaux confond Madeleine Béjart avec sa jeune sœur, Armande-Grésinde-Claire-Elisabeth Béjart; mais il est possible que l'amour pour une actrice quelconque ait été la cause déterminante qui lança Poquelin sur la scène. Abandonnant brusquement la jurisprudence ou la théologie, il entra dans une troupe d'amateurs qui s'intitulait audacieusement *l'Illustre théâtre*. Les membres de cette association donnèrent successivement des représentations dans la rue Mazarine, près des fossés de la porte de Nesle, puis au port Saint-Paul, et enfin dans le jeu de paume de la Croix-Blanche, rue de Bussy, faubourg Saint-Germain. Il existe une tragédie de Jean Magnon, Mâconnais, dont le titre porte *Artaxerce*, tragédie dédiée à monseigneur de Chaudenier, abbé de Citeaux, et représentée par *l'Illustre théâtre*. Paris, Cardin Besongne, in-4º.

En apprenant que son fils s'était fait *histrion*, le père Poquelin fut au désespoir. Il mit en avant des amis qui firent auprès du jeune homme des démarches aussi réitérées qu'infructueuses. Perrault raconte dans ses *Hommes illustres* qu'au nombre de ces ambassadeurs fut un maître d'école chez lequel Jean-Baptiste Poquelin avait commencé son éducation. Ce brave homme lui fit une harangue des plus éloquentes pour le déterminer à ne pas monter sur les planches. Mais Molière, dans sa réplique, dépeignit avec tant d'énergie les charmes de la vie comique, que le pédagogue résolut de la suivre et devint le docteur de la troupe. Ce serait pour lui, dit-on, que Molière aurait composé ses premiers essais, le *Maître d'école*, le *Docteur amoureux* et les *Trois Docteurs rivaux*. Tout ce que la famille consulaire des Poquelins put obtenir de son indigne héritier, ce fut qu'il ne déshonorerait pas le nom glorieux de ses ancêtres : il adopta le pseudonyme de Molière. Où le prit-il? c'est ce que l'on ignore. Peut-être découvrit-il ce nom euphonique dans une de ses pérégrinations. Car il y a plusieurs localités appelées Molière, et il est à remarquer qu'elles sont situées dans le Midi, où notre auteur s'essaya. On connaissait déjà un écrivain de ce nom, François de Molière, qui avait publié avec succès, en 1620 et 1632, trois romans, la *Semaine amoureuse*, le *Mépris de la cour* et la *Polyxène*.

Molière, en adoptant un pseudonyme, suivit l'exemple de la plupart des acteurs de son temps. Plus libre après cette transformation, il se donna tout entier à des études dramatiques et prit des leçons de Tiberio Fiurelli, dit *Scaramouche*. Cet acteur célèbre faisait alors partie de la troupe italienne que le cardinal Mazarin avait appelée à Paris en 1659, et il jouait à l'hôtel de Bourgogne. Les Mémoires de Dangeau portent à la date du 17 février 1685 : « On nous apprit la mort de Scaramouche, le meilleur comédien qui ait jamais été ; il jouait sans masque, et quoiqu'il eût plus de quatre-vingts ans il était encore fort bon acteur. » Les relations qu'il eut avec Molière sont indiquées au bas de son portrait par les vers suivants :

> Cet illustre comédien
> De son art traça la carrière ;
> Il fut le maître de Molière,
> Et la nature fut le sien.

La troupe dans laquelle entra Molière avait pour directeur Béjart l'aîné, homme assez distingué, qui s'occupait d'art héraldique à ses moments de loisir, et qui a laissé un ouvrage intitulé *Recueil des titres, qualités, blasons et armoiries des prélats et barons des états du Languedoc tenus en* 1654. Béjart avait pour coadjuteur son frère, qui jouait les valets ; sa sœur Madeleine Béjart, Duparc, surnommé Gros-René, et Ragueneau, pâtissier de la rue Saint-Honoré, que l'amour des beaux-arts détournait de sa profession. Cette association, qui n'avait pu se faire remarquer à Paris, prit le parti d'émigrer, en 1645, et passa plusieurs années à errer de ville en ville. Elle fut favorablement accueillie à Bordeaux par le duc d'Epernon, gouverneur de la Guyenne. Elle se trouvait à Nantes en 1648 ; et on lit sur les registres de la municipalité de cette ville, à la date du 28 avril : « Ce jour est venu au bureau le sieur Molière, lui et ses comédiens, et la troupe du sieur Du Fresne, qui a démontré que le restant de ladite troupe doit arriver ledit jour en cette ville, et a supplié très-humblement messieurs leur permettre de monter sur le théâtre pour représenter leurs comédies.

Sur quoi le bureau arrête que la troupe desdits comédiens obtiendra de monter sur le théâtre jusqu'à dimanche prochain. »

Molière était de retour à Paris en 1650. Il y fut gracieusement accueilli par son ancien camarade, Armand de Bourbon, prince de Conti, qui était passionné pour le théâtre, et qui a même composé un livre intitulé *Traité de la Comédie et des Spectacles selon la tradition de l'Eglise*. Le prince était sur le point de se rendre à Pézenas, où il devait présider les états provinciaux du Languedoc. Il invita Molière à venir y donner des représentations, et celui-ci reprit sa vie errante. Il était à Lyon en 1653, et y faisait représenter *l'Etourdi*. Avant de donner au public cette pièce gaie et spirituelle, il avait débuté par diverses comédies ou farces dont on ne connaît guère que les titres : c'étaient les *Trois Docteurs rivaux*, le *Maître d'école*, la *Jalousie de Barbouillé*, le *Docteur amoureux*, le *Médecin volant*, *Gros-René écolier*, le *Docteur pédant*, *Gorgibus dans le sac*, le *Fagotier*, la *Jalousie de Gros-René*, la *Casaque*, le *Grand benêt de fils aussi sot que son père*. Les idées comiques qui pouvaient se trouver dans ces ébauches ont été plus tard reprises par l'auteur. Le *Fagotier* est devenu le *Médecin malgré lui*; la *Jalousie de Gros-René* a donné naissance à *Sganarelle*, et *Gorgibus dans le sac* aux *Fourberies de Scapin*. On peut encore reconnaître *Thomas Diafoirus* dans le *Grand benêt de fils aussi sot que son père*.

Le succès de *l'Etourdi* fut tel, que deux autres troupes, depuis longtemps en possession de divertir les Lyonnais, furent obligées de plier bagage. Quelques acteurs des compagnies licenciées offrirent leur concours à Molière. Parmi eux se trouvaient Duparc, qui avait appartenu à *l'Illustre théâtre*; mademoiselle Duparc, sa femme, Edme Willequin de Brie, et mademoiselle de Brie. Le cœur inflammable de Molière fut quelque temps partagé entre les deux nouvelles actrices; mais, rebuté par la fière Duparc, il chercha des consolations auprès de mademoiselle de Brie, avec laquelle il resta lié jusqu'à l'époque de son mariage.

Charles Coypeau d'Assouci, ce poëte nomade qui parcourait la France un luth à la main, comme les anciens trouvères, rencontra Molière à Lyon en 1653, et il a laissé dans ses Mémoires des détails fort intéressants sur les rapports qu'ils eurent ensemble : « Ce qui me charma le plus, dit-il, ce fut la rencontre de Molière et de messieurs les Béjart. Comme la comédie a des charmes, je ne pus quitter sitôt ces charmants amis : je demeurai trois mois à Lyon parmi les jeux, la comédie et le festin, quoique j'eusse bien mieux fait de ne m'y pas arrêter un jour, car au milieu de tant de caresses je ne laissai pas d'y essuyer de mauvaises rencontres (il perdit son argent au jeu, et un de ses pages l'abandonna). Ayant ouï dire qu'il y avait à Avignon une excellente voix de dessus dont je pourrais facilement disposer, je m'embarquai avec Molière sur le Rhône, qui mène à Avignon, où étant arrivé avec quarante pistoles de reste du débris de mon naufrage, comme un joueur ne saurait vivre sans cartes, non plus qu'un matelot sans tabac, la première chose que je fis ce fut d'aller à l'académie. J'avais déjà ouï parler du mérite de ce lieu et de la capacité de plusieurs galants hommes qui divertissaient les bienheureux passants qui aiment à jouer à trois dés. J'en fus encore averti charitablement par un fort honnête marchand de linge, qui, voyant ma bourse assez bien garnie, que j'avais ouverte pour lui payer quelques rabats, me dit : « Monsieur, tandis que vous avez la main au gousset, vous ferez bien de faire votre provision de linge, car je vous vois souvent entrer dans cette porte (me montrant la porte de l'académie) où j'ai bien vu entrer des étrangers aussi lestes que vous, mais je vous puis assurer par la part que je prétends en paradis que je n'en ai jamais vu aucun qui, au bout de quinze jours, en soit sorti mieux vêtu que notre premier père Adam sortit du paradis terrestre. Comme cette maison est un petit quartier de la Judée, et que les Juifs sont amoureux des nippes, ils joueront sur tout, et, bien que vous ayez le visage d'un fébricitant (il avait la fièvre), ne croyez pas que ce peuple mosaïque, qui ne pardonne pas à la peau, pardonne à la chemise. Après avoir gagné votre argent, ils vous dépouilleront comme au coin d'un bois, et vous gagneront votre habit. C'est pourquoi je vous conseille d'acheter au moins une paire de caleçons... » J'étais trop amoureux de mon faible pour écouter un conseil si contraire à ma passion dominante, et, jour pour jour, je me trouvai au bout du mois au même état que mon marchand de linge m'avait prédit. Un grand Juif, qui avait le nez long et le visage pâle, me gagna mon argent. Moïse me gagna ma bague, et Simon le lépreux mon manteau. Pierrotin, qui faisait gloire de m'imiter, rafla son baudrier contre Abraham. Je laissai donc tout à ce peuple circoncis, jusqu'à ma fièvre quarte que je perdis avec mon argent. Mais comme un homme n'est jamais pauvre tant qu'il a des amis, ayant Molière pour estimateur, et toute la maison des Béjart pour amie, en dépit du diable, de la fortune et de tout ce peuple hébraïque, je me vis plus riche et plus content que jamais; car ces généreuses personnes ne se contentèrent pas de m'assister comme ami, elles me voulurent traiter comme parent. Etant commandés pour aller aux états, ils me menèrent avec eux à Pézenas, où je ne saurais dire combien de grâces je reçus ensuite de toute la maison. On dit que le meilleur frère est las, au bout d'un mois, de donner à son frère; mais ceux-ci, plus généreux que tous les frères qu'on puisse avoir, ne se lassèrent point de me voir à leur table tout un hiver, et je peux dire

> Qu'en cette douce compagnie
> Que je repaissais d'harmonie,
> Au milieu de sept ou huit plats,
> Exempt de soin et d'embarras,
> Je passais doucement la vie.
> Jamais plus gueux ne fut plus gras,
> Et quoi qu'on chante, et quoi qu'on die
> De ces beaux messieurs des états,
> Qui tous les jours ont six ducats,
> La musique et la comédie;

> A cette table bien garnie,
> Parmi les plus friands muscats,
> C'est moi qui soufflais la rôtie
> Et qui buvais plus d'hypocras.

En effet, quoique je fusse chez eux, je pouvais bien dire que j'étais chez moi. Je ne vis jamais tant de bonté, ni tant de franchise, ni tant d'honnêteté que parmi ces gens-là, bien dignes de représenter dans le monde les personnages des princes qu'ils représentent tous les jours sur le théâtre. Après donc avoir passé six bons mois dans cette cocagne, et avoir reçu de M. le prince de Conti, de Guilleragues et de plusieurs personnes de cette cour des présents considérables, je commençai à regarder du côté des monts; mais comme il me fâchait fort de retourner en Piémont sans y amener encore un page de musique, et que je me trouvais tout porté dans la province de France qui produit les plus belles voix aussi bien que les plus beaux fruits, je résolus de faire encore une tentative, et, pour cet effet, comme la comédie avait assez d'appas pour s'accommoder à mon désir, je suivis encore Molière à Narbonne. »

On trouve encore dans la Vie de Pierre de Boissat, écrite en latin par Nicolas Chorier, quelques détails sur le passage de Molière à Vienne en Dauphiné. S'il faut en croire Chorier, « Jean-Baptiste Molière, acteur distingué et excellent auteur de comédies, était venu à Vienne. Boissat lui témoignait beaucoup d'estime. Il n'allait pas, comme certaines gens qui affectaient une sotte et orgueilleuse austérité, disant du mal de lui. Quelque pièce que Molière dût jouer, Boissat voulait se trouver au nombre des spectateurs. Il voulait aussi que cet homme distingué dans son art prît place à sa table. Il lui donnait d'excellents repas, et ne faisait point comme font certains fanatiques, ne le mettait point au rang des impies et des scélérats, quoiqu'il fût excommunié. Cette affection pour Molière, cette passion pour le spectacle, finit par susciter une brave querelle à Boissat. Il avait fait retenir plusieurs places, parce qu'il devait conduire des femmes de distinction et des jeunes personnes à une comédie que Molière avait composée. Deux ou trois de ces places avaient été, par hasard, louées à Jérôme Vachier de Robillas; Boissat néanmoins les obtint toutes sans difficulté, à cause de son mérite, de son crédit et de la distinction des femmes qu'il devait amener. Vachier se plaignit qu'on lui eût fait cette injure, et il pensait qu'il y avait là préméditation. Cet homme joignait aux avantages extérieurs un esprit vif et pénétrant, une grande force d'âme. Tout était noble en lui, excepté la naissance. Il figurait parmi les familiers du duc Henri de Montmorency dans le temps même où Boissat y figurait également et jouissait de toutes ses bonnes grâces. Supportant avec peine le chagrin qu'il ressentait de l'affront qui lui avait été fait, il cherchait l'occasion d'amener Boissat à un combat singulier, et de se venger ainsi. Moi alors devinant les intentions de Vachier, car nous étions assez unis par une amitié qui avait existé déjà entre nos parents, j'avertis de tout les amis de Boissat, qui étaient nombreux et bien choisis; pendant ce temps-là, je ne perdais pas de vue Boissat lui-même : à la fin, Georges de Musy, premier président de la cour des aides, et Jacques Marchier, avocat général de la même cour (à Vienne), interposant leur médiation, les deux partis se réconcilièrent et la querelle s'apaisa. »

Arrivée dans le Languedoc, la troupe de Molière fit presque seule les frais des divertissements que le prince de Conti offrait aux notables languedociens. Elle parcourut avec succès plusieurs villes, et représenta le *Dépit Amoureux* à Montpellier, en 1654. Molière produisit tant d'impression, que plusieurs anecdotes qui lui sont relatives ont été traditionnellement conservées. On se souvient que passant à cheval entre les villages de Bélarga et de Saint-Pons-de-Mauchien, il laissa tomber sa valise. Une paysanne qui travaillait dans un champ voisin franchit le fossé et cacha l'objet perdu sous l'ampleur de ses jupons. Molière, revenu sur ses pas, l'interrogea; mais elle répondit avec tant d'audace, que, ne soupçonnant pas la ruse, il se remit tranquillement en route. Ses compagnons, auxquels il conta plus tard son histoire, voulaient qu'il fît de nouvelles recherches : « A quoi bon? répondit-il, je viens de Chigniac, je suis à Lavagnac, j'aperçois le clocher de Montagnac; au milieu de tous ces *gnac*, ma valise est perdue. »

En passant à Gignac, Molière y vit des groupes attroupés autour d'un réservoir public, créé par les soins du consul de Laurès, et dans lequel les eaux de deux ruisseaux venaient se réunir. A l'inscription qui décorait cette fontaine :

Quæ fuit aut fugax, certe perennis erit,

Molière proposa de substituer :

Avide observateur qui voulez tout savoir,
Des ânes de Gignac c'est ici l'abreuvoir.

On a retrouvé le nom de Molière gravé sur une cloison du château de Lagrange des Prés, où demeurait le prince de Conti. On montre encore à Pézenas le fauteuil de Molière, au sujet duquel un habitant de cette ville, Poitevin de Saint-Cristol, adressa des renseignements à Cailhava en 1800, lorsque celui-ci publiait ses *Etudes sur Molière*. Cette lettre contient des détails assez curieux pour que nous la reproduisions *in extenso* :

« Pézenas, 7 ventôse an VII.

» Je n'ai pas perdu un moment, mon cher compatriote, depuis la réception de votre lettre du 10 nivôse, pour aller aux informations et me procurer les éclaircissements que vous me demandez. Je suis trop flatté de la mission et de son objet pour ne pas mettre de l'empressement et du zèle dans les recherches que vous exigez de moi. Voici tout ce que j'ai pu recueillir concernant le père de la comédie, pendant son séjour dans nos délicieux parages.

» Il est certain qu'il existe dans cette commune un grand fauteuil

de bois auquel une tradition a conservé le nom de fauteuil de Molière; sa forme atteste son antiquité; l'espèce de vénération attachée à son nom l'a suivi chez les divers propriétaires qui en ont fait l'acquisition; il est en ce moment chez le citoyen Astruc, officier de santé de cette commune. Voici ce que les Nestors du pays en racontent : ils disent que « pendant le temps que Molière habitait Pézenas il se rendait as-
» sidûment tous les samedis, jours du marché, dans l'après-dînée, chez
» un barbier de cette ville, dont la boutique était très-achalandée;
» elle était le rendez-vous des oisifs, des campagnards et des agréa-
» bles qui allaient s'y faire calamistrer : or vous savez qu'avant l'éta-
» blissement des cafés dans les petites villes, c'était chez les barbiers
» que se débitaient les nouvelles, que l'historiette du jour prenait du
» crédit, et que la politique épuisait les combinaisons. Le susdit grand
» fauteuil de bois occupait un des angles de la boutique, et Molière
» s'emparait de cette place. Un observateur de ce caractère ne pou-
» vait qu'y faire une ample moisson; les divers traits de malice, de
» gaieté, de ridicule, ne lui échappaient point, et qui sait s'ils n'ont
» pas trouvé leur place dans quelques-uns des chefs-d'œuvre dont il a
» enrichi la scène française! On croit ici au fauteuil de Molière
» comme à Montpellier à la robe de Rabelais. »

» Si jamais vous venez nous voir, nous vous ferons la galanterie de vous offrir le siége de votre devancier et de vous engager à présider, dans ce vénérable fauteuil, une des séances de notre modeste Société de lecture.

» La lettre du prince de Conti aux consuls de Pézenas, dont on vous a parlé, ne contient rien de bien remarquable; elle leur ordonne d'envoyer des charrettes à Marseillan, pour transporter de là à Lagrange des Prés Molière et sa troupe. Je n'ai pu m'en procurer la lecture; elle a été enlevée, dans ces derniers temps, des archives de la commune, et l'on ne sait ce qu'elle est devenue.

» La seule chose relative à Molière, consignée dans les archives de Marseillan, c'est qu'il fut établi une imposition sur les habitants de ce bourg pour indemniser Molière, qui était allé avec sa troupe y jouer la comédie.

» POITEVIN DE SAINT-CRISTOL. »

L'estime dont Molière était entouré dès ses débuts redoubla l'affection qu'avait pour lui le prince de Conti, qui eut envie d'en faire son secrétaire. L'amour de l'indépendance, le goût des lettres, l'humanité même, décidèrent Molière à refuser. Ses amis le blâmaient de n'avoir point accepté un emploi si avantageux. « Eh! messieurs, leur dit-il, ne nous déplaçons jamais : je suis passable auteur, si j'en crois la voix publique; je puis être un fort mauvais secrétaire. Je divertis le prince par les spectacles que je lui donne; je le rebuterai par un travail sérieux et mal conduit. Pensez-vous d'ailleurs qu'un misanthrope comme moi, capricieux si vous voulez, soit propre auprès d'un grand? Je n'ai pas les sentiments assez flexibles pour la domesticité : mais plus que tout cela, que deviendront ces pauvres gens que j'ai amenés si loin? qui les conduira? ils ont compté sur moi, et je me reprocherais de les abandonner. » Grimarest, l'un des biographes de Molière, ajoute que d'autres considérations l'empêchèrent de renoncer au théâtre : « Il était ravi de se voir le chef d'une troupe; il se faisait un plaisir sensible de conduire sa petite république ; il aimait à parler en public, il n'en perdait jamais l'occasion ; jusque-là que s'il mourait quelque domestique de son théâtre, ce lui était un sujet de haranguer pour le premier jour de comédie. Tout cela lui aurait manqué chez M. le prince de Conti. »

Au mois de décembre 1657, après une campagne d'éclatants succès, Molière se dirigea vers sa ville natale. Il s'arrêta à Grenoble, où sa troupe joua pendant le carnaval ; puis il se rendit à Rouen pour y passer l'été, en attendant qu'il se fût assuré des protections suffisantes pour s'établir avantageusement à Paris. Il y faisait de fréquents voyages pendant lesquels il sut se concilier les bonnes grâces de Monsieur, frère du roi, qui le présenta à Louis XIV et à la reine mère. Le roi permit qu'on dressât dans la salle des gardes du vieux Louvre un théâtre pour la nouvelle troupe, qui vint y débuter le 24 octobre 1658. Elle se composait des deux frères Béjart, de Madeleine Béjart et de sa sœur Armande, très-jeune encore, étant née en 1645; de Duparc, d'Edme Willequin de Brie et de sa femme, de mademoiselle Hervé, d'un vieux comédien d'Argentan, nommé Du Fresne; enfin d'un gagiste à deux livres par jour, qui s'appelait Du Croisac. Cette brillante compagnie représenta devant la cour la tragédie de *Nicomède*. Puis Molière, s'avançant au milieu de la scène, remercia les assistants de leur bienveillance; et faisant allusion aux comédiens de la rue Mauconseil, il ajouta : « L'envie que nous avons eue de divertir le plus grand roi du monde, nous a fait oublier que Sa Majesté avait à son service d'excellents originaux, dont nous ne sommes que de très-faibles copies ; mais puisqu'elle a bien voulu souffrir nos manières de campagne, je la supplie très-humblement d'avoir pour agréable que je lui donne un de ces petits divertissements qui m'ont acquis quelque réputation dans les provinces. » A la suite de cette allocution on donna *le Docteur amoureux*, dans lequel Molière joua le principal rôle et qui fut chaleureusement applaudi. Ce fut à dater de cette soirée qu'on prit l'habitude de donner régulièrement une petite pièce à la suite des pièces en cinq actes.

La troupe nouvelle avait réussi. Mais où l'installer? C'était la question. Les successeurs des confrères de la Passion occupaient l'hôtel de Bourgogne, et des comédiens italiens étaient logés au Petit-Bourbon. C'était une galerie située près de la Seine, à l'extrémité de la rue des Poulies, à l'endroit où se termine actuellement la grande colonnade de Claude Perrault. Cette galerie était avec une chapelle le seul débris de l'habitation du connétable de Bourbon, démolie en 1525. Le cardinal Mazarin l'avait transformée en salle de spectacle pour une troupe d'opéra, qui, en l'année 1645, importa le drame lyrique parmi nous. On y avait encore joué, vers la fin de janvier 1650, *Andromède*, tragédie de Pierre Corneille, avec des machines et des décorations de Torelli, machiniste du roi, et la cour y avait dansé plusieurs ballets galants composés par Isaac de Benserade. Louis XIV ordonna que, moyennant 1,500 livres payées aux Italiens, les acteurs de Molière, qu'on distingua par la qualification de Français, auraient le droit de jouer les lundi, mardi, jeudi et samedi de chaque semaine. Philippe d'Anjou, frère du roi, autorisa la troupe nouvelle à prendre le titre de troupe de Monsieur, et accorda à chacun des acteurs un brevet de 300 livres de pension. Malheureusement, les registres conservés dans les archives de la Comédie-Française nous apprennent que la générosité du prince ne lui fut pas très-onéreuse; car les 300 livres ne furent jamais payées à personne. Ce fut sur ce théâtre, dont Molière prit possession le 3 novembre 1658, qu'il commença sa réputation en donnant successivement *l'Etourdi*, *le Dépit amoureux*, *les Précieuses ridicules* et *le Cocu imaginaire*. Au mois de juillet 1659, la troupe italienne ayant quitté Paris, Molière resta seul maître du Petit-Bourbon, où il donna trois représentations par semaine, les dimanches, mardis et vendredis.

La vogue de ses pièces l'obligeait quelquefois à jouer les autres jours par extraordinaire; pour répondre à la faveur publique, il augmenta sa troupe de plusieurs acteurs excellents: Philibert Gassaud, sieur Du Croisy, gentilhomme beauceron; Claude Geoffrin, dit Jodelet, et son frère l'Espy, célèbre dans les rôles de valet; enfin Charles Varlet, sieur de La Grange, qui fut l'historiographe de la société. Nous apprenons, par les registres qu'il a laissés, que dans le courant de l'année 1660 les comédiens de Monsieur se trouvèrent expropriés pour la construction de la grande colonnade du Louvre:

« Le lundi, 11 octobre 1660, le théâtre du Petit-Bourbon commença à être démoli par M. de Ratabon, surintendant des bâtiments du roi, sans en avertir la troupe, surprise de demeurer sans théâtre. On alla se plaindre au roi, à qui M. de Ratabon dit que la place de la salle était nécessaire pour le bâtiment du Louvre, et que les dedans de la salle, qui avaient été faits pour les ballets du roi, appartenant à Sa Majesté, il n'avait pas cru qu'il fallût entrer en considération de la Comédie pour avancer le dessein du Louvre. La méchante intention de M. de Ratabon était apparente. Cependant la troupe, qui avait le bonheur de plaire au roi, fut gratifiée par Sa Majesté de la salle du Palais-Royal, Monsieur l'ayant demandée pour réparer le tort qu'on avait fait à ses comédiens, et le sieur de Ratabon reçut un ordre exprès de faire les grosses réparations de la salle du Palais-Royal: il y avait trois poutres de la charpente pourries et étayées, et la moitié de la salle découverte et en ruine. La troupe commença, quelques jours après, à faire travailler au théâtre, et demanda au roi le don et la permission de faire emporter les loges du Bourbon et autres choses nécessaires pour leur nouvel établissement, ce qui fut accordé, à la réserve des décorations, que le sieur de Vigarani, machiniste du roi, nouvellement arrivé à Paris, se réserva sous prétexte de les faire servir au palais des Tuileries; mais il les fit brûler jusques à la dernière, afin qu'il ne restât rien de l'invention de son prédécesseur, qui était le sieur Torelli, dont il voulait ensevelir la mémoire. La troupe, en butte à toutes ces bourrasques, eut encore à se parer de la division que les autres comédiens de l'Hôtel de Bourgogne et du Marais voulurent semer entre eux, leur faisant diverses propositions pour en attirer, les uns dans leur parti, les autres dans le leur. Mais toute la troupe de Monsieur demeura stable. Tous les acteurs aimaient le sieur de Molière, leur chef, qui joignait à un mérite, une capacité extraordinaires, une honnêteté et une manière engageante qui les obligea tous à lui protester qu'ils voulaient courir sa fortune et qu'ils ne le quitteraient jamais, quelque proposition qu'on leur fît et quelque avantage qu'ils pussent trouver ailleurs. »

En attendant qu'elle eût un asile, la troupe de Molière *alla en visite;* c'est-à-dire qu'elle joua chez divers seigneurs, dont La Grange nous a conservé la curieuse nomenclature :

« Pendant que l'on travaille à la salle du Palais-Royal, on a joué plusieurs fois la comédie à la ville.

» Une visite chez M. Sanguin, le maître d'hôtel du roi, à la Place-Royale, *le Dépit amoureux*, 200 livres.

» Une visite chez M. le maréchal d'Aumont, 220 livres.

» Une visite chez M. Fouquet, surintendant des finances, *l'Etourdi* et *le Cocu*, 500 livres.

» Une visite chez M. le maréchal de La Meilleraye, *le Cocu* et *les Précieuses*, 220 livres.

» Une visite chez M. de La Bazinière, trésorier de l'Epargne, *idem*, 330 livres.

» Une visite chez M. le duc de Roquelaure, *l'Etourdi* et *le Cocu*, 25 louis d'or : 275 livres.

» Une visite chez M. le duc de Mercœur, *le Cocu imaginaire*, 150 liv.

» Une visite chez M. le comte de Vaillac, *l'Héritier ridicule* et *le Cocu*, 220 livres.

» Pour le Roi.

» Le samedi 16 octobre, au Louvre, *le Dépit amoureux* et *le Médecin volant*.

» Le jeudi 21 octobre, *l'Etourdi* et *les Précieuses*, au Louvre.

» Le mardi 26 octobre, *l'Etourdi* et *les Précieuses*, au Louvre, chez S. E. Mgr le cardinal Mazarin, qui était malade dans sa chaise. Le roi vit la comédie incognito, debout, appuyé sur ladite chaise de Son Eminence (*nota* qu'il rentrait de temps en temps dans un grand cabinet). Sa Majesté gratifia la troupe de 3,000 livres.

» Le 23 novembre, un mardi, on a joué à Vincennes, devant le roi et Son Eminence, *Dom Japhet* et *le Cocu*.

» Le samedi 4 décembre, joué au Louvre, pour le roi, *Jodelet prince*.

» Le 25 décembre, joué au Louvre *Don Bertrand* et *la Jalousie de Gros-René*.

» La troupe a reçu, dans l'intervalle qu'elle n'a point joué en public, cinq mille cent quinze livres. »

La salle du Palais-Royal fut enfin prête, et Molière y débuta le 20 janvier 1661 par le *Dépit amoureux* et le *Cocu imaginaire*. La première nouveauté donnée sur cette scène ne faisait guère présager d'heureuses destinées. C'était *Don Garcie de Navarre*, pièce d'un genre froid et guindé, qui tomba pour ne plus se relever. En revanche, l'*Ecole des maris* fut applaudie le 24 juin 1661; et, au mois d'août de la même année, Molière était appelé par Fouquet au château de Vaux-le-Villars, pour y contribuer aux plaisirs d'une fête somptueuse que le surintendant offrait à la famille royale de France et à la reine d'Angleterre. Les *Fâcheux* y furent représentés devant toute la cour le 20 août 1660; et les applaudissements qu'Armande Béjart y mérita dans le rôle de la Naïade décidèrent probablement du sort de Molière, en redoublant la passion qu'il avait pour elle. Il épousa cette jeune actrice le 20 février 1662, et il ne tarda pas à s'en repentir. Armande Béjart, d'après le témoignage des contemporains, n'était pas d'une beauté régulière, mais elle avait quelque chose de vif dans la physionomie et d'original dans la tournure d'esprit. Nicolas Racot de Grandval dit qu'elle jouait à merveille les rôles que son mari avait faits pour elle; qu'elle jouait également bien ceux des femmes coquettes et satiriques; enfin que, sans être belle, elle était piquante et capable d'inspirer une grande passion. Suivant une lettre de mademoiselle Poisson insérée dans le *Mercure* du mois de mai 1740, mademoiselle Molière avait la taille médiocre, mais un air engageant, quoique avec de très-petits yeux, une bouche fort grande et fort plate; mais faisant tout avec grâce, jusqu'aux plus petites choses, quoiqu'elle se mît très-extraordinairement et d'une manière presque toujours opposée à la mode du temps. « Dans les *Entretiens galants*, imprimés chez Ribou en 1681, on ajoute à ces détails : La Molière fait voir beaucoup de jugement dans son récit, et son jeu continue encore lors même que son rôle est fini. Elle n'est jamais inutile sur le théâtre; elle joue presque aussi bien quand elle écoute que lorsqu'elle parle. Ses regards ne sont pas dissipés, ses yeux ne parcourent pas les loges, elle sait que la salle est remplie; mais elle parle et elle agit, comme si elle ne voyait que ceux qui ont part à l'action. La Molière est propre et magnifique, sans rien faire paraître d'affecté. Elle a soin de sa parure, et elle n'y pense plus dès qu'elle est sur la scène. Et si elle retouche parfois ses cheveux, si elle raccommode ses nœuds et ses pierreries, ces petites façons cachent une satire judicieuse et naturelle. Elle entre par là dans le ridicule des femmes qu'elle veut jouer; mais enfin, avec tous ces avantages, elle ne plairait pas tant si sa voix était moins touchante; elle en est si persuadée elle-même que l'on voit bien qu'elle prend autant de divers tons qu'elle a de rôles différents. » En rapprochant ces traits épars du portrait tracé par Molière dans la scène ıx de l'acte III du *Bourgeois gentilhomme*, on demeure convaincu qu'il a voulu peindre sa femme, qui remplissait le rôle de Lucile.

« Elle a les yeux petits, mais elle les a pleins de feu; les plus brillants, les plus perçants du monde, les plus touchants qu'on puisse voir. Elle a la bouche grande, mais on y voit des grâces qu'on ne voit point aux autres bouches. Sa taille n'est pas grande, mais elle est aisée et bien prise. Elle affecte une nonchalance dans son parler et dans son maintien, mais elle a grâce à tout cela, et ses manières ont je ne sais quel charme à s'insinuer dans les cœurs. Enfin son esprit est du plus fin et du plus délicat; sa conversation est charmante, et elle est capricieuse autant que personne du monde : tout sied bien aux belles, on souffre tout des belles. »

Lorsque Molière se maria, il avait déjà cette foule d'ennemis qui s'attachent à la célébrité. Ils firent courir sur cette union les bruits les plus infamants, et l'un d'eux, Montfleury, comédien de l'hôtel de Bourgogne, se chargea de les transmettre à Louis XIV. On lit dans une lettre écrite par Racine à M. Levasseur, au mois de décembre 1663 : « Montfleury a fait une requête contre Molière et l'a présentée au roi : il accuse Molière d'avoir épousé sa propre fille; mais Montfleury n'est point écouté à la cour. » La même calomnie fut renouvelée en 1676 dans un procès que Lulli soutenait contre le sieur Guichard. Les avocats de ce dernier essayèrent d'invalider le témoignage de mademoiselle Molière, en la traitant de veuve de son père et d'orpheline de son mari.

Molière avait connu Madeleine Béjart pendant ses jours d'existence bohémienne; il avait eu avec elle cette familiarité que semblent autoriser les mœurs théâtrales; c'en était assez pour qu'on le soupçonnât d'avoir contribué à la naissance d'Armande, que l'on croyait fille de Madeleine. Cette fausse allégation est détruite par la date de cette naissance même (1645), et par l'acte de mariage de Molière, acte qui prouve qu'Armande et Madeleine étaient sœurs.

« Jean-Baptiste Poquelin, fils du sieur Jean Poquelin et de feu Marie Cressé, d'une part, et Armande-Gressinde Béjart, fille de feu Joseph Béjart et de Marie Hervé, d'autre part, tous deux de cette paroisse vis-à-vis le Palais-Royal, fiancés et mariés, tout ensemble, par permission de M. de Comtes, doyen de Notre-Dame, et grand vicaire de monseigneur le cardinal de Retz, archevêque de Paris, en présence dudit Jean Poquelin, père du marié, et de André Boudet, beau-frère du marié, de ladite Marie Hervé, mère de la mariée, Louis Béjart et Madeleine Béjart, frère et sœur de ladite mariée. »

Signé : B. Poquelin, J. Poquelin, Boudet, Marie Hervé, Armande-Gressinde Béjart, Louis Béjart et Madeleine Béjart.

Les infortunes conjugales de Molière commencèrent presque immédiatement après son union. Si l'on s'en rapporte au pamphlet intitulé la *Fameuse comédienne*, exagéré peut-être, mais rédigé d'après des renseignements positifs, mademoiselle Molière aurait écouté, dès 1662, l'abbé de Richelieu, l'un de ces ecclésiastiques musqués, comme on en voyait tant alors, dont la tonsure et le petit collet ne servaient qu'à masquer les intrigues galantes.

Les tourments que Molière éprouva sont peints énergiquement dans l'*Ecole des femmes*, qu'il fit paraître à la fin de l'année de son mariage. Cette pièce suscita contre l'auteur une cabale puissante, dont la critique redoubla les emportements. Le duc de La Feuillade, bafoué pour son éternel refrain de *Tarte à la crème*, en tira une vengeance qui serait à peine croyable si l'on ne connaissait le dédain qu'avaient les grands seigneurs pour les roturiers, fussent-ils des hommes de génie. Rencontrant un jour Molière dans un appartement, il l'aborda avec de vives démonstrations d'amitié. Le poëte s'étant incliné par déférence, il lui prit brusquement la tête et lui frotta le visage contre les boutons de son habit, en lui disant : « Tarte à la crème ! Molière, tarte à la crème ! » Louis XIV fut instruit le même jour de cet acte de brutalité, et en exprima au duc toute son indignation.

Ce monarque appréciait mal le génie de Molière, qu'il détourna de la peinture des mœurs, pour lui commander des intermèdes comme *l'Impromptu de Versailles*, le *Mariage forcé* et *la Princesse d'Elide*. Cependant il avait pour lui une estime réelle, et il en donna d'éclatants témoignages.

Molière, qui conservait la charge de tapissier valet de chambre, se présenta un jour pour faire le lit du roi ; mais son collègue se retira brusquement, en disant qu'il ne voulait avoir rien de commun avec un comédien. Là-dessus, un autre valet de chambre, nommé Bellocq, s'approcha et dit respectueusement : « Monsieur de Molière, voulez-vous bien que j'aie l'honneur de faire le lit du roi avec vous ? » En apprenant cet incident, Louis XIV fut mécontent de ce qu'on avait témoigné du dédain à Molière, et il commanda qu'on le traitât désormais avec les plus grands égards. Toutefois les valets de chambre continuèrent à traiter le poëte du haut de leur grandeur, et se plaignirent d'être forcés de manger avec lui à la table du contrôleur de la bouche. Le roi mit un terme à ces outrages par une marque d'estime qui devait produire une vive sensation dans ce monde d'étiquette et de préjugés. Il manda Molière à son petit lever. « On prétend, lui dit-il, que vous faites maigre chère ici, et que les officiers de ma chambre ne vous trouvent pas fait pour manger avec eux : vous avez peut-être faim ; moi-même je m'éveille avec un très-bon appétit. Mettez-vous à cette table, et qu'on me serve mon *en cas de nuit*. » On appelait ainsi les vivres qu'on apportait le soir par prévoyance dans la chambre à coucher du roi. C'était ordinairement un bol de bouillon, un poulet froid, une bouteille de vin, une d'orgeat et une de limonade.

Molière s'assit, et Louis XIV lui servit une aile de poulet, en prenant la seconde pour lui-même ; puis il ordonna aux huissiers d'introduire les *entrées familières*, qui se composaient de l'élite de la noblesse. « Messieurs, leur dit le roi, vous me voyez occupé à faire manger Molière, que mes valets de chambre ne trouvent pas d'assez bonne compagnie pour eux. »

A partir de ce moment, le comédien n'eut plus besoin de se présenter à la table de service, et il fut accablé d'invitations. Pour le mieux venger du mépris, Louis XIV, après lui avoir accordé une pension de mille livres, voulut être le parrain de son premier enfant, dont voici l'acte de baptême relevé sur les registres de Saint-Germain-l'Auxerrois :

« Du jeudi, 28 février 1664, fut baptisé Louis, fils de M. Jean-Baptiste, valet de chambre du roi, et de damoiselle Armande-Gresinde Béjart, sa femme, vis-à-vis le Palais-Royal ; le parrain, haut et puissant seigneur, messire Charles, duc de Créquy, premier gentilhomme de la chambre du roi, ambassadeur à Rome, tenant pour Louis quatorzième, roi de France et de Navarre ; la marraine, dame Colombe le Charron, épouse de messire César de Choiseul, maréchal du Plessy, tenante pour madame Henriette d'Angleterre, duchesse d'Orléans. L'enfant est né le 19 janvier audit an. » *Signé* Colombet.

Cet enfant mourut avant son père.

Les rapports que Molière eut avec la cour furent funestes à son repos. Pendant les fêtes données à Versailles, au mois de mai 1664, sa femme, qui venait de jouer le rôle de la princesse d'Elide, fut environnée d'adorateurs, et accepta, dit-on, les hommages du comte de Lauzun. La biographie de mademoiselle Molière donne à ce sujet des détails très-curieux, et qui sont confirmés par tous les témoignages contemporains. « On fit apercevoir à Molière que le grand soin qu'il avait de plaire au public lui ôtait celui d'examiner la conduite de sa femme, et que pendant qu'il travaillait pour divertir tout le monde, tout le monde cherchait à divertir sa femme. La jalousie réveilla dans son âme la tendresse que l'étude avait assoupie ; il courut aussitôt faire de grandes plaintes à sa femme, en lui reprochant les grands soins avec lesquels il l'avait élevée ; la passion qu'il avait étouffée ; ses manières d'agir qui avaient été plutôt d'un amant que d'un mari ; et que pour récompense de tant de bontés elle le rendait la risée de toute la cour.

» La Molière en pleurant lui fit une espèce de confidence des sentiments qu'elle avait eus pour le comte de Guiche, dont elle lui jura que tout le crime avait été dans l'intention, et qu'il fallait pardonner le premier égarement d'une jeune personne, à qui le manque d'expérience fait faire d'ordinaire ces sortes de démarches ; mais que les bontés qu'elle reconnaissait qu'il avait pour elle l'empêcheraient de retomber dans de pareilles faiblesses. Molière, persuadé de sa vertu par ses larmes, lui fit mille excuses de son emportement, et lui remontra avec douceur que ce n'était pas assez pour la réputation que la pureté de la conscience nous justifiât, qu'il fallait encore que les apparences ne fussent pas contre nous, surtout dans un siècle où l'on trouvait les esprits disposés à croire mal, et fort éloignés de juger des choses avec indulgence. »

Elle recommença bientôt sa vie avec plus d'éclat que jamais. « Molière, averti par des gens malintentionnés pour son repos, de la conduite de son épouse, renouvela ses plaintes avec plus de violence qu'il n'avait encore fait. » Pour éviter de pénibles altercations, tous deux convinrent de rester dorénavant étrangers l'un à l'autre. Molière ne vit plus sa femme qu'au théâtre. Celle-ci, de son côté, lui reprochait de conserver pour mademoiselle de Brie une amitié qui lui semblait équivoque. Les ennuis de Molière furent augmentés par les persécutions que lui attirèrent *Tartuffe* et *Don Juan*. Il trouva, comme par le passé, des consolations dans la faveur royale. Un *Journal des Bienfaits de Sa Majesté*, conservé manuscrit à la Bibliothèque Nationale, porte l'indication suivante, à la date d'août 1665 :

« Le roi donne à une troupe de comédiens, dont Molière était comme le chef, une pension de 7,000 livres.—Après avoir longtemps joué dans les provinces, ils s'étaient établis à Paris sous le titre de Comédiens de Monsieur, et le roi leur avait donné la salle du Petit-Bourbon et ensuite celle du Palais-Royal. Ils jouèrent plusieurs fois devant le roi, et Molière fit plusieurs comédies pour les divertissements que le roi donnait à toute la cour; et Sa Majesté en fut si contente qu'au mois d'août 1665 elle leur donna une pension de 7,000 livres avec le titre de troupe du roi. »

Louis XIV intervint encore pour faire cesser un abus très-onéreux pour la troupe; il ordonna que les mousquetaires, les gardes du corps, les gendarmes et les chevau-légers perdraient le privilége d'entrer à la Comédie sans payer. Ces militaires furieux entreprirent de forcer la porte et de prendre le théâtre d'assaut. Le portier se défendit pendant quelque temps; mais, forcé de céder au nombre, il jeta son épée, dans l'espoir d'avoir la vie sauve. Les assaillants étaient tellement exaspérés qu'ils le tuèrent sans miséricorde. Ils furent apaisés par Béjart jeune, qui, revêtu d'un costume de vieillard, se présenta sur la scène, et dit d'un ton lamentable : « Eh! messieurs, épargnez du moins un pauvre vieillard de soixante-quinze ans, qui n'a plus que quelques jours à vivre. » Molière parut ensuite, et harangua le parterre, qu'il parvint à ramener à de meilleurs sentiments. Lorsque le tumulte fut apaisé, les comédiens tinrent conseil. « Vous ne m'avez point donné de repos, leur dit leur chef, que je n'aie importuné le roi pour avoir l'ordre qui nous a mis tous à deux doigts de notre perte; il est question présentement de voir ce que nous aurons à faire. »

Parmi les acteurs se trouvait un nommé Hubert qui venait du théâtre du Marais. Il avait été enrôlé dans la troupe de Molière au mois d'avril 1664. L'invasion de la salle l'avait tellement effrayé, qu'avec l'aide de sa femme il avait percé le mur du Palais-Royal, et qu'il avait fallu de violents efforts pour le tirer du trou où il avait engagé sa tête et ses épaules. Il donna d'une voix tremblante le conseil de rendre à la maison du roi ses entrées gratuites, et la peur rallia la majorité des acteurs à cette opinion. Mais Molière dit d'un ton ferme : « Puisque le roi nous a accordé cet ordre, il faut en pousser l'exécution jusqu'au bout, si Sa Majesté le juge à propos, et je pars en ce moment pour l'en informer. » Il se rendit en effet à Versailles, et Louis XIV enjoignit au commandant de faire mettre les compagnies sous les armes pour réitérer la défense d'entrer à la comédie sans payer, et pour punir les perturbateurs de la veille. Molière, qui aimait les harangues, ne perdit pas l'occasion d'en faire une. Il se présenta devant le front des gendarmes et des gardes du corps : « Messieurs, leur dit-il, ce n'est ni pour vous ni pour les autres personnes qui composent la maison du roi que j'ai demandé un ordre à Sa Majesté. Je ne veux point vous empêcher d'entrer à la Comédie, et la troupe sera toujours ravie de vous recevoir quand vous voudrez l'honorer de votre présence; mais il y a un nombre infini de malheureux qui tous les jours abusent de votre nom et de votre bandoulière. Ils viennent remplir le parterre, et ôtent injustement à la troupe le gain qu'elle est en droit de faire. Des gentilshommes qui ont l'honneur de servir le roi doivent-ils favoriser ces misérables contre les comédiens de Sa Majesté? Je ne le crois pas. Entrer à la Comédie sans payer n'est point une prérogative qui puisse exciter votre ambition, et qui mérite que des gens comme vous répandent le sang pour la conserver. Il faut laisser ce petit avantage aux auteurs et aux gens qui, n'ayant pas le moyen de dépenser quinze sous, ne voient le spectacle que par charité, s'il m'est permis de parler de la sorte. » Ce discours obtint le résultat que Molière en attendait, et pendant toute sa vie les militaires de la maison du roi payèrent leurs places. Ce ne fut qu'en 1673 que leurs prétentions se renouvelèrent et nécessitèrent une seconde ordonnance.

La dernière partie de la vie de Molière fut la plus éclatante: le *Misanthrope*, le *Tartuffe*, *l'Avare*, les *Femmes savantes*, *l'Amour médecin*, le *Médecin malgré lui*, *Georges Dandin*, *Pourceaugnac*, le *Bourgeois gentilhomme*, que de titres à l'admiration! Que de sages leçons données par le bon sens et la raison revêtus des formes les plus attrayantes! L'homme qui réformait ainsi les mœurs se vit recherché par tous les personnages distingués de son temps. Il eut pour amis Boileau, La Fontaine, Racine, avec lequel il eut le malheur de se brouiller ensuite; le peintre Mignard, le grand Condé, le maréchal de Vivonne, l'avocat Fourcroi, etc. Cette société se réunissait souvent dans la maison que Molière avait achetée à l'entrée du village d'Auteuil, du côté de la Seine. On y admettait encore le musicien Lulli, le joueur de flûte Descoteaux, et le docteur de Mauvilain, au sujet duquel Louis XIV dit un jour à Molière: « Voilà donc votre médecin? à quoi vous sert-il? — Sire, répondit Molière, nous raisonnons ensemble; il m'ordonne des remèdes, je ne les fais point, et je guéris. »

Molière toutefois s'abusait sur son état. Dès 1667 il avait la poitrine attaquée, et la toux invétérée qui le tourmentait le retint éloigné de la scène pendant les six premiers mois de l'année. Le mal ne fit qu'empirer, et il était presque mourant au mois de décembre 1672, lorsqu'il reçut la visite de Boileau, chargé par l'Académie française de lui proposer la première vacance, à la condition qu'il ne jouerait plus que dans les rôles d'un haut comique: « Mon pauvre Molière, dit l'ambassadeur, vous voilà dans un pitoyable état. La contention continuelle de votre esprit, l'agitation continuelle de vos poumons sur votre théâtre, tout enfin devrait vous déterminer à renoncer à la représentation. N'y a-t-il que vous dans la troupe qui puissiez exécuter les premiers rôles? Contentez-vous de composer, et laissez l'action théâtrale à quelqu'un de vos camarades: cela vous fera plus d'honneur dans le public, qui regardera vos acteurs comme vos gagistes; vos acteurs, d'ailleurs, qui ne sont pas des plus souples avec vous, sentiront mieux votre supériorité. — Ah! monsieur, répondit Molière, que me dites-vous là? Il y a un honneur pour moi à ne point quitter. — Plaisant point d'honneur, s'écria le satirique, qui consiste à se noircir tous les jours le visage pour se faire une moustache de *Sganarelle*, et à dévouer son dos à toutes les bastonnades de la comédie. Quoi! cet homme, le premier de notre temps pour l'esprit et pour les sentiments d'un vrai philosophe, cet ingénieux censeur de toutes les folies humaines, en a une plus extraordinaire que celles dont il se moque tous les jours! cela montre bien le peu que sont les hommes. »

La prétendue folie de Molière, c'était l'humanité qui lui conseillait de ne pas abandonner des camarades dont il était la gloire et l'appui.

Le 16 février 1673, devait avoir lieu la troisième représentation du *Malade imaginaire*. Se sentant plus faible, il fit venir sa femme, avec laquelle il s'était réconcilié depuis dix mois, et l'acteur Baron, son élève : « Je me suis cru heureux, leur dit-il, tant que ma vie a été mêlée également de douleurs et de plaisirs. Mais aujourd'hui que je suis accablé de peines, sans pouvoir compter sur aucun moment de satisfaction et de douceur, je vois bien qu'il me faut quitter la partie. Qu'un homme souffre avant de mourir! Combien je sens que je finis! »

A ces mots, la Molière et Baron furent profondément émus, et le conjurèrent, les larmes aux yeux, de ne point jouer ce jour-là, et de prendre du repos pour se remettre. « Comment voulez-vous que je fasse? leur dit-il; il y a cinquante pauvres ouvriers qui n'ont que leur journée pour vivre : que feront-ils si l'on ne joue pas? Je me reprocherais d'avoir négligé de leur donner du pain un seul jour, le pouvant faire absolument. » Mais il envoya chercher les comédiens, à qui il dit que, se sentant plus incommodé que de coutume, il ne jouerait point ce jour-là, s'ils n'étaient prêts à quatre heures précises pour jouer la comédie : « Sans cela, leur dit-il, je ne puis m'y trouver, et vous pourrez rendre l'argent. » Les comédiens tinrent les lustres allumés et la toile levée précisément à quatre heures. Molière représenta avec beaucoup de difficulté, et la moitié des spectateurs s'aperçut qu'en prononçant *juro*, dans la cérémonie du *Malade imaginaire*, il lui prit une convulsion. Ayant remarqué lui-même que l'on s'en était aperçu, il se fit un effort et cacha par un ris forcé ce qui venait de lui arriver.

Quand la pièce fut finie, il prit sa robe de chambre et fut dans la loge de Baron, et lui demanda ce que l'on disait de sa pièce. M. Baron lui répondit que ses ouvrages avaient toujours une heureuse réussite à les examiner de près, et que plus on les représentait, plus on les goûtait. « Mais, ajouta-t-il, vous me paraissez plus mal que tantôt. — Cela est vrai, lui répondit Molière; j'ai un froid qui me tue. » Baron, après lui avoir touché les mains, qu'il trouva glacées, les lui mit dans son manchon pour les réchauffer; il envoya chercher ses porteurs pour le porter promptement chez lui, et il ne quitta point sa chaise, de peur qu'il lui arrivât quelque accident dans le trajet du Palais-Royal à sa maison, située rue Richelieu et portant aujourd'hui le numéro 34. Quand il fut dans sa chambre, Baron voulut lui faire prendre un bouillon que mademoiselle Molière avait préparé. « Eh ! non, dit-il, les bouillons de ma femme sont de vraies eaux-fortes pour moi ; vous savez tous les ingrédients qu'elle y fait mettre : donnez-moi plutôt un petit morceau de fromage de Parmesan. »

Laforest, vieille domestique de confiance à laquelle il lisait parfois ses ouvrages, lui apporta ce qu'il désirait, et il se coucha après avoir mangé. Quelques minutes après, il envoya demander à sa femme un oreiller contenant des drogues somnifères. « Tout ce qui n'entre point dans le corps, dit-il, je l'éprouve volontiers ; mais les remèdes qu'on est obligé de prendre me font peur. Il ne faut rien pour me faire perdre ce qui me reste de vie. » Un peu plus tard, il lui prit une quinte de toux, et, après avoir craché, il demanda de la lumière. « Voici du changement, reprit-il en s'apercevant qu'il venait de rendre du sang ; ne vous effrayez point, Baron, vous m'en avez vu rendre bien davantage. Cependant allez dire à ma femme qu'elle monte. » Le moribond demeura seul, assisté de deux religieuses qui venaient quêter à Paris pendant le carême, et auxquelles il donnait l'hospitalité. Le sang lui sortait par la bouche en abondance ; et lorsque sa femme et Baron remontèrent, ils le trouvèrent mort. C'était dans la nuit du vendredi 17 février 1673, et Molière n'avait que cinquante et un ans un mois et deux jours.

Le clergé refusa de rendre les honneurs funèbres à ce grand homme. « Quoi ! s'écria mademoiselle Molière avec indignation, on refuse la sépulture à celui qui dans la Grèce aurait mérité des autels ! » Elle courut à Versailles, accompagnée du curé d'Auteuil. Cet ecclésiastique était un janséniste, qui se mit à argumenter avec Louis XIV, et la veuve elle-même compromit sa cause en disant : « Si mon mari est criminel, ses crimes ont été autorisés par Votre Majesté. » Louis XIV ne promit rien. De retour à Paris, mademoiselle Molière fit rédiger le placet suivant, qu'elle envoya à monseigneur Harlay de Champvallon, archevêque de Paris.

« Supplie humblement Elisabeth-Claire-Grassinde Béjard, veufue de feu Jean-Baptiste Pocquelin de Molière, viuant valet de chambre tapissier du roy, et l'un des comédiens de sa troupe, et, en son absence, Jean Aubry, son beau-frère, disant que, vendredi dernier, dix-septième du présent mois de feburier 1673, sur les neuf heures du soir, ledict feu sieur de Molière s'estant trouvé mal de la maladie dont il décéda enuiron une heure après, il uoulut dans le moment tesmoigner des marques de repentir de ses fautes et mourir en bon chrétien, à l'effet de quoi auecq instance il demanda un prestre pour receuoir les sacrements, et enuoya par plusieurs fois son ualet et sa seruante à Sainct-Eustache sa paroisse, lesquels s'adressèrent à messieurs L'Enfant et Lechat, deux prestres habitués en ladicte paroisse, qui refusèrent plusieurs fois de uenir, ce qui obligea le sieur Jean Aubry d'y aller lui-mesme pour en faire uenir, et de faict fit leuer le nommé Paysant, aussi prestre habitué audict lieu ; et, comme toutes ces allées et uenues tardèrent plus d'une heure et demye, pendant lequel temps ledict feu Molière décéda, ledict sieur Paysant arriva comme il venoit d'expirer: or, comme ledict sieur Molière est décédé sans auoir reçu le sacrement de confession dans un temps où il uenoit de représenter la comédie, monsieur le curé de Sainct-Eustache lui refuse la sépulture, ce qui oblige la suppliante de uous présenter la présente requeste pour luy estre sur ce pourueu.

» Ce considéré, Monseigneur, et attendu ce que dessus, et que ledict deffunt a demandé auparauant que de mourir un prestre pour estre confessé, qu'il est mort dans le sentiment d'un bon chrétien, ainsy qu'il a tesmoigné en présence de deux dames religieuses demeurant en la mesme maison, d'un gentilhomme nommé monsieur Couton, entre les bras de qui il est mort, et de plusieurs autres personnes, et que monsieur Bernard, prestre habitué en l'église Sainct-Germain, lui a administré les sacrements à Pasques dernier, il uous plaise de grâce spécialle accorder à ladicte suppliante que sondict feu mari soit inhumé et enterré dans ladicte église Sainct-Eustache sa paroisse, dans les uoies ordinaires et accoustumées, et ladicte suppliante continuera les prières à Dieu pour uotre prospérité et santé. »

L'archevêque fit examiner l'affaire par le sieur abbé de Benjamin, son official, et rendit enfin une ordonnance qui permettait au curé de Saint-Eustache de donner la sépulture ecclésiastique au corps de défunt Molière, à condition néanmoins que ce serait sans aucune pompe, avec deux prêtres seulement, en dehors des œuvres du jour, et qu'on ne ferait aucun service solennel. Les registres des décès de la paroisse Saint-Eustache indiquent le jour où cette décision fut exécutée :

« Le mardi 21 février 1673, défunt J.-B. Poquelin de Molière, tapissier valet de chambre ordinaire du roi, demeurant rue de Richelieu, proche l'académie des peintres, décédé le 17 du présent mois, a été inhumé dans le cimetière de Saint-Joseph. »

L'enterrement eut lieu dans la soirée. Quelques fanatiques s'étaient attroupés devant la porte de la maison mortuaire et manifestaient l'intention de profaner les restes de l'auteur de *Tartuffe*, et la veuve changea leur disposition en leur jetant par la fenêtre une somme d'environ mille francs. Le cortége funèbre se composait d'une centaine de personnes portant chacune un flambeau.

Molière ne laissa qu'une fille, Esprit-Madeleine, née le 15 août 1665, qui épousa un gentilhomme nommé de Montalant, et mourut à Argenteuil sans postérité. Un troisième enfant, Pierre-Jean-Baptiste-Armand, né le 15 septembre 1672, n'avait vécu que jusqu'au mois d'octobre suivant. Sa femme se remaria en secondes noces à un acteur nommé Guérin.

En 1692, lorsqu'on détruisit le cimetière de Saint-Joseph, les administrateurs de la section de Molière et de La Fontaine exhumèrent un peu au hasard des ossements qu'ils considérèrent comme ceux de Molière, et qui ont été transportés depuis au cimetière du Père-Lachaise.

Depuis 1844, un monument construit avec le produit d'une souscription nationale s'élève auprès de la maison où Molière a rendu le dernier soupir.

ÉMILE DE LA BÉDOLLIÈRE.

L'ÉTOURDI

ou

LES CONTRE-TEMPS,

COMÉDIE EN CINQ ACTES.

1653.

NOTICE SUR L'ÉTOURDI.

Lorsque Molière débuta, l'originalité manquait encore au Théâtre-Français et nos meilleurs auteurs dramatiques, y compris Corneille, devaient à l'étranger une partie de leur renommée. Molière, de même que ses devanciers, chercha, après s'être essayé par quelques farces de son cru, dans le répertoire italien, le sujet d'une œuvre plus sérieuse, et choisit *l'Inavvertito* du comédien Nicolo Barbieri. Dans cette pièce, Fulvio, fils de Pantalon, est amoureux d'une esclave appelée Cintia, au point que la passion lui trouble la cervelle. Son valet Scapin imagine une foule de moyens ingénieux pour enlever la jeune fille au marchand d'esclaves Arlequin. Malheureusement l'étourderie de Fulvio renverse successivement les combinaisons les mieux conçues. Enfin le domestique, à bout d'expédients, se jette aux pieds de Pantalon et parvient à le fléchir. Fulvio est tellement désespéré de ses inconséquences, et il craint tellement d'en faire de nouvelles, que jusqu'au dernier moment il ne croit pas à son bonheur. Voici la dernière scène :

PANTALON. — Approchez, Fulvio; est-il vrai que vous soyez amoureux de cette jeune personne.

FULVIO *troublé*. — Moi, monsieur?... Non... oh non!

PANTALON. — Comment, non?

FULVIO. — Non, vous dis-je, non, assurément.

PANTALON. — A quel propos nier ce que tout le monde assure?

SCAPIN. — Pour montrer son bel esprit... Çà, voyons, pourquoi dites-vous non à monsieur votre père?

FULVIO. — Tu m'as dit de prendre garde à moi.

SCAPIN. — Eh bien, qu'en concluez-vous?

FULVIO. — Je ne sais.

SCAPIN. — Quelle cervelle! Eh! monsieur, répondez naïvement à ce qu'on vous demande.

PANTALON. — Parle, mon fils, veux-tu cette jeune personne pour ta femme?

FULVIO. — Scapin...

SCAPIN. — Eh! dites que oui.

FULVIO. — Si je fais encore quelque balourdise?

SCAPIN. — Eh! dites que oui, encore un coup.
FULVIO. — Eh bien, mon père, oui.
PANTALON. — Prends-lui la main.
SCAPIN. — Ne le faites pas, croyez-moi...
FULVIO. — O ciel! j'aurai fait quelque étourderie.
PANTALON. — Et comment?
FULVIO. — Scapin, tu me dis de ne point le faire.
SCAPIN. — Oui, de si mauvaise grâce ; vous ne me laissez pas achever.
FULVIO. — Eh bien, mon père, prononcez, je tiens sa main.
PANTALON. — Elle est ta femme.
FULVIO. — O ma chère Cintia! me voilà votre époux ; à la fin je triomphe.
SCAPIN. — Je vous conseille de vous en féliciter beaucoup. Eh, morbleu! si les morceaux ne vous tombaient dans la bouche, on vous verrait mourir de faim.

L'*Etourdi* de Molière doit encore quelques détails à l'*Emilia*, comédie de Luigi Groto Cieco di Hadria, et à *la Bohémienne*, nouvelle de Cervantès. C'est dans l'*Emilia* que se trouve l'idée première des scènes où Mascarille persuade à Pandolphe qu'il doit acheter la belle esclave, et où Lélie s'embarrasse en voulant tromper Trufaldin.

Malgré l'imperfection d'un dénoûment romanesque, *l'Etourdi* s'est soutenu grâce au comique des situations et à la vivacité du dialogue. Il fut représenté pour la première fois à Lyon, en 1653 ; et à Paris, en 1658. Mais Molière ne le fit imprimer qu'en 1663. Le rôle de Mascarille fut joué par l'auteur lui-même, avec un masque. La Grange joua Lélie ; Béjart aîné, Pandolphe ; Louis Béjart, Anselme ; mademoiselle de Brie, Célie ; et mademoiselle Duparc, Hippolyte.

ÉMILE DE LA BÉDOLLIÈRE.

PERSONNAGES.

PANDOLFE, père de Lélie.
ANSELME, père d'Hippolyte.
TRUFALDIN, vieillard.
CÉLIE, esclave de Trufaldin.
HIPPOLYTE fille d'Anselme.
LÉLIE, fils de Pandolfe.
LÉANDRE, fils de famille.
ANDRÈS, cru Égyptien.
MASCARILLE, valet de Lélie.
ERGASTE, ami de Mascarille.
UN COURRIER.
DEUX TROUPES de masques.

La scène est à Messine, dans une place publique.

L'ÉTOURDI.

ACTE PREMIER.

SCÈNE I.
LÉLIE.

Hé bien! Léandre, hé bien! il faudra contester;
Nous verrons de nous deux qui pourra l'emporter;
Qui, dans nos soins communs pour ce jeune miracle
Aux vœux de son rival portera plus d'obstacle.
Préparez vos efforts et vous défendez bien,
Sûr que de mon côté je n'épargnerai rien.

SCÈNE II.
LÉLIE, MASCARILLE

LÉLIE. Ah! Mascarille!
MASCARILLE. Quoi?
LÉLIE. Voici bien des affaires;
J'ai dans ma passion toutes choses contraires :
Léandre aime Célie, et, par un trait fatal,
Malgré mon changement est encor mon rival.
MASCARILLE. Léandre aime Célie!
LÉLIE. Il l'adore, te dis-je.
MASCARILLE. Tant pis.
LÉLIE. Hé! oui, tant pis; c'est là ce qui m'afflige.
Toutefois j'aurais tort de me désespérer;
Puisque j'ai ton secours, je dois me rassurer.
Je sais que ton esprit, en intrigues fertile,
N'a jamais rien trouvé qui lui fût difficile,
Qu'on te peut appeler le roi des serviteurs,
Et qu'en toute la terre...
MASCARILLE. Hé! trêve de douceurs.
Quand nous faisons besoin, nous autres misérables,
Nous sommes les chéris et les incomparables;
Et dans un autre temps, dès le moindre courroux,
Nous sommes les coquins qu'il faut rouer de coups.
LÉLIE. Ma foi, tu me fais tort avec cette invective.
Mais enfin discourons de l'aimable captive :
Dis si les plus cruels et plus durs sentiments
Ont rien d'impénétrable à des traits si charmants.
Pour moi, dans ses discours comme dans son visage,
Je vois pour sa naissance un noble témoignage;
Et je crois que le ciel dedans un rang si bas

Cache son origine et ne l'en tire pas.
MASCARILLE. Vous êtes romanesque avecque vos chimères.
Mais que fera Pandolfe en toutes ces affaires?
C'est, monsieur, votre père, au moins à ce qu'il dit.
Vous savez que sa bile assez souvent s'aigrit,
Qu'il peste contre vous d'une belle manière,
Quand vos déportements lui blessent la visière.
Il est avec Anselme en parole pour vous
Que de son Hippolyte on vous fera l'époux,
S'imaginant que c'est dans le seul mariage
Qu'il pourra rencontrer de quoi vous faire sage;
Et s'il vient à savoir que, rebutant son choix,
D'un objet inconnu vous recevez les lois,
Que de ce fol amour la fatale puissance
Vous soustrait au devoir de votre obéissance,
Dieu sait quelle tempête alors éclatera,
Et de quels beaux sermons on vous régalera.
LÉLIE. Ah! trêve, je vous prie, à votre rhétorique.
MASCARILLE. Mais vous, trêve plutôt à votre politique:
Elle n'est pas fort bonne, et vous devriez tâcher...
LÉLIE. Sais-tu qu'on n'acquiert rien de bon à me fâcher,
Que chez moi les avis ont de tristes salaires,
Qu'un valet conseiller y fait mal ses affaires?
        (A part.)   (Haut.)
MASCARILLE. Il se met en courroux. Tout ce que j'en ai dit
N'était rien que pour rire et vous sonder l'esprit.
D'un censeur de plaisirs ai-je fort l'encolure?
Et Mascarille est-il ennemi de nature?
Vous savez le contraire, et qu'il est très-certain
Qu'on ne peut me taxer que d'être trop humain.
Moquez-vous des sermons d'un vieux barbon de père;
Poussez votre bidet, vous dis-je, et laissez faire.
Ma foi! j'en suis d'avis que ces pénards chagrins
Nous viennent étourdir de leurs contes badins,
Et, vertueux par force, espèrent par envie
Oter aux jeunes gens les plaisirs de la vie!
Vous savez mon talent, je m'offre à vous servir.
LÉLIE. Ah! c'est par ces discours que tu peux me ravir.
Au reste, mon amour, quand je l'ai fait paraître,
N'a point été mal vu des yeux qui l'ont fait naître.
Mais Léandre, à l'instant, vient de me déclarer
Qu'à me ravir Célie il se va préparer:
C'est pourquoi dépêchons; et cherche dans ta tête
Les moyens les plus prompts d'en faire ma conquête.
Trouve ruses, détours, fourbes, inventions,
Pour frustrer mon rival de ses prétentions.
MASCARILLE. Laissez-moi quelque temps rêver à cette affaire.
    (A part.)
Que pourrais-je inventer pour ce coup nécessaire?

ACTE I.

LÉLIE. Hé bien! le stratagème?
MASCARILLE. Ah! comme vous courez!
Ma cervelle toujours marche à pas mesurés.
J'ai trouvé votre fait : il faut... Non, je m'abuse.
Mais si vous alliez...
LÉLIE. Où?
MASCARILLE. C'est une faible ruse.
J'en songeais une...
LÉLIE. Et quelle?
MASCARILLE. Elle n'irait pas bien.
Mais ne pourriez-vous pas...
LÉLIE. Quoi?
MASCARILLE. Vous ne pourriez rien.
Parlez avec Anselme.
LÉLIE. Et que lui puis-je dire?
MASCARILLE. Il est vrai, c'est tomber d'un mal dedans un pire.
Il faut pourtant l'avoir. Allez chez Trufaldin.
LÉLIE. Que faire?
MASCARILLE. Je ne sais.
LÉLIE. C'en est trop à la fin,
Et tu me mets à bout par ces contes frivoles.
MASCARILLE. Monsieur, si vous aviez en main force pistoles,
Nous n'aurions pas besoin maintenant de rêver
A chercher les biais que nous devons trouver,
Et pourrions, par un prompt achat de cette esclave,
Empêcher qu'un rival vous prévienne et vous brave.
De ces Egyptiens qui la mirent ici
Trufaldin, qui la garde, est en quelque souci;
Et trouvant son argent qu'ils lui font trop attendre,
Je sais bien qu'il serait très-ravi de la vendre :
Car enfin en vrai ladre il a toujours vécu;
Il se ferait fesser pour moins d'un quart d'écu,
Et l'argent est le dieu que surtout il révère.
Mais le mal, c'est...
LÉLIE. Quoi? c'est...
MASCARILLE. Que monsieur votre père
Est un autre vilain qui ne vous laisse pas,
Comme vous voudriez bien, manier ses ducats;
Qu'il n'est point de ressort qui, pour votre ressource,
Pût faire maintenant ouvrir la moindre bourse.
Mais tâchons de parler à Célie un moment,
Pour savoir là-dessus quel est son sentiment;
Sa fenêtre est ici.
LÉLIE. Mais Trufaldin pour elle
Fait de jour et de nuit exacte sentinelle.
Prends garde.
MASCARILLE. Dans ce coin demeurez en repos.
O bonheur! la voilà qui sort tout à propos.

SCÈNE III.
CÉLIE, LÉLIE, MASCARILLE.

LÉLIE. Ah! que le ciel m'oblige en offrant à ma vue
Les célestes attraits dont vous êtes pourvue!
Et, quelque mal cuisant que m'aient causé vos yeux,
Que je prends de plaisir à les voir en ces lieux!

CÉLIE. Mon cœur, qu'avec raison votre discours étonne,
N'entend pas que mes yeux fassent mal à personne;
Et si dans quelque chose ils vous ont outragé,
Je puis vous assurer que c'est sans mon congé.

LÉLIE. Ah! leurs coups sont trop beaux pour me faire une injure.
Je mets toute ma gloire à chérir leur blessure,
Et...

MASCARILLE. Vous le prenez là d'un ton un peu trop haut;
Ce style maintenant n'est pas ce qu'il nous faut.
Profitons mieux du temps, et sachons vite d'elle
Ce que...

TRUFALDIN *dans la maison.* Célie!

MASCARILLE *à Lélie.* Hé bien?

LÉLIE. O rencontre cruelle!
Ce malheureux vieillard devait-il nous troubler?

MASCARILLE. Allez, retirez-vous; je saurai lui parler.

SCÈNE IV.
TRUFALDIN, CÉLIE, LÉLIE *retiré dans un coin*, MASCARILLE.

TRUFALDIN *à Célie.* Que faites-vous dehors? et quel soin vous talonne,
Vous à qui je défends de parler à personne?

CÉLIE. Autrefois j'ai connu cet honnête garçon,
Et vous n'avez pas lieu d'en prendre aucun soupçon.

MASCARILLE. Est-ce là le seigneur Trufaldin?

CÉLIE. Oui, lui-même.

MASCARILLE. Monsieur, je suis tout vôtre; et ma joie est extrême
De pouvoir saluer en toute humilité
Un homme dont le nom est partout si vanté.

TRUFALDIN. Très-humble serviteur.

MASCARILLE. J'incommode peut-être;
Mais je l'ai vue ailleurs, où m'ayant fait connaître
Les grands talents qu'elle a pour savoir l'avenir,
Je voulais sur un point un peu l'entretenir.

TRUFALDIN. Quoi! te mêlerais-tu d'un peu de diablerie?

CÉLIE. Non, tout ce que je sais n'est que blanche magie.

MASCARILLE. Voici donc ce que c'est. Le maître que je sers
Languit pour un objet qui le tient dans ses fers.
Il aurait bien voulu du feu qui le dévore
Pouvoir entretenir la beauté qu'il adore :
Mais un dragon, veillant sur ce rare trésor,
N'a pu, quoi qu'il ait fait, le lui permettre encor,
Et, ce qui plus le gêne et le rend misérable,

Il vient de découvrir un rival redoutable :
Si bien que, pour savoir si ses soins amoureux
Ont sujet d'espérer quelque succès heureux,
Je viens vous consulter, sûr que de votre bouche
Je puis apprendre au vrai le secret qui nous touche.

CÉLIE. Sous quel astre ton maître a-t-il reçu le jour?
MASCARILLE. Sous un astre à jamais ne changer son amour.
CÉLIE. Sans me nommer l'objet pour qui son cœur soupire,
La science que j'ai m'en peut assez instruire.
Cette fille a du cœur, et dans l'adversité
Elle sait conserver une noble fierté :
Elle n'est pas d'humeur à trop faire connaître
Les secrets sentiments qu'en son cœur on fait naître;
Mais je les sais comme elle, et, d'un esprit plus doux,
Je vais en peu de mots te les découvrir tous.
MASCARILLE. O merveilleux pouvoir de la vertu magique!
CÉLIE. Si ton maître en ce point de constance se pique,
Et que la vertu seule anime son dessein,
Qu'il n'appréhende plus de soupirer en vain :
Il a lieu d'espérer; et le fort qu'il veut prendre
N'est pas sourd aux traités et voudra bien se rendre.
MASCARILLE. C'est beaucoup; mais ce fort dépend d'un gouverneur
Difficile à gagner.
CÉLIE. C'est là tout le malheur.
MASCARILLE *à part regardant Lélie.*
Au diable le fâcheux qui toujours nous éclaire!
CÉLIE. Je vais vous enseigner ce que vous devez faire.
LÉLIE *les joignant.* Cessez, ô Trufaldin, de vous inquiéter;
C'est par mon ordre seul qu'il vous vient visiter;
Et je vous l'envoyais, ce serviteur fidèle,
Vous offrir mon service et vous parler pour elle,
Dont je vous veux dans peu payer la liberté,
Pourvu qu'entre nous deux le prix soit arrêté.
MASCARILLE *à part.* La peste soit la bête!
TRUFALDIN. Ho! ho! qui des deux croire?
Ce discours au premier est fort contradictoire.
MASCARILLE. Monsieur, ce galant homme a le cerveau blessé;
Ne le savez-vous pas?
TRUFALDIN. Je sais ce que je sai.
J'ai crainte ici dessous de quelque manigance.
(*A Célie.*) Rentrez, et ne prenez jamais cette licence.
Et vous, filous fieffés, ou je me trompe fort,
Mettez, pour me jouer, vos flûtes mieux d'accord.

SCÈNE V.
LÉLIE, MASCARILLE.

MASCARILLE. C'est bien fait. Je voudrais qu'encor, sans flatterie,
Il nous eût d'un bâton chargés de compagnie.

A quoi bon se montrer, et, comme un étourdi,
Me venir démentir de tout ce que je di?
LÉLIE. Je pensais faire bien.
MASCARILLE. Oui, c'était fort l'entendre!
Mais quoi! cette action ne me doit point surprendre :
Vous êtes si fertile en pareils contre-temps,
Que vos écarts d'esprit n'étonnent plus les gens.
LÉLIE. Ah! mon Dieu! pour un rien me voilà bien coupable!
Le mal est-il si grand qu'il soit irréparable?
Enfin, si tu ne mets Célie entre mes mains,
Songe au moins de Léandre à rompre les desseins;
Qu'il ne puisse acheter avant moi cette belle.
De peur que ma présence encor soit criminelle,
Je te laisse.
MASCARILLE *seul.* Fort bien. A dire vrai, l'argent
Serait dans notre affaire un sûr et fort agent :
Mais ce ressort manquant, il faut user d'un autre.

SCÈNE VI.
ANSELME, MASCARILLE.

ANSELME. Par mon chef, c'est un siècle étrange que le nôtre!
J'en suis confus. Jamais tant d'amour pour le bien,
Et jamais tant de peine à retirer le sien.
Les dettes aujourd'hui, quelque soin qu'on emploie,
Sont comme les enfants, que l'on conçoit en joie,
Et dont avecque peine on fait l'accouchement.
L'argent dans notre bourse entre agréablement:
Mais le terme venu que nous devons le rendre,
C'est lors que les douleurs commencent à nous prendre.
Baste, ce n'est pas peu que deux mille francs, dus
Depuis deux ans entiers, me soient enfin rendus;
Encore est-ce un bonheur.
MASCARILLE *à part les quatre premiers vers.* O Dieu! la belle proie
A tirer en volant! Chut, il faut que je voie
Si je pourrais un peu de près le caresser :
Je sais bien les discours dont il le faut bercer.
Je viens de voir, Anselme...
ANSELME. Et qui?
MASCARILLE. Votre Nérine.
ANSELME. Que dit-elle de moi, cette gente assassine?
MASCARILLE. Pour vous elle est de flamme...
ANSELME. Elle?
MASCARILLE. Et vous aime tant,
Que c'est grande pitié.
ANSELME. Que tu me rends content!
MASCARILLE. Peu s'en faut que d'amour la pauvrette ne meure.
Anselme, mon mignon, crie-t-elle à toute heure,
Quand est-ce que l'hymen unira nos deux cœurs,

Et que tu daigneras éteindre mes ardeurs?
ANSELME. Mais pourquoi jusqu'ici me les avoir celées?
Les filles, par ma foi, sont bien dissimulées!
Mascarille, en effet, qu'en dis-tu? quoique vieux,
J'ai de la mine encore assez pour plaire aux yeux.
MASCARILLE. Oui, vraiment, ce visage est encor fort mettable;
S'il n'est pas des plus beaux, il est des agréable.
ANSELME. Si bien donc....
MASCARILLE *veut prendre la bourse.* Si bien donc qu'elle est sotte de vous,
Ne vous regarde plus...
ANSELME. Quoi!
MASCARILLE. Que comme un époux;
Et vous veut...
ANSELME. Et me veut...
MASCARILLE. Et vous veut, quoi qu'il tienne,
Prendre la bourse...
ANSELME. La...
MASCARILLE *prend la bourse et la laisse tomber.* La bouche avec la sienne.
ANSELME. Ah! je t'entends. Viens çà : lorsque tu la verras,
Vante-lui mon mérite autant que tu pourras.
MASCARILLE. Laissez-moi faire.
ANSELME. Adieu.
MASCARILLE. Que le ciel vous conduise!
ANSELME *revenant.* Ah! vraiment, je faisais une étrange sottise,
Et tu pouvais pour toi m'accuser de froideur :
Je t'engage à servir mon amoureuse ardeur,
Je reçois par ta bouche une bonne nouvelle,
Sans du moindre présent récompenser ton zèle!
Tiens, tu te souviendras...
MASCARILLE. Ah! non pas, s'il vous plaît.
ANSELME. Laisse-moi...
MASCARILLE. Point du tout. J'agis sans intérêt.
ANSELME. Je le sais; mais pourtant...
MASCARILLE. Non, Anselme, vous dis-je.
Je suis homme d'honneur; cela me désoblige.
ANSELME. Adieu donc, Mascarille.
MASCARILLE *à part.* O longs discours!
ANSELME *revenant.* Je veux
Régaler par tes mains cet objet de mes vœux;
Et je vais te donner de quoi faire pour elle
L'achat de quelque bague, ou telle bagatelle
Que tu trouveras bon.
MASCARILLE. Non, laissez votre argent :
Sans vous mettre en souci, je ferai le présent;
Et l'on m'a mis en main une bague à la mode,
Qu'après vous payerez, si cela l'accommode.
ANSELME. Soit; donne-la pour moi : mais surtout fais si bien,
Qu'elle garde toujours l'ardeur de me voir sien.

SCÈNE VII.
LÉLIE, ANSELME, MASCARILLE.

LÉLIE *ramassant la bourse.* A qui la bourse ?
ANSELME. Ah ! dieux, elle m'était tombée,
Et j'aurais après cru qu'on me l'eût dérobée !
Je vous suis bien tenu de ce soin obligeant
Qui m'épargne un grand trouble et me rend mon argent :
Je vais m'en décharger au logis tout à l'heure.

SCÈNE VIII.
LÉLIE, MASCARILLE.

MASCARILLE. C'est être officieux et très-fort, ou je meure.
LÉLIE. Ma foi, sans moi l'argent était perdu pour lui.
MASCARILLE. Certes, vous faites rage et payez aujourd'hui
D'un jugement très-rare et d'un bonheur extrême :
Nous avancerons fort, continuez de même.
LÉLIE. Qu'est-ce donc ? Qu'ai-je fait ?
MASCARILLE. Le sot, en bon françois,
Puisque je puis le dire et qu'enfin je le dois.
Il sait bien l'impuissance où son père le laisse ;
Qu'un rival, qu'il doit craindre, étrangement nous presse :
Cependant quand je tente un coup pour l'obliger,
Dont je cours moi tout seul la honte et le danger...
LÉLIE. Quoi ! c'était... ?
MASCARILLE. Oui, bourreau, c'était pour la captive
Que j'attrapais l'argent dont votre soin nous prive.
LÉLIE. S'il est ainsi, j'ai tort. Mais qui l'eût deviné ?
MASCARILLE. Il fallait en effet être bien raffiné !
LÉLIE. Tu me devais par signe avertir de l'affaire.
MASCARILLE. Oui, je devais au dos avoir mon luminaire.
Au nom de Jupiter, laissez-nous en repos,
Et ne nous chantez plus d'impertinents propos.
Un autre après cela quitterait tout peut-être ;
Mais j'avais médité tantôt un coup de maître,
Dont tout présentement je veux voir les effets.
A la charge que si...
LÉLIE. Non, je te le promets
De ne me mêler plus de rien dire ou rien faire.
MASCARILLE. Allez donc : votre vue excite ma colère.
LÉLIE. Mais surtout, hâte-toi, de peur qu'en ce dessein...
MASCARILLE. Allez, encore un coup ; j'y vais mettre la main.
(Lélie sort.)
Menons bien ce projet : la fourbe sera fine,
S'il faut qu'elle succède ainsi que j'imagine.
Allons voir... Bon ! voici mon homme justement.

SCÈNE IX.
PANDOLFE, MASCARILLE.

PANDOLFE. Mascarille!
MASCARILLE. Monsieur.
PANDOLFE. A parler franchement,
Je suis mal satisfait de mon fils.
MASCARILLE. De mon maître!
Vous n'êtes pas le seul qui se plaigne de l'être :
Sa mauvaise conduite, insupportable en tout,
Met à chaque moment ma patience à bout.
PANDOLFE. Je vous croyais pourtant assez d'intelligence
Ensemble.
MASCARILLE. Moi? Monsieur, perdez cette croyance :
Toujours de son devoir je tâche à l'avertir,
Et l'on nous voit sans cesse avoir maille à partir.
A l'heure même encor nous avons eu querelle
Sur l'hymen d'Hippolyte, où je le vois rebelle,
Où, par l'indignité d'un refus criminel,
Je le vois offenser le respect paternel.
PANDOLFE. Querelle?
MASCARILLE. Oui, querelle, et bien avant poussée.
PANDOLFE. Je me trompais donc bien, car j'avais la pensée
Qu'à tout ce qu'il faisait tu donnais de l'appui.
MASCARILLE. Moi? Voyez ce que c'est que du monde aujourd'hui,
Et comme l'innocence est toujours opprimée.
Si mon intégrité vous était confirmée,
Je suis auprès de lui gagé pour serviteur,
Vous me voudriez encor payer pour précepteur :
Oui, vous ne devriez pas lui dire davantage
Que ce que je lui dis pour le faire être sage.
Monsieur, au nom de Dieu, lui fais-je assez souvent,
Cessez de vous laisser conduire au premier vent :
Réglez-vous : regardez l'honnête homme de père
Que vous avez du ciel, comme on le considère;
Cessez de lui vouloir donner la mort au cœur,
Et, comme lui, vivez en personne d'honneur.
PANDOLFE. C'est parler comme il faut. Et que peut-il répondre?
MASCARILLE. Répondre? des chansons dont il me vient confondre
Ce n'est pas qu'en effet, dans le fond de son cœur,
Il ne tienne de vous des semences d'honneur;
Mais sa raison n'est pas maintenant sa maîtresse.
Si je pouvais parler avecque hardiesse,
Vous le verriez dans peu soumis sans nul effort.
PANDOLFE. Parle.
MASCARILLE. C'est un secret qui m'importerait fort
S'il était découvert : mais à votre prudence
Je puis le confier avec toute assurance.

PANDOLFE. Tu dis bien.
MASCARILLE. Sachez donc que vos vœux sont trahis
Par l'amour qu'une esclave imprime à votre fils.
PANDOLFE. On m'en avait parlé ; mais l'action me touche
De voir que je l'apprenne encore par ta bouche.
MASCARILLE. Vous voyez si je suis le secret confident...
PANDOLFE. Vraiment je suis ravi de cela.
MASCARILLE. Cependant
A son devoir, sans bruit, désirez-vous le rendre?
Il faut... J'ai toujours peur qu'on nous vienne surprendre ;
Ce serait fait de moi, s'il savait ce discours.
Il faut, dis-je, pour rompre à toute chose cours,
Acheter sourdement l'esclave idolâtrée,
Et la faire passer en une autre contrée.
Anselme a grand accès auprès de Trufaldin ;
Qu'il aille l'acheter pour vous dès ce matin :
Après, si vous voulez en mes mains la remettre,
Je connais des marchands, et puis bien vous promettre
D'en retirer l'argent qu'elle pourra coûter,
Et, malgré votre fils, de la faire écarter.
Car enfin, si l'on veut qu'à l'hymen il se range,
A cet amour naissant il faut donner le change ;
Et de plus, quand bien même il serait résolu
Qu'il aurait pris le joug que vous avez voulu,
Cet autre objet, pouvant réveiller son caprice,
Au mariage encor peut porter préjudice.
PANDOLFE. C'est très-bien raisonner, ce conseil me plaît fort...
Je vois Anselme; va, je m'en vais faire effort
Pour avoir promptement cette esclave funeste,
Et la mettre en tes mains pour achever le reste.
MASCARILLE seul. Bon : allons avertir mon maître de ceci.
Vive la fourberie et les fourbes aussi.

SCÈNE X.

HIPPOLYTE, MASCARILLE.

HIPPOLYTE. Oui, traître, c'est ainsi que tu me rends service?
Je viens de tout entendre et voir ton artifice.
A moins que de cela l'eussé-je soupçonné ?
Tu payes d'imposture et tu m'en as donné.
Tu m'avais promis, lâche, et j'avais lieu d'attendre
Qu'on te verrait servir mes ardeurs pour Léandre ;
Que du choix de Lélie, où l'on veut m'obliger,
Ton adresse et tes soins sauraient me dégager ;
Que tu m'affranchirais du projet de mon père :
Et cependant ici tu fais tout le contraire !
Mais tu t'abuseras : je sais un sûr moyen
Pour rompre cet achat où tu pousses si bien ;
Et je vais de ce pas...

MASCARILLE.   Ah! que vous êtes prompte!
          La mouche tout d'un coup à la tête vous monte,
          Et, sans considérer s'il a raison ou non,
          Votre esprit contre moi fait le petit démon.
          J'ai tort, et je devrais, sans finir mon ouvrage,
          Vous faire dire vrai, puisqu'ainsi l'on m'outrage.
HIPPOLYTE. Par quelle illusion penses-tu m'éblouir?
          Traître, peux-tu nier ce que je viens d'ouïr?
MASCARILLE. Non. Mais il faut savoir que tout cet artifice
          Ne va directement qu'à vous rendre service;
          Que ce conseil adroit, qui semble être sans fard,
          Jette dans le panneau l'un et l'autre vieillard;
          Que mon soin par leurs mains ne peut avoir Célie
          Qu'à dessein de la mettre au pouvoir de Lélie,
          Et faire que, l'effet de cette invention
          Dans le dernier excès portant sa passion,
          Anselme, rebuté de son prétendu gendre,
          Puisse tourner son choix du côté de Léandre.
HIPPOLYTE. Quoi! tout ce grand projet qui m'a mise en courroux,
          Tu l'as formé pour moi, Mascarille!
MASCARILLE.   Oui, pour vous.
          Mais puisqu'on reconnaît si mal mes bons offices,
          Qu'il me faut de la sorte essuyer vos caprices,
          Et que, pour récompense, on s'en vient de hauteur
          Me traiter de faquin, de lâche, d'imposteur,
          Je m'en vais réparer l'erreur que j'ai commise,
          Et, dès ce même pas, rompre mon entreprise.
HIPPOLYTE *l'arrêtant.* Hé! ne me traite pas si rigoureusement,
          Et pardonne aux transports d'un premier mouvement!
MASCARILLE. Non, non, laissez-moi faire; il est en ma puissance
          De détourner le coup qui si fort vous offense.
          Vous ne vous plaindrez point de mes soins désormais;
          Oui, vous aurez mon maître, et je vous le promets.
HIPPOLYTE. Hé! mon pauvre garçon, que ta colère cesse!
          J'ai mal jugé de toi, j'ai tort, je le confesse.
                    (*Tirant sa bourse.*)
          Mais je veux réparer ma faute par ceci.
          Pourrais-tu te résoudre à me quitter ainsi?
MASCARILLE. Non, je ne le saurais, quelque effort que je fasse:
          Mais votre promptitude est de mauvaise grâce.
          Apprenez qu'il n'est rien qui blesse un noble cœur
          Comme quand il peut voir qu'on le touche en l'honneur.
HIPPOLYTE. Il est vrai, je t'ai dit de trop grosses injures:
          Mais que ces deux louis guérissent tes blessures.
MASCARILLE. Hé! tout cela n'est rien: je suis tendre à ces coups.
          Mais déjà je commence à perdre mon courroux;
          Il faut de ses amis endurer quelque chose.
HIPPOLYTE. Pourras-tu mettre à fin ce que je me propose?

Et crois-tu que l'effet de tes desseins hardis
Produise à mon amour le succès que tu dis?
MASCARILLE. N'ayez point pour ce fait l'esprit sur des épines.
J'ai des ressorts tout prêts pour diverses machines;
Et quand ce stratagème à nos vœux manquerait,
Ce qu'il ne ferait pas, un autre le ferait.
HIPPOLYTE. Crois qu'Hippolyte au moins ne sera pas ingrate.
MASCARILLE. L'espérance du gain n'est pas ce qui me flatte.
HIPPOLYTE. Ton maître te fait signe, et veut parler à toi :
Je te quitte, mais songe à bien agir pour moi.

SCÈNE XI.

LÉLIE, MASCARILLE.

LÉLIE. Que diable fais-tu là? Tu me promets merveille;
Mais ta lenteur d'agir est pour moi sans pareille.
Sans que mon bon génie au-devant m'a poussé,
Déjà tout mon bonheur eût été renversé;
C'était fait de mon bien, c'était fait de ma joie;
D'un regret éternel je devenais la proie :
Bref, si je ne me fusse en ce lieu rencontré,
Anselme avait l'esclave, et j'en étais frustré;
Il l'emmenait chez lui. Mais j'ai paré l'atteinte,
J'ai détourné le coup, et tant fait, que par crainte
Le pauvre Trufaldin l'a retenue.
MASCARILLE.   Et trois :
Quand nous serons à dix, nous ferons une croix.
C'était par mon adresse, ô cervelle incurable!
Qu'Anselme entreprenait cet achat favorable :
Entre mes propres mains on la devait livrer;
Et vos soins endiablés nous en viennent sevrer.
Et puis pour votre amour je m'emploierais encore!
J'aimerais mieux cent fois être grosse pécore,
Devenir cruche, chou, lanterne, loup-garou,
Et que monsieur Satan vous vînt tordre le cou.
LÉLIE seul. Il nous le faut mener en quelque hôtellerie,
Et faire sur les pots décharger sa furie.

ACTE DEUXIÈME.

SCÈNE I.

LÉLIE, MASCARILLE.

MASCARILLE. A vos désirs enfin il a fallu se rendre :
Malgré tous mes serments je n'ai pu m'en défendre,
Et pour vos intérêts, que je voulais laisser,
En de nouveaux périls viens de m'embarrasser.
Je suis ainsi facile; et si de Mascarille

Madame la nature avait fait une fille,
Je vous laisse à penser ce que ç'aurait été.
Toutefois n'allez pas sur cette sûreté
Donner de vos revers au projet que je tente,
Me faire une bévue et rompre mon attente.
Auprès d'Anselme encor nous vous excuserons,
Pour en pouvoir tirer ce que nous désirons :
Mais si dorénavant votre imprudence éclate,
Adieu, vous dis, mes soins pour l'espoir qui vous flatte.

LÉLIE. Non, je serai prudent, te dis-je ; ne crains rien :
Tu verras seulement...

MASCARILLE.   Souvenez-vous-en bien ;
J'ai commencé pour vous un hardi stratagème.
Votre père fait voir une paresse extrême
A rendre par sa mort tous vos désirs contents ;
Je viens de le tuer (de parole, j'entends) :
Je fais courir le bruit que d'une apoplexie
Le bonhomme surpris a quitté cette vie.
Mais avant, pour pouvoir mieux feindre ce trépas,
J'ai fait que vers sa grange il a porté ses pas :
On est venu lui dire, et par mon artifice,
Que les ouvriers qui sont après son édifice,
Parmi les fondements qu'ils en jettent encor,
Avaient fait par hasard rencontre d'un trésor.
Il a volé d'abord ; et comme à la campagne
Tout son monde à présent, hors nous deux, l'accompagne,
Dans l'esprit d'un chacun je le tue aujourd'hui,
Et produis un fantôme enseveli pour lui.
Enfin je vous ai dit à quoi je vous engage :
Jouez bien votre rôle. Et pour mon personnage,
Si vous apercevez que j'y manque d'un mot,
Dites absolument que je ne suis qu'un sot.

SCÈNE II.

LÉLIE seul.

Son esprit, il est vrai, trouve une étrange voie
Pour adresser mes vœux au comble de leur joie :
Mais quand d'un bel objet on est bien amoureux,
Que ne ferait-on pas pour devenir heureux ?
Si l'amour est au crime une assez belle excuse,
Il en peut bien servir à la petite ruse
Que sa flamme aujourd'hui me force d'approuver,
Par la douceur du bien qui m'en doit arriver.
Juste ciel ! qu'ils sont prompts ! je les vois en parole.
Allons nous préparer à jouer notre rôle.

SCENE III.
ANSELME, MASCARILLE.

MASCARILLE. La nouvelle a sujet de vous surprendre fort.
ANSELME. Etre mort de la sorte!
MASCARILLE. Il a certes grand tort :
Je lui sais mauvais gré d'une telle incartade.
ANSELME. N'avoir pas seulement le temps d'être malade!
MASCARILLE. Non, jamais homme n'eut si hâte de mourir.
ANSELME. Et Lélie?
MASCARILLE. Il se bat, et ne peut rien souffrir;
Il s'est fait en maint lieu contusion et bosse,
Et veut accompagner son papa dans la fosse :
Enfin, pour achever, l'excès de son transport
M'a fait en grande hâte ensevelir le mort,
De peur que cet objet, qui le rend hypocondre,
A faire un vilain coup ne me l'allât semondre.
ANSELME. N'importe, tu devais attendre jusqu'au soir;
Outre qu'encore un coup j'aurais voulu le voir,
Qui tôt ensevelit bien souvent assassine;
Et tel est cru défunt qui n'en a que la mine.
MASCARILLE. Je vous le garantis trépassé comme il faut.
Au reste, pour venir au discours de tantôt,
Lélie, et l'action lui sera salutaire,
D'un bel enterrement veut régaler son père,
Et consoler un peu ce défunt de son sort
Par le plaisir de voir faire honneur à sa mort.
Il hérite beaucoup : mais comme en ses affaires
Il se trouve assez neuf et ne voit encor guères,
Que son bien la plupart n'est point en ces quartiers,
Ou que ce qu'il y tient consiste en des papiers,
Il voudrait vous prier, ensuite de l'instance,
D'excuser de tantôt son trop de violence,
De lui prêter au moins pour ce dernier devoir...
ANSELME. Tu me l'as déjà dit; et je m'en vais le voir.
MASCARILLE *seul*. Jusques ici du moins tout va le mieux du monde.
Tâchons à ce progrès que le reste réponde,
Et, de peur de trouver dans le port un écueil,
Conduisons le vaisseau de la main et de l'œil.

SCÈNE IV.
ANSELME, LÉLIE, MASCARILLE.

ANSELME. Sortons; je ne saurais qu'avec douleur très-forte
Le voir empaqueté de cette étrange sorte.
Las! en si peu de temps! Il vivait ce matin!
MASCARILLE. En peu de temps par fois on fait bien du chemin.
LÉLIE *pleurant*. Ah!
ANSELME. Mais quoi, cher Lélie! enfin il était homme.

ACTE II.

On n'a point pour la mort de dispense de Rome.
LÉLIE. Ah!
ANSELME. Sans leur dire gare, elle abat les humains,
Et contre eux de tout temps a de mauvais desseins.
LÉLIE. Ah!
ANSELME. Ce fier animal, pour toutes les prières,
Ne perdrait pas un coup de ses dents meurtrières.
Tout le monde y passe.
LÉLIE. Ah!,
MASCARILLE. Vous avez beau prêcher,
Ce deuil enraciné ne se peut arracher.
ANSELME. Si malgré ces raisons votre ennui persévère,
Mon cher Lélie, au moins faites qu'il se modère
LÉLIE. Ah!
MASCARILLE. Il n'en fera rien, je connais son humeur.
ANSELME. Au reste, sur l'avis de votre serviteur,
J'apporte ici l'argent qui vous est nécessaire
Pour faire célébrer les obsèques d'un père.
LÉLIE. Ah! ah!
MASCARILLE. Comme à ce mot s'augmente sa douleur!
Il ne peut, sans mourir, songer à ce malheur.
ANSELME. Je sais que vous verrez aux papiers du bonhomme
Que je suis débiteur d'une plus grande somme :
Mais, quand par ces raisons je ne vous devrais rien,
Vous pourriez librement disposer de mon bien.
Tenez; je suis tout vôtre, et le ferai paraître.
LÉLIE *s'en allant.* Ah!
MASCARILLE. Le grand déplaisir que sent monsieur mon maître!
ANSELME. Mascarille, je crois qu'il serait à propos
Qu'il me fît de sa main un reçu de deux mots.
MASCARILLE. Ah!
ANSELME. Des événements l'incertitude est grande.
MASCARILLE. Ah!
ANSELME. Faisons-lui signer le mot que je demande.
MASCARILLE. Las! en l'état qu'il est, comment vous contenter?
Donnez-lui le loisir de se désattrister;
Et quand ses déplaisirs auront quelque allégeance,
J'aurai soin d'en tirer d'abord votre assurance.
Adieu. Je sens mon cœur qui se gonfle d'ennui,
Et m'en vais tout mon soûl pleurer avecque lui.
Hi!
ANSELME *seul.* Le monde est rempli de beaucoup de traverses;
Chaque homme tous les jours en ressent de diverses;
Et jamais ici-bas...

SCÈNE V.

PANDOLFE, ANSELME.

ANSELME. Ah bons dieux! je frémi!

Pandolfe qui revient! Fût-il bien endormi
Comme depuis sa mort sa face est amaigrie.
Las! ne m'approchez pas de plus près, je vous prie!
J'ai trop de répugnance à coudoyer un mort.
PANDOLFE. D'où peut donc provenir ce bizarre transport?
ANSELME. Dites-moi de bien loin quel sujet vous amène.
Si pour me dire adieu vous prenez tant de peine,
C'est trop de courtoisie, et véritablement
Je me serais passé de votre compliment.
Si votre âme est en peine et cherche des prières,
Las! je vous en promets, et ne m'effrayez guères!
Foi d'homme épouvanté, je vais faire à l'instant
Prier tant Dieu pour vous que vous serez content.
  Disparaissez donc, je vous prie;
  Et que le ciel, par sa bonté,
  Comble de joie et de santé
  Votre défunte seigneurie!
PANDOLFE *riant*. Malgré tout mon dépit, il m'y faut prendre part.
ANSELME. Las! pour un trépassé vous êtes bien gaillard!
PANDOLFE. Est-ce jeu, dites-nous, ou bien si c'est folie
Qui traite de défunt une personne en vie?
ANSELME. Hélas! vous êtes mort, et je viens de vous voir...
PANDOLFE. Quoi! j'aurais trépassé sans m'en apercevoir?
ANSELME. Sitôt que Mascarille en a dit la nouvelle,
J'en ai senti dans l'âme une douleur mortelle.
PANDOLFE. Mais enfin dormez-vous? Etes-vous éveillé?
Me connaissez-vous pas?
ANSELME.   Vous êtes habillé
D'un corps aérien qui contrefait le vôtre,
Mais qui dans un moment peut devenir tout autre.
Je crains fort de vous voir comme un géant grandir,
Et tout votre visage affreusement laidir.
Pour Dieu, ne prenez point de vilaine figure;
J'ai prou de ma frayeur en cette conjoncture.
PANDOLFE. En une autre saison, cette naïveté
Dont vous accompagnez votre crédulité,
Anselme, me serait un charmant badinage,
Et j'en prolongerais le plaisir davantage :
Mais, avec cette mort, un trésor supposé,
Dont parmi les chemins on m'a désabusé,
Fomente dans mon âme un soupçon légitime.
Mascarille est un fourbe, et fourbe fourbissime,
Sur qui ne peuvent rien la crainte et les remords,
Et qui pour ses desseins a d'étranges ressorts.
ANSELME. M'aurait-on joué pièce et fait supercherie?
Ah! vraiment, ma raison, vous seriez fort jolie!
Touchons un peu pour voir. En effet, c'est bien lui.
Malepeste du sot que je suis aujourd'hui!

De grâce, n'allez pas divulguer un tel conte;
On en ferait jouer quelque farce à ma honte.
Mais, Pandolfe, aidez-moi vous-même à retirer
L'argent que j'ai donné pour vous faire enterrer.

PANDOLFE. De l'argent, dites-vous? Ah! voilà l'enclouure!
C'est là le nœud secret de toute l'aventure!
A votre dam. Pour moi, sans me mettre en souci,
Je vais faire informer de cette affaire-ci
Contre ce Mascarille; et si l'on peut le prendre,
Quoi qu'il puisse coûter, je le veux faire pendre.

ANSELME seul. Et moi, la bonne dupe à trop croire un vaurien,
Il faut donc qu'aujourd'hui je perde et sens et bien :
Il me sied bien, ma foi, de porter tête grise,
Et d'être encor si prompt à faire une sottise;
D'examiner si peu sur un premier rapport...
Mais je vois...

SCÈNE VI.
LÉLIE, ANSELME.

LÉLIE. Maintenant avec ce passe-port
Je puis à Trufaldin rendre aisément visite.

ANSELME. A ce que je puis voir, votre douleur vous quitte?

LÉLIE. Que dites-vous? Jamais elle ne quittera
Un cœur qui chèrement toujours la gardera.

ANSELME. Je reviens sur mes pas vous dire avec franchise
Que tantôt avec vous j'ai fait une méprise;
Que parmi ces louis, quoiqu'ils semblent très-beaux,
J'en ai, sans y penser, mêlé que je tiens faux;
Et j'apporte sur moi de quoi mettre en leur place.
De nos faux monnayeurs l'insupportable audace
Pullule en cet état d'une telle façon,
Qu'on ne reçoit plus rien qui soit hors de soupçon.
Mon Dieu! qu'on ferait bien de les faire tous pendre!

LÉLIE. Vous me faites plaisir de les vouloir reprendre :
Mais je n'en ai point vu de faux, comme je crois.

ANSELME. Je les connaîtrai bien, montrez, montrez-les-moi.
Est-ce tout?

LÉLIE. Oui.

ANSELME. Tant mieux. Enfin je vous raccroche,
Mon argent bien-aimé; rentrez dedans ma poche.
Et vous, mon brave escroc, vous ne tenez plus rien.
Vous tuez donc des gens qui se portent fort bien?
Et qu'auriez-vous donc fait sur moi chétif beau-père?
Ma foi! je m'engendrais d'une belle manière,
Et j'allais prendre en vous un beau-fils fort discret!
Allez, allez mourir de honte et de regret.

LÉLIE seul. Il faut dire, j'en tiens. Quelle surprise extrême!
D'où peut-il avoir su sitôt le stratagème?

SCÈNE VII.

LÉLIE, MASCARILLE.

MASCARILLE. Quoi! vous étiez sorti? Je vous cherchais partout.
Hé bien! en sommes-nous enfin venus à bout?
Je le donne en six coups au fourbe le plus brave.
Çà, donnez-moi que j'aille acheter notre esclave;
Votre rival après sera bien étonné.

LÉLIE. Ah! mon pauvre garçon, la chance a bien tourné!
Pourrais-tu de mon sort deviner l'injustice?

MASCARILLE. Quoi? que serait-ce...

LÉLIE. Anselme, instruit de l'artifice,
M'a repris maintenant tout ce qu'il nous prêtait,
Sous couleur de changer de l'or que l'on doutait.

MASCARILLE. Vous vous moquez peut-être.

LÉLIE. Il est trop véritable.

MASCARILLE. Tout de bon?

LÉLIE. Tout de bon; j'en suis inconsolable.
Tu te vas emporter d'un courroux sans égal.

MASCARILLE. Moi, monsieur! quelque sot: la colère fait mal;
Et je veux me choyer, quoi qu'enfin il arrive.
Que Célie, après tout, soit ou libre ou captive,
Que Léandre l'achète, ou qu'elle reste là,
Pour moi, je m'en soucie autant que de cela.

LÉLIE. Ah! n'aye point pour moi si grande indifférence,
Et sois plus indulgent à ce peu d'imprudence!
Sans ce dernier malheur, ne m'avoueras-tu pas
Que j'avais fait merveille, et qu'en ce feint trépas
J'éludais un chacun d'un deuil si vraisemblable,
Que les plus clairvoyants l'auraient cru véritable?

MASCARILLE. Vous avez en effet sujet de vous louer!

LÉLIE. Hé bien! je suis coupable, et je veux l'avouer;
Mais si jamais mon bien te fut considérable,
Répare ce malheur, et me sois secourable.

MASCARILLE. Je vous baise les mains; je n'ai pas le loisir.

LÉLIE. Mascarille, mon fils!

MASCARILLE. Point.

LÉLIE. Fais-moi ce plaisir.

MASCARILLE. Non, je n'en ferai rien.

LÉLIE. Si tu m'es inflexible,
Je m'en vais me tuer.

MASCARILLE. Soit; il vous est loisible.

LÉLIE. Je ne te puis fléchir?

MASCARILLE. Non.

LÉLIE. Vois-tu le fer prêt?

MASCARILLE. Oui.

LÉLIE. Je vais le pousser.

MASCARILLE. Faites ce qu'il vous plaît.

LÉLIE. Tu n'auras pas regret de m'arracher la vie?
MASCARILLE. Non.
LÉLIE. Adieu, Mascarille.
MASCARILLE. Adieu, monsieur Lélie.
LÉLIE. Quoi!
MASCARILLE. Tuez-vous donc vite. Ah! que de longs devis!
LÉLIE. Tu voudrais bien, ma foi! pour avoir mes habits,
Que je fisse le sot, et que je me tuasse.
MASCARILLE. Savais-je pas qu'enfin ce n'était que grimace;
Et, quoi que ces esprits jurent d'effectuer,
Qu'on n'est point aujourd'hui si prompt à se tuer!

SCÈNE VIII.
TRUFALDIN, LÉANDRE, LÉLIE, MASCARILLE.

(*Trufaldin parle bas à Léandre dans le fond du théâtre.*)

LÉLIE. Que vois-je? Mon rival et Trufaldin ensemble!
Il achète Célie. Ah! de frayeur je tremble!
MASCARILLE. Il ne faut point douter qu'il fera ce qu'il peut;
Et, s'il a de l'argent, qu'il pourra ce qu'il veut.
Pour moi, j'en suis ravi. Voilà la récompense
De vos brusques erreurs, de votre impatience.
LÉLIE. Que dois-je faire? dis : veuille me conseiller.
MASCARILLE. Je ne sais.
LÉLIE. Laisse-moi, je vais le quereller.
MASCARILLE. Qu'en arrivera-t-il?
LÉLIE. Que veux-tu que je fasse
Pour empêcher ce coup?
MASCARILLE. Allez, je vous fais grâce :
Je jette encore un œil pitoyable sur vous.
Laissez-moi l'observer : par des moyens plus doux
Je vais, comme je crois, savoir ce qu'il projette.
(*Lélie sort.*)
TRUFALDIN *à Léandre.* Quand on viendra tantôt, c'est une affaire faite.
(*Trufaldin sort.*)
MASCARILLE *à part en s'en allant.*
Il faut que je l'attrape, et que de ses desseins
Je sois le confident pour mieux les rendre vains.
LÉANDRE *seul.* Grâces au ciel, voilà mon bonheur hors d'atteinte,
J'ai su me l'assurer, et je n'ai plus de crainte.
Quoi que désormais puisse entreprendre un rival,
Il n'est plus en pouvoir de me faire du mal.

SCÈNE IX.
LÉANDRE, MASCARILLE.

MASCARILLE *dit ces deux vers dans la maison et entre sur le théâtre.*
Aie! aie! à l'aide! au meurtre! au secours! on m'assomme!
Ah! ah! ah! ah! ah! ah! O traître! ô bourreau d'homme!
LÉANDRE. D'où procède cela? Qu'est-ce? que te fait-on?

MASCARILLE. On vient de me donner deux cents coups de bâton.
LÉANDRE. Qui?
MASCARILLE.   Lélie.
LÉANDRE.   Et pourquoi?
MASCARILLE.   Pour une bagatelle
Il me chasse et me bat d'une façon cruelle.
LÉANDRE. Ah! vraiment, il a tort!
MASCARILLE.   Mais, ou je ne pourrai,
Ou je jure bien fort que je m'en vengerai.
Oui, je te ferai voir, batteur que Dieu confonde!
Que ce n'est pas pour rien qu'il faut rouer le monde;
Que je suis un valet, mais fort homme d'honneur;
Et qu'après m'avoir eu quatre ans pour serviteur,
Il ne me fallait pas payer en coups de gaules,
Et me faire un affront si sensible aux épaules.
Je te le dis encor, je saurai m'en venger.
Une esclave te plaît, tu voulais m'engager
A la mettre en tes mains; et je veux faire en sorte
Qu'un autre te l'enlève, ou le diable m'emporte!
LÉANDRE. Écoute, Mascarille, et quitte ce transport.
Tu m'as plu de tout temps, et je souhaitais fort
Qu'un garçon comme toi, plein d'esprit et fidèle,
A mon service un jour pût attacher son zèle.
Enfin, si le parti te semble bon pour toi,
Si tu veux me servir, je t'arrête avec moi.
MASCARILLE. Oui, monsieur, d'autant mieux que le destin propice
M'offre à me bien venger en vous rendant service;
Et que dans mes efforts pour vos contentements
Je puis à mon brutal trouver des châtiments :
De Célie, en un mot, par mon adresse extrême.....
LÉANDRE. Mon amour s'est rendu cet office lui-même.
Enflammé d'un objet qui n'a point de défaut,
Je viens de l'acheter moins encor qu'il ne vaut.
MASCARILLE. Quoi! Célie est à vous?
LÉANDRE.   Tu la verrais paraître,
Si de mes actions j'étais tout à fait maître :
Mais quoi! mon père l'est; comme il a volonté,
Ainsi que je l'apprends d'un paquet apporté,
De me déterminer à l'hymen d'Hippolyte,
J'empêche qu'un rapport de tout ceci l'irrite.
Donc avec Trufaldin, car je sors de chez lui,
J'ai voulu tout exprès agir au nom d'autrui;
Et, l'achat fait, ma bague est la marque choisie
Sur laquelle au premier il doit livrer Célie.
Je songe auparavant à chercher les moyens
D'ôter aux yeux de tous ce qui charme les miens,
A trouver promptement un endroit favorable
Où puisse être en secret cette captive aimable.

MASCARILLE. Hors de la ville un peu, je puis avec raison
　　　　　D'un vieux parent que j'ai vous offrir la maison;
　　　　　Là vous pourrez la mettre avec toute assurance,
　　　　　Et de cette action nul n'aura connaissance.
LÉANDRE. Oui? Ma foi, tu me fais un plaisir souhaité.
　　　　　Tiens donc, et va pour moi prendre cette beauté :
　　　　　Dès que par Trufaldin ma bague sera vue,
　　　　　Aussitôt en tes mains elle sera rendue,
　　　　　Et dans cette maison tu me la conduiras.
　　　　　Quand... Mais chut, Hippolyte est ici sur nos pas.

SCÈNE X.
HIPPOLYTE, LÉANDRE, MASCARILLE.

HIPPOLYTE. Je dois vous annoncer, Léandre, une nouvelle;
　　　　　Mais la trouverez-vous agréable, ou cruelle?
LÉANDRE. Pour en pouvoir juger, et répondre soudain,
　　　　　Il faudrait la savoir.
HIPPOLYTE. 　　　　　Donnez-moi donc la main
　　　　　Jusqu'au temple; en marchant je pourrai vous l'apprendre.
LÉANDRE *à Mascarille.* Va, va-t'en me servir sans davantage attendre.

SCÈNE XI.
MASCARILLE *seul.*

Oui, je te vais servir d'un plat de ma façon.
Fut-il jamais au monde un plus heureux garçon!
Oh! que dans un moment Lélie aura de joie!
Sa maîtresse en nos mains tomber par cette voie!
Recevoir tout son bien d'où l'on attend son mal!
Et devenir heureux par la main d'un rival!
Après ce rare exploit, je veux que l'on s'apprête
A me peindre en héros, un laurier sur la tête,
Et qu'au bas du portrait on mette en lettres d'or
Vivat Mascarillus fourbum imperator!

SCÈNE XII.
TRUFALDIN, MASCARILLE.

MASCARILLE. Holà!
TRUFALDIN. 　　　Que voulez-vous?
MASCARILLE. 　　　　　　　　Cette bague connue
　　　　　Vous dira le sujet qui cause ma venue.
TRUFALDIN. Oui, je reconnais bien la bague que voilà.
　　　　　Je vais querir l'esclave, arrêtez un peu là.

SCÈNE XIII.
TRUFALDIN, UN COURRIER, MASCARILLE.

LE COURRIER *à Trufaldin.*
　　　　　Seigneur, obligez-moi de m'enseigner un homme...
TRUFALDIN. Et qui?

LE COURRIER. Je crois que c'est Trufaldin qu'il se nomme.
TRUFALDIN. Et que lui voulez-vous? Vous le voyez ici.
LE COURRIER. Lui rendre seulement la lettre que voici.
TRUFALDIN *lit.* « Le ciel, dont la bonté prend souci de ma vie,
» Vient de me faire ouïr, par un bruit assez doux,
» Que ma fille, à quatre ans par des voleurs ravie,
» Sous le nom de Célie est esclave chez vous.
» Si vous sûtes jamais ce que c'est qu'être père,
» Et vous trouvez sensible aux tendresses du sang,
» Conservez-moi chez vous cette fille si chère;
» Comme si de la vôtre elle tenait le rang.
» Pour l'aller retirer je pars d'ici moi-même,
» Et vous vais de vos soins récompenser si bien,
» Que par votre bonheur, que je veux rendre extrême,
» Vous bénirez le jour où vous causez le mien. »
De Madrid. Don PEDRO DE GUSMAN,
marquis DE MONTALCANE.
(*Il continue.*)
Quoiqu'à leur nation bien peu de foi soit due,
Ils me l'avaient bien dit, ceux qui me l'ont vendue,
Que je verrais dans peu quelqu'un la retirer,
Et que je n'aurais pas sujet d'en murmurer:
Et cependant j'allais, dans mon impatience,
Perdre aujourd'hui les fruits d'une haute espérance.
(*Au courrier.*)
Un seul moment plus tard tous vos pas étaient vains,
J'allais mettre à l'instant cette fille en ses mains:
Mais suffit; j'en aurai tout le soin qu'on désire.
(*Le courrier sort.*)
(*A Mascarille.*)
Vous-même vous voyez ce que je viens de lire.
Vous direz à celui qui vous a fait venir
Que je ne lui saurais ma parole tenir;
Qu'il vienne retirer son argent.
MASCARILLE. Mais l'outrage
Que vous lui faites...
TRUFALDIN. Va, sans causer davantage.
MASCARILLE *seul.* Ah! le fâcheux paquet que nous venons d'avoir!
Le sort a bien donné la baie à mon espoir;
Et bien à la male-heure est-il venu d'Espagne
Ce courrier, que la foudre ou la grêle accompagne!
Jamais, certes, jamais plus beau commencement
N'eut en si peu temps plus triste événement.

SCÈNE XIV.
LÉLIE *riant*, MASCARILLE.

MASCARILLE. Quel beau transport de joie à présent vous inspire?
LÉLIE. Laisse-m'en rire encore avant que te le dire.

MASCARILLE. Çà, rions donc bien fort, nous en avons sujet.
LÉLIE. Ah! je ne serai plus de tes plaintes l'objet:
Tu ne me diras plus, toi qui toujours me cries,
Que je gâte en brouillon toutes tes fourberies.
J'ai bien joué moi-même un tour des plus adroits.
Il est vrai, je suis prompt, et m'emporte parfois:
Mais pourtant, quand je veux, j'ai l'imaginative
Aussi bonne, en effet, que personne qui vive;
Et toi-même avoueras que ce que j'ai fait part
D'une pointe d'esprit où peu de monde a part.
MASCARILLE. Sachons donc ce qu'a fait cette imaginative.
LÉLIE. Tantôt, l'esprit ému d'une frayeur bien vive
D'avoir vu Trufaldin avecque mon rival,
Je songeais à trouver un remède à ce mal;
Lorsque, me ramassant tout entier en moi-même,
J'ai conçu, digéré, produit un stratagème
Devant qui tous les tiens, dont tu fais tant de cas,
Doivent, sans contredit, mettre pavillon bas.
MASCARILLE. Mais qu'est-ce?
LÉLIE. Ah! s'il te plaît, donne-toi patience.
J'ai donc feint une lettre avecque diligence,
Comme d'un grand seigneur écrite à Trufaldin,
Qui mande qu'ayant su, par un heureux destin,
Qu'une esclave qu'il tient sous le nom de Célie
Est sa fille, autrefois par des voleurs ravie,
Il veut la venir prendre, et le conjure au moins
De la garder toujours, de lui rendre des soins;
Qu'à ce sujet il part d'Espagne, et doit pour elle
Par de si grands présents reconnaître son zèle,
Qu'il n'aura point regret de causer son bonheur.
MASCARILLE. Fort bien.
LÉLIE. Ecoute donc; voici bien le meilleur.
La lettre que je dis a donc été remise.
Mais sais-tu bien comment? En saison si bien prise,
Que le porteur m'a dit que, sans ce trait falot,
Un homme l'emmenait, qui s'est trouvé fort sot.
MASCARILLE. Vous avez fait ce coup sans vous donner au diable?
LÉLIE. Oui. D'un tour si subtil m'aurais-tu cru capable?
Loue au moins mon adresse, et la dextérité
Dont je romps d'un rival le dessein concerté.
MASCARILLE. A vous pouvoir louer selon votre mérite
Je manque d'éloquence, et ma force est petite.
Oui, pour bien étaler cet effort relevé,
Ce bel exploit de guerre à nos yeux achevé,
Ce grand et rare effet d'une imaginative
Qui ne cède en vigueur à personne qui vive,
Ma langue est impuissante, et je voudrais avoir
Celles de tous les gens du plus exquis savoir,

Pour vous dire en beaux vers, ou bien en docte prose,
Que vous serez toujours, quoi que l'on se propose,
Tout ce que vous avez été durant vos jours;
C'est-à-dire un esprit chaussé tout à rebours,
Une raison malade et toujours en débauche,
Un envers du bon sens, un jugement à gauche,
Un brouillon, une bête, un brusque, un étourdi,
Que sais-je? un... cent fois plus encor que je ne di.
C'est faire en abrégé votre panégyrique.
LÉLIE. Apprends-moi le sujet qui contre moi te pique.
Ai-je fait quelque chose? Eclaircis-moi ce point.
MASCARILLE. Non, vous n'avez rien fait. Mais ne me suivez point.
LÉLIE. Je te suivrai partout pour savoir ce mystère.
MASCARILLE. Oui! Sus donc, préparez vos jambes à bien faire;
Car je vais vous fournir de quoi les exercer.
LÉLIE *seul.* Il m'échappe. O malheur qui ne se peut forcer!
Au discours qu'il m'a fait que saurais-je comprendre?
Et quel mauvais office aurais-je pu me rendre?

ACTE TROISIÈME.

SCÈNE I.

MASCARILLE *seul.*

Taisez-vous, ma bonté, cessez votre entretien,
Vous êtes une sotte, et je n'en ferai rien.
Oui, vous avez raison, mon courroux, je l'avoue;
Relier tant de fois ce qu'un brouillon dénoue,
C'est trop de patience; et je dois en sortir,
Après de si beaux coups qu'il a su divertir.
Mais aussi raisonnons un peu sans violence.
Si je suis maintenant ma juste impatience,
On dira que je cède à la difficulté,
Que je me trouve à bout de ma subtilité.
Et que deviendra lors cette publique estime
Qui te vante partout pour un fourbe sublime,
Et que tu t'es acquise en tant d'occasions
A ne t'être jamais vu court d'inventions?
L'honneur, ô Mascarille, est une belle chose!
A tes nobles travaux ne fais aucune pause;
Et quoi qu'un maître ait fait pour te faire enrager,
Achève pour ta gloire, et non pour l'obliger.
Mais quoi! que feras-tu que de l'eau toute claire?
Traversé sans repos par ce démon contraire,
Tu vois qu'à chaque instant il te fait déchanter,
Et que c'est battre l'eau de prétendre arrêter

Ce torrent effréné qui de tes artifices
Renverse en un moment les plus beaux édifices.
Hé bien! pour toute grâce, encore un coup du moins,
Au hasard du succès sacrifions des soins;
Et s'il poursuit encore à rompre notre chance,
J'y consens, ôtons-lui toute notre assistance.
Cependant notre affaire encor n'irait pas mal,
Si par là nous pouvions perdre notre rival,
Et que Léandre enfin, lassé de sa poursuite,
Nous laissât jour entier pour ce que je médite.
Oui, je roule en ma tête un trait ingénieux,
Dont je promettrais bien un succès glorieux,
Si je puis n'avoir plus cet obstacle à combattre.
Bon: voyons si son feu se rend opiniâtre.

SCÈNE II.
LÉANDRE, MASCARILLE.

MASCARILLE. Monsieur, j'ai perdu temps; votre homme se dédit.
LÉANDRE. De la chose lui-même il m'a fait le récit:
    Mais c'est bien plus; j'ai su que tout ce beau mystère
    D'un rapt d'Egyptiens, d'un grand seigneur pour père
    Qui doit partir d'Espagne et venir en ces lieux,
    N'est qu'un pur stratagème, un trait facétieux
    Une histoire à plaisir, un conte dont Lélie
    A voulu détourner notre achat de Célie.
MASCARILLE. Voyez un peu la fourbe!
LÉANDRE.   Et pourtant Trufaldin
    Est si bien imprimé de ce conte badin,
    Mord si bien à l'appât de cette faible ruse,
    Qu'il ne veut point souffrir que l'on le désabuse.
MASCARILLE. C'est pourquoi désormais il la gardera bien,
    Et je ne vois pas lieu d'y prétendre plus rien.
LÉANDRE. Si d'abord à mes yeux elle parut aimable,
    Je viens de la trouver tout à fait adorable;
    Et je suis en suspens si, pour me l'acquérir,
    Aux extrêmes moyens je ne dois point courir,
    Par le don de ma foi rompre sa destinée,
    Et changer ses liens en ceux de l'hyménée.
MASCARILLE. Vous pourriez l'épouser?
LÉANDRE.   Je ne sais; mais enfin,
    Si quelque obscurité se trouve en son destin,
    Sa grâce et sa vertu sont de douces amorces
    Qui pour tirer les cœurs ont d'incroyables forces.
MASCARILLE. Sa vertu, dites-vous?
LÉANDRE.   Quoi? que murmures-tu?
    Achève; explique-toi sur ce mot de vertu.
MASCARILLE. Monsieur, votre visage en un moment s'altère,
    Et je ferai bien mieux peut-être de me taire.

LÉANDRE. Non, non, parle.
MASCARILLE. Hé bien donc, très-charitablement
Je vous veux retirer de votre aveuglement.
Cette fille...
LÉANDRE. Poursuis.
MASCARILLE. N'est rien moins qu'inhumaine;
Dans le particulier elle oblige sans peine;
Et son cœur, croyez-moi, n'est point roche après tout
A quiconque la sait prendre par le bon bout:
Elle fait la sucrée, et veut passer pour prude.
Mais je puis en parler avecque certitude:
Vous savez que je suis quelque peu du métier
A me devoir connaître en un pareil gibier.
LÉANDRE. Célie!...
MASCARILLE. Oui, sa pudeur n'est que franche grimace,
Qu'une ombre de vertu qui garde mal la place,
Et qui s'évanouit, comme l'on peut savoir,
Aux rayons du soleil qu'une bourse fait voir.
LÉANDRE. Las! que dis-tu? Croirai-je un discours de la sorte?
MASCARILLE. Monsieur, les volontés sont libres; que m'importe?
Non, ne me croyez pas, suivez votre dessein;
Prenez cette matoise, et lui donnez la main;
Toute la ville en corps reconnaîtra ce zèle,
Et vous épouserez le bien public en elle.
LÉANDRE. Quelle surprise étrange!
MASCARILLE *à part.* Il a pris l'hameçon.
Courage! s'il se peut enferrer tout de bon,
Nous nous ôtons du pied une fâcheuse épine.
LÉANDRE. Oui, d'un coup étonnant ce discours m'assassine.
MASCARILLE. Quoi! vous pourriez...
LÉANDRE. Va-t'en jusqu'à la poste, et voi
Je ne sais quel paquet qui doit venir pour moi.
(*Seul, après avoir rêvé.*)
Qui ne s'y fût trompé? Jamais l'air d'un visage,
Si ce qu'il dit est vrai, n'imposa davantage.

SCÈNE III.
LÉLIE, LÉANDRE.

LÉLIE. Du chagrin qui vous tient quel peut être l'objet?
LÉANDRE. Moi?
LÉLIE. Vous-même.
LÉANDRE. Pourtant je n'en ai point sujet.
LÉLIE. Je vois bien ce que c'est, Célie en est la cause.
LÉANDRE. Mon esprit ne court pas après si peu de chose.
LÉLIE. Pour elle vous aviez pourtant de grands desseins:
Mais il faut dire ainsi, lorsqu'ils se trouvent vains.
LÉANDRE. Si j'étais assez sot pour chérir ses caresses,
Je me moquerais bien de toutes vos finesses.

ACTE III.

LÉLIE. Quelles finesses, donc?
LÉANDRE. Mon Dieu! nous savons tout.
LÉLIE. Quoi?
LÉANDRE. Votre procédé de l'un à l'autre bout.
LÉLIE. C'est de l'hébreu pour moi, je n'y puis rien comprendre.
LÉANDRE. Feignez, si vous voulez, de ne me pas entendre;
Mais, croyez-moi, cessez de craindre pour un bien
Où je serais fâché de vous disputer rien.
J'aime fort la beauté qui n'est point profanée,
Et ne veux point brûler pour une abandonnée.
LÉLIE. Tout beau, tout beau, Léandre!
LÉANDRE. Ah! que vous êtes bon!
Allez, vous dis-je encor, servez-la sans soupçon;
Vous pourrez vous nommer homme à bonnes fortunes.
Il est vrai, sa beauté n'est pas des plus communes;
Mais en revanche aussi le reste est fort commun.
LÉLIE. Léandre, arrêtez là ce discours importun.
Contre moi tant d'efforts qu'il vous plaira pour elle,
Mais surtout retenez cette atteinte mortelle.
Sachez que je m'impute à trop de lâcheté
D'entendre mal parler de ma divinité,
Et que j'aurai toujours bien moins de répugnance
A souffrir votre amour qu'un discours qui l'offense.
LÉANDRE. Ce que j'avance ici me vient de bonne part.
LÉLIE. Quiconque vous l'a dit est un lâche, un pendard.
On ne peut imposer de tache à cette fille,
Je connais bien son cœur.
LÉANDRE. Mais enfin Mascarille
D'un semblable procès est juge compétent;
C'est lui qui la condamne.
LÉLIE. Oui!
LÉANDRE. Lui-même.
LÉLIE. Il prétend
D'une fille d'honneur insolemment médire,
Et que peut-être encor je n'en ferai que rire?
Gage qu'il se dédit.
LÉANDRE. Et moi, gage que non.
LÉLIE. Parbleu! je le ferais mourir sous le bâton,
S'il m'avait soutenu des faussetés pareilles.
LÉANDRE. Moi, je lui couperais sur-le-champ les oreilles,
S'il n'était pas garant de tout ce qu'il m'a dit.

SCÈNE IV.

LÉLIE, LÉANDRE, MASCARILLE.

LÉLIE. Ah! bon, bon, le voilà. Venez çà, chien maudit.
MASCARILLE. Quoi?
LÉLIE. Langue de serpent fertile en impostures,

Vous osez sur Célie attacher vos morsures,
Et lui calomnier la plus rare vertu
Qui puisse faire éclat sous un sort abattu?

MASCARILLE *bas à Lélie*. Doucement; ce discours est de mon industrie.

LÉLIE. Non, non, point de clin d'œil et point de raillerie :
Je suis aveugle à tout, sourd à quoi que ce soit;
Fût-ce mon propre frère, il me la payeroit;
Et sur ce que j'adore oser porter le blâme,
C'est me faire une plaie au plus tendre de l'âme.
Tous ces signes sont vains. Quels discours as-tu faits?

MASCARILLE. Mon Dieu! ne cherchons point querelle, ou je m'en vais.

LÉLIE. Tu n'échapperas pas.

MASCARILLE. Hai!

LÉLIE. Parle donc, confesse.

MASCARILLE *bas à Lélie*.
Laissez-moi; je vous dis que c'est un tour d'adresse.

LÉLIE. Dépêche, qu'as-tu dit? vide entre nous ce point.

MASCARILLE *bas à Lélie*. J'ai dit ce que j'ai dit : ne vous emportez point.

LÉLIE *mettant l'épée à la main*.
Ah! je vous ferai bien parler d'une autre sorte.

LÉANDRE *l'arrêtant*. Halte un peu; retenez l'ardeur qui vous emporte.

MASCARILLE *à part*. Fut-il jamais au monde un esprit moins sensé?

LÉLIE. Laissez-moi contenter mon courage offensé.

LÉANDRE. C'est trop que de vouloir le battre en ma présence.

LÉLIE. Quoi! châtier mes gens n'est pas en ma puissance?

LÉANDRE. Comment, vos gens?

MASCARILLE *à part*. Encore! Il va tout découvrir.

LÉLIE. Quand j'aurais volonté de le battre à mourir,
Hé bien! c'est mon valet.

LÉANDRE. C'est maintenant le nôtre.

LÉLIE. Le trait est admirable! Et comment donc le vôtre?

LÉANDRE. Sans doute.

MASCARILLE *bas à Lélie*. Doucement.

LÉLIE. Hem, que veux-tu conter?

MASCARILLE *à part*. Ah! le double bourreau, qui me va tout gâter,
Et qui ne comprend rien, quelque signe qu'on donne.

LÉLIE. Vous rêvez bien, Léandre, et me la baillez bonne.
Il n'est pas mon valet?

LÉANDRE. Pour quelque mal commis,
Hors de votre service il n'a pas été mis?

LÉLIE. Je ne sais ce que c'est.

LÉANDRE. Et, plein de violence,
Vous n'avez pas chargé son dos avec outrance?

LÉLIE. Point du tout. Moi, l'avoir chassé, roué de coups!
Vous vous moquez de moi, Léandre, ou lui de vous.

MASCARILLE *à part*. Pousse, pousse, bourreau; tu fais bien tes affaires!

LÉANDRE *à Mascarille*. Donc les coups de bâton ne sont qu'imaginaires!

MASCARILLE. Il ne sait ce qu'il dit; sa mémoire...

LÉANDRE. Non, non,
Tous ces signes pour toi ne disent rien de bon.
Oui, d'un tour délicat mon esprit te soupçonne;
Mais pour l'invention, va, je te le pardonne.
C'est bien assez pour moi qu'il m'ait désabusé,
De voir par quels motifs tu m'avais imposé,
Et que, m'étant commis à ton zèle hypocrite,
A si bon compte encor je m'en sois trouvé quitte.
Ceci doit s'appeler un *avis au lecteur*.
Adieu, Lélie, adieu; très-humble serviteur.

SCÈNE V.
LÉLIE, MASCARILLE.

MASCARILLE. Courage, mon garçon! tout heur nous accompagne;
Mettons flamberge au vent et bravoure en campagne;
Faisons l'*olibrius*, l'*occiseur d'innocents*.
LÉLIE. Il t'avait accusé de discours médisants
Contre...
MASCARILLE. Et vous ne pouviez souffrir mon artifice,
Lui laisser son erreur qui vous rendait service,
Et par qui son amour s'en était presque allé?
Non, il a l'esprit franc et point dissimulé.
Enfin chez son rival je m'ancre avec adresse,
Cette fourbe en mes mains va mettre sa maîtresse :
Il me la fait manquer. Avec de faux rapports
Je veux de son rival ralentir les transports :
Mon brave incontinent vient, qui le désabuse.
J'ai beau lui faire signe et montrer que c'est ruse :
Point d'affaire; il poursuit sa pointe jusqu'au bout,
Et n'est point satisfait qu'il n'ait découvert tout.
Grand et sublime effort d'une imaginative
Qui ne le cède point à personne qui vive!
C'est une rare pièce et digne, sur ma foi,
Qu'on en fasse présent au cabinet d'un roi
LÉLIE. Je ne m'étonne pas si je romps tes attentes;
A moins d'être informé des choses que tu tentes,
J'en ferais encor cent de la sorte.
MASCARILLE. Tant pis.
LÉLIE. Au moins, pour t'emporter à de justes dépits,
Fais-moi dans tes desseins entrer de quelque chose.
Mais que de leurs ressorts la porte me soit close,
C'est ce qui fait toujours que je suis pris sans vert.
MASCARILLE. Ah! voilà tout le mal. C'est cela qui nous perd.
Ma foi, mon cher patron, je vous le dis encore,
Vous ne serez jamais qu'une pauvre pécore.
LÉLIE. Puisque la chose est faite, il n'y faut plus penser.
Mon rival, en tout cas, ne peut me traverser;
Et pourvu que tes soins, en qui je me repose...

MASCARILLE. Laissons là ce discours, et parlons d'autre chose.
Je ne m'apaise pas, non, si facilement ;
Je suis trop en colère. Il faut premièrement
Me rendre un bon office ; et nous verrons ensuite
Si je dois de vos feux reprendre la conduite.
LÉLIE. S'il ne tient qu'à cela, je n'y résiste pas.
As-tu besoin, dis-moi, de mon sang, de mon bras ?
MASCARILLE. De quelle vision sa cervelle est frappée !
Vous êtes de l'humeur de ces amis d'épée
Que l'on trouve toujours plus prompts à dégaîner
Qu'à tirer un teston, s'il fallait le donner.
LÉLIE. Que puis-je donc pour toi ?
MASCARILLE. C'est que de votre père
Il faut absolument apaiser la colère.
LÉLIE. Nous avons fait la paix.
MASCARILLE. Oui, mais non pas pour nous.
Je l'ai fait ce matin mort pour l'amour de vous :
La vision le choque ; et de pareilles feintes
Aux vieillards comme lui sont de dures atteintes,
Qui, sur l'état prochain de leur condition,
Leur font faire à regret triste réflexion.
Le bonhomme, tout vieux, chérit fort la lumière,
Et ne veut point de jeu dessus cette matière ;
Il craint le pronostic, et, contre moi fâché,
On m'a dit qu'en justice il m'avait recherché.
J'ai peur, si le logis du roi fait ma demeure,
De m'y trouver si bien dès le premier quart d'heure,
Que j'aye peine aussi d'en sortir par après.
Contre moi dès longtemps on a force décrets ;
Car enfin la vertu n'est jamais sans envie,
Et dans ce maudit siècle est toujours poursuivie.
Allez donc le fléchir.
LÉLIE. Oui, nous le fléchirons ;
Mais aussi tu promets...
MASCARILLE. Ah ! mon Dieu ! nous verrons.
(*Lélie sort.*)
Ma foi, prenons haleine après tant de fatigues.
Cessons pour quelque temps le cours de nos intrigues,
Et de nous tourmenter de même qu'un lutin.
Léandre pour nous nuire est hors de garde enfin,
Et Célie arrêtée avecque l'artifice...

SCÈNE VI.
ERGASTE, MASCARILLE.

ERGASTE. Je te cherchais partout pour te rendre un service,
Pour te donner avis d'un secret important.
MASCARILLE. Quoi donc ?
ERGASTE. N'avons-nous point ici quelque écoutant ?

MASCARILLE. Non.
ERGASTE. Nous sommes amis autant qu'on le peut être :
Je sais tous tes desseins et l'amour de ton maître;
Songez à vous tantôt. Léandre fait parti
Pour enlever Célie; et je suis averti
Qu'il a mis ordre à tout et qu'il se persuade
D'entrer chez Trufaldin par une mascarade,
Ayant su qu'en ce temps, assez souvent, le soir,
Des femmes du quartier en masque l'allaient voir.
MASCARILLE. Oui? Suffit; il n'est pas au comble de sa joie :
Je pourrai bien tantôt lui souffler cette proie,
Et contre cet assaut je sais un coup fourré
Par qui je veux qu'il soit de lui-même enferré.
Il ne sait pas les dons dont mon âme est pourvue.
Adieu; nous boirons pinte à la première vue.

SCÈNE VII.
MASCARILLE seul.

Il faut, il faut tirer à nous ce que d'heureux
Pourrait avoir en soi ce projet amoureux,
Et, par une surprise adroite et non commune,
Sans courir le danger, en tenter la fortune.
Si je vais me masquer pour devancer ses pas,
Léandre assurément ne nous bravera pas;
Et là, premier que lui, si nous faisons la prise,
Il aura fait pour nous les frais de l'entreprise,
Puisque, par son dessein déjà presque éventé,
Le soupçon tombera toujours de son côté,
Et que nous, à couvert de toutes ses poursuites,
De ce coup hasardeux ne craindrons point de suites.
C'est ne se point commettre à faire de l'éclat,
Et tirer les marrons de la patte du chat.
Allons donc nous masquer avec quelques bons frères;
Pour prévenir nos gens il ne faut tarder guères.
Je sais où gît le lièvre, et me puis sans travail
Fournir en un moment d'hommes et d'attirail.
Croyez que je mets bien mon adresse en usage :
Si j'ai reçu du ciel des fourbes en partage,
Je ne suis point au rang de ces esprits mal nés
Qui cachent les talents que Dieu leur a donnés.

SCÈNE VIII.
LÉLIE, ERGASTE.

LÉLIE. Il prétend l'enlever avec sa mascarade?
ERGASTE. Il n'est rien plus certain. Quelqu'un de sa brigade
M'ayant de ce dessein instruit, sans m'arrêter,
A Mascarille alors j'ai couru tout conter,
Qui s'en va, m'a-t-il dit, rompre cette partie

Par une invention dessus le champ bâtie ;
Et, comme je vous ai rencontré par hasard,
J'ai cru que je devais du tout vous faire part.

LÉLIE. Tu m'obliges par trop avec cette nouvelle :
Va, je reconnaîtrai ce service fidèle.

SCÈNE IX.

LÉLIE seul.

Mon drôle, assurément, leur jouera quelque trait.
Mais je veux de ma part seconder son projet :
Il ne sera pas dit qu'en un fait qui me touche
Je ne me sois non plus remué qu'une souche.
Voici l'heure ; ils seront surpris à mon aspect.
Foin ! que n'ai-je avec moi pris mon porte-respect !
Mais vienne qui voudra contre notre personne,
J'ai deux bons pistolets, et mon épée est bonne.
Holà, quelqu'un ; un mot.

SCÈNE X.

TRUFALDIN à sa fenêtre, LÉLIE.

TRUFALDIN. Qu'est-ce ? Qui me vient voir ?
LÉLIE. Fermez soigneusement votre porte ce soir.
TRUFALDIN. Pourquoi ?
LÉLIE. Certaines gens font une mascarade
Pour vous venir donner une fâcheuse aubade ;
Ils veulent enlever votre Célie.
TRUFALDIN. O dieux !
LÉLIE. Et sans doute bientôt ils viendront en ces lieux :
Demeurez ; vous pourrez voir tout de la fenêtre.
Hé bien ! qu'avais-je dit ? Les voyez-vous paraître ?
Chut ! je veux à vos yeux leur en faire l'affront.
Nous allons voir beau jeu, si la corde ne rompt.

SCÈNE XI.

LÉLIE, TRUFALDIN, MASCARILLE et sa suite masqués.

TRUFALDIN. O les plaisants robins qui pensent me surprendre !
LÉLIE. Masques, où courez-vous ? Le pourrait-on apprendre ?
Trufaldin, ouvrez-leur pour jouer un momon.
   (A Mascarille, déguisé en femme.)
Bon Dieu ! qu'elle est jolie, et qu'elle a l'air mignon !
Eh quoi ! vous murmurez ? Mais, sans vous faire outrage,
Peut-on lever le masque et voir votre visage ?
TRUFALDIN. Allez, fourbes, méchants ; retirez-vous d'ici,
Canaille. Et vous, seigneur, bonsoir, et grand merci.

SCÈNE XII.
LÉLIE, MASCARILLE.

LÉLIE *après avoir démasqué Mascarille.* Mascarille, est-ce toi?
MASCARILLE. Nenni-da, c'est quelque autre.
LÉLIE. Hélas! quelle surprise! et quel sort est le nôtre!
L'aurais-je deviné, n'étant point averti
Des secrètes raisons qui t'avaient travesti?
Malheureux que je suis d'avoir dessous ce masque
Été, sans y penser, te faire cette frasque!
Il me prendrait envie, en mon juste courroux,
De me battre moi-même et me donner cent coups.
MASCARILLE. Adieu, sublime esprit, rare imaginative.
LÉLIE. Las! si de ton secours ta colère me prive,
A quel saint me vouerai-je?
MASCARILLE. Au grand diable d'enfer.
LÉLIE. Ah! si ton cœur pour moi n'est de bronze ou de fer,
Qu'encore un coup du moins mon imprudence ait grâce!
S'il faut, pour l'obtenir, que tes genoux j'embrasse,
Vois-moi...
MASCARILLE. Tarare! Allons, camarades, allons;
J'entends venir des gens qui sont sur nos talons.

SCÈNE XIII.
LÉANDRE *et sa suite masqués,* TRUFALDIN *à sa fenêtre.*

LÉANDRE. Sans bruit; ne faisons rien que de la bonne sorte.
TRUFALDIN. Quoi! masques toute nuit assiégeront ma porte!
Messieurs, ne gagnez point de rhumes à plaisir;
Tout cerveau qui le fait est, certes, de loisir.
Il est un peu trop tard pour enlever Célie;
Dispensez-l'en ce soir, elle vous en supplie:
La belle est dans le lit et ne peut vous parler.
J'en suis fâché pour vous: mais, pour vous régaler
Du souci qui pour elle ici vous inquiète,
Elle vous fait présent de cette cassolette.
LÉANDRE. Fi! cela sent mauvais, et je suis tout gâté.
Nous sommes découverts; tirons de ce côté.

ACTE QUATRIÈME.

SCÈNE I.
LÉLIE *déguisé en Arménien,* MASCARILLE.

MASCARILLE. Vous voilà fagoté d'une plaisante sorte!
LÉLIE. Tu ranimes par là mon espérance morte.
MASCARILLE. Toujours de ma colère on me voit revenir;

J'ai beau jurer, pester, je ne m'en puis tenir.
LÉLIE. Aussi crois, si jamais je suis dans la puissance,
Que tu seras content de ma reconnaissance,
Et que, quand je n'aurais qu'un seul morceau de pain...
MASCARILLE. Baste; songez à vous dans ce nouveau dessein.
Au moins, si l'on vous voit commettre une sottise,
Vous n'imputerez plus l'erreur à la surprise;
Votre rôle en ce jeu par cœur doit être su.
LÉLIE. Mais comment Trufaldin chez lui t'a-t-il reçu?
MASCARILLE. D'un zèle simulé j'ai bridé le bon sire;
Avec empressement je suis venu lui dire,
S'il ne songeait à lui, que l'on le surprendroit;
Que l'on couchait en joue, et de plus d'un endroit,
Celle dont il a vu qu'une lettre en avance
Avait si faussement divulgué la naissance;
Qu'on avait bien voulu m'y mêler quelque peu,
Mais que j'avais tiré mon épingle du jeu;
Et que, touché d'ardeur pour ce qui le regarde,
Je venais l'avertir de se donner de garde.
De là, moralisant, j'ai fait de grands discours
Sur les fourbes qu'on voit ici-bas tous les jours;
Que pour moi, las du monde et de sa vie infâme,
Je voulais travailler au salut de mon âme,
A m'éloigner du trouble, et pouvoir longuement
Près de quelque honnête homme être paisiblement;
Que, s'il le trouvait bon, je n'aurais d'autre envie
Que de passer chez lui le reste de ma vie;
Et que même à tel point il m'avait su ravir,
Que, sans lui demander gages pour le servir,
Je mettrais en ses mains, que je tenais certaines,
Quelque bien de mon père et le fruit de mes peines,
Dont, avenant que Dieu de ce monde m'ôtât,
J'entendais tout de bon que lui seul héritât.
C'était le vrai moyen d'acquérir sa tendresse.
Et comme, pour résoudre avec votre maîtresse
Des biais qu'on doit prendre à terminer vos vœux,
Je voulais en secret vous aboucher tous deux,
Lui-même a su m'ouvrir une voie assez belle
De pouvoir hautement vous loger avec elle,
Venant m'entretenir d'un fils privé du jour,
Dont cette nuit en songe il a vu le retour :
A ce propos, voici l'histoire qu'il m'a dite,
Et sur quoi j'ai tantôt notre fourbe construite.
LÉLIE. C'est assez, je sais tout : tu me l'as dit deux fois.
MASCARILLE. Oui, oui; mais quand j'aurais passé jusques à trois,
Peut-être encor qu'avec toute sa suffisance
Votre esprit manquera dans quelque circonstance.
LÉLIE. Mais à tant différer je me fais de l'effort.

MASCARILLE. Ah! de peur de tomber, ne courons pas si fort :
Voyez-vous? vous avez la caboche un peu dure.
Rendez-vous affermi dessus cette aventure.
Autrefois Trufaldin de Naples est sorti,
Et s'appelait alors Zanobio Ruberti.
Un parti qui causa quelque émeute civile,
Dont il fut seulement soupçonné dans sa ville
(De fait, il n'est pas homme à troubler un Etat),
L'obligea d'en sortir une nuit sans éclat.
Une fille fort jeune et sa femme laissées
A quelque temps de là se trouvant trépassées,
Il en eut la nouvelle; et, dans ce grand ennui,
Voulant dans quelque ville emmener avec lui,
Outre ses biens, l'espoir qui restait de sa race,
Un sien fils écolier, qui se nommait Horace,
Il écrit à Bologne, où, pour mieux être instruit,
Un certain maître Albert jeune l'avait conduit.
Mais pour se joindre tous le rendez-vous qu'il donne
Durant deux ans entiers ne lui fit voir personne :
Si bien que, les jugeant morts après ce temps-là,
Il vint en cette ville, et prit le nom qu'il a,
Sans que de cet Albert ni de ce fils Horace
Douze ans aient découvert jamais la moindre trace.
Voilà l'histoire en gros, redite seulement
Afin de vous servir ici de fondement.
Maintenant vous serez un marchand d'Arménie,
Qui les aurez vus sains l'un et l'autre en Turquie.
Si j'ai plus tôt qu'aucun un tel moyen trouvé
Pour les ressusciter sur ce qu'il a rêvé,
C'est qu'en fait d'aventure il est très-ordinaire
De voir gens pris sur mer par quelque Turc corsaire,
Puis être à leur famille à point nommé rendus
Après quinze ou vingt ans qu'on les a crus perdus.
Pour moi, j'ai vu déjà cent contes de la sorte.
Sans nous alambiquer, servons-nous-en; qu'importe?
Vous leur aurez ouï leur disgrâce conter,
Et leur aurez fourni de quoi se racheter;
Mais que, parti plus tôt pour chose nécessaire,
Horace vous chargea de voir ici son père,
Dont il a su le sort, et chez qui vous devez
Attendre quelques jours qu'ils y soient arrivés.
Je vous ai fait tantôt des leçons étendues.
LÉLIE. Ces répétitions ne sont que superflues;
Dès l'abord mon esprit a compris tout le fait.
MASCARILLE. Je m'en vais là-dedans donner le premier trait.
LÉLIE. Ecoute, Mascarille; un seul point me chagrine.
S'il allait de son fils me demander la mine?
MASCARILLE. Belle difficulté! Devez-vous pas savoir

4.

Qu'il était fort petit alors qu'il l'a pu voir;
Et puis, outre cela, le temps et l'esclavage
Pourraient-ils pas avoir changé tout son visage?

LÉLIE. Il est vrai. Mais, dis-moi, s'il connait qu'il m'a vu,
Que faire?

MASCARILLE. De mémoire êtes-vous dépourvu?
Nous avons dit tantôt qu'outre que votre image
N'avait dans son esprit pu faire qu'un passage,
Pour ne vous avoir vu que durant un moment,
Et le poil et l'habit déguisent grandement.

LÉLIE. Fort bien. Mais, à propos, cet endroit de Turquie?

MASCARILLE. Tout, vous dis-je, est égal, Turquie ou Barbarie.

LÉLIE. Mais le nom de la ville où j'aurai pu les voir?

MASCARILLE. Tunis. Il me tiendra, je crois, jusques au soir.
La répétition, dit-il, est inutile,
Et j'ai déjà nommé douze fois cette ville.

LÉLIE. Va, va-t'en commencer; il ne me faut plus rien.

MASCARILLE. Au moins soyez prudent, et vous conduisez bien:
Ne donnez point ici de l'imaginative.

LÉLIE. Laisse-moi gouverner. Que ton âme est craintive!

MASCARILLE. Horace, dans Bologne écolier; Trufaldin,
Zanobio Ruberti, dans Naples citadin;
Le précepteur, Albert...

LÉLIE. Ah! c'est me faire honte
Que de me tant prêcher! Suis-je un sot, à ton compte?

MASCARILLE. Non, pas du tout, mais bien quelque chose approchant.

SCÈNE II.

LÉLIE seul.

Quand il m'est inutile, il fait le chien couchant;
Mais parce qu'il sent bien le secours qu'il me donne,
Sa familiarité jusque-là s'abandonne.
Je vais être de près éclairé des beaux yeux
Dont la force m'impose un joug si précieux;
Je m'en vais sans obstacle, avec des traits de flamme,
Peindre à cette beauté les tourments de mon âme;
Je saurai quel arrêt je dois... Mais les voici.

SCÈNE III.

TRUFALDIN, LÉLIE, MASCARILLE.

TRUFALDIN. Sois béni, juste ciel, de mon sort adouci!

MASCARILLE. C'est à vous de rêver et de faire des songes,
Puisqu'en vous il est faux que songes sont mensonges.

TRUFALDIN *à Lélie*. Quelle grâce, quels biens vous rendrai-je, seigneur,
Vous que je dois nommer l'ange de mon bonheur?

LÉLIE. Ce sont soins superflus, et je vous en dispense.

TRUFALDIN *à Mascarille*. J'ai, je ne sais pas où, vu quelque ressemblance

ACTE IV.

De cet Arménien.
MASCARILLE.   C'est ce que je disais;
Mais on voit des rapports admirables parfois.
TRUFALDIN. Vous avez vu ce fils où mon espoir se fonde?
LÉLIE.   Oui, seigneur Trufaldin, le plus gaillard du monde.
TRUFALDIN. Il vous a dit sa vie et parlé fort de moi?
LÉLIE.   Plus de dix mille fois.
MASCARILLE.   Quelque peu moins, je croi.
LÉLIE.   Il vous a dépeint tel que je vous vois paraître,
Le visage, le port...
TRUFALDIN.   Cela pourrait-il être,
Si lorsqu'il m'a pu voir il n'avait que sept ans,
Et si son précepteur même, depuis ce temps,
Aurait peine à pouvoir connaître mon visage?
MASCARILLE. Le sang bien autrement conserve cette image;
Par des traits si profonds ce portrait est tracé,
Que mon père...
TRUFALDIN.   Suffit. Où l'avez-vous laissé?
LÉLIE.   En Turquie, à Turin.
TRUFALDIN.   Turin? Mais cette ville
Est, je pense, en Piémont.
MASCARILLE *à part*.   O cerveau malhabile!
    (*A Trufaldin*.)
Vous ne l'entendez pas, il veut dire Tunis;
Et c'est en effet là qu'il laissa votre fils :
Mais les Arméniens ont tous par habitude
Certain vice de langue à nous autres fort rude;
C'est que dans tous les mots ils changent *nis* en *rin*.
Et pour dire Tunis ils prononcent Turin.
TRUFALDIN. Il fallait pour l'entendre avoir cette lumière.
Quel moyen vous dit-il de rencontrer son père?
    (*A part*.)   (*A Trufaldin après s'être escrimé*.)
MASCARILLE. Voyez s'il répondra! Je repassais un peu
Quelque leçon d'escrime : autrefois en ce jeu
Il n'était point d'adresse à mon adresse égale,
Et j'ai battu le fer en mainte et mainte salle.
TRUFALDIN *à Mascarille*. Ce n'est pas maintenant ce que je veux savoir.
    (*A Lélie*.)
Quel autre nom dit-il que je devais avoir?
MASCARILLE. Ah! seigneur Zanobio Ruberti, quelle joie
Est celle maintenant que le ciel vous envoie!
LÉLIE.   C'est là votre vrai nom, et l'autre est emprunté.
TRUFALDIN. Mais où vous a-t-il dit qu'il reçut la clarté?
MASCARILLE. Naples est un séjour qui paraît agréable;
Mais pour vous ce doit être un lieu fort haïssable.
TRUFALDIN. Ne peux-tu sans parler souffrir notre discours?
LÉLIE.   Dans Naples son destin a commencé son cours.
TRUFALDIN. Où l'envoyai-je jeune, et sous quelle conduite?
MASCARILLE. Ce pauvre maître Albert a beaucoup de mérite

D'avoir depuis Bologne accompagné ce fi's
Qu'à sa discrétion vos soins avaient commis!
TRUFALDIN. Ah!
MASCARILLE *à part.* Nous sommes perdus si cet entretien dure.
TRUFALDIN. Je voudrais bien savoir de vous leur aventure,
Sur quel vaisseau le sort qui m'a su travailler...
MASCARILLE. Je ne sais ce que c'est, je ne fais que bâiller.
Mais, seigneur Trufaldin, songez-vous que peut-être
Ce monsieur l'étranger a besoin de repaître,
Et qu'il est tard aussi?
LÉLIE.   Pour moi point de repas.
MASCARILLE. Ah! vous avez plus faim que vous ne pensez pas.
TRUFALDIN. Entrez donc.
LÉLIE.   Après vous.
MASCARILLE *à Trufaldin.*   Monsieur, en Arménie
Les maîtres du logis sont sans cérémonie.
   (*A Lélie après que Trufaldin est entré dans sa maison.*)
Pauvre esprit! pas deux mots!
LÉLIE.   D'abord il m'a surpris:
Mais n'appréhende plus, je reprends mes esprits,
Et m'en vais débiter avecque hardiesse...
MASCARILLE. Voici notre rival, qui ne sait pas la pièce.
    (*Ils entrent dans la maison de Trufaldin.*)

SCÈNE IV.
ANSELME, LÉANDRE.

ANSELME. Arrêtez-vous, Léandre, et souffrez un discours
Qui cherche le repos et l'honneur de vos jours.
Je ne vous parle point en père de ma fille,
En homme intéressé pour ma propre famille,
Mais comme votre père, ému pour votre bien,
Sans vouloir vous flatter et vous déguiser rien;
Bref, comme je voudrais d'une âme franche et pure
Que l'on fît à mon sang en pareille aventure.
Savez-vous de quel œil chacun voit cet amour
Qui dedans une nuit vient d'éclater au jour?
A combien de discours et de traits de risée
Votre entreprise d'hier est partout exposée?
Quel jugement on fait du choix capricieux
Qui pour femme, dit-on, vous désigne en ces lieux
Un rebut de l'Egypte, une fille coureuse,
De qui le noble emploi n'est qu'un métier de gueuse?
J'en ai rougi pour vous encor plus que pour moi,
Qui me trouve compris dans l'éclat que je voi;
Moi, dis-je, dont la fille, à vos ardeurs promise,
Ne peut sans quelque affront souffrir qu'on la méprise.
Ah! Léandre, sortez de cet abaissement;
Ouvrez un peu les yeux sur votre aveuglement.

Si notre esprit n'est pas sage à toutes les heures,
Les plus courtes erreurs sont toujours les meilleures.
Quand on ne prend en dot que la seule beauté,
Le remords est bien près de la solennité ;
Et la plus belle femme a très-peu de défense
Contre cette tiédeur qui suit la jouissance.
Je vous le dis encor, ces bouillants mouvements,
Ces ardeurs de jeunesse et ces emportements
Nous font trouver d'abord quelques nuits agréables.
Mais ces félicités ne sont guère durables,
Et notre passion, ralentissant son cours,
Après ces bonnes nuits, donne de mauvais jours :
De là viennent les soins, les soucis, les misères,
Les fils déshérités par le courroux des pères.

LÉANDRE. Dans tout votre discours je n'ai rien écouté
Que mon esprit déjà ne m'ait représenté.
Je sais combien je dois à cet honneur insigne
Que vous me voulez faire, et dont je suis indigne ;
Et vois, malgré l'effort dont je suis combattu,
Ce que vaut votre fille et quelle est sa vertu :
Aussi veux-je tâcher...

ANSELME. On ouvre cette porte :
Retirons-nous plus loin, de crainte qu'il n'en sorte
Quelque secret poison dont vous seriez surpris.

SCÈNE V.

LÉLIE, MASCARILLE.

MASCARILLE. Bientôt de notre fourbe on verra le débris
Si vous continuez des sottises si grandes.

LÉLIE. Dois-je éternellement ouïr tes réprimandes ?
De quoi te peux-tu plaindre ? Ai-je pas réussi
En tout ce que j'ai dit depuis ?

MASCARILLE. Couci-couci :
Témoins les Turcs par vous appelés hérétiques,
Et que vous assurez par serments authentiques
Adorer pour leurs dieux la lune et le soleil.
Passe. Ce qui me donne un dépit nonpareil,
C'est qu'ici votre amour étrangement s'oublie ;
Près de Célie, il est ainsi que la bouillie,
Qui par un trop grand feu s'enfle, croît jusqu'aux bords,
Et de tous les côtés se répand au dehors.

LÉLIE. Pourrait-on se forcer à plus de retenue ?
Je ne l'ai presque point encore entretenue.

MASCARILLE. Oui : mais ce n'est pas tout que de ne parler pas ;
Par vos gestes, durant un moment de repas,
Vous avez aux soupçons donné plus de matière
Que d'autres ne feraient dans une année entière.

LÉLIE. Et comment donc ?

MASCARILLE. Comment? Chacun a pu le voir.
A table où Trufaldin l'oblige de se seoir.
Vous n'avez toujours fait qu'avoir les yeux sur elle,
Rouge, tout interdit, jouant de la prunelle,
Sans prendre jamais garde à ce qu'on vous servait;
Vous n'aviez point de soif qu'alors qu'elle buvait;
Et dans ses propres mains vous saisissant du verre,
Sans le vouloir rincer, sans rien jeter à terre,
Vous buviez sur son reste, et montriez d'affecter
Le côté qu'à sa bouche elle avait su porter;
Sur les morceaux touchés de sa main délicate,
Ou mordus de ses dents, vous étendiez la patte
Plus brusquement qu'un chat dessus une souris,
Et les avaliez tout ainsi que des pois gris.
Puis, outre tout cela, vous faisiez sous la table
Un bruit, un trique-trac de pieds insupportable,
Dont Trufaldin, heurté de deux coups trop pressants,
A puni par deux fois deux chiens très-innocents,
Qui, s'ils eussent osé, vous eussent fait querelle.
Et puis après cela votre conduite est belle?
Pour moi, j'en ai souffert la gêne sur mon corps,
Malgré le froid, je sue encor de mes efforts.
Attaché dessus vous comme un joueur de boule
Après le mouvement de la sienne qui roule,
Je pensais retenir toutes vos actions,
En faisant de mon corps mille contorsions.

LÉLIE. Mon Dieu! qu'il t'est aisé de condamner des choses
Dont tu ne ressens pas les agréables causes!
Je veux bien néanmoins, pour te plaire une fois,
Faire force à l'amour qui m'impose des lois.
Désormais...

SCÈNE VI.

TRUFALDIN, LÉLIE, MASCARILLE.

MASCARILLE. Nous parlions des fortunes d'Horace.
TRUFALDIN. C'est bien fait. (*A Lélie.*) Cependant me ferez-vous la grâce
Que je puisse lui dire un seul mot en secret?
LÉLIE. Il faudrait autrement être fort indiscret.
(*Lélie entre dans la maison de Trufaldin.*)

SCÈNE VII.

TRUFALDIN, MASCARILLE.

TRUFALDIN. Écoute : sais-tu bien ce que je viens de faire?
MASCARILLE. Non; mais, si vous voulez, je ne tarderai guère,
Sans doute, à le savoir.
TRUFALDIN. D'un chêne grand et fort,
Dont près de deux cents ans ont déjà fait le sort,

Je viens de détacher une branche admirable,
Choisie expressément de grosseur raisonnable,
Dont j'ai fait sur-le-champ, avec beaucoup d'ardeur,
(*Il montre son bras.*)
Un bâton à peu près... oui, de cette grandeur,
Moins gros par l'un des bouts, mais, plus que trente gaules,
Propre, comme je pense, à rosser les épaules;
Car il est bien en main, vert, noueux et massif.
MASCARILLE. Mais pour qui, je vous prie, un tel préparatif?
TRUFALDIN. Pour toi premièrement; puis pour ce bon apôtre
Qui veut m'en donner d'une et m'en jouer d'une autre,
Pour cet Arménien, ce marchand déguisé,
Introduit sous l'appât d'un conte supposé.
MASCARILLE. Quoi! vous ne croyez pas...
TRUFALDIN. Ne cherche point d'excuse :
Lui-même heureusement a découvert sa ruse,
En disant à Célie, en lui serrant la main,
Que pour elle il venait sous ce prétexte vain;
Il n'a pas aperçu Jeannette, ma fillole,
Laquelle a tout ouï, parole pour parole :
Et je ne doute point, quoiqu'il n'en ait rien dit,
Que tu ne sois de tout le complice maudit.
MASCARILLE. Ah! vous me faites tort! S'il faut qu'on vous affronte,
Croyez qu'il m'a trompé le premier à ce conte.
TRUFALDIN. Veux-tu me faire voir que tu dis vérité?
Qu'à le chasser mon bras soit du tien assisté;
Donnons-en à ce fourbe et du long et du large;
Et de tout crime après mon esprit te décharge.
MASCARILLE. Oui-dà, très-volontiers; je l'épousterai bien,
Et par là vous verrez que je n'y trempe en rien.
(*A part.*)
Ah! vous serez rossé, monsieur de l'Arménie,
Qui toujours gâtez tout!

SCÈNE VIII.

LÉLIE, TRUFALDIN, MASCARILLE.

TRUFALDIN *à Lélie, après avoir heurté à sa porte.* Un mot, je vous supplie.
Donc, monsieur l'imposteur, vous osez aujourd'hui
Duper un honnête homme et vous jouer de lui?
MASCARILLE. Feindre avoir vu son fils en une autre contrée,
Pour vous donner chez lui plus librement entrée!
TRUFALDIN *bat Lélie.* Vidons, vidons sur l'heure.
LÉLIE *à Mascarille, qui le bat aussi.* Ah! coquin!
MASCARILLE. C'est ainsi
Que les fourbes...
LÉLIE. Bourreau!
MASCARILLE. sont ajustés ici.

Gardez-moi bien cela.
LÉLIE.   Quoi donc! je serais homme...
MASCARILLE *le battant toujours et le chassant.*
Tirez, tirez, vous dis-je, ou bien je vous assomme.
TRUFALDIN. Voilà qui me plaît fort; rentre, je suis content.
(*Mascarille suit Trufaldin qui rentre dans sa maison.*)
LÉLIE *revenant.* A moi par un valet cet affront éclatant!
L'aurait-on pu prévoir l'action de ce traître
Qui vient insolemment de maltraiter son maître?
MASCARILLE *à la fenêtre de Trufaldin.*
Peut-on vous demander comment va votre dos?
LÉLIE. Quoi! tu m'oses encor tenir un tel propos!
MASCARILLE. Voilà, voilà que c'est de ne voir pas Jeannette,
Et d'avoir en tout temps une langue indiscrète.
Mais pour cette fois ci je n'ai point de courroux,
Je cesse d'éclater, de pester contre vous;
Quoique de l'action l'imprudence soit haute,
Ma main sur votre échine a lavé votre faute.
LÉLIE. Ah! je me vengerai de ce trait déloyal.
MASCARILLE. Vous vous êtes causé vous-même tout le mal.
LÉLIE. Moi?
MASCARILLE.   Si vous n'étiez pas une cervelle folle,
Quand vous avez parlé naguère à votre idole,
Vous auriez aperçu Jeannette sur vos pas,
Dont l'oreille subtile a découvert le cas.
LÉLIE. On aurait pu surprendre un mot dit à Célie?
MASCARILLE. Et d'où doncques viendrait cette prompte sortie?
Oui, vous n'êtes dehors que par votre caquet.
Je ne sais si souvent vous jouez au piquet;
Mais au moins faites-vous des écarts admirables.
LÉLIE. O le plus malheureux de tous les misérables!
Mais encore, pourquoi me voir chassé par toi?
MASCARILLE. Je ne fis jamais mieux que d'en prendre l'emploi;
Par là, j'empêche au moins que de cet artifice
Je ne sois soupçonné d'être auteur ou complice.
LÉLIE. Tu devais donc pour toi frapper plus doucement.
MASCARILLE. Quelque sot. Trufaldin lorgnait exactement:
Et puis, je vous dirai, sous ce prétexte utile
Je n'étais point fâché d'évaporer ma bile.
Enfin, la chose est faite; et, si j'ai votre foi
Qu'on ne vous verra point vouloir venger sur moi,
Soit ou directement, ou par quelque autre voie,
Les coups sur votre râble assénés avec joie,
Je vous promets, aidé par le poste où je suis,
De contenter vos vœux avant qu'il soit deux nuits.
LÉLIE. Quoique ton traitement ait un peu de rudesse,
Qu'est-ce que dessus moi ne peut cette promesse?
MASCARILLE. Vous le promettez donc?

LELIE. Oui, je te le promets.
MASCARILLE. Ce n'est pas encor tout : promettez que jamais
Vous ne vous mêlerez dans quoi que j'entreprenne.
LÉLIE. Soit.
MASCARILLE. Si vous y manquez, votre fièvre quartaine...
LÉLIE. Mais tiens-moi donc parole, et songe à mon repos.
MASCARILLE. Allez quitter l'habit, et graisser votre dos.
LÉLIE *seul*. Faut-il que le malheur qui me suit à la trace
Me fasse voir toujours disgrâce sur disgrâce !
MASCARILLE *sortant de chez Trufaldin*.
Quoi ! vous n'êtes pas loin ! sortez vite d'ici ;
Mais, surtout, gardez-vous de prendre aucun souci.
Puisque je suis pour vous, que cela vous suffise :
N'aidez point mon projet de la moindre entreprise ;
Demeurez en repos.
LÉLIE *en sortant*. Oui, va, je m'y tiendrai.
MASCARILLE *seul*. Il faut voir maintenant quel biais je prendrai.

SCENE IX.
ERGASTE, MASCARILLE.

ERGASTE. Mascarille, je viens te dire une nouvelle
Qui donne à tes desseins une atteinte cruelle.
À l'heure que je parle, un jeune Egyptien,
Qui n'est pas noir pourtant, et sent assez son bien,
Arrive accompagné d'une vieille fort hâve,
Et vient chez Trufaldin racheter cette esclave
Que vous vouliez : pour elle il paraît fort zélé.
MASCARILLE. Sans doute c'est l'amant dont Célie a parlé.
Fut-il jamais destin plus brouillé que le nôtre !
Sortant d'un embarras, nous entrons dans un autre.
En vain nous apprenons que Léandre est au point
De quitter la partie, et ne nous troubler point ;
Que son père, arrivé contre toute espérance,
Du côté d'Hippolyte emporte la balance,
Qu'il a tout fait changer par son autorité,
Et va dès aujourd'hui conclure le traité :
Lorsqu'un rival s'éloigne, un autre plus funeste
S'en vient nous enlever tout l'espoir qui nous reste !
Toutefois par un trait merveilleux de mon art,
Je crois que je pourrai retarder leur départ,
Et me donner le temps qui sera nécessaire
Pour tâcher de finir cette fameuse affaire.
Il s'est fait un grand vol : par qui ? l'on n'en sait rien.
Eux autres rarement passent pour gens de bien ;
Je veux adroitement, sur un soupçon frivole,
Faire pour quelques jours emprisonner ce drôle.
Je sais des officiers de justice altérés,
Qui sont pour de tels coups de vrais délibérés :

Dessus l'avide espoir de quelque paraguante,
Il n'est rien que leur art aveuglément ne tente;
Et du plus innocent, toujours à leur profit,
La bourse est criminelle, et paye son délit.

ACTE CINQUIÈME.

SCÈNE I.

MASCARILLE, ERGASTE.

MASCARILLE. Ah chien! ah double chien! mâtine de cervelle,
Ta persécution sera-t-elle éternelle?
ERGASTE. Par les soins vigilants de l'exempt Balafré,
Ton affaire allait bien, le drôle était coffré,
Si ton maître au moment ne fût venu lui-même,
En vrai désespéré, rompre ton stratagème :
Je ne saurais souffrir, a-t-il dit hautement,
Qu'un honnête homme soit traîné honteusement;
J'en réponds sur sa mine, et je le cautionne.
Et, comme on résistait à lâcher sa personne,
D'abord il a chargé si bien sur les recors,
Qui sont gens d'ordinaire à craindre pour leur corps,
Qu'à l'heure que je parle ils sont encore en fuite,
Et pensent tous avoir un Lélie à leur suite.
MASCARILLE. Le traître ne sait pas que cet Egyptien
Est déjà là-dedans pour lui ravir son bien.
ERGASTE. Adieu. Certaine affaire à te quitter m'oblige.

SCÈNE II.

MASCARILLE *seul.*

Oui, je suis stupéfait de ce dernier prodige.
On dirait, et pour moi j'en suis persuadé,
Que ce démon brouillon dont il est possédé
Se plaise à me braver, et me l'aille conduire
Partout où sa présence est capable de nuire.
Pourtant je veux poursuivre, et, malgré tous ses coups,
Voir qui l'emportera de ce diable ou de nous.
Célie est quelque peu de notre intelligence,
Et ne voit son départ qu'avecque répugnance.
Je tâche à profiter de cette occasion.
Mais ils viennent, songeons à l'exécution.
Cette maison meublée est en ma bienséance,
Je puis en disposer avec grande licence :
Si le sort nous en dit, tout sera bien réglé;
Nul que moi ne s'y tient, et j'en garde la clé.
O Dieu! qu'en peu de temps on a vu d'aventures,
Et qu'un fourbe est contraint de prendre de figures!

SCÈNE III.
CÉLIE, ANDRÈS.

ANDRÈS. Vous le savez, Célie, il n'est rien que mon cœur
N'ait fait pour vous prouver l'excès de son ardeur.
Chez les Vénitiens, dès un assez jeune âge,
La guerre en quelque estime avait mis mon courage,
Et j'y pouvais un jour, sans trop croire de moi,
Prétendre, en les servant, un honorable emploi;
Lorsqu'on me vit pour vous oublier toute chose,
Et que le prompt effet d'une métamorphose
Qui suivit de mon cœur le soudain changement
Parmi vos compagnons su't'ranger votre amant;
Sans que mille accidents, ni votre indifférence,
Aient pu me détacher de ma persévérance.
Depuis, par un hasard, d'avec vous séparé
Pour beaucoup plus de temps que je n'eusse auguré,
Je n'ai, pour vous rejoindre, épargné temps ni peine :
Enfin ayant trouvé la vieille Egyptienne,
Et plein d'impatience apprenant votre sort,
Que, pour certain argent qui leur importait fort,
Et qui de tous vos gens détourna le naufrage,
Vous aviez en ces lieux été mise en otage,
J'accours vite y briser ces chaînes d'intérêt,
Et recevoir de vous les ordres qu'il vous plaît.
Cependant on vous voit une morne tristesse
Alors que dans vos yeux doit briller l'allégresse.
Si pour vous la retraite avait quelques appas,
Venise, du butin fait parmi les combats,
Me garde pour tous deux de quoi pouvoir y vivre :
Que si, comme devant, il vous faut encor suivre,
J'y consens, et mon cœur n'ambitionnera
Que d'être auprès de vous tout ce qu'il vous plaira.

CÉLIE. Votre zèle pour moi visiblement éclate;
Pour en paraître triste il faudrait être ingrate :
Et mon visage aussi, par son émotion,
N'explique point mon cœur en cette occasion;
Une douleur de tête y peint sa violence :
Et, si j'avais sur vous quelque peu de puissance,
Votre voyage, au moins pour trois ou quatre jours,
Attendrait que ce mal eût pris un autre cours.

ANDRÈS. Autant que vous voudrez faites qu'il se diffère :
Toutes mes volontés ne butent qu'à vous plaire.
Cherchons une maison à vous mettre en repos.
L'écriteau que voici s'offre tout à propos.

SCÈNE IV.

CÉLIE, ANDRÈS, MASCARILLE *déguisé en Suisse.*

ANDRÈS. Seigneur Suisse, êtes-vous de ce logis le maître ?
MASCARILLE. Moi pour serfir à fous.
ANDRÈS. Pourrions-nous y bien être ?
MASCARILLE. Oui ; moi pour d'étrancher chappons champre garni.
Mais che non point locher te gente méchant vi.
ANDRÈS. Je crois votre maison franche de tout ombrage.
MASCARILLE. Fous nouveau dans sti fil, moi foir à la fissage.
ANDRÈS. Oui.
MASCARILLE. La matame est-il mariage al monsieur ?
ANDRÈS. Quoi ?
MASCARILLE. S'il être son fame, ou s'il être son sœur ?
ANDRÈS. Non.
MASCARILLE. Mon foi, pien choli. Fenir pour marchandice
Ou pien pour temanter à la palais choustice ?
La procès il faut rien, il coûter tant t'archant !
La procurer larron, l'afocat bien méchant.
ANDRÈS. Ce n'est pas pour cela.
MASCARILLE. Fous tonc mener sti file
Pour fenir pourmener et recarter la file ?
(*A Célie.*)
ANDRÈS. Il n'importe. Je suis à vous dans un moment.
Je vais faire venir la vieille promptement,
Contremander aussi notre voiture prête.
MASCARILLE. Li ne porte pas pien.
ANDRÈS. Elle a mal à la tête.
MASCARILLE. Moi chavoir de pon fin, et de fromache pon.
Entre fous, entre fous dans mon petit maison.
(*Célie, Andrès et Mascarille entrent dans la maison.*)

SCÈNE V.

LÉLIE *seul.*

Quel que soit le transport d'une âme impatiente,
Ma parole m'engage à rester en attente,
A laisser faire un autre, et voir, sans rien oser,
Comme de mes destins le ciel veut disposer.

SCÈNE VI.

ANDRÈS, LÉLIE.

LÉLIE *à Andrès qui sort de la maison.*
Demandiez-vous quelqu'un dedans cette demeure ?
ANDRÈS. C'est un logis garni que j'ai pris tout à l'heure.
LÉLIE. A mon père pourtant la maison appartient ;
Et mon valet, la nuit, pour la garder s'y tient.
ANDRÈS. Je ne sais : l'écriteau marque au moins qu'on la loue.
Lisez.

LÉLIE.   Certes, ceci me surprend, je l'avoue.
            Qui diantre l'aurait mis? et par quel intérêt...?
            Ah! ma foi, je devine à peu près ce que c'est :
            Cela ne peut venir que de ce que j'augure.
ANDRÈS.   Peut-on vous demander quelle est cette aventure?
LÉLIE.   Je voudrais à tout autre en faire un grand secret;
            Mais pour vous il n'importe, et vous serez discret.
            Sans doute l'écriteau que vous voyez paraître,
            Comme je conjecture au moins, ne saurait être
            Que quelque invention du valet que je di,
            Que quelque nœud subtil qu'il doit avoir ourdi
            Pour mettre en mon pouvoir certaine Egyptienne
            Dont j'ai l'âme piquée, et qu'il faut que j'obtienne.
            Je l'ai déjà manquée, et même plusieurs coups.
ANDRÈS.   Vous l'appelez?
LÉLIE.   Célie.
ANDRÈS.   Hé! que ne disiez-vous?
            Vous n'aviez qu'à parler, je vous aurais sans doute
            Epargné tous les soins que ce projet vous coûte.
LÉLIE.   Quoi! vous la connaissez?
ANDRÈS.   C'est moi qui maintenant
            Viens de la racheter.
LÉLIE.   O discours surprenant!
ANDRÈS.   Sa santé de partir ne nous pouvant permettre,
            Au logis que voilà je venais de la mettre;
            Et je suis très-ravi, dans cette occasion,
            Que vous m'ayez instruit de votre intention.
LÉLIE.   Quoi! j'obtiendrais de vous le bonheur que j'espère?
            Vous pourriez...
ANDRÈS *allant frapper à la porte.* Tout à l'heure on va vous satisfaire.
LÉLIE.   Que pourrai-je vous dire? et quel remercîment...
ANDRÈS.   Non, ne m'en faites point, je n'en veux nullement.

SCÈNE VII.
LÉLIE, ANDRÈS, MASCARILLE.

MASCARILLE *à part.* Hé bien! ne voilà pas mon enragé de maître!
            Il nous va faire encor quelque nouveau bicêtre.
LÉLIE.   Sous ce grotesque habit qui l'aurait reconnu!
            Approche, Mascarille, et sois le bienvenu.
MASCARILLE. Moi souisse ein chant t'honneur, moi non point maquerille,
            Chai point fentre chamais le fame ni le fille.
LÉLIE.   Le plaisant baragouin! Il est bon, sur ma foi!
MASCARILLE. Allez fous pourmener, sans toi rire te moi.
LÉLIE.   Va, va, lève le masque, et reconnais ton maître.
MASCARILLE. Partieu, tiable, mon foi, chamais toi chai connaître.
LÉLIE.   Tout est accommodé, ne te déguise point.
MASCARILLE. Si toi point en aller, chai paille ein cou te poing.
LÉLIE.   Ton jargon allemand est superflu, te dis-je;

Car nous sommes d'accord, et sa bonté m'oblige.
J'ai tout ce que mes vœux lui peuvent demander,
Et tu n'as pas sujet de rien appréhender.
MASCARILLE. Si vous êtes d'accord par un bonheur extrême,
Je me dessuisse donc et redeviens moi-même.
ANDRÈS. Ce valet vous servait avec beaucoup de feu.
Mais je reviens à vous, demeurez quelque peu.

SCÈNE VIII.
LÉLIE, MASCARILLE.

LÉLIE. Hé bien! que diras-tu?
MASCARILLE. Que j'ai l'âme ravie
De voir d'un beau succès notre peine suivie.
LÉLIE. Tu feignais à sortir de ton déguisement,
Et ne pouvais me croire en cet événement.
MASCARILLE. Comme je vous connais, j'étais dans l'épouvante,
Et trouve l'aventure aussi fort surprenante.
LÉLIE. Mais confesse qu'enfin c'est avoir fait beaucoup.
Au moins j'ai réparé mes fautes à ce coup,
Et j'aurai cet honneur d'avoir fini l'ouvrage.
MASCARILLE. Soit; vous aurez été bien plus heureux que sage.

SCÈNE IX.
CÉLIE, ANDRÈS, LÉLIE, MASCARILLE.

ANDRÈS. N'est-ce pas là l'objet dont vous m'avez parlé?
LÉLIE. Ah! quel bonheur au mien pourrait être égalé!
ANDRÈS. Il est vrai, d'un bienfait je vous suis redevable;
Si je ne l'avouais, je serais condamnable :
Mais enfin ce bienfait aurait trop de rigueur
S'il fallait le payer aux dépens de mon cœur.
Jugez, dans le transport où sa beauté me jette,
Si je dois à ce prix vous acquitter ma dette;
Vous êtes généreux, vous ne le voudriez pas.
Adieu pour quelques jours : retournons sur nos pas.

SCÈNE X.
LÉLIE, MASCARILLE.

MASCARILLE *après avoir chanté.*
Je chante, et toutefois je n'en ai guère envie.
Vous voilà bien d'accord, il vous donne Célie;
Hem, vous m'entendez bien.
LÉLIE. C'est trop, je ne veux plus
Te demander pour moi des secours superflus.
Je suis un chien, un traître, un bourreau détestable,
Indigne d'aucun soin, de rien faire incapable.
Va, cesse tes efforts pour un malencontreux
Qui ne saurait souffrir que l'on le rende heureux.

Après tant de malheurs, après mon imprudence,
Le trépas me doit seul prêter son assistance.

SCÈNE XI.
MASCARILLE *seul*.

Voilà le vrai moyen d'achever son destin;
Il ne lui manque plus que de mourir enfin
Pour le couronnement de toutes ses sottises.
Mais en vain son dépit pour ses fautes commises
Lui fait licencier mes soins et mon appui;
Je veux, quoi qu'il en soit, le servir malgré lui,
Et dessus son lutin obtenir la victoire.
Plus l'obstacle est puissant, plus on reçoit de gloire;
Et les difficultés dont on est combattu
Sont les dames d'atour qui parent la vertu.

SCÈNE XII.
CÉLIE, MASCARILLE.

CÉLIE à *Mascarille qui lui a parlé bas*.
Quoi que tu veuilles dire, et que l'on se propose,
De ce retardement j'attends fort peu de chose.
Ce qu'on voit de succès peut bien persuader
Qu'ils ne sont pas encor fort près de s'accorder :
Et je t'ai déjà dit qu'un cœur comme le nôtre
Ne voudrait pas pour l'un faire injustice à l'autre;
Et que très-fortement par de différents nœuds
Je me trouve attachée au parti de tous deux.
Si Lélie a pour lui l'amour et sa puissance,
Andrès pour son partage a la reconnaissance,
Qui ne souffrira point que mes pensers secrets
Consultent jamais rien contre ses intérêts :
Oui, s'il ne peut avoir plus de place en mon âme,
Si le don de mon cœur ne couronne sa flamme,
Au moins dois-je le prix à ce qu'il fait pour moi
De n'en choisir point d'autre au mépris de sa foi,
Et de faire à mes vœux autant de violence
Que j'en fais aux désirs qu'il met en évidence.
Sur ces difficultés qu'oppose mon devoir,
Juge ce que tu peux te permettre d'espoir.
MASCARILLE. Ce sont, à dire vrai, de très-fâcheux obstacles;
Et je ne sais point l'art de faire des miracles :
Mais je vais employer mes efforts plus puissants,
Remuer terre et ciel, m'y prendre de tous sens,
Pour tâcher de trouver un biais salutaire,
Et vous dirai bientôt ce qui se pourra faire.

SCÈNE XIII.
HIPPOLYTE, CÉLIE.

HIPPOLYTE. Depuis votre séjour, les dames de ces lieux
Se plaignent justement des larcins de vos yeux,
Si vous leur dérobez leurs conquêtes plus belles,
Et de tous leurs amants faites des infidèles :
Il n'est guère de cœurs qui puissent échapper
Aux traits dont à l'abord vous savez les frapper;
Et mille libertés à vos chaînes offertes
Semblent vous enrichir chaque jour de nos pertes.
Quant à moi toutefois je ne me plaindrais pas
Du pouvoir absolu de vos rares appas,
Si, lorsque mes amants sont devenus les vôtres,
Un seul m'eût consolé de la perte des autres :
Mais qu'inhumainement vous me les ôtiez tous,
C'est un dur procédé dont je me plains à vous.

CÉLIE. Voilà d'un air galant faire une raillerie :
Mais épargnez un peu celle qui vous en prie.
Vos yeux, vos propres yeux se connaissent trop bien
Pour pouvoir de ma part redouter jamais rien;
Ils sont fort assurés du pouvoir de leurs charmes,
Et ne prendront jamais de pareilles alarmes.

HIPPOLYTE. Pourtant en ce discours je n'ai rien avancé
Qui dans tous les esprits ne soit déjà passé;
Et, sans parler du reste, on sait bien que Célie
A causé des désirs à Léandre et Lélie.

CÉLIE. Je crois qu'étant tombés dans cet aveuglement
Vous vous consoleriez de leur perte aisément,
Et trouveriez pour vous l'amant peu souhaitable
Qui d'un si mauvais choix se trouverait capable.

HIPPOLYTE. Au contraire, j'agis d'un air tout différent,
Et trouve en vos beautés un mérite si grand,
J'y vois tant de raisons capables de défendre
L'inconstance de ceux qui s'en laissent surprendre,
Que je ne puis blâmer la nouveauté des feux
Dont envers moi Léandre a parjuré ses vœux,
Et le vais voir tantôt, sans haine et sans colère,
Ramené sous mes lois par le pouvoir d'un père.

SCÈNE XIV.
CÉLIE, HIPPOLYTE, MASCARILLE.

MASCARILLE. Grande, grande nouvelle, et succès surprenant
Que ma bouche vous vient annoncer maintenant!

CÉLIE. Qu'est-ce donc?

MASCARILLE. Écoutez, voici sans flatterie...

CÉLIE. Quoi?

MASCARILLE. La fin d'une vraie et pure comédie.

ACTE V.

　　　　　　La vieille Egyptienne à l'heure même...
CÉLIE.　　　　　　　　　　　　　　　　　　　Hé bien?
MASCARILLE. Passait dedans la place et ne songeait à rien,
　　Alors qu'une autre vieille assez défigurée,
　　L'ayant de près au nez longtemps considérée,
　　Par un bruit enroué de mots injurieux
　　A donné le signal d'un combat furieux,
　　Qui pour armes pourtant, mousquets, dagues, ou flèches,
　　Ne faisait voir en l'air que quatre griffes sèches,
　　Dont ces deux combattants s'efforçaient d'arracher
　　Ce peu que sur leurs os les ans laissent de chair.
　　On n'entend que ces mots : Chienne, louve, bagasse!
　　D'abord leurs escoffions ont volé par la place,
　　Et, laissant voir à nu deux têtes sans cheveux,
　　Ont rendu le combat risiblement affreux.
　　Andrès et Trufaldin, à l'éclat du murmure,
　　Ainsi que force monde, accourus d'aventure,
　　Ont à les décharpir eu de la peine assez,
　　Tant leurs esprits étaient par la fureur poussés.
　　Cependant que chacune, après cette tempête,
　　Songe à cacher aux yeux la honte de sa tête,
　　Et que l'on veut savoir qui causait cette humeur;
　　Celle qui la première avait fait la rumeur,
　　Malgré la passion dont elle était émue,
　　Ayant sur Trufaldin tenu longtemps la vue :
　　C'est vous, si quelque erreur n'abuse ici mes yeux,
　　Qu'on m'a dit qui vivez inconnu dans ces lieux,
　　A-t-elle dit tout haut. O rencontre opportune!
　　Oui, seigneur Zanobio Ruberti, la fortune
　　Me fait vous reconnaître, et dans le même instant
　　Que pour votre intérêt je me tourmentais tant.
　　Lorsque Naples vous vit quitter votre famille,
　　J'avais, vous le savez, en mes mains votre fille
　　Dont j'élevais l'enfance, et qui, par mille traits,
　　Faisait voir dès quatre ans sa grâce et ses attraits.
　　Celle que vous voyez, cette infâme sorcière,
　　Dedans notre maison se rendant familière,
　　Me vola ce trésor. Hélas! de ce malheur
　　Votre femme, je crois, conçut tant de douleur,
　　Que cela servit fort pour avancer sa vie.
　　Si bien qu'entre mes mains cette fille ravie
　　Me faisant redouter un reproche fâcheux,
　　Je vous fis annoncer la mort de toutes deux.
　　Mais il faut maintenant, puisque je l'ai connue,
　　Qu'elle fasse savoir ce qu'elle est devenue.
　　　　Au nom de Zanobio Ruberti, que sa voix
　　Pendant tout ce récit répétait plusieurs fois,
　　Andrès, ayant changé quelque temps de visage,

5.

A Trufaldin surpris a tenu ce langage :
Quoi donc! le ciel me fait trouver heureusement
Celui que jusqu'ici j'ai cherché vainement,
Et que j'avais pu voir sans pourtant reconnaître
La source de mon sang et l'auteur de mon être!
Oui, mon père, je suis Horace votre fils.
D'Albert, qui me gardait, les jours étant finis,
Me sentant naître au cœur d'autres inquiétudes,
Je sortis de Bologne, et, quittant mes études,
Portai durant six ans mes pas en divers lieux,
Selon que me poussait un désir curieux.
Pourtant, après ce temps, une secrète envie
Me pressa de revoir les miens et ma patrie :
Mais dans Naples, hélas! je ne vous trouvai plus,
Et n'y sus votre sort que par des bruits confus.
Si bien qu'à votre quête ayant perdu mes peines,
Venise pour un temps borna mes courses vaines :
Et j'ai vécu depuis, sans que de ma maison
J'eusse d'autres clartés que d'en savoir le nom.
Je vous laisse à juger si, pendant ces affaires,
Trufaldin ressentait des transports ordinaires.
Enfin, pour retrancher ce que plus à loisir
Vous aurez le moyen de vous faire éclaircir
Par la confession de votre Egyptienne,
Trufaldin maintenant vous reconnaît pour sienne;
Andrès est votre frère; et, comme de sa sœur
Il ne peut plus songer à se voir possesseur,
Une obligation qu'il prétend reconnaître
A fait qu'il vous obtient pour épouse à mon maître,
Dont le père, témoin de tout l'événement,
Donne à cet hyménée un plein consentement,
Et, pour mettre une joie entière en sa famille,
Pour le nouvel Horace a proposé sa fille.
Voyez que d'incidents à la fois enfantés!

CÉLIE. Je demeure immobile à tant de nouveautés.
MASCARILLE. Tous viennent sur mes pas, hors les deux championnes,
Qui du combat encor remettent leurs personnes.
Léandre est de la troupe et votre père aussi.
Moi, je vais avertir mon maître de ceci,
Et que, lorsqu'à ses vœux on croit le plus d'obstacle,
Le ciel en sa faveur produit comme un miracle.
(Mascarille sort.)
HIPPOLYTE. Un tel ravissement rend mes esprits confus,
Que pour mon propre sort je n'en aurais pas plus.
Mais les voici venir.

SCÈNE XV.

TRUFALDIN, ANSELME, PANDOLFE, CÉLIE, HIPPOLYTE
LÉANDRE, ANDRÈS.

TRUFALDIN. Ah! ma fille.
CÉLIE. Ah! mon père.
TRUFALDIN. Sais-tu déjà comment le ciel nous est prospère?
CÉLIE. J'en viens d'entendre ici le succès merveilleux.
HIPPOLYTE *à Léandre.* En vain vous parleriez pour excuser vos feux,
Si j'ai devant les yeux ce que vous pouvez dire.
LÉANDRE. Un généreux pardon est ce que je désire :
Mais j'atteste les cieux qu'en ce retour soudain
Mon père fait bien moins que mon propre dessein.
ANDRÈS *à Célie.* Qui l'aurait jamais cru que cette ardeur si pure
Pût être condamnée un jour par la nature!
Toutefois tant d'honneur la sut toujours régir,
Qu'en y changeant fort peu je puis la retenir.
CÉLIE. Pour moi, je me blâmais et croyais faire faute
Quand je n'avais pour vous qu'une estime très-haute :
Je ne pouvais savoir quel obstacle puissant
M'arrêtait sur un pas si doux et si glissant,
Et détournait mon cœur de l'aveu d'une flamme
Que mes sens s'efforçaient d'introduire en mon âme.
TRUFALDIN *à Célie.* Mais, en te recouvrant, que diras-tu de moi,
Si je songe aussitôt à me priver de toi,
Et t'engage à son fils sous les lois d'hyménée?
CÉLIE. Que de vous maintenant dépend ma destinée.

SCENE XVI.

TRUFALDIN, ANSELME, PANDOLFE, CÉLIE, HIPPOLYTE, LÉLIE,
LÉANDRE, ANDRÈS, MASCARILLE.

MASCARILLE *à Lélie.* Voyons si votre diable aura bien le pouvoir
De détruire à ce coup un si solide espoir,
Et si, contre l'excès du bien qui nous arrive,
Vous armerez encor votre imaginative.
Par un coup imprévu des destins les plus doux
Vos vœux sont couronnés, et Célie est à vous.
LÉLIE. Croirai-je que du ciel la puissance absolue...
TRUFALDIN. Oui, mon gendre, il est vrai.
PANDOLFE. La chose est résolue.
ANDRÈS *à Lélie.* Je m'acquitte par là de ce que je vous dois.
LÉLIE *à Mascarille.* Il faut que je t'embrasse et mille et mille fois.
Dans cette joie...
MASCARILLE. Aïe! aïe! doucement, je vous prie.
Il m'a presque étouffé. Je crains fort pour Célie,
Si vous la caressez avec tant de transport.
De vos embrassements on se passerait fort.
TRUFALDIN *à Lélie.* Vous savez le bonheur que le ciel me renvoie.

Mais puisqu'un même jour nous met tous dans la joie,
Ne nous séparons point qu'il ne soit terminé;
Et que son père aussi nous soit vite amené.

MASCARILLE. Vous voilà tous pourvus. N'est-il point quelque fille
Qui pût accommoder le pauvre Mascarille?
A voir chacun se joindre à sa chacune ici,
J'ai des démangeaisons de mariage aussi.

ANSELME. J'ai ton fait.

MASCARILLE. Allons donc : et que les cieux prospères
Nous donnent des enfants dont nous soyons les pères.

FIN DE L'ÉTOURDI.

LE
DÉPIT AMOUREUX,

COMÉDIE EN CINQ ACTES.

1654.

NOTICE SUR LE DÉPIT AMOUREUX.

Molière était à Béziers, où le prince de Conti présidait les états provinciaux du Languedoc, lorsqu'il fit représenter le *Dépit amoureux*, en 1654. Quatre ans plus tard, à la fin de décembre 1658, il le donnait de nouveau sur le théâtre du Petit-Bourbon.

Le sujet et quelques détails du *Dépit amoureux*, entre autres la tirade de Marinette (acte I, scène II), sont empruntés à une comédie italienne de Nicolo Secco, intitulée l'*Intéressé*, ou la *Créduta Maschio*, dont voici le précis exact :

Il a été convenu entre Magnifico et le docteur que si la femme de Magnifico accouchait d'un garçon, le docteur donnerait quatre mille écus. Une fille vient au monde. Magnifico, tenant à la somme convenue, montre au docteur le fils d'un de ses cousins né le même jour, et fait ensuite élever sa fille, Diane, sous le nom de Fédéric.

Le faux Fédéric a déjà vingt ans quand son père s'avisa d'avoir des remords, qu'il n'écoute pas longtemps, grâce à son avarice et aux conseils de son valet Brighel ; ce Brighel est aussi le confident de Diane, elle lui avoue que, sous le nom de sa sœur Béatrix, elle a épousé secrètement Flaminio, amant de cette même sœur.

Flaminio de son côté ne se pique pas de discrétion ; il fait confidence de son mariage à son frère Silvio, et celui-ci ne sait comment arranger ce prétendu hyménée avec le bonheur qu'il a de passer toutes les nuits sous le balcon de Béatrix, à l'entretenir de son amour.

Le mystère du déguisement est découvert, et les deux fils du docteur épousent les deux filles de Magnifico.

Molière a su enrichir cet imbroglio de traits d'une gaieté, d'une verve originale, et sa pièce s'est soutenue au théâtre, tant par son propre mérite que par le jeu des acteurs. Elle attirait la foule sous Louis XV, lorsque Préville jouait Mascarille, Armand Gros-René, et mademoiselle Dangeville Marinette.

La Harpe a porté sur le *Dépit amoureux* un jugement que nous rapportons de préférence à celui de Voltaire. « Le sujet, dit-il, est absolument incroyable. Toute l'intrigue roule sur une supposition inadmissible, qu'un homme s'imagine être marié avec la femme qu'il aime, le lui soutienne à elle-même, et soit marié en effet avec une autre. Dans l'état des choses, tel que l'auteur l'établit, et tel que la décence ne permet pas même de le rapporter ici, cette méprise est impossible. Il fallait que l'on fût bien accoutumé à compter pour rien le bon sens et les bienséances puisque la plupart des pièces du temps n'étaient ni plus vraisemblables, ni plus décentes. C'est pourtant dans cet ouvrage, dont le fond est si vicieux, que Molière fit voir les premiers traits du talent qui lui était propre. Deux scènes dont il n'y avait pas de modèle, et que lui seul pouvait faire, celle de la brouillerie des deux amants et du valet avec la suivante, annonçaient l'homme qui allait ramener la comédie à son but, à l'imitation de la nature. Elles sont si parfaites, à deux ou trois vers près, qu'elles ont suffi pour faire vivre l'ouvrage, et ces deux scènes valent mieux que beaucoup de comédies. »

Le mot *rivalité*, employé dans la scène IV de l'acte I, est de la création de Molière, et ce mot paraissait encore nouveau en 1767, car il figure dans le dictionnaire néologique publié à cette époque par l'abbé Desfontaines.

Dans la scène IV de l'acte IV, Gros-René rend à Marinette son *beau galant de neige* et sa *nonpareille*. Ce sont des noms de rubans. Un passage du *Roman comique* nous apprend ce qu'il faut entendre par galant : « Je lui montrai un nœud de rubans, que l'on appelle à présent un *galant*. » La nonpareille, d'après la définition de Furetière, est le ruban le moins large dont on faisait des garnitures. Dans la même scène, Gros-René propose à Marinette de rompre la paille. C'était un usage très-antique, et qu'Etienne Pasquier nous explique dans ses *Recherches de la France*.

« Nous disons communément rompre la paille ou le festu avec quelqu'un, quand nous nous disposons de rompre l'amitié que nous avions contractée avec lui. Anciennement, lorsqu'on mettait quelqu'un en possession d'une chose, on lui donnait ou il prenait un baston ou un rameau qui en était le signe. Il y a apparence que la renonciation à cette possession se faisait par la rupture du baston ou rameau; car nous trouvons dans Othon de Frinsingue le mot *exfusticare* employé pour ce que l'on dit se démettre de sa possession, mot qui vient du latin *festuca*, qui signifie le brin d'un jeune rameau; et, du mot latin *festuca*, nous avons fait le mot français *festu*, que nous approprions au brin de paille. De là est venu que nous avons dit : rompre le festu ou la paille, quand nous nous voulions départir d'une ancienne amitié. »

ÉMILE DE LA BÉDOLLIÈRE.

PERSONNAGES.

ALBERT, père de Lucile et d'Ascagne.
POLIDORE, père de Valère.
LUCILE, fille d'Albert.
ASCAGNE, fille d'Albert, déguisée en homme.
ÉRASTE, amant de Lucile.
VALÈRE, fils de Polidore.
MARINETTE, suivante de Lucile.
FROSINE, confidente d'Ascagne.
MÉTAPHRASTE, pédant.
GROS-RENÉ, valet d'Éraste.
MASCARILLE, valet de Valère.
LA RAPIÈRE, bretteur.

La scène est à Paris

LE DÉPIT AMOUREUX.

ACTE PREMIER.

SCÈNE I.

ÉRASTE, GROS-RENÉ.

ÉRASTE. Veux-tu que je te die? une atteinte secrète
Ne laisse point mon âme en une bonne assiette :
Oui, quoiqu'à mon amour tu puisses repartir,
Il craint d'être la dupe, à ne te point mentir;
Qu'en faveur d'un rival ta foi ne se corrompe,
Ou du moins qu'avec moi toi-même on ne te trompe.
GROS-RENÉ. Pour moi, me soupçonner de quelque mauvais tour,
Je dirai, n'en déplaise à monsieur votre amour,
Que c'est injustement blesser ma prud'homie,
Et se connaître mal en physionomie.
Les gens de mon minois ne sont point accusés
D'être, grâces à Dieu, ni fourbes ni rusés.
Cet honneur qu'on nous fait, je ne le démens guères,
Et suis homme fort rond de toutes les manières.
Pour que l'on me trompât, cela se pourrait bien,
Le doute est mieux fondé; pourtant je n'en crois rien.
Je ne vois point encore, ou je suis une bête,
Sur quoi vous avez pu prendre martel en tête.
Lucile, à mon avis, vous montre assez d'amour;
Elle vous voit, vous parle à toute heure du jour;
Et Valère, après tout, qui cause votre crainte,
Semble n'être à présent souffert que par contrainte.
ÉRASTE. Souvent d'un faux espoir un amant est nourri;
Le mieux reçu toujours n'est pas le plus chéri;
Et tout ce que d'ardeur font paraître les femmes
Parfois n'est qu'un beau voile à couvrir d'autres flammes.
Valère enfin, pour être un amant rebuté,
Montre depuis un temps trop de tranquillité;
Et ce qu'à ces faveurs dont tu crois l'apparence
Il témoigne de joie ou bien d'indifférence
M'empoisonne à tous coups leurs plus charmants appas,
Me donne ce chagrin que tu ne comprends pas,
Tient mon bonheur en doute, et me rend difficile
Une entière croyance aux propos de Lucile.
Je voudrais, pour trouver un tel destin bien doux,
Y voir entrer un peu de son transport jaloux;
Et, sur ses déplaisirs et son impatience,
Mon âme prendrait lors une pleine assurance.

Toi-même penses-tu qu'on puisse, comme il fait,
Voir chérir un rival d'un esprit satisfait?
Et si tu n'en crois rien, dis-moi, je t'en conjure,
Si j'ai lieu de rêver dessus cette aventure.
GROS-RENÉ. Peut-être que son cœur a changé de désirs,
Connaissant qu'il poussait d'inutiles soupirs.
ÉRASTE. Lorsque par les rebuts une âme est détachée
Elle veut fuir l'objet dont elle fut touchée,
Et ne rompt point sa chaîne avec si peu d'éclat
Qu'elle puisse rester en un paisible état :
De ce qu'on a chéri la fatale présence
Ne nous laisse jamais dedans l'indifférence;
Et, si de cette vue on n'accroît son dédain,
Notre amour est bien près de nous rentrer au sein.
Enfin, crois-moi, si bien qu'on éteigne une flamme,
Un peu de jalousie occupe encore une âme;
Et l'on ne saurait voir, sans en être piqué,
Possédé par un autre un cœur qu'on a manqué.
GROS-RENÉ. Pour moi, je ne sais point tant de philosophie;
Ce que voyent mes yeux, franchement je m'y fie,
Et ne suis point de moi si mortel ennemi,
Que je m'aille affliger sans sujet ni demi.
Pourquoi subtiliser, et faire le capable
A chercher des raisons pour être misérable?
Sur des soupçons en l'air je m'irais alarmer!
Laissons venir la fête avant que la chômer.
Le chagrin me paraît une incommode chose :
Je n'en prends point, pour moi, sans bonne et juste cause;
Et mêmes à mes yeux cent sujets d'en avoir
S'offrent le plus souvent, que je ne veux pas voir.
Avec vous en amour je cours même fortune;
Celle que vous aurez me doit être commune :
La maîtresse ne peut abuser votre foi,
A moins que la suivante en fasse autant pour moi;
Mais j'en fuis la pensée avec un soin extrême.
Je veux croire les gens quand on me dit : Je t'aime
Et ne vais point chercher, pour m'estimer heureux,
Si Mascarille ou non s'arrache les cheveux.
Que tantôt Marinette endure qu'à son aise
Jodelet par plaisir la caresse et la baise,
Et que ce beau rival en rie ainsi qu'un fou;
A son exemple aussi j'en rirai tout mon soûl,
Et l'on verra qui rit avec meilleure grâce.
ÉRASTE. Voilà de tes discours.
GROS-RENÉ.   Mais je la vois qui passe.

SCÈNE II.

ÉRASTE, MARINETTE, GROS-RENÉ.

GROS-RENÉ. St, Marinette!
MARINETTE. Ho, ho! que fais-tu là?
GROS-RENÉ. Ma foi,
Demande; nous étions tout à l'heure sur toi.
MARINETTE. Vous êtes aussi là, monsieur! Depuis une heure
Vous m'avez fait trotter comme un Basque, ou je meure.
ÉRASTE. Comment?
MARINETTE. Pour vous chercher j'ai fait dix mille pas,
Et vous promets, ma foi...
ÉRASTE. Quoi?
MARINETTE. Que vous n'êtes pas
Au temple, au cours, chez vous, ni dans la grande place.
GROS-RENÉ. Il en fallait jurer.
ÉRASTE. Apprends-moi donc, de grâce,
Qui te fait me chercher.
MARINETTE. Quelqu'un, en vérité,
Qui pour vous n'a pas trop mauvaise volonté;
Ma maîtresse, en un mot.
ÉRASTE. Ah! chère Marinette,
Ton discours de son cœur est-il bien l'interprète?
Ne me déguise point un mystère fatal;
Je ne t'en voudrai pas pour cela plus de mal :
Au nom des dieux, dis-moi si ta belle maîtresse
N'abuse point mes vœux d'une fausse tendresse.
MARINETTE. Hé, hé! d'où vous vient donc ce plaisant mouvement?
Elle ne fait pas voir assez son sentiment!
Quel garant est-ce encor que votre amour demande?
Que lui faut-il?
GROS-RENÉ. A moins que Valère se pende,
Bagatelle; son cœur ne s'assurera point.
MARINETTE. Comment?
GROS-RENÉ. Il est jaloux jusques en un tel point.
MARINETTE. De Valère? Ah! vraiment la pensée est bien belle!
Elle peut seulement naître en votre cervelle.
Je vous croyais du sens, et jusqu'à ce moment
J'avais de votre esprit quelque bon sentiment;
Mais, à ce que je vois, je m'étais fort trompée.
Ta tête de ce mal est-elle aussi frappée?
GROS-RENÉ. Moi, jaloux! Dieu m'en garde, et d'être assez badin
Pour m'aller amaigrir avec un tel chagrin!
Outre que de ton cœur ta foi me cautionne,
L'opinion que j'ai de moi-même est trop bonne
Pour croire auprès de moi que quelque autre te plût.
Où diantre pourrais-tu trouver qui me valût?

MARINETTE. En effet, tu dis bien; voilà comme il faut être.
Jamais de ces soupçons qu'un jaloux fait paraître :
Tout le fruit qu'on en cueille est de se mettre mal,
Et d'avancer par là les desseins d'un rival.
Au mérite souvent de qui l'éclat vous blesse
Vos chagrins font ouvrir les yeux d'une maîtresse;
Et j'en sais tel qui doit son destin le plus doux
Aux soins trop inquiets de son rival jaloux.
Enfin, quoi qu'il en soit, témoigner de l'ombrage,
C'est jouer en amour un mauvais personnage,
Et se rendre, après tout, misérable à crédit.
Cela, seigneur Éraste, en passant vous soit dit.
ÉRASTE. Hé bien, n'en parlons plus. Que venais-tu m'apprendre?
MARINETTE. Vous mériteriez bien que l'on vous fît attendre,
Qu'afin de vous punir je vous tinsse caché
Le grand secret pourquoi je vous ai tant cherché.
Tenez, voyez ce mot, et sortez hors de doute.
Lisez-le donc tout haut, personne ici n'écoute.

ÉRASTE *lit.*

« Vous m'avez dit que votre amour
» Était capable de tout faire;
» Il se couronnera lui-même dans ce jour,
» S'il peut avoir l'aveu d'un père.
» Faites parler les droits qu'on a dessus mon cœur,
» Je vous en donne la licence;
» Et si c'est en votre faveur,
» Je vous réponds de mon obéissance. »

Ah quel bonheur! O toi, qui me l'as apporté,
Je te dois regarder comme une déité!
GROS-RENÉ. Je vous le disais bien : contre votre croyance,
Je ne me trompe guère aux choses que je pense.

ÉRASTE *relit.*

« Faites parler les droits qu'on a dessus mon cœur,
» Je vous en donne la licence;
» Et, si c'est en votre faveur,
» Je vous réponds de mon obéissance. »

MARINETTE. Si je lui rapportais vos faiblesses d'esprit,
Elle désavouerait bientôt un tel écrit.
ÉRASTE. Ah! cache-lui, de grâce, une peur passagère
Où mon âme a cru voir quelque peu de lumière;
Ou, si tu la lui dis, ajoute que ma mort
Est prête d'expier l'erreur de ce transport;
Que je vais à ses pieds, si j'ai pu lui déplaire,
Sacrifier ma vie à sa juste colère.
MARINETTE. Ne parlons point de mort, ce n'en est pas le temps.
ÉRASTE. Au reste, je te dois beaucoup, et je prétends
Reconnaître dans peu, de la bonne manière,

Les soins d'une si noble et si belle courrière.
MARINETTE. A propos, savez-vous où je vous ai cherché
Tantôt encore?
ÉRASTE. Hé bien?
MARINETTE. Tout proche du marché,
Où vous savez.
ÉRASTE. Où donc?
MARINETTE. Là... dans cette boutique
Où dès le mois passé votre cœur magnifique
Me promit, de sa grâce, une bague.
ÉRASTE. Ah! j'entends.
GROS-RENÉ. La matoise!
ÉRASTE. Il est vrai, j'ai tardé trop longtemps
A m'acquitter vers toi d'une telle promesse :
Mais...
MARINETTE. Ce que j'en ai dit n'est pas que je vous presse.
GROS-RENÉ. Ho! que non!
ÉRASTE *lui donne sa bague.* Celle-ci peut-être aura de quoi
Te plaire; accepte-la pour celle que je doi.
MARINETTE. Monsieur, vous vous moquez; j'aurais honte à la prendre.
GROS-RENÉ. Pauvre honteuse, prends, sans davantage attendre;
Refuser ce qu'on donne est bon à faire aux fous.
MARINETTE. Ce sera pour garder quelque chose de vous.
ÉRASTE. Quand puis-je rendre grâce à cet ange adorable?
MARINETTE. Travaillez à vous rendre un père favorable.
ÉRASTE. Mais s'il me rebutait, dois-je...?
MARINETTE. Alors comme alors :
Pour vous on emploiera toutes sortes d'efforts.
D'une façon ou d'autre il faut qu'elle soit vôtre.
Faites votre pouvoir, et nous ferons le nôtre.
ÉRASTE. Adieu : nous en saurons le succès dans ce jour.
(*Éraste relit la lettre tout bas.*)
MARINETTE *à Gros-René.* Et nous, que dirons-nous aussi de notre amour?
Tu ne m'en parles point.
GROS-RENÉ. Un hymen qu'on souhaite,
Entre gens comme nous, est chose bientôt faite.
Je te veux; me veux-tu de même?
MARINETTE. Avec plaisir.
GROS-RENÉ. Touche : il suffit.
MARINETTE. Adieu, Gros-René, mon désir.
GROS-RENÉ. Adieu, mon astre.
MARINETTE. Adieu, beau tison de ma flamme.
GROS-RENÉ. Adieu, chère comète, arc-en-ciel de mon âme.
(*Marinette sort.*)
Le bon Dieu soit loué, nos affaires vont bien;
Albert n'est pas un homme à vous refuser rien.
ÉRASTE. Valère vient à nous.
GROS-RENÉ. Je plains le pauvre hère,
Sachant ce qui se passe.

SCÈNE III.

VALÈRE, ÉRASTE, GROS-RENÉ.

ÉRASTE.   Hé bien, seigneur Valère?
VALÈRE. Hé bien, seigneur Eraste?
ÉRASTE.   En quel état l'amour?
VALÈRE. En quel état vos feux?
ÉRASTE.   Plus forts de jour en jour.
VALÈRE. Et mon amour plus fort.
ÉRASTE.   Pour Lucile?
VALÈRE.   Pour elle.
ÉRASTE. Certes, je l'avouerai, vous êtes le modèle
D'une rare constance.
VALÈRE.   Et votre fermeté
Doit être un rare exemple à la postérité.
ÉRASTE. Pour moi, je suis peu fait à cet amour austère
Qui dans les seuls regards trouve à se satisfaire,
Et je ne forme point d'assez beaux sentiments
Pour souffrir constamment les mauvais traitements :
Enfin, quand j'aime bien, j'aime fort que l'on m'aime.
VALÈRE. Il est très-naturel, et j'en suis bien de même.
Le plus parfait objet dont je serais charmé
N'aurait pas mes tributs, n'en étant point aimé
ÉRASTE. Lucile cependant...
VALÈRE.   Lucile dans son âme
Rend tout ce que je veux qu'elle rende à ma flamme.
ÉRASTE. Vous êtes donc facile à contenter?
VALÈRE.   Pas tant.
Que vous pourriez penser.
ÉRASTE.   · Je puis croire pourtant,
Sans trop de vanité, que je suis en sa grâce.
VALÈRE. Moi je sais que j'y tiens une assez bonne place.
ÉRASTE. Ne vous abusez point, croyez-moi.
VALÈRE.   Croyez-moi,
Ne laissez point duper vos yeux à trop de foi.
ÉRASTE. Si j'osais vous montrer une preuve assurée
Que son cœur... Non, votre âme en serait altérée.
VALÈRE. Si je vous osais, moi, découvrir en secret...
Mais je vous fâcherais, et veux être discret.
ÉRASTE. Vraiment, vous me poussez; et, contre mon envie,
Votre présomption veut que je l'humilie.
Lisez.
VALÈRE *après avoir lu*. Ces mots sont doux.
ÉRASTE.   Vous connaissez la main?
VALÈRE. Oui, de Lucile.
ÉRASTE.   Hé bien! cet espoir si certain...
VALÈRE *riant et s'en allant*. Adieu, seigneur Eraste.
GROS-RENÉ.   Il est fou, le bon sire :

Où vient-il donc pour lui d'avoir le mot pour rire?
ÉRASTE. Certes, il me surprend; et j'ignore, entre nous,
Quel diable de mystère est caché là-dessous.
GROS-RENÉ. Son valet vient, je pense.
ÉRASTE. Oui, je le vois paraître.
Feignons, pour le jeter sur l'amour de son maître.

SCÈNE IV.
ÉRASTE, MASCARILLE, GROS-RENÉ.

MASCARILLE *à part*. Non, je ne trouve point d'état plus malheureux
Que d'avoir un patron jeune et fort amoureux.
GROS-RENÉ. Bonjour.
MASCARILLE. Bonjour.
GROS-RENÉ. Où tend Mascarille à cette heure?
Que fait-il? Revient-il? va-t-il? ou s'il demeure?
MASCARILLE. Non, je ne reviens pas, car je n'ai pas été;
Je ne vais pas aussi, car je suis arrêté;
Et ne demeure pas, car, tout de ce pas même,
Je prétends m'en aller.
ÉRASTE. La rigueur est extrême :
Doucement, Mascarille.
MASCARILLE. Ah! monsieur, serviteur.
ÉRASTE. Vous nous fuyez bien vite! hé quoi! vous fais-je peur?
MASCARILLE. Je ne crois pas cela de votre courtoisie.
ÉRASTE. Touche : nous n'avons plus sujet de jalousie,
Nous devenons amis; et mes feux que j'éteins
Laissent la place libre à vos heureux desseins.
MASCARILLE. Plût à Dieu!
ÉRASTE. Gros-René sait qu'ailleurs je me jette.
GROS-RENÉ. Sans doute; et je te cède aussi la Marinette.
MASCARILLE. Passons sur ce point-là; notre rivalité
N'est pas pour en venir à grande extrémité.
Mais est-ce un coup bien sûr que votre seigneurie
Soit désenamourée? ou si c'est raillerie?
ÉRASTE. J'ai su qu'en ses amours ton maître était trop bien;
Et je serais un fou de prétendre plus rien
Aux étroites faveurs qu'il a de cette belle.
MASCARILLE. Certes, vous me plaisez avec cette nouvelle :
Outre qu'en nos projets je vous craignais un peu,
Vous tirez sagement votre épingle du jeu.
Oui, vous avez bien fait de quitter une place
Où l'on vous caressait pour la seule grimace;
Et mille fois, sachant tout ce qui se passait,
J'ai plaint le faux espoir dont on vous repaissait.
On offense un brave homme alors que l'on l'abuse.
Mais d'où diantre, après tout, avez-vous su la ruse?
Car cet engagement mutuel de leur foi

N'eut pour témoins, la nuit, que deux autres et moi ;
Et l'on croit jusqu'ici la chaîne fort secrète
Qui rend de nos amants la flamme satisfaite.
ÉRASTE. Hé ! que dis-tu ?
MASCARILLE. Je dis que je suis interdit,
Et ne sais pas, monsieur, qui peut vous avoir dit
Que sous ce faux semblant, qui trompe tout le monde
En vous trompant aussi, leur ardeur sans seconde
D'un secret mariage a serré le lien.
ÉRASTE. Vous en avez menti.
MASCARILLE. Monsieur, je le veux bien.
ÉRASTE. Vous êtes un coquin.
MASCARILLE. D'accord.
ÉRASTE. Et cette audace
Mériterait cent coups de bâton sur la place.
MASCARILLE. Vous avez tout pouvoir.
ÉRASTE. Ah ! Gros-René !
GROS-RENÉ. Monsieur.
ÉRASTE. Je démens un discours dont je n'ai que trop peur.
        (A Mascarille.)
Tu penses fuir ?
MASCARILLE. Nenni.
ÉRASTE. Quoi ! Lucile est la femme...?
MASCARILLE. Non, monsieur ; je raillais.
ÉRASTE. Ah ! vous railliez, infâme !
MASCARILLE. Non, je ne raillais point.
ÉRASTE. Il est donc vrai ?
MASCARILLE. Non pas :
Je ne dis pas cela.
ÉRASTE. Que dis-tu donc ?
MASCARILLE. Hélas !
Je ne dis rien, de peur de mal parler.
ÉRASTE. Assure
Ou si c'est chose vraie, ou si c'est imposture.
MASCARILLE. C'est ce qu'il vous plaira ; je ne suis pas ici
Pour vous rien contester.
ÉRASTE *tirant son épée.* Veux-tu dire ? Voici,
Sans marchander, de quoi te délier la langue.
MASCARILLE. Elle ira faire encor quelque sotte harangue.
Hé ! de grâce, plutôt, si vous le trouvez bon,
Donnez-moi vitement quelques coups de bâton,
Et me laissez tirer mes chausses sans murmure.
ÉRASTE. Tu mourras, ou je veux que la vérité pure
S'exprime par ta bouche.
MASCARILLE. Hélas ! je la dirai :
Mais peut-être, monsieur, que je vous fâcherai.
ÉRASTE. Parle : mais prends bien garde à ce que tu vas faire.
A ma juste fureur rien ne te peut soustraire,

Si tu mens d'un seul mot en ce que tu diras.
MASCARILLE. J'y consens, rompez-moi les jambes et les bras;
Faites-moi pis encor, tuez-moi, si j'impose,
En tout ce que j'ai dit ici, la moindre chose.
ÉRASTE. Ce mariage est vrai?
MASCARILLE. Ma langue en cet endroit
A fait un pas de clerc dont elle s'aperçoit:
Mais enfin cette affaire est comme vous la dites;
Et c'est après cinq jours de nocturnes visites,
Tandis que vous serviez à mieux couvrir leur jeu,
Que depuis avant-hier ils sont joints de ce nœud;
Et Lucile depuis fait encor moins paraître
Le violent amour qu'elle porte à mon maître,
Et veut absolument que tout ce qu'il verra,
Et qu'en votre faveur son cœur témoignera,
Il l'impute à l'effet d'une haute prudence,
Qui veut de leurs secrets ôter la connaissance.
Si, malgré mes serments, vous doutez de ma foi,
Gros-René peut venir une nuit avec moi;
Et je lui ferai voir, étant en sentinelle,
Que nous avons dans l'ombre un libre accès chez elle.
ÉRASTE. Ôte-toi de mes yeux, maraud.
MASCARILLE. Et de grand cœur;
C'est ce que je demande.

SCÈNE V.

ÉRASTE, GROS-RENÉ.

ÉRASTE. Hé bien?
GROS-RENÉ. Hé bien, monsieur,
Nous en tenons tous deux, si l'autre est véritable.
ÉRASTE. Las! il ne l'est que trop, le bourreau détestable!
Je vois trop d'apparence à tout ce qu'il a dit;
Et ce qu'a fait Valère en voyant cet écrit
Marque bien leur concert, et que c'est une baie
Qui sert sans doute aux feux dont l'ingrate le paie.

SCÈNE VI.

ÉRASTE, MARINETTE, GROS-RENÉ.

MARINETTE. Je viens vous avertir que tantôt, sur le soir,
Ma maîtresse au jardin vous permet de la voir.
ÉRASTE. Oses-tu me parler, âme double et traîtresse?
Va, sors de ma présence; et dis à ta maîtresse
Qu'avecque ses écrits elle me laisse en paix,
Et que voilà l'état, infâme! que j'en fais.
(*Il déchire la lettre et sort.*)
MARINETTE. Gros-René, dis-moi donc quelle mouche le pique.

GROS-RENÉ. M'oses-tu bien encor parler? femelle inique,
Crocodile trompeur, de qui le cœur félon
Est pire qu'un satrape, ou bien qu'un Lestrigon!
Va, va rendre réponse à ta bonne maîtresse;
Et lui dis bien et beau que, malgré sa souplesse,
Nous ne sommes plus sots, ni mon maître, ni moi,
Et désormais qu'elle aille au diable avecque toi.
MARINETTE *seule.* Ma pauvre Marinette, es-tu bien éveillée?
De quel démon est donc leur âme travaillée?
Quoi! faire un tel accueil à nos soins obligeants!
Oh! que ceci chez nous va surprendre les gens!

ACTE DEUXIÈME.

SCÈNE I.

ASCAGNE, FROSINE.

FROSINE. Ascagne, je suis fille à secret, Dieu merci.
ASCAGNE. Mais, pour un tel discours, sommes-nous bien ici?
Prenons garde qu'aucun ne nous vienne surprendre,
Ou que de quelque endroit on ne nous puisse entendre.
FROSINE. Nous serions au logis beaucoup moins sûrement :
Ici de tous côtés on découvre aisément,
Et nous pouvons parler avec toute assurance.
ASCAGNE. Hélas! que j'ai de peine à rompre mon silence!
FROSINE. Ouais! ceci doit être un important secret!
ASCAGNE. Trop, puisque je le dis à vous-même à regret,
Et que, si je pouvais le cacher davantage,
Vous ne le sauriez point.
FROSINE. Ah! c'est me faire outrage :
Feindre à s'ouvrir à moi, dont vous avez connu
Dans tous vos intérêts l'esprit si retenu!
Moi, nourrie avec vous, et qui tiens sous silence
Des choses qui vous sont de si grande importance,
Qui sais....
ASCAGNE. Oui, vous savez la secrète raison
Qui cache aux yeux de tous mon sexe et ma maison :
Vous savez que dans celle où passa mon bas âge
Je suis pour y pouvoir retenir l'héritage
Que relâchait ailleurs le jeune Ascagne mort,
Dont mon déguisement fait revivre le sort;
Et c'est aussi pourquoi ma bouche se dispense
A vous ouvrir mon cœur avec plus d'assurance.
Mais avant que passer, Frosine, à ce discours,
Eclaircissez un doute où je tombe toujours.
Se pourrait-il qu'Albert ne sût rien du mystère

ACTE II.

Qui masque ainsi mon sexe, et l'a rendu mon père?

FROSINE. En bonne foi, ce point sur quoi vous me pressez
Est une affaire aussi qui m'embarrasse assez :
Le fond de cette intrigue est pour moi lettre close;
Et ma mère ne put m'éclaircir mieux la chose.
Quand il mourut ce fils, l'objet de tant d'amour,
Au destin de qui même, avant qu'il vînt au jour,
Le testament d'un oncle abondant en richesses
D'un soin particulier avait fait des largesses;
Et que sa mère fit un secret de sa mort,
De son époux absent redoutant le transport
S'il voyait chez un autre aller tout l'héritage
Dont sa maison tirait un si grand avantage;
Quand, dis-je, pour cacher un tel événement,
La supposition fut de son sentiment,
Et qu'on vous prit chez nous où vous étiez nourrie
(Votre mère d'accord de cette tromperie
Qui remplaçait ce fils à sa garde commis),
En faveur des présents le secret fut promis.
Albert ne l'a point su de nous; et pour sa femme,
L'ayant plus de douze ans conservé dans son âme,
Comme le mal fut prompt dont on la vit mourir,
Son trépas imprévu ne put rien découvrir.
Mais cependant je vois qu'il garde intelligence
Avec celle de qui vous tenez la naissance :
J'ai su qu'en secret même il lui faisait du bien,
Et peut-être cela ne se fait pas pour rien.
D'autre part, il vous veut porter au mariage;
Et, comme il le prétend, c'est un mauvais langage.
Je ne sais s'il saurait la supposition
Sans le déguisement. Mais la digression
Tout insensiblement pourrait trop loin s'étendre :
Revenons au secret que je brûle d'apprendre.

ASCAGNE. Sachez donc que l'Amour ne sait point s'abuser,
Que mon sexe à ses yeux n'a pu se déguiser,
Et que ses traits subtils, sous l'habit que je porte,
Ont su trouver le cœur d'une fille peu forte :
J'aime enfin.

FROSINE. Vous aimez!

ASCAGNE. Frosine, doucement :
N'entrez pas tout à fait dedans l'étonnement,
Il n'est pas temps encore; et ce cœur, qui soupire,
A bien pour vous surprendre autre chose à vous dire.

FROSINE. Et quoi?

ASCAGNE. J'aime Valère.

FROSINE. Ah! vous avez raison;
L'objet de votre amour, lui, dont à la maison
Votre imposture enlève un puissant héritage,

Et qui, de votre sexe ayant le moindre ombrage,
Verrait incontinent ce bien lui retourner!
C'est encore un plus grand sujet de s'étonner.

ASCAGNE. J'ai de quoi, toutefois, surprendre plus votre âme :
Je suis sa femme.

FROSINE. O dieux! sa femme!

ASCAGNE. Oui, sa femme.

FROSINE. Ah! certes, celui-là l'emporte, et vient à bout
De toute ma raison.

ASCAGNE. Ce n'est pas encor tout.

FROSINE. Encore?

ASCAGNE. Je la suis, dis-je, sans qu'il le pense,
Ni qu'il ait de mon sort la moindre connaissance.

FROSINE. Ho! poussez; je le quitte, et ne raisonne plus,
Tant mes sens, coup sur coup, se trouvent confondus.
A ces énigmes-là je ne puis rien comprendre.

ASCAGNE. Je vais vous l'expliquer, si vous voulez m'entendre.
Valère, dans les fers de ma sœur arrêté,
Me semblait un amant digne d'être écouté;
Je ne pouvais souffrir qu'on rebutât sa flamme,
Sans qu'un peu d'intérêt touchât pour lui mon âme;
Je voulais que Lucile aimât son entretien;
Je blâmais ses rigueurs, et les blâmai si bien,
Que moi-même j'entrai, sans pouvoir m'en défendre,
Dans tous les sentiments qu'elle ne pouvait prendre.
C'était, en lui parlant, moi qu'il persuadait;
Je me laissais gagner aux soupirs qu'il perdait;
Et ses vœux, rejetés de l'objet qui l'enflamme,
Etaient comme vainqueurs reçus dedans mon âme.
Ainsi mon cœur, Frosine, un peu trop faible, hélas!
Se rendit à des soins qu'on ne lui rendait pas,
Par un coup réfléchi reçut une blessure,
Et paya pour un autre avec beaucoup d'usure.
Enfin, ma chère, enfin, l'amour que j'eus pour lui
Se voulut expliquer, mais sous le nom d'autrui.
Dans ma bouche, une nuit, cet amant trop aimable
Crut rencontrer Lucile à ses vœux favorable;
Et je sus ménager si bien cet entretien,
Que du déguisement il ne reconnut rien.
Sous ce voile trompeur, qui flattait sa pensée,
Je lui dis que pour lui mon âme était blessée,
Mais que, voyant mon père en d'autres sentiments,
Je devais une feinte à ses commandements;
Qu'ainsi de notre amour nous ferions un mystère,
Dont la nuit seulement serait dépositaire;
Et qu'entre nous, de jour, de peur de rien gâter,
Tout entretien secret se devait éviter;
Qu'il me verrait alors la même indifférence

	Qu'avant que nous eussions aucune intelligence;
	Et que de son côté, de même que du mien,
	Geste, parole, écrit, ne m'en dît jamais rien.
	Enfin, sans m'arrêter sur toute l'industrie
	Dont j'ai conduit le fil de cette tromperie,
	J'ai poussé jusqu'au bout un projet si hardi,
	Et me suis assuré l'époux que je vous di.
FROSINE.	Ho, ho! les grands talents que votre esprit possède!
	Dirait-on qu'elle y touche avec sa mine froide?
	Cependant vous avez été bien vite ici;
	Car, je veux que la chose ait d'abord réussi,
	Ne jugez-vous pas bien, à regarder l'issue,
	Qu'elle ne peut longtemps éviter d'être sue?
ASCAGNE.	Quand l'amour est bien fort, rien ne peut l'arrêter;
	Ses projets seulement vont à se contenter;
	Et, pourvu qu'il arrive au but qu'il se propose,
	Il croit que tout le reste après est peu de chose.
	Mais enfin aujourd'hui je me découvre à vous,
	Afin que vos conseils... Mais voici cet époux.

SCÈNE II.

VALÈRE, ASCAGNE, FROSINE.

VALÈRE.	Si vous êtes tous deux en quelque conférence
	Où je vous fasse tort de mêler ma présence,
	Je me retirerai.
ASCAGNE.	Non, non; vous pouvez bien,
	Puisque vous le faisiez, rompre notre entretien.
VALÈRE.	Moi?
ASCAGNE.	Vous-même.
VALÈRE.	Et comment?
ASCAGNE.	Je disais que Valère
	Aurait, si j'étais fille, un peu trop su me plaire;
	Et que, si je faisais tous les vœux de son cœur,
	Je ne tarderais guère à faire son bonheur.
VALÈRE.	Ces protestations ne coûtent pas grand'chose,
	Alors qu'à leur effet un pareil si s'oppose :
	Mais vous seriez bien pris si quelque événement
	Allait mettre à l'épreuve un si doux compliment.
ASCAGNE.	Point du tout : je vous dis que, régnant dans votre âme,
	Je voudrais de bon cœur couronner votre flamme.
VALÈRE.	Et si c'était quelqu'une où par votre secours
	Vous pussiez être utile au bonheur de mes jours?
ASCAGNE.	Je pourrais assez mal répondre à votre attente.
VALÈRE.	Cette confession n'est pas fort obligeante.
ASCAGNE.	Hé quoi! vous voudriez, Valère, injustement
	Qu'étant fille, et mon cœur vous aimant tendrement,
	Je m'allasse engager avec une promesse

De servir vos ardeurs pour quelque autre maîtresse?
Un si pénible effort pour moi m'est interdit

VALÈRE. Mais cela n'étant pas?

ASCAGNE. Ce que je vous ai dit,
Je l'ai dit comme fille, et vous le devez prendre
Tout de même.

VALÈRE. Ainsi donc il ne faut rien prétendre,
Ascagne, à des bontés que vous auriez pour nous,
A moins que le ciel fasse un grand miracle en vous;
Bref, si vous n'êtes fille, adieu votre tendresse,
Il ne vous reste rien qui pour nous s'intéresse.

ASCAGNE. J'ai l'esprit délicat plus qu'on ne peut penser,
Et le moindre scrupule a de quoi m'offenser
Quand il s'agit d'aimer. Enfin je suis sincère,
Je ne m'engage point à vous servir, Valère,
Si vous ne m'assurez, au moins, absolument
Que vous avez pour moi le même sentiment;
Que pareille chaleur d'amitié vous transporte;
Et que, si j'étais fille, une flamme plus forte
N'outragerait point celle où je vivrais pour vous.

VALÈRE. Je n'avais jamais vu ce scrupule jaloux;
Mais, tout nouveau qu'il est, ce mouvement m'oblige,
Et je vous fais ici tout l'aveu qu'il exige.

ASCAGNE. Mais sans fard?

VALÈRE. Oui, sans fard.

ASCAGNE. S'il est vrai, désormais
Vos intérêts seront les miens, je vous promets.

VALÈRE. J'ai bientôt à vous dire un important mystère,
Où l'effet de ces mots me sera nécessaire.

ASCAGNE. Et j'ai quelque secret de même à vous ouvrir,
Où votre cœur pour moi se pourra découvrir.

VALÈRE. Hé! de quelle façon cela pourrait-il être?

ASCAGNE. C'est que j'ai de l'amour qui n'oserait paraître,
Et vous pourriez avoir sur l'objet de mes vœux
Un empire à pouvoir rendre mon sort heureux.

VALÈRE. Expliquez-vous, Ascagne, et croyez par avance
Que votre heur est certain, s'il est en ma puissance.

ASCAGNE. Vous promettez ici plus que vous ne croyez.

VALÈRE. Non, non : dites l'objet pour qui vous m'employez.

ASCAGNE. Il n'est pas encor temps; mais c'est une personne
Qui vous touche de près.

VALÈRE. Votre discours m'étonne.
Plût à Dieu que ma sœur!...

ASCAGNE. Ce n'est pas la saison
De m'expliquer, vous dis-je.

VALÈRE. Et pourquoi?

ASCAGNE. Pour raison :
Vous saurez mon secret quand je saurai le vôtre.

VALÈRE. J'ai besoin pour cela de l'aveu de quelque autre.
ASCAGNE. Ayez-le donc; et lors, nous expliquant nos vœux
Nous verrons qui tiendra mieux parole des deux.
VALÈRE. Adieu, j'en suis content.
ASCAGNE. Et moi content, Valère.
(*Valère sort.*)
FROSINE. Il croit trouver en vous l'assistance d'un frère.

SCÈNE III.

LUCILE, ASCAGNE, FROSINE, MARINETTE.

LUCILE *à Marinette les trois premiers vers.*
C'en est fait; c'est ainsi que je puis me venger;
Et si cette action a de quoi l'affliger,
C'est toute la douceur que mon cœur s'y propose.
Mon frère, vous voyez une métamorphose :
Je veux chérir Valère après tant de fierté,
Et mes vœux maintenant tournent de son côté.
ASCAGNE. Que dites-vous, ma sœur? Comment! courir au change!
Cette inégalité me semble trop étrange.
LUCILE. La vôtre me surprend avec plus de sujet.
De vos soins autrefois Valère était l'objet;
Je vous ai vu pour lui m'accuser de caprice,
D'aveugle cruauté, d'orgueil et d'injustice :
Et quand je veux l'aimer, mon dessein vous déplaît
Et je vous vois parler contre son intérêt!
ASCAGNE. Je le quitte, ma sœur, pour embrasser le vôtre.
Je sais qu'il est rangé dessous les lois d'une autre;
Et ce serait un trait honteux à vos appas,
Si vous le rappeliez, et qu'il ne revînt pas.
LUCILE. Si ce n'est que cela, j'aurai soin de ma gloire;
Et je sais, pour son cœur, tout ce que j'en dois croire;
Il s'explique à mes yeux intelligiblement :
Ainsi découvrez-lui, sans peur, mon sentiment;
Ou, si vous refusez de le faire, ma bouche
Lui va faire savoir que son ardeur me touche...
Quoi! mon frère, à ces mots vous restez interdit!
ASCAGNE. Ah! ma sœur, si sur vous je puis avoir crédit,
Si vous êtes sensible aux prières d'un frère,
Quittez un tel dessein, et n'ôtez point Valère
Aux vœux d'un jeune objet dont l'intérêt m'est cher,
Et qui, sur ma parole, a droit de vous toucher.
La pauvre infortunée aime avec violence :
A moi seul de ses feux elle fait confidence,
Et je vois dans son cœur de tendres mouvements
A dompter la fierté des plus durs sentiments.
Oui, vous auriez pitié de l'état de son âme,
Connaissant de quel coup vous menacez sa flamme;

    Et je ressens si bien la douleur qu'elle aura,
    Que je suis assuré, ma sœur, qu'elle en mourra
    Si vous lui dérobez l'amant qui peut lui plaire.
    Eraste est un parti qui doit vous satisfaire :
    Et des feux mutuels...

LUCILE.   Mon frère, c'est assez.
    Je ne sais point pour qui vous vous intéressez ;
    Mais, de grâce, cessons ce discours, je vous prie,
    Et me laissez un peu dans quelque rêverie.

ASCAGNE. Allez, cruelle sœur, vous me désespérez
    Si vous effectuez vos desseins déclarés.

SCÈNE IV.

LUCILE, MARINETTE.

MARINETTE. La résolution, madame, est assez prompte.

LUCILE. Un cœur ne pèse rien alors que l'on l'affronte ;
    Il court à sa vengeance, et saisit promptement
    Tout ce qu'il croit servir à son ressentiment.
    Le traître ! Faire voir cette insolence extrême !

MARINETTE. Vous m'en voyez encor toute hors de moi-même ;
    Et, quoique là-dessus je rumine sans fin,
    L'aventure me passe, et j'y perds mon latin.
    Car enfin aux transports d'une bonne nouvelle
    Jamais cœur ne s'ouvrit d'une façon plus belle ;
    De l'écrit obligeant le sien tout transporté
    Ne me donnait pas moins que de la déité :
    Et cependant jamais, à cet autre message,
    Fille ne fut traitée avecque tant d'outrage.
    Je ne sais, pour causer de si grands changements,
    Ce qui s'est pu passer entre ces courts moments.

LUCILE. Rien ne s'est pu passer dont il faille être en peine,
    Puisque rien ne le doit défendre de ma haine.
    Quoi ! tu voudrais chercher hors de sa lâcheté
    La secrète raison de cette indignité ?
    Cet écrit malheureux, dont mon âme s'accuse,
    Peut-il à son transport souffrir la moindre excuse ?

MARINETTE. En effet, je comprends que vous avez raison,
    Et que cette querelle est pure trahison.
    Nous en tenons, madame : et puis prêtons l'oreille
    Aux bons chiens de pendards qui nous chantent merveille,
    Qui pour nous accrocher feignent tant de langueur ;
    Laissons à leurs beaux mots fondre notre rigueur ;
    Rendons-nous à leurs vœux, trop faibles que nous sommes !
    Foin de notre sottise, et peste soit des hommes !

LUCILE. Hé bien, bien, qu'il s'en vante, et rie à nos dépens ;
    Il n'aura pas sujet d'en triompher longtemps :
    Et je lui ferai voir qu'en une âme bien faite

ACTE II.

Le mépris suit de près la faveur qu'on rejette.
MARINETTE. Au moins, en pareil cas, est-ce un bonheur bien doux,
Quand on sait qu'on n'a point d'avantage sur nous.
Marinette eut bon nez, quoi qu'on en puisse dire,
De ne permettre rien un soir qu'on voulait rire.
Quelque autre, sous l'espoir du *matrimonion*,
Aurait ouvert l'oreille à la tentation;
Mais moi, *nescio vos*.
LUCILE.   Que tu dis de folies,
Et choisis mal ton temps pour de telles saillies!
Enfin je suis touchée au cœur sensiblement;
Et si jamais celui de ce perfide amant,
Par un coup de bonheur, dont j'aurais tort, je pense,
De vouloir à présent concevoir l'espérance
(Car le ciel a trop pris plaisir de m'affliger,
Pour me donner celui de me pouvoir venger);
Quand, dis-je, par un sort à mes désirs propice,
Il reviendrait m'offrir sa vie en sacrifice,
Détester à mes pieds l'action d'aujourd'hui,
Je te défends, surtout, de me parler pour lui.
Au contraire, je veux que ton zèle s'exprime
A me bien mettre aux yeux la grandeur de son crime;
Et même, si mon cœur était pour lui tenté
De descendre jamais à quelque lâcheté,
Que ton affection me soit alors sévère,
Et tienne, comme il faut, la main à ma colère.
MARINETTE. Vraiment, n'ayez point peur, et laissez faire à nous;
J'ai pour le moins autant de colère que vous;
Et je serais plutôt fille toute ma vie,
Que mon gros traître aussi me redonnât envie...
S'il vient...

SCÈNE V.

ALBERT, LUCILE, MARINETTE.

ALBERT.   Rentrez, Lucile, et me faites venir
Le précepteur; je veux un peu l'entretenir,
Et m'informer de lui, qui me gouverne Ascagne,
S'il sait point quel ennui depuis peu l'accompagne.

SCENE VI.

ALBERT *seul*.

En quel gouffre de soins et de perplexité
Nous jette une action faite sans équité!
D'un enfant supposé par mon trop d'avarice,
Mon cœur depuis longtemps souffre bien le supplice;
Et quand je vois les maux où je me suis plongé,

Je voudrais à ce bien n'avoir jamais songé.
Tantôt je crains de voir, par la fourbe éventée,
Ma famille en opprobre et misère jetée;
Tantôt pour ce fils-là qu'il me faut conserver
Je crains cent accidents qui peuvent arriver.
S'il advient que dehors quelque affaire m'appelle,
J'appréhende au retour cette triste nouvelle :
Las ! vous ne savez pas? vous l'a-t-on annoncé?
Votre fils a la fièvre, ou jambe, ou bras cassé.
Enfin, à tous moments, sur quoi que je m'arrête,
Cent sortes de chagrins me roulent par la tête.
Ah!...

SCÈNE VII.

ALBERT, MÉTAPHRASTE.

MÉTAPHRASTE. *Mandatum tuum curo diligenter.*
ALBERT. Maître, j'ai voulu....
MÉTAPHRASTE. Maître est dit *a magis ter.*
C'est comme qui dirait trois fois plus grand.
ALBERT. Je meure
Si je savais cela. Mais, soit, à la bonne heure.
Maître, donc...
MÉTAPHRASTE. Poursuivez.
ALBERT. Je veux poursuivre aussi
Mais ne poursuivez point, vous, d'interrompre ainsi.
Donc, encore une fois, maître, c'est la troisième,
Mon fils me rend chagrin : vous savez que je l'aime,
Et que soigneusement je l'ai toujours nourri.
MÉTAPHRASTE. Il est vrai; *Filio non potest præferri
Nisi filius.*
ALBERT. Maître, en discourant ensemble,
Ce jargon n'est pas fort nécessaire, me semble.
Je vous crois grand latin, et grand docteur juré;
Je m'en rapporte à ceux qui m'en ont assuré :
Mais, dans un entretien qu'avec vous je destine,
N'allez point déployer toute votre doctrine,
Faire le pédagogue, et cent mots me cracher,
Comme si vous étiez en chaire pour prêcher.
Mon père, quoiqu'il eût la tête des meilleures,
Ne m'a jamais rien fait apprendre que mes heures,
Qui, depuis cinquante ans dites journellement,
Ne sont encor pour moi que du haut allemand.
Laissez donc en repos votre science auguste,
Et que votre langage à mon faible s'ajuste.
MÉTAPHRASTE. Soit.
ALBERT. A mon fils l'hymen me paraît faire peur;
Et sur quelque parti que je sonde son cœur,

ACTE II.

                Pour un pareil lien il est froid et recule.
MÉTAPHRASTE. Peut-être a-t-il l'humeur du frère de Marc-Tulle,
                Dont avec Atticus le même fait *sermon*,
                Et comme aussi les Grecs disent : *Athanaton*....
ALBERT.   Mon Dieu! maître éternel, laissez là, je vous prie,
                Les Grecs, les Albanais, avec l'Esclavonie,
                Et tous ces autres gens dont vous voulez parler;
                Eux et mon fils n'ont rien ensemble à démêler.
MÉTAPHRASTE. Hé bien donc, votre fils ?
ALBERT.   Je ne sais si dans l'âme
                Il ne sentirait point une secrète flamme;
                Quelque chose le trouble, ou je suis fort déçu;
                Et je l'aperçus hier, sans en être aperçu,
                Dans un recoin du bois où nul ne se retire.
MÉTAPHRASTE. Dans un lieu reculé du bois, voulez-vous dire,
                Un endroit écarté : *latinè, secessus;*
                Virgile l'a dit : *Est in secessu locus*...
ALBERT.   Comment aurait-il pu l'avoir dit, ce Virgile,
                Puisque je suis certain que, dans ce lieu tranquille,
                Ame du monde enfin n'était lors que nous deux ?
MÉTAPHRASTE. Virgile est nommé là comme un auteur fameux
                D'un terme plus choisi que le mot que vous dites,
                Et non comme témoin de ce qu'hier vous vîtes.
ALBERT.   Et moi, je vous dis, moi, que je n'ai pas besoin
                De terme plus choisi, d'auteur, ni de témoin,
                Et qu'il suffit ici de mon seul témoignage.
MÉTAPHRASTE. Il faut choisir pourtant les mots mis en usage
                Par les meilleurs auteurs : *Tu vivendo bonos,*
                Comme on dit, *scribendo sequare peritos.*
ALBERT.   Homme, ou démon, veux-tu m'entendre sans conteste?
MÉTAPHRASTE. Quintilien en fait le précepte...
ALBERT.   La peste
                Soit du causeur!
MÉTAPHRASTE.   Et dit là-dessus doctement
                Un mot que vous serez bien aise assurément
                D'entendre.
ALBERT.   Je serai le diable qui t'emporte,
                Chien d'homme! Ho! que je suis tenté d'étrange sorte
                De faire sur ce mufle une application !
MÉTAPHRASTE. Mais qui cause, seigneur, votre inflammation?
                Que voulez-vous de moi?
ALBERT.   Je veux que l'on m'écoute,
                Vous ai-je dit vingt fois, quand je parle.
MÉTAPHRASTE.   Ah ! sans doute;
                Vous serez satisfait, s'il ne tient qu'à cela :
                Je me tais.
ALBERT.   Vous ferez sagement.
MÉTAPHRASTE.   Me voilà

Tout prêt de vous ouïr.

ALBERT. Tant mieux !

MÉTAPHRASTE. Que je trépasse
Si je dis plus mot.

ALBERT. Dieu vous en fasse la grâce !

MÉTAPHRASTE. Vous n'accuserez point mon caquet désormais.

ALBERT. Ainsi soit-il !

MÉTAPHRASTE. Parlez quand vous voudrez...

ALBERT. J'y vais.

MÉTAPHRASTE. Et n'appréhendez plus l'interruption nôtre.

ALBERT. C'est assez dit.

MÉTAPHRASTE. Je suis exact plus qu'aucun autre.

ALBERT. Je le crois.

MÉTAPHRASTE. J'ai promis que je ne dirai rien.

ALBERT. Suffit.

MÉTAPHRASTE. Dès à présent je suis muet.

ALBERT. Fort bien.

MÉTAPHRASTE. Parlez ; courage ! au moins, je vous donne audience.
Vous ne vous plaindrez pas de mon peu de silence :
Je ne desserre pas la bouche seulement.

ALBERT à part. Le traître !

MÉTAPHRASTE. Mais, de grâce, achevez vitement.
Depuis longtemps j'écoute ; il est bien raisonnable
Que je parle à mon tour.

ALBERT. Donc, bourreau détestable...

MÉTAPHRASTE. Hé ! bon Dieu ! voulez-vous que j'écoute à jamais ?
Partageons le parler du moins ; ou je m'en vais.

ALBERT. Ma patience est bien...

MÉTAPHRASTE. Quoi ! voulez-vous poursuivre ?
Ce n'est pas encor fait ? *Per Jovem*, je suis ivre !

ALBERT. Je n'ai pas dit...

MÉTAPHRASTE. Encor ? Bon Dieu ! que de discours !
Rien n'est-il suffisant d'en arrêter le cours ?

ALBERT. J'enrage !

MÉTAPHRASTE. Derechef ? O l'étrange torture !
Hé ! laissez-moi parler un peu, je vous conjure ;
Un sot qui ne dit mot ne se distingue pas
D'un savant qui se tait.

ALBERT. Parbleu ! tu te tairas.

SCÈNE VIII.

MÉTAPHRASTE *seul*.

D'où vient fort à propos cette sentence expresse
D'un philosophe : Parle, afin qu'on te connaisse.
Doncques si de parler le pouvoir m'est ôté,

Pour moi, j'aime autant perdre aussi l'humanité,
Et changer mon essence en celle d'une bête.
Me voilà pour huit jours avec un mal de tête...
Oh! que les grands parleurs par moi sont détestés!
Mais quoi! si les savants ne sont pas écoutés,
Si l'on veut que toujours ils aient la bouche close,
Il faut donc renverser l'ordre de chaque chose;
Que les poules dans peu dévorent les renards;
Que les jeunes enfants remontrent aux vieillards;
Qu'à poursuivre les loups les agnelets s'ébattent;
Qu'un fou fasse les lois; que les femmes combattent;
Que par les criminels les juges soient jugés,
Et par les écoliers les maîtres fustigés;
Que le malade au sain présente le remède;
Que le lièvre craintif...

SCÈNE IX.

ALBERT, MÉTAPHRASTE.

(Albert sonne aux oreilles de Métaphraste une cloche de mulet, qui le fait fuir.)

MÉTAPHRASTE *fuyant.*   Miséricorde! à l'aide!

ACTE TROISIEME.

SCÈNE I.

MASCARILLE.

Le ciel parfois seconde un dessein téméraire,
Et l'on sort comme on peut d'une méchante affaire.
Pour moi, qu'une imprudence a trop fait discourir,
Le remède plus prompt où j'ai su recourir,
C'est de pousser ma pointe, et dire en diligence
A notre vieux patron toute la manigance.
Son fils, qui m'embarrasse, est un évaporé :
L'autre, diable! disant ce que j'ai déclaré,
Gare une irruption sur notre friperie.
Au moins, avant qu'on puisse échauffer sa furie,
Quelque chose de bon nous pourra succéder,
Et les vieillards entre eux se pourront accorder.
C'est ce qu'on va tenter; et de la part du nôtre,
Sans perdre un seul moment, je m'en vais trouver l'autre.
(Il frappe à la porte d'Albert.)

SCÈNE II.

ALBERT, MASCARILLE.

ALBERT. Qui frappe?
MASCARILLE. Ami.
ALBERT. Oh! oh! qui te peut amener,
Mascarille?
MASCARILLE. Je viens, monsieur, pour vous donner
Le bonjour.
ALBERT. Ah! vraiment tu prends beaucoup de peine.
De tout mon cœur, bonjour.
(Il s'en va.)
MASCARILLE. La réplique est soudaine.
Quel homme brusque!
(Il heurte.)
ALBERT. Encor?
MASCARILLE. Vous n'avez pas ouï,
Monsieur...
ALBERT. Ne m'as-tu pas donné le bonjour?
MASCARILLE. Oui.
ALBERT. Hé bien! bonjour, te dis-je.
(Il s'en va; Mascarille l'arrête.)
MASCARILLE. Oui, mais je viens encore
Vous saluer au nom du seigneur Polidore.
ALBERT. Ah! c'est un autre fait. Ton maître t'a chargé
De me saluer?
MASCARILLE. Oui.
ALBERT. Je lui suis obligé.
Va, que je lui souhaite une joie infinie.
(Il s'en va.)
MASCARILLE. Cet homme est ennemi de la cérémonie.
(Il heurte.)
Je n'ai pas achevé, monsieur, son compliment:
Il voudrait vous prier d'une chose instamment.
ALBERT. Hé bien! quand il voudra, je suis à son service.
MASCARILLE *l'arrêtant.* Attendez, et souffrez qu'en deux mots je finisse.
Il souhaite un moment pour vous entretenir
D'une affaire importante, et doit ici venir.
ALBERT. Eh! quelle est-elle encor l'affaire qui l'oblige
A me vouloir parler?
MASCARILLE. Un grand secret, vous dis-je,
Qu'il vient de découvrir en ce même moment,
Et qui, sans doute, importe à tous deux grandement.
Voilà mon ambassade.

SCÈNE III.
ALBERT seul.

                O juste ciel! je tremble :
Car enfin nous avons peu de commerce ensemble.
Quelque tempête va renverser mes desseins,
Et ce secret, sans doute, est celui que je crains.
L'espoir de l'intérêt m'a fait quelque infidèle,
Et voilà sur ma vie une tache éternelle.
Ma fourbe est découverte. Oh! que la vérité
Se peut cacher longtemps avec difficulté!
Et qu'il eût mieux valu pour moi, pour mon estime,
Suivre les mouvements d'une peur légitime,
Par qui je me suis vu tenté plus de vingt fois
De rendre à Polidore un bien, que je lui dois,
De prévenir l'éclat où ce coup-ci m'expose,
Et faire qu'en douceur passât toute la chose!
Mais, hélas! c'en est fait, il n'est plus de saison;
Et ce bien, par la fraude entré dans ma maison,
N'en sera point tiré que dans cette sortie
Il n'entraîne du mien la meilleure partie.

SCÈNE IV.
POLIDORE, ALBERT.

POLIDORE, *les quatre premiers vers sans voir Albert*
    S'être ainsi marié sans qu'on en ait su rien!
Puisse cette action se terminer à bien!
Je ne sais qu'en attendre; et je crains fort du père
Et la grande richesse et la juste colère.
Mais je l'aperçois seul.

ALBERT.   Ciel! Polidore vient!
POLIDORE. Je tremble à l'aborder.
ALBERT.   La crainte me retient
POLIDORE. Par où lui débuter?
ALBERT.   Quel sera mon langage?
POLIDORE. Son âme est tout émue.
ALBERT.   Il change de visage.
POLIDORE. Je vois, seigneur Albert, au trouble de vos yeux,
Que vous savez déjà qui m'amène en ces lieux.
ALBERT. Hélas! oui.
POLIDORE.   La nouvelle a droit de vous surprendre,
Et je n'eusse pas cru ce que je viens d'apprendre.
ALBERT. J'en dois rougir de honte et de confusion.
POLIDORE. Je trouve condamnable une telle action;
Et je ne prétends point excuser le coupable.
ALBERT. Dieu fait miséricorde au pécheur misérable.
POLIDORE. C'est ce qui doit par vous être considéré.

ALBERT. Il faut être chrétien.
POLIDORE. Il est très-assuré.
ALBERT. Grâce, au nom de Dieu! grâce, ô seigneur Polidore!
POLIDORE. Hé! c'est moi qui de vous présentement l'implore.
ALBERT. Afin de l'obtenir je me jette à genoux.
POLIDORE. Je dois en cet état être plutôt que vous.
ALBERT. Prenez quelque pitié de ma triste aventure.
POLIDORE. Je suis le suppliant dans une telle injure.
ALBERT. Vous me fendez le cœur avec cette bonté.
POLIDORE. Vous me rendez confus de tant d'humilité
ALBERT. Pardon, encore un coup!
POLIDORE. Hélas! pardon, vous-même!
ALBERT. J'ai de cette action une douleur extrême.
POLIDORE. Et moi, j'en suis touché de même au dernier point.
ALBERT. J'ose vous conjurer qu'elle n'éclate point.
POLIDORE. Hélas! seigneur Albert, je ne veux autre chose.
ALBERT. Conservons mon honneur.
POLIDORE. Hé! oui, je m'y dispose.
ALBERT. Quant au bien qu'il faudra, vous-même en résoudrez.
POLIDORE. Je ne veux de vos biens que ce que vous voudrez :
De tous ces intérêts je vous ferai le maître;
Et je suis trop content si vous le pouvez être.
ALBERT. Ah! quel homme de Dieu! quel excès de douceur!
POLIDORE. Quelle douceur, vous-même, après un tel malheur!
ALBERT. Que puissiez-vous avoir toutes choses prospères!
POLIDORE. Le bon Dieu vous maintienne!
ALBERT. Embrassons-nous en frères.
POLIDORE. J'y consens de grand cœur, et me réjouis fort
Que tout soit terminé par un heureux accord.
ALBERT. J'en rends grâces au ciel.
POLIDORE. Il ne vous faut rien feindre,
Votre ressentiment me donnait lieu de craindre;
Et Lucile tombée en faute avec mon fils,
Comme on vous voit puissant et de biens et d'amis...
ALBERT. Hé! que parlez-vous là de faute et de Lucile?
POLIDORE. Soit, ne commençons point un discours inutile.
Je veux bien que mon fils y trempe grandement :
Même, si cela fait à votre allégement,
J'avouerai qu'à lui seul en est toute la faute;
Que votre fille avait une vertu trop haute
Pour avoir jamais fait ce pas contre l'honneur,
Sans l'incitation d'un méchant suborneur;
Que le traître a séduit sa pudeur innocente,
Et de votre conduite ainsi détruit l'attente.
Puisque la chose est faite, et que, selon mes vœux,
Un esprit de douceur nous met d'accord tous deux,
Ne ramentevons rien, et réparons l'offense
Par la solennité d'une heureuse alliance.

ALBERT *à part.* O Dieu! quelle méprise! et qu'est-ce qu'il m'apprend
Je rentre ici d'un trouble en un autre aussi grand.
Dans ces divers transports je ne sais que répondre;
Et, si je dis un mot, j'ai peur de me confondre.
POLIDORE. A quoi pensez-vous là, seigneur Albert?
ALBERT. A rien.
Remettons, je vous prie, à tantôt l'entretien.
Un mal subit me prend, qui veut que je vous laisse.

SCÈNE V.
POLIDORE *seul.*

Je lis dedans son âme, et vois ce qui le presse.
A quoi que sa raison l'eût déjà disposé,
Son déplaisir n'est pas encor tout apaisé.
L'image de l'affront lui revient; et sa fuite
Tâche à me déguiser le trouble qui l'agite.
Je prends part à sa honte, et son deuil m'attendrit.
Il faut qu'un peu de temps remette son esprit:
La douleur trop contrainte aisément se redouble.
Voici mon jeune fou d'où nous vient tout ce trouble.

SCÈNE VI.
POLIDORE, VALÈRE.

POLIDORE. Enfin, le beau mignon, vos beaux déportements
Troubleront les vieux jours d'un père à tous moments;
Tous les jours vous ferez de nouvelles merveilles
Et nous n'aurons jamais autre chose aux oreilles!
VALÈRE. Que fais-je tous les jours qui soit si criminel?
En quoi mériter tant le courroux paternel?
POLIDORE. Je suis un étrange homme, et d'une humeur terrible,
D'accuser un enfant si sage et si paisible!
Las! il vit comme un saint; et dedans la maison
Du matin jusqu'au soir il est en oraison!
Dire qu'il pervertit l'ordre de la nature,
Et fait du jour la nuit: ô la grande imposture!
Qu'il n'a considéré père, ni parenté,
En vingt occasions: horrible fausseté!
Que de fraîche mémoire un furtif hyménée
A la fille d'Albert a joint sa destinée,
Sans craindre de la suite un désordre puissant:
On le prend pour un autre; et le pauvre innocent
Ne sait pas seulement ce que je lui veux dire!
Ah! chien, que j'ai reçu du ciel pour mon martyre,
Te croiras-tu toujours? et ne pourrai-je pas
Te voir être une fois sage avant mon trépas?
VALÈRE *seul, rêvant.* D'où peut venir ce coup? Mon âme embarrassée

Ne voit que Mascarille où jeter sa pensée.
Il ne sera pas homme à m'en faire un aveu :
Il faut user d'adresse et me contraindre un peu
Dans ce juste courroux.

SCÈNE VII.

VALÈRE, MASCARILLE.

VALÈRE. Mascarille, mon père,
Que je viens de trouver, sait toute notre affaire.
MASCARILLE. Il la sait ?
VALÈRE. Oui.
MASCARILLE. D'où diantre a-t-il pu la savoir ?
VALÈRE. Je ne sais point sur qui ma conjecture asseoir;
Mais enfin d'un succès cette affaire est suivie,
Dont j'ai tous les sujets d'avoir l'âme ravie.
Il ne m'en a pas dit un mot qui fût fâcheux;
Il excuse ma faute, il approuve mes feux :
Et je voudrais savoir qui peut être capable
D'avoir pu rendre ainsi son esprit si traitable.
Je ne puis t'exprimer l'aise que j'en reçoi.
MASCARILLE. Et que me diriez-vous, monsieur, si c'était moi
Qui vous eût procuré cette heureuse fortune ?
VALÈRE. Bon! bon! tu voudrais bien ici m'en donner d'une.
MASCARILLE. C'est moi, vous dis-je, moi, dont le patron le sait,
Et qui vous ai produit ce favorable effet.
VALÈRE. Mais, là, sans te railler!
MASCARILLE. Que le diable m'emporte
Si je fais raillerie et s'il n'est de la sorte!
VALÈRE *mettant l'épée à la main.*
Et qu'il m'entraîne, moi, si tout présentement
Tu n'en vas recevoir le juste payement!
MASCARILLE. Ah! monsieur, qu'est-ce ci ? Je défends la surprise.
VALÈRE. C'est la fidélité que tu m'avais promise ?
Sans ma feinte, jamais tu n'eusses avoué
Le trait que j'ai bien cru que tu m'avais joué.
Traître, de qui la langue à causer trop habile
D'un père contre moi vient d'échauffer la bile,
Qui me perds tout à fait, il faut, sans discourir,
Que tu meures.
MASCARILLE. Tout beau; mon âme, pour mourir,
N'est pas en bon état. Daignez, je vous conjure,
Attendre le succès qu'aura cette aventure.
J'ai de fortes raisons qui m'ont fait révéler
Un hymen que vous-même aviez peine à celer.
C'était un coup d'Etat; et vous verrez l'issue
Condamner la fureur que vous avez conçue.
De quoi vous fâchez-vous, pourvu que vos souhaits

Se trouvent par mes soins pleinement satisfaits,
Et voyent mettre à fin la contrainte où vous êtes?
VALÈRE. Et si tous ces discours ne sont que des sornettes?
MASCARILLE. Toujours serez-vous lors à temps pour me tuer.
Mais enfin mes projets pourront s'effectuer.
Dieu fera pour les siens; et, content dans la suite,
Vous me remercierez de ma rare conduite.
VALÈRE. Nous verrons. Mais Lucile...
MASCARILLE.   Alte; son père sort.

SCÈNE VIII.
ALBERT, VALÈRE, MASCARILLE.

ALBERT, *les cinq premiers vers sans voir Valère.*
Plus je reviens du trouble où j'ai donné d'abord,
Plus je me sens piqué de ce discours étrange
Sur qui ma peur prenait un si dangereux change :
Car Lucile soutient que c'est une chanson,
Et m'a parlé d'un air à m'ôter tout soupçon....
Ah! monsieur, est-ce vous de qui l'audace insigne
Met en jeu mon honneur et fait ce conte indigne?
MASCARILLE. Seigneur Albert, prenez un ton un peu plus doux,
Et contre votre gendre ayez moins de courroux.
ALBERT. Comment, gendre? Coquin! tu portes bien la mine
De pousser les ressorts d'une telle machine,
Et d'en avoir été le premier inventeur.
MASCARILLE. Je ne vois ici rien à vous mettre en fureur.
ALBERT. Trouves-tu beau, dis-moi, de diffamer ma fille,
Et faire un tel scandale à toute une famille?
MASCARILLE. Le voilà prêt de faire en tout vos volontés.
ALBERT. Que voudrais-je, sinon qu'il dît des vérités?
Si quelque intention le pressait pour Lucile,
La recherche en pouvait être honnête et civile;
Il fallait l'attaquer du côté du devoir,
Il fallait de son père implorer le pouvoir,
Et non pas recourir à cette lâche feinte
Qui porte à la pudeur une sensible atteinte.
MASCARILLE. Quoi! Lucile n'est pas sous des liens secrets
A mon maître?
ALBERT.   Non, traître! et n'y sera jamais.
MASCARILLE. Tout doux : et s'il est vrai que ce soit chose faite,
Voulez-vous l'approuver, cette chaîne secrète?
ALBERT. Et s'il est constant, toi, que cela ne soit pas,
Veux-tu te voir casser les jambes et les bras?
VALÈRE. Monsieur, il est aisé de vous faire paraître
Qu'il dit vrai.
ALBERT.   Bon! voilà l'autre encor, digne maître
D'un semblable valet! O les menteurs hardis!

MASCARILLE. D'homme d'honneur, il est ainsi que je le dis
VALÈRE. Quel serait notre but de vous en faire accroire?
ALBERT *à part*. Ils s'entendent tous deux comme larrons en foire.
MASCARILLE. Mais venons à la preuve; et, sans nous quereller,
Faites sortir Lucile, et la laissez parler.
ALBERT. Et si le démenti par elle vous en reste?
MASCARILLE. Elle n'en fera rien, monsieur, je vous proteste
Promettez à leurs vœux votre consentement,
Et je veux m'exposer au plus dur châtiment
Si de sa propre bouche elle ne vous confesse
Et la foi qui l'engage, et l'ardeur qui la presse.
ALBERT. Il faut voir cette affaire.
(Il va frapper à sa porte.)
MASCARILLE *à Valère*. Allez, tout ira bien.
ALBERT. Holà, Lucile! un mot.
VALÈRE *à Mascarille*. Je crains....
MASCARILLE. Ne craignez rien.

SCÈNE IX.

LUCILE, ALBERT, VALÈRE, MASCARILLE.

MASCARILLE. Seigneur Albert, silence au moins. Enfin, madame,
Toute chose conspire au bonheur de votre âme;
Et monsieur votre père, averti de vos feux,
Vous laisse votre époux, et confirme vos vœux,
Pourvu que, bannissant toutes craintes frivoles,
Deux mots de votre aveu confirment nos paroles.
LUCILE. Que me vient donc conter ce coquin assuré?
MASCARILLE. Bon! me voilà déjà d'un beau titre honoré.
LUCILE. Sachons un peu, monsieur, quelle belle saillie
Fait ce conte galant qu'aujourd'hui l'on publie.
VALÈRE. Pardon, charmant objet : un valet a parlé;
Et j'ai vu, malgré moi, notre hymen révélé.
LUCILE. Notre hymen?
VALÈRE. On sait tout, adorable Lucile;
Et vouloir déguiser est un soin inutile.
LUCILE. Quoi! l'ardeur de mes feux vous a fait mon époux?
VALÈRE. C'est un bien qui me doit faire mille jaloux :
Mais j'impute bien moins ce bonheur de ma flamme
A l'ardeur de vos feux qu'aux bontés de votre âme.
Je sais que vous avez sujet de vous fâcher,
Que c'était un secret que vous vouliez cacher;
Et j'ai de mes transports forcé la violence
A ne point violer votre expresse défense :
Mais...
MASCARILLE. Hé bien! oui, c'est moi : le grand mal que voilà!
LUCILE. Est-il une imposture égale à celle-là?
Vous l'osez soutenir en ma présence même,

Et pensez m'obtenir par ce beau stratagème?
O le plaisant amant, dont la galante ardeur
Veut blesser mon honneur au défaut de mon cœur,
Et que mon père, ému de l'éclat d'un sot conte,
Paye avec mon hymen qui me couvre de honte!
Quand tout contribuerait à votre passion,
Mon père, les destins, mon inclination,
On me verrait combattre, en ma juste colère,
Mon inclination, les destins, et mon père,
Perdre même le jour, avant que de m'unir
A qui par ce moyen aurait cru m'obtenir.
Allez; et si mon sexe avecque bienséance
Se pouvait emporter à quelque violence,
Je vous apprendrais bien à me traiter ainsi.

VALÈRE *à Mascarille.* C'en est fait, son courroux ne peut être adouci.

MASCARILLE. Laissez-moi lui parler. Hé! madame, de grâce,
A quoi bon maintenant toute cette grimace?
Quelle est votre pensée? et quel bourru transport
Contre vos propres vœux vous fait roidir si fort?
Si monsieur votre père était homme farouche,
Passe : mais il permet que la raison le touche;
Et lui-même m'a dit qu'une confession
Vous va tout obtenir de son affection.
Vous sentez, je crois bien, quelque petite honte
A faire un libre aveu de l'amour qui vous dompte :
Mais s'il vous a fait prendre un peu de liberté,
Par un bon mariage on voit tout rajusté;
Et, quoi que l'on reproche au feu qui vous consomme,
Le mal n'est pas si grand que de tuer un homme.
On sait que la chair est fragile quelquefois,
Et qu'une fille enfin n'est ni caillou ni bois.
Vous n'avez pas été sans doute la première,
Et vous ne serez pas, que je crois, la dernière.

LUCILE. Quoi! vous pouvez ouïr ces discours effrontés,
Et vous ne dites mot à ces indignités?

ALBERT. Que veux-tu que je die? Une telle aventure
Me met tout hors de moi.

MASCARILLE. Madame, je vous jure
Que déjà vous devriez avoir tout confessé.

LUCILE. Et quoi donc confesser?

MASCARILLE. Quoi? ce qui s'est passé
Entre mon maître et vous. La belle raillerie!

LUCILE. Et que s'est-il passé, monstre d'effronterie,
Entre ton maître et moi?

MASCARILLE. Vous devez, que je croi,
En savoir un peu plus de nouvelles que moi;
Et pour vous cette nuit fut trop douce pour croire
Que vous puissiez si vite en perdre la mémoire.

7.

LUCILE. C'est trop souffrir, mon père, un impudent valet.
(*Elle lui donne un soufflet.*)

SCÈNE X.
ALBERT, VALÈRE, MASCARILLE.

MASCARILLE. Je crois qu'elle me vient de donner un soufflet.
ALBERT. Va, coquin, scélérat, sa main vient sur ta joue
De faire une action dont son père la loue.
MASCARILLE. Et, nonobstant cela, qu'un diable en cet instant
M'emporte, si j'ai dit rien que de très-constant!
ALBERT. Et, nonobstant cela, qu'on me coupe une oreille,
Si tu portes fort loin une audace pareille!
MASCARILLE. Voulez-vous deux témoins qui me justifieront?
ALBERT. Veux-tu deux de mes gens qui te bâtonneront?
MASCARILLE. Leur rapport doit au mien donner toute créance.
ALBERT. Leurs bras peuvent du mien réparer l'impuissance.
MASCARILLE. Je vous dis que Lucile agit par honte ainsi.
ALBERT. Je te dis que j'aurai raison de tout ceci.
MASCARILLE. Connaissez-vous Ormin, ce gros notaire habile?...
ALBERT. Connais-tu bien Grimpant, le bourreau de la ville?...
MASCARILLE. Et Simon le tailleur, jadis si recherché?
ALBERT. Et la potence mise au milieu du marché?
MASCARILLE. Vous verrez confirmer par eux cet hyménée.
ALBERT. Tu verras achever par eux ta destinée.
MASCARILLE. Ce sont eux qu'ils ont pris pour témoins de leur foi.
ALBERT. Ce sont eux qui dans peu me vengeront de toi.
MASCARILLE. Et ces yeux les ont vus s'entre-donner parole.
ALBERT. Et ces yeux te verront faire la capriole.
MASCARILLE. Et, pour signe, Lucile avait un voile noir.
ALBERT. Et, pour signe, ton front nous le fait assez voir.
MASCARILLE. O l'obstiné vieillard!
ALBERT. O le fourbe damnable!
Va, rends grâce à mes ans qui me font incapable
De punir sur-le-champ l'affront que tu me fais :
Tu n'en perds que l'attente, et je te le promets.

SCÈNE XI.
VALÈRE, MASCARILLE.

VALÈRE. Hé bien! ce beau succès que tu devais produire?...
MASCARILLE. J'entends à demi-mot ce que vous voulez dire
Tout s'arme contre moi; pour moi de tous côtés
Je vois coups de bâton et gibets apprêtés.
Aussi, pour être en paix dans ce désordre extrême,
Je me vais d'un rocher précipiter moi-même,
Si, dans le désespoir dont mon cœur est outré,
Je puis en rencontrer d'assez haut à mon gré.
Adieu, monsieur.

VALÈRE.   Non, non, ta fuite est superflue;
Si tu meurs, je prétends que ce soit à ma vue.
MASCARILLE. Je ne saurais mourir quand je suis regardé,
Et mon trépas ainsi se verrait retardé.
VALÈRE. Suis-moi, traître, suis-moi; mon amour en furie
Te fera voir si c'est matière à raillerie.
MASCARILLE *seul*. Malheureux Mascarille, à quels maux aujourd'hui
Te vois-tu condamné pour le péché d'autrui!

ACTE QUATRIEME.

SCÈNE I.

ASCAGNE, FROSINE.

FROSINE. L'aventure est fâcheuse.
ASCAGNE.   Ah! ma chère Frosine,
Le sort absolument a conclu ma ruine,
Cette affaire venue au point où la voilà
N'est pas absolument pour en demeurer là;
Il faut qu'elle passe outre : et Lucile et Valère,
Surpris des nouveautés d'un semblable mystère,
Voudront chercher un jour dans ces obscurités,
Par qui tous mes projets se verront avortés.
Car enfin, soit qu'Albert ait part au stratagème
Ou qu'avec tout le monde on l'ait trompé lui-même,
S'il arrive une fois que mon sort éclairci
Mette ailleurs tout le bien dont le sien a grossi
Jugez s'il aura lieu de souffrir ma présence :
Son intérêt détruit me laisse à ma naissance ;
C'est fait de sa tendresse. Et quelque sentiment
Où pour ma fourbe alors pût être mon amant,
Voudra-t-il avouer pour épouse une fille
Qu'il verra sans appui de bien et de famille?
FROSINE. Je trouve que c'est là raisonner comme il faut :
Mais ces réflexions devaient venir plus tôt.
Qui vous a jusqu'ici caché cette lumière?
Il ne fallait pas être une grande sorcière
Pour voir, dès le moment de vos desseins pour lui,
Tout ce que votre esprit ne voit que d'aujourd'hui :
L'action le disait; et dès que je l'ai sue,
Je n'en ai prévu guère une meilleure issue.
ASCAGNE. Que dois-je faire enfin? mon trouble est sans pareil :
Mettez-vous en ma place, et me donnez conseil.
FROSINE. Ce doit être à vous-même, en prenant votre place,
A me donner conseil dessus cette disgrâce;

Car je suis maintenant vous, et vous êtes moi :
Conseillez-moi, Frosine. Au point où je me voi,
Quel remède trouver? Dites, je vous en prie.

ASCAGNE. Hélas! ne traitez point ceci de raillerie;
C'est prendre peu de part à mes cuisants ennuis
Que de rire et de voir les termes où j'en suis.

FROSINE. Ascagne, tout de bon, votre ennui m'est sensible,
Et pour vous en tirer je ferais mon possible.
Mais que puis-je, après tout? Je vois fort peu de jour
A tourner cette affaire au gré de votre amour.

ASCAGNE. Si rien ne peut m'aider, il faut donc que je meure.

FROSINE. Ah! pour cela toujours il est assez bonne heure :
La mort est un remède à trouver quand on veut,
Et l'on s'en doit servir le plus tard que l'on peut.

ASCAGNE. Non, non, Frosine, non; si vos conseils propices
Ne conduisent mon sort parmi ces précipices,
Je m'abandonne toute aux traits du désespoir.

FROSINE. Savez-vous ma pensée? Il faut que j'aille voir
La... Mais Eraste vient, qui pourrait nous distraire.
Nous pourrons, en marchant, parler de cette affaire.
Allons, retirons-nous.

SCÈNE II.

ÉRASTE, GROS-RENÉ.

ÉRASTE. Encore rebuté?

GROS-RENÉ. Jamais ambassadeur ne fut moins écouté.
A peine ai-je voulu lui porter la nouvelle
Du moment d'entretien que vous souhaitiez d'elle,
Qu'elle m'a répondu, tenant son quant à moi,
Va, va, je fais état de lui comme de toi,
Dis-lui qu'il se promène; et, sur ce beau langage,
Pour suivre son chemin, m'a tourné le visage.
Et Marinette aussi, d'un dédaigneux museau
Lâchant un, Laisse-nous, beau valet de carreau,
M'a planté là comme elle. Et mon sort et le vôtre
N'ont rien à se pouvoir reprocher l'un à l'autre.

ÉRASTE. L'ingrate! recevoir avec tant de fierté
Le prompt retour d'un cœur justement emporté!
Quoi! le premier transport d'un amour qu'on abuse
Sous tant de vraisemblance est indigne d'excuse?
Et ma plus vive ardeur en ce moment fatal
Devait être insensible au bonheur d'un rival?
Tout autre n'eût pas fait même chose à ma place,
Et se fût moins laissé surprendre à tant d'audace?
De mes justes soupçons suis-je sorti trop tard?
Je n'ai point attendu de serments de sa part;
Et lorsque tout le monde encor ne sait qu'en croire,

Ce cœur impatient lui rend toute sa gloire,
Il cherche à s'excuser : et le sien voit si peu
Dans ce profond respect la grandeur de mon feu
Loin d'assurer une âme, et lui fournir des armes
Contre ce qu'un rival lui veut donner d'alarmes,
L'ingrate m'abandonne à mon jaloux transport,
Et rejette de moi message, écrit, abord!
Ah! sans doute, un amour a peu de violence
Qu'est capable d'éteindre une si faible offense;
Et ce dépit si prompt à s'armer de rigueur
Découvre assez pour moi tout le fond de son cœur.
Et de quel prix doit être à présent à mon âme
Tout ce dont son caprice a pu flatter ma flamme?
Non, je ne prétends plus demeurer engagé
Pour un cœur où je vois le peu de part que j'ai;
Et puisque l'on témoigne une froideur extrême
A conserver les gens, je veux faire de même.

GROS-RENÉ. Et moi de même aussi. Soyons tous deux fâchés,
Et mettons notre amour au rang des vieux péchés.
Il faut apprendre à vivre à ce sexe volage,
Et lui faire sentir que l'on a du courage.
Qui souffre ses mépris les veut bien recevoir.
Si nous avions l'esprit de nous faire valoir,
Les femmes n'auraient pas la parole si haute.
Oh! qu'elles nous sont bien fières par notre faute!
Je veux être pendu, si nous ne les verrions
Sauter à notre cou plus que nous ne voudrions,
Sans tous ces vils devoirs dont la plupart des hommes
Les gâtent tous les jours dans le siècle où nous sommes.

ÉRASTE. Pour moi, sur toute chose, un mépris me surprend;
Et, pour punir le sien par un autre aussi grand,
Je veux mettre en mon cœur une nouvelle flamme.

GROS-RENÉ. Et moi, je ne veux plus m'embarrasser de femme;
A toutes je renonce, et crois, en bonne foi,
Que vous feriez fort bien de faire comme moi.
Car, voyez-vous, la femme est, comme on dit, mon maître,
Un certain animal difficile à connaître,
Et de qui la nature est fort encline au mal :
Et comme un animal est toujours animal,
Et ne sera jamais qu'animal, quand sa vie
Durerait cent mille ans; aussi, sans repartie,
La femme est toujours femme, et jamais ne sera
Que femme, tant qu'entier le monde durera :
D'où vient qu'un certain Grec dit que sa tête passe
Pour un sable mouvant. Car goûtez bien, de grâce,
Ce raisonnement-ci, lequel est des plus forts :
Ainsi que la tête est comme le chef du corps,
Et que le corps sans chef est pire qu'une bête;

Si le chef n'est pas bien d'accord avec la tête,
Que tout ne soit pas bien réglé par ses compas,
Nous voyons arriver de certains embarras;
La brutale partie alors veut prendre empire
Dessus la sensitive; et l'on voit que l'un tire
A *dia*, l'autre à *hurhaut*; l'un demande du mou,
L'autre du dur; enfin tout va sans savoir où :
Pour montrer qu'ici-bas, ainsi qu'on l'interprète,
La tête d'une femme est comme une girouette
Au haut d'une maison, qui tourne au premier vent :
C'est pourquoi le cousin Aristote souvent
La compare à la mer; d'où vient qu'on dit qu'au monde
On ne peut rien trouver de si stable que l'onde.
Or, par comparaison, car la comparaison
Nous fait distinctement comprendre une raison;
Et nous aimons bien mieux, nous autres gens d'étude
Une comparaison qu'une similitude :
Par comparaison donc, mon maître, s'il vous plaît,
Comme on voit que la mer, quand l'orage s'accroît,
Vient à se courroucer, le vent souffle et ravage,
Les flots contre les flots font un remu-ménage
Horrible; et le vaisseau, malgré le nautonier,
Va tantôt à la cave et tantôt au grenier :
Ainsi, quand une femme a sa tête fantasque,
On voit une tempête en forme de bourrasque,
Qui veut compétiter par de certains... propos;
Et lors un... certain vent, qui, par... de certains flots,
De... certaine façon, ainsi qu'un banc de sable...
Quand... Les femmes enfin ne valent pas le diable.

ÉRASTE. C'est fort bien raisonner.
GROS-RENÉ. Assez bien, Dieu merci.
Mais je les vois, monsieur, qui passent par ici :
Tenez-vous ferme au moins.
ÉRASTE. Ne te mets pas en peine.
GROS-RENÉ. J'ai bien peur que ses yeux resserrent votre chaîne.

SCÈNE III.

LUCILE, ÉRASTE, MARINETTE, GROS-RENÉ.

MARINETTE. Je l'aperçois encor : mais ne vous rendez point.
LUCILE. Ne me soupçonne pas d'être faible à ce point.
MARINETTE. Il vient à nous.
ÉRASTE. Non, non, ne croyez pas, madame,
Que je revienne encor vous parler de ma flamme.
C'en est fait; je me veux guérir, et connais bien
Ce que de votre cœur a possédé le mien.
Un courroux si constant pour l'ombre d'une offense
M'a trop bien éclairci de votre indifférence;

Et je dois vous montrer que les traits du mépris
Sont sensibles surtout aux généreux esprits.
Je l'avouerai, mes yeux observaient dans les vôtres
Des charmes qu'ils n'ont point trouvés dans tous les autres;
Et le ravissement où j'étais de mes fers
Les aurait préférés à des sceptres offerts.
Oui, mon amour pour vous sans doute était extrême;
Je vivais tout en vous; et, je l'avouerai même,
Peut-être qu'après tout j'aurai, quoique outragé,
Assez de peine encore à m'en voir dégagé :
Possible que, malgré la cure qu'elle essaie,
Mon âme saignera longtemps de cette plaie,
Et qu'affranchi d'un joug qui faisait tout mon bien,
Il faudra me résoudre à n'aimer jamais rien.
Mais enfin il n'importe; et puisque votre haine
Chasse un cœur tant de fois que l'amour vous ramène,
C'est la dernière ici des importunités
Que vous aurez jamais de mes vœux rebutés.

LUCILE. Vous pouvez faire aux miens la grâce tout entière,
Monsieur, et m'épargner encor cette dernière.

ÉRASTE. Hé bien! madame, hé bien! ils seront satisfaits.
Je romps avecque vous, et j'y romps pour jamais,
Puisque vous le voulez. Que je perde la vie
Lorsque de vous parler je reprendrai l'envie!

LUCILE. Tant mieux; c'est m'obliger.

ÉRASTE.   Non, non, n'ayez pas peur
Que je fausse parole; eussé-je un faible cœur
Jusques à n'en pouvoir effacer votre image,
Croyez que vous n'aurez jamais cet avantage
De me voir revenir.

LUCILE.   Ce serait bien en vain.

ÉRASTE. Moi-même de cent coups je percerais mon sein,
Si j'avais jamais fait cette bassesse insigne
De vous revoir après ce traitement indigne.

LUCILE. Soit; n'en parlons donc plus.

ÉRASTE.   Oui, oui, n'en parlons plus;
Et, pour trancher ici tous propos superflus,
Et vous donner, ingrate, une preuve certaine
Que je veux, sans retour, sortir de votre chaîne,
Je ne veux rien garder qui puisse retracer
Ce que de mon esprit il me faut effacer.
Voici votre portrait : il présente à la vue
Cent charmes merveilleux dont vous êtes pourvue;
Mais il cache sous eux cent défauts aussi grands,
Et c'est un imposteur enfin que je vous rends.

GROS-RENÉ. Bon!

LUCILE.   Et moi, pour vous suivre au dessein de tout rendre,
Voilà le diamant que vous m'aviez fait prendre.

MARINETTE. Fort bien.
ÉRASTE. Il est à vous encor ce bracelet.
LUCILE. Et cette agate à vous, qu'on fit mettre en cachet.
ÉRASTE *lit*.

« Vous m'aimez d'une amour extrême,
» Éraste, et de mon cœur voulez être éclairci :
» Si je n'aime Éraste de même,
» Au moins aimé-je fort qu'Éraste m'aime ainsi.
» LUCILE. »

Vous m'assuriez par là d'agréer mon service ;
C'est une fausseté digne de ce supplice.
(*Il déchire la lettre.*)

LUCILE *lit*.

« J'ignore le destin de mon amour ardente,
Et jusqu'à quand je souffrirai :
» Mais je sais, ô beauté charmante,
» Que toujours je vous aimerai.
» ÉRASTE. »

Voilà qui m'assurait à jamais de vos feux :
Et la main et la lettre ont menti toutes deux.
(*Elle déchire la lettre.*)
GROS-RENÉ. Poussez.
ÉRASTE. Elle est de vous. Suffit, même fortune.
MARINETTE *à Lucile*. Ferme.
LUCILE. J'aurais regret d'en épargner aucune.
GROS-RENÉ *à Eraste*. N'ayez pas le dernier.
MARINETTE *à Lucile*. Tenez bon jusqu'au bout.
LUCILE. Enfin voilà le reste.
ÉRASTE. Et, grâce au ciel, c'est tout.
Je sois exterminé, si je ne tiens parole !
LUCILE. Me confonde le ciel, si la mienne est frivole !
ÉRASTE. Adieu donc.
LUCILE. Adieu donc.
MARINETTE *à Lucile*. Voilà qui va des mieux.
GROS-RENÉ *à Eraste*. Vous triomphez.
MARINETTE *à Lucile*. Allons, ôtez-vous de ses yeux.
GROS-RENÉ *à Eraste*. Retirez-vous après cet effort de courage.
MARINETTE *à Lucile*. Qu'attendez-vous encor ?
GROS-RENÉ *à Eraste*. Que faut-il davantage ?
ÉRASTE. Ah ! Lucile ! Lucile ! un cœur comme le mien
Se fera regretter ; et je le sais fort bien.
LUCILE. Eraste ! Eraste ! un cœur fait comme est fait le vôtre
Se peut facilement réparer par un autre.
ÉRASTE. Non, non, cherchez partout, vous n'en aurez jamais
De si passionné pour vous, je vous promets.
Je ne dis pas cela pour vous rendre attendrie ;

ACTE IV.

J'aurais tort d'en former encore quelque envie.
Mes plus ardents respects n'ont pu vous obliger;
Vous avez voulu rompre : il n'y faut plus songer.
Mais personne, après moi, quoi qu'on vous fasse entendre,
N'aura jamais pour vous de passion si tendre.

LUCILE. Quand on aime les gens, on les traite autrement;
On fait de leur personne un meilleur jugement.

ÉRASTE. Quand on aime les gens, on peut de jalousie,
Sur beaucoup d'apparence, avoir l'âme saisie :
Mais alors qu'on les aime, on ne peut en effet
Se résoudre à les perdre; et vous, vous l'avez fait.

LUCILE. La pure jalousie est plus respectueuse.

ÉRASTE. On voit d'un œil plus doux une offense amoureuse.

LUCILE. Non, votre cœur, Eraste, était mal enflammé.

ÉRASTE. Non, Lucile, jamais vous ne m'avez aimé.

LUCILE. Hé! je crois que cela faiblement vous soucie.
Peut-être en serait-il beaucoup mieux pour ma vie,
Si je... Mais laissons là ces discours superflus :
Je ne dis point quels sont mes pensers là-dessus.

ERASTE. Pourquoi?

LUCILE. Par la raison que nous rompons ensemble,
Et que cela n'est plus de saison, ce me semble.

ÉRASTE. Nous rompons?

LUCILE. Oui vraiment; quoi! n'en est-ce pas fait?

ÉRASTE. Et vous voyez cela d'un esprit satisfait?

LUCILE. Comme vous.

ÉRASTE. Comme moi?

LUCILE. Sans doute. C'est faiblesse
De faire voir aux gens que leur perte nous blesse.

ÉRASTE. Mais, cruelle, c'est vous qui l'avez bien voulu.

LUCILE. Moi? point du tout; c'est vous qui l'avez résolu.

ÉRASTE. Moi? Je vous ai cru là faire un plaisir extrême.

LUCILE. Point; vous avez voulu vous contenter vous-même.

ÉRASTE. Mais si mon cœur encor revoulait sa prison,
Si, tout fâché qu'il est, il demandait pardon?...

LUCILE. Non, non, n'en faites rien; ma faiblesse est trop grande,
J'aurais peur d'accorder trop tôt votre demande.

ÉRASTE. Ah! vous ne pouvez pas trop tôt me l'accorder,
Ni moi sur cette peur trop tôt le demander.
Consentez-y, madame : une flamme si belle
Doit, pour votre intérêt, demeurer immortelle.
Je le demande enfin, me l'accorderez-vous,
Ce pardon obligeant?

LUCILE. Remenez-moi chez nous.

SCÈNE IV.

MARINETTE, GROS-RENÉ.

MARINETTE. O la lâche personne !
GROS-RENÉ. Ah ! le faible courage !
MARINETTE. J'en rougis de dépit.
GROS-RENÉ. J'en suis gonflé de rage.
Ne t'imagine pas que je me rende ainsi.
MARINETTE. Et ne pense pas, toi, trouver ta dupe aussi.
GROS-RENÉ. Viens, viens frotter ton nez auprès de ma colère
MARINETTE. Tu nous prends pour une autre, et tu n'as pas affaire
A ma sotte maîtresse. Ardez le beau museau,
Pour nous donner envie encore de sa peau !
Moi, j'aurais de l'amour pour ta chienne de face ?
Moi, je te chercherais ? Ma foi, l'on t'en fricasse
Des filles comme nous.
GROS-RENÉ. Oui ! tu le prends par là ?
Tiens, tiens, sans y chercher tant de façon, voilà
Ton beau galant de neige, avec ta nonpareille ;
Il n'aura plus l'honneur d'être sur mon oreille.
MARINETTE. Et toi, pour te montrer que tu m'es à mépris,
Voilà ton demi-cent d'épingles de Paris,
Que tu me donnas hier avec tant de fanfare.
GROS-RENÉ. Tiens encor ton couteau : la pièce est riche et rare ;
Il te coûta six blancs lorsque tu m'en fis don.
MARINETTE. Tiens tes ciseaux avec ta chaîne de laiton.
GROS-RENÉ. J'oubliais d'avant-hier ton morceau de fromage ;
Tiens, je voudrais pouvoir rejeter le potage
Que tu me fis manger, pour n'avoir rien à toi.
MARINETTE. Je n'ai point maintenant de tes lettres sur moi ;
Mais j'en ferai du feu jusques à la dernière.
GROS-RENÉ. Et des tiennes tu sais ce que j'en saurai faire.
MARINETTE. Prends garde à ne venir jamais me reprier.
GROS-RENÉ. Pour couper tout chemin à nous rapatrier,
Il faut rompre la paille. Une paille rompue
Rend, entre gens d'honneur, une affaire conclue.
Ne fais point les doux yeux ; je veux être fâché.
MARINETTE. Ne me lorgne point, toi ; j'ai l'esprit trop touché.
GROS-RENÉ. Romps ; voilà le moyen de ne s'en plus dédire ;
Romps. Tu ris, bonne bête !
MARINETTE. Oui, car tu me fais rire.
GROS-RENÉ. La peste soit ton ris ! voilà tout mon courroux
Déjà dulcifié. Qu'en dis-tu ? romprons-nous,
Ou ne romprons-nous pas ?
MARINETTE. Vois.
GROS-RENÉ. Vois, toi.
MARINETTE. Vois, toi-même.

GROS-RENÉ. Est-ce que tu consens que jamais je ne t'aime?
MARINETTE. Moi? ce que tu voudras.
GROS-RENÉ. Ce que tu voudras, toi;
Dis.
MARINETTE. Je ne dirai rien.
GROS-RENÉ. Ni moi non plus.
MARINETTE. Ni moi.
GROS-RENÉ. Ma foi, nous ferions mieux de quitter la grimace.
Touche, je te pardonne.
MARINETTE. Et moi, je te fais grâce.
GROS-RENÉ. Mon Dieu! qu'à tes appas je suis acoquiné!
MARINETTE. Que Marinette est sotte après son Gros-René!

ACTE CINQUIÈME.

SCÈNE I.

MASCARILLE.

MASCARILLE. « Dès que l'obscurité régnera dans la ville,
» Je me veux introduire au logis de Lucile :
» Va vite de ce pas préparer pour tantôt
» Et la lanterne sourde et les armes qu'il faut. »
Quand il m'a dit ces mots, il m'a semblé d'entendre :
Va vitement chercher un licou pour te pendre.
Venez çà, mon patron; car, dans l'étonnement
Où m'a jeté d'abord un tel commandement,
Je n'ai pas eu le temps de vous pouvoir répondre;
Mais je vous veux ici parler, et vous confondre :
Défendez-vous donc bien; et raisonnons sans bruit.
Vous voulez, dites-vous, aller voir, cette nuit,
Lucile? « Oui, Mascarille. » Et que pensez-vous faire?
« Une action d'amant qui veut se satisfaire. »
Une action d'un homme à fort petit cerveau,
Que d'aller sans besoin risquer ainsi sa peau.
« Mais tu sais quel motif à ce dessein m'appelle,
» Lucile est irritée. » Eh bien! tant pis pour elle.
« Mais l'amour veut que j'aille apaiser son esprit. »
Mais l'amour est un sot qui ne sait ce qu'il dit :
Nous garantira-t-il, cet amour, je vous prie,
D'un rival, ou d'un père, ou d'un frère en furie?
« Penses-tu qu'aucun d'eux songe à nous faire mal? »
Oui, vraiment, je le pense, et surtout ce rival.
« Mascarille, en tout cas, l'espoir où je me fonde,
» Nous irons bien armés; et si quelqu'un nous gronde,
» Nous nous chamaillerons. » Oui! Voilà justement

Ce que votre valet ne prétend nullement.
Moi, chamailler? Bon Dieu! suis-je un Roland, mon maître,
Ou quelque Ferragus? C'est fort mal me connaître.
Quand je viens à songer, moi, qui me suis si cher,
Qu'il ne faut que deux doigts d'un misérable fer
Dans le corps pour vous mettre un humain dans la bière,
Je suis scandalisé d'une étrange manière.
« Mais tu seras armé de pied en cap. » Tant pis:
J'en serai moins léger à gagner le taillis;
Et, de plus, il n'est point d'armure si bien jointe
Où ne puisse glisser une vilaine pointe.
« Oh! tu seras ainsi tenu pour un poltron. »
Soit, pourvu que toujours je branle le menton.
A table comptez-moi, si vous voulez, pour quatre;
Mais comptez-moi pour rien s'il s'agit de se battre.
Enfin, si l'autre monde a des charmes pour vous,
Pour moi je trouve l'air de celui-ci fort doux.
Je n'ai pas grande faim de mort ni de blessure;
Et vous ferez le sot tout seul, je vous assure.

SCÈNE II.

VALÈRE, MASCARILLE.

VALÈRE. Je n'ai jamais trouvé de jour plus ennuyeux:
Le soleil semble s'être oublié dans les cieux;
Et jusqu'au lit qui doit recevoir sa lumière
Je vois rester encore une telle carrière
Que je crois que jamais il ne l'achèvera,
Et que de sa lenteur mon âme enragera.

MASCARILLE. Et cet empressement pour s'en aller dans l'ombre
Pêcher vite à tâtons quelque sinistre encombre...
Vous voyez que Lucile, entière en ses rebuts...

VALÈRE. Ne me fais point ici de contes superflus.
Quand j'y devrais trouver cent embûches mortelles,
Je sens de son courroux des gênes trop cruelles;
Et je veux l'adoucir, ou terminer mon sort.
C'est un point résolu.

MASCARILLE. J'approuve ce transport:
Mais le mal est, monsieur, qu'il faudra s'introduire
En cachette.

VALÈRE. Fort bien.

MASCARILLE. Et j'ai peur de vous nuire.

VALÈRE. Et comment?

MASCARILLE. Une toux me tourmente à mourir,
Dont le bruit importun vous fera découvrir.
(*Il tousse.*)
De moment en moment... Vous voyez le supplice.

VALÈRE. Ce mal te passera, prends du jus de réglisse.

MASCARILLE. Je ne crois pas, monsieur, qu'il se veuille passer.
Je serais ravi, moi, de ne vous point laisser :
Mais j'aurais un regret mortel, si j'étais cause
Qu'il fût à mon cher maître arrivé quelque chose.

SCÈNE III.

VALÈRE, LA RAPIÈRE, MASCARILLE.

LA RAPIÈRE. Monsieur, de bonne part je viens d'être informé
Qu'Eraste est contre vous fortement animé,
Et qu'Albert parle aussi de faire pour sa fille
Rouer jambes et bras à votre Mascarille.
MASCARILLE. Moi ? Je ne suis pour rien dans tout cet embarras.
Qu'ai-je fait pour me voir rouer jambes et bras ?
Suis-je donc gardien, pour employer ce style,
De la virginité des filles de la ville ?
Sur la tentation ai-je quelque crédit ?
Et puis-je mais, chétif, si le cœur leur en dit ?
VALÈRE. Oh ! qu'ils ne seront pas si méchants qu'ils le disent ;
Et, quelque belle ardeur que ses feux lui produisent,
Eraste n'aura pas si bon marché de nous.
LA RAPIÈRE. S'il vous faisait besoin, mon bras est tout à vous.
Vous savez de tout temps que je suis un bon frère.
VALÈRE. Je vous suis obligé, monsieur de la Rapière.
LA RAPIÈRE. J'ai deux amis aussi que je vous puis donner,
Qui contre tout venant sont gens à dégaîner,
Et sur qui vous pourrez prendre toute assurance.
MASCARILLE. Acceptez-les, monsieur.
VALÈRE.   C'est trop de complaisance.
LA RAPIÈRE. Le petit Gille encore eût pu nous assister,
Sans le triste accident qui vient de nous l'ôter.
Monsieur, le grand dommage ! et l'homme de service !
Vous avez su le tour que lui fit la justice :
Il mourut en César ; et, lui cassant les os,
Le bourreau ne lui put faire lâcher deux mots.
VALÈRE. Monsieur de la Rapière, un homme de la sorte
Doit être regretté. Mais, quant à votre escorte,
Je vous rends grâces.
LA RAPIÈRE.   Soit ; mais soyez averti
Qu'il vous cherche, et vous peut faire un mauvais parti.
VALÈRE. Et moi, pour vous montrer combien je l'appréhende,
Je lui veux, s'il me cherche, offrir ce qu'il demande,
Et par toute la ville aller présentement,
Sans être accompagné que de lui seulement.

SCÈNE IV.

VALÈRE, MASCARILLE.

MASCARILLE. Quoi! monsieur, vous voulez tenter Dieu? Quelle audace!
Las! vous voyez tous deux comme l'on nous menace;
Combien de tous côtés...
VALÈRE. Que regardes-tu là?
MASCARILLE. C'est qu'il sent le bâton du côté que voilà.
Enfin, si maintenant ma prudence en est crue
Ne nous obstinons plus à rester dans la rue :
Allons nous renfermer.
VALÈRE. Nous renfermer! Faquin,
Tu m'oses proposer un acte de coquin?
Sus, sans plus de discours, résous-toi de me suivre.
MASCARILLE. Hé! monsieur mon cher maître, il est si doux de vivre!
On ne meurt qu'une fois; et c'est pour si longtemps!...
VALÈRE. Je m'en vais t'assommer de coups, si je t'entends.
Ascagne vient ici; laissons-le : il faut attendre
Quel parti de lui-même il résoudra de prendre.
Cependant avec moi viens prendre à la maison
Pour nous frotter...
MASCARILLE. Je n'ai nulle démangeaison.
Que maudit soit l'amour, et les filles maudites
Qui veulent en tâter, puis font les chattemites!

SCÈNE V.

ASCAGNE, FROSINE.

ASCAGNE. Est-il bien vrai, Frosine, et ne rêvé-je point?
De grâce, contez-moi bien tout de point en point.
FROSINE. Vous en saurez assez le détail, laissez faire :
Ces sortes d'incidents ne sont, pour l'ordinaire,
Que redits trop de fois de moment en moment.
Suffit que vous sachiez qu'après ce testament
Qui voulait un garçon pour tenir sa promesse,
De la femme d'Albert la dernière grossesse
N'accoucha que de vous; et que lui, dessous main,
Ayant depuis longtemps concerté son dessein,
Fit son fils de celui d'Ignès la bouquetière,
Qui vous donna pour sienne à nourrir à ma mère.
La mort ayant ravi ce petit innocent
Quelque dix mois après, Albert étant absent,
La crainte d'un époux et l'amour maternelle
Firent l'événement d'une ruse nouvelle.
Sa femme en secret lors se rendit son vrai sang,
Vous devîntes celui qui tenait votre rang;
Et la mort de ce fils mis dans votre famille

Se couvrit pour Albert de celle de sa fille.
Voilà de votre sort un mystère éclairci,
Que votre feinte mère a caché jusqu'ici;
Elle en dit des raisons, et peut en avoir d'autres
Par qui ses intérêts n'étaient pas tous les vôtres.
Enfin cette visite, où j'espérais si peu,
Plus qu'on ne pouvait croire a servi votre feu.
Cette Ignès vous relâche; et, par votre autre affaire
L'éclat de son secret devenu nécessaire,
Nous en avons nous deux votre père informé.
Un billet de sa femme a le tout confirmé;
Et poussant plus avant encore notre pointe,
Quelque peu de fortune à notre adresse jointe,
Aux intérêts d'Albert, de Polidore, après,
Nous avons ajusté si bien les intérêts,
Si doucement à lui déployé ces mystères,
Pour n'effaroucher pas d'abord trop les affaires;
Enfin, pour dire tout, mené si prudemment
Son esprit pas à pas à l'accommodement,
Qu'autant que votre père il montre de tendresse
A confirmer les nœuds qui font votre allégresse.

ASCAGNE. Ah! Frosine, la joie où vous m'acheminez...
Hé! que ne dois-je point à vos soins fortunés!
FROSINE. Au reste, le bonhomme est en humeur de rire,
Et pour son fils encor nous défend de rien dire.

SCÈNE VI.

POLIDORE, ASCAGNE, FROSINE.

POLIDORE. Approchez-vous, ma fille, un tel nom m'est permis,
Et j'ai su le secret que cachaient ces habits.
Vous avez fait un trait qui, dans sa hardiesse,
Fait briller tant d'esprit et tant de gentillesse,
Que je vous en excuse, et tiens mon fils heureux
Quand il saura l'objet de ses soins amoureux.
Vous valez tout un monde, et c'est moi qui l'assure.
Mais le voici; prenons plaisir de l'aventure.
Allez faire venir tous vos gens promptement.
ASCAGNE. Vous obéir sera mon premier compliment.

SCÈNE VII.

POLIDORE, VALÈRE, MASCARILLE.

MASCARILLE à *Valère*. Les disgrâces souvent sont du ciel révélées.
J'ai songé cette nuit de perles défilées
Et d'œufs cassés, monsieur : un tel songe m'abat.
VALÈRE. Chien de poltron!
POLIDORE. Valère, il s'apprête un combat

Où toute ta valeur te sera nécessaire :
Tu vas avoir en tête un puissant adversaire.
MASCARILLE. Et personne, monsieur, qui se veuille bouger
Pour retenir des gens qui se vont égorger?
Pour moi, je le veux bien; mais au moins, s'il arrive
Qu'un funeste accident de votre fils vous prive,
Ne m'en accusez point.
POLIDORE. Non, non; en cet endroit,
Je le pousse moi-même à faire ce qu'il doit.
MASCARILLE. Père dénaturé!
VALÈRE. Ce sentiment, mon père,
Est d'un homme de cœur, et je vous en révère.
J'ai dû vous offenser, et je suis criminel
D'avoir fait tout ceci sans l'aveu paternel :
Mais, à quelque dépit que ma faute vous porte,
La nature toujours se montre la plus forte;
Et votre honneur fait bien, quand il ne veut pas voir
Que le transport d'Eraste ait de quoi m'émouvoir.
POLIDORE. On me faisait tantôt redouter sa menace :
Mais les choses depuis ont bien changé de face;
Et, sans le pouvoir fuir, d'un ennemi plus fort
Tu vas être attaqué.
MASCARILLE. Point de moyen d'accord?
VALÈRE. Moi, le fuir! Dieu m'en garde! Et qui donc pourrait-ce être
POLIDORE. Ascagne.
VALÈRE. Ascagne?
POLIDORE. Oui, tu le vas voir paraître.
VALÈRE. Lui, qui de me servir m'avait donné sa foi !
POLIDORE. Oui, c'est lui qui prétend avoir affaire à toi,
Et qui veut, dans le champ où l'honneur vous appelle,
Qu'un combat seul à seul vide votre querelle.
MASCARILLE. C'est un brave homme ; il sait que les cœurs généreux
Ne mettent point les gens en compromis pour eux.
POLIDORE. Enfin, d'une imposture ils te rendent coupable,
Dont le ressentiment m'a paru raisonnable :
Si bien qu'Albert et moi sommes tombés d'accord
Que tu satisferais Ascagne sur ce tort,
Mais aux yeux d'un chacun, et sans nulles remises,
Dans les formalités en pareil cas requises.
VALÈRE. Et Lucile, mon père, a d'un cœur endurci...
POLIDORE. Lucile épouse Eraste, et te condamne aussi,
Et, pour convaincre mieux tes discours d'injustice,
Veut qu'à tes propres yeux cet hymen s'accomplisse.
VALÈRE. Ah! c'est une impudence à me mettre en fureur.
Elle a donc perdu sens, foi, conscience, honneur!

SCÈNE VIII.

ALBERT, POLIDORE, LUCILE, ÉRASTE, VALÈRE, MASCARILLE.

ALBERT. Hé bien! les combattants? on amène le nôtre.
Avez-vous disposé le courage du vôtre?
VALÈRE. Oui, oui, me voilà prêt, puisqu'on m'y veut forcer,
Et si j'ai pu trouver sujet de balancer,
Un reste de respect en pouvait être cause,
Et non pas la valeur du bras que l'on m'oppose.
Mais c'est trop me pousser, ce respect est à bout,
A toute extrémité mon esprit se résout;
Et l'on fait voir un trait de perfidie étrange,
Dont il faut hautement que mon amour se venge.
 (à Lucile.)
Non pas que cet amour prétende encore à vous,
Tout son feu se résout en ardeur de courroux;
Et quand j'aurai rendu votre honte publique,
Votre coupable hymen n'aura rien qui me pique.
Allez, ce procédé, Lucile, est odieux;
A peine en puis-je croire au rapport de mes yeux!
C'est de toute pudeur se montrer ennemie,
Et vous devriez mourir d'une telle infamie.
LUCILE. Un semblable discours me pourrait affliger,
Si je n'avais en main qui m'en saura venger,
Voici venir Ascagne; il aura l'avantage
De vous faire changer bien vite de langage,
Et sans beaucoup d'effort.

SCÈNE IX.

ALBERT, POLIDORE, ASCAGNE, LUCILE, ÉRASTE, VALÈRE, FROSINE, MARINETTE, GROS-RENÉ, MASCARILLE.

VALÈRE. Il ne le fera pas,
Quand il joindrait au sien encor vingt autres bras.
Je le plains de défendre une sœur criminelle :
Mais puisque son erreur me veut faire querelle,
Nous le satisferons, et vous, mon brave, aussi.
ÉRASTE. Je prenais intérêt tantôt à tout ceci;
Mais enfin, comme Ascagne a pris sur lui l'affaire,
Je ne veux plus en prendre, et je le laisse faire.
VALÈRE. C'est bien fait; la prudence est toujours de saison.
Mais...
ÉRASTE. Il saura pour tous vous mettre à la raison.
VALÈRE. Lui?
POLIDORE. Ne t'y trompe pas, tu ne sais pas encore
Quel étrange garçon est Ascagne.
ALBERT. Il l'ignore;
Mais il pourra dans peu le lui faire savoir.

VALÈRE. Sus donc, que maintenant il me le fasse voir.
MARINETTE. Aux yeux de tous?
GROS-RENÉ. Cela ne serait pas honnête.
VALÈRE. Se moque-t-on de moi? Je casserai la tête
A quelqu'un des rieurs. Enfin voyons l'effet.
ASCAGNE. Non, non, je ne suis pas si méchant qu'on me fait;
Et, dans cette aventure où chacun m'intéresse,
Vous allez voir plutôt éclater ma faiblesse,
Connaître que le ciel, qui dispose de nous,
Ne me fit pas un cœur pour tenir contre vous,
Et qu'il vous réservait pour victoire facile
De finir le destin du frère de Lucile.
Oui, bien loin de vanter le pouvoir de mon bras,
Ascagne va par vous recevoir le trépas.
Mais il veut bien mourir, si sa mort nécessaire
Peut avoir maintenant de quoi vous satisfaire,
En vous donnant pour femme, en présence de tous,
Celle qui justement ne peut être qu'à vous.
VALÈRE. Non, quand toute la terre, après sa perfidie
Et les traits effrontés...
ASCAGNE. Ah! souffrez que je die,
Valère, que le cœur qui vous est engagé
D'aucun crime envers vous ne peut être chargé :
Sa flamme est toujours pure et sa constance extrême,
Et j'en prends à témoin votre père lui-même.
POLIDORE. Oui, mon fils, c'est assez rire de ta fureur,
Et je vois qu'il est temps de te tirer d'erreur.
Celle à qui par serment ton âme est attachée
Sous l'habit que tu vois à tes yeux est cachée :
Un intérêt de bien, dès ses plus jeunes ans,
Fit ce déguisement qui trompe tant de gens :
Et depuis peu l'amour en a su faire un autre,
Qui t'abusa, joignant leur famille à la nôtre.
Ne va point regarder à tout le monde aux yeux;
Je te fais maintenant un discours sérieux.
Oui, c'est elle, en un mot, dont l'adresse subtile,
La nuit, reçut ta foi sous le nom de Lucile,
Et qui, par ce ressort qu'on ne comprenait pas,
A semé parmi vous un si grand embarras.
Mais puisque Ascagne ici fait place à Dorothée,
Il faut voir de vos feux toute imposture ôtée,
Et qu'un nœud plus sacré donne force au premier.
ALBERT. Et c'est là justement ce combat singulier
Qui devait envers nous réparer votre offense,
Et pour qui les édits n'ont point fait de défense.
POLIDORE. Un tel événement rend tes esprits confus :
Mais en vain tu voudrais balancer là-dessus.
VALÈRE. Non, non, je ne veux pas songer à m'en défendre;

Et si cette aventure a lieu de me surprendre,
La surprise me flatte; et je me sens saisir
De merveille à la fois, d'amour, et de plaisir :
Se peut-il que ces yeux....?

ALBERT. Cet habit, cher Valère,
Souffre mal les discours que vous lui pourriez faire.
Allons lui faire en prendre un autre; et cependant
Vous saurez le détail de tout cet incident.
VALÈRE. Vous, Lucile, pardon si mon âme abusée...
LUCILE. L'oubli de cette injure est une chose aisée.
ALBERT. Allons, ce compliment se fera bien chez nous,
Et nous aurons loisir de nous en faire tous.
ÉRASTE. Mais vous ne songez pas, en tenant ce langage,
Qu'il reste encore ici des sujets de carnage.
Voilà bien à tous deux notre amour couronné;
Mais, de son Mascarille et de mon Gros-René,
Par qui doit Marinette être ici possédée,
Il faut que par le sang l'affaire soit vidée.
MASCARILLE. Nenni, nenni; mon sang dans mon corps sied trop bien :
Qu'il l'épouse en repos, cela ne me fait rien.
De l'humeur que je sais la chère Marinette,
L'hymen ne ferme pas la porte à la fleurette.
MARINETTE. Et tu crois que de toi je ferais mon galant?
Un mari, passe encor, tel qu'il est on le prend;
On n'y va pas chercher tant de cérémonie :
Mais il faut qu'un galant soit fait à faire envie.
GROS-RENÉ. Ecoute; quand l'hymen aura joint nos deux peaux,
Je prétends qu'on soit sourde à tous les damoiseaux.
MASCARILLE. Tu crois te marier pour toi tout seul, compère?
GROS-RENÉ. Bien entendu : je veux une femme sévère,
Ou je ferai beau bruit.
MASCARILLE. Hé! mon Dieu! tu feras
Comme les autres font, et tu t'adouciras.
Ces gens avant l'hymen si fâcheux et critiques,
Dégénèrent souvent en maris pacifiques.
MARINETTE. Va, va, petit mari, ne crains rien de ma foi;
Les douceurs ne feront que blanchir contre moi,
Et je te dirai tout.
MASCARILLE. O la fine pratique,
Un mari confident!
MARINETTE. Taisez-vous, as de pique.
ALBERT. Pour la troisième fois, allons-nous-en chez nous
Poursuivre en liberté des entretiens si doux.

FIN DU DÉPIT AMOUREUX.

DON GARCIE DE NAVARRE

OU

LE PRINCE JALOUX,

COMÉDIE HÉROIQUE EN CINQ ACTES.

1661.

NOTICE SUR DON GARCIE DE NAVARRE.

La vogue des *Précieuses* et de *Sganarelle* aurait dû déterminer Molière à se consacrer exclusivement à la peinture des mœurs; mais il voulut s'essayer dans un genre plus sérieux, et *Don Garcie* parut, le 4 février 1661, sur le théâtre du Palais-Royal. L'auteur y remplissait le principal rôle, et il éprouva un double échec. La pièce fut retirée après cinq représentations. Les tirades qui avaient été remarquées furent transportées plus tard dans d'autres pièces. Dix-sept vers de la scène v de l'acte II se retrouvent dans la scène v de l'acte II du *Misanthrope*, six vers de la scène vi du même acte dans la scène v du quatrième acte du *Tartufe*; et quelques autres morceaux sont épars dans l'*Amphitryon*.

Don Garcie est une imitation du *Principe geloso*, pièce italienne de Cicognini, imprimée en 1654. Don Rodrigue, roi de Valence, a enlevé Delmira, sœur de don Pèdre, roi d'Aragon. Il la retient dans son palais, et la traite avec égards, mais en se montrant d'une jalousie excessive. Délia, camériste de la princesse, ne pouvant écrire à son amant parce qu'elle a mal au doigt, la prie de vouloir bien lui servir d'interprète. Arlequin, domestique de don Rodrigue, surprend ce billet et veut le porter à son maître; mais, chemin faisant, on lui en arrache la moitié. Le fragment qui lui reste entre les mains fait accuser Delmira d'infidélité; mais elle est justifiée par la découverte de l'autre moitié qui complète le sens.

Delmira écrit ensuite à son amie la duchesse de Tyrol. Don Rodrigue lit par-dessus son épaule : *Ma chère âme*, et redevient furieux. Delmira lui démontre encore son erreur.

La duchesse de Tyrol survient déguisée en homme, et le roi surprend les deux amies dans le même lit. Rodrigue, qui s'était calmé, est de nouveau exaspéré. Delmira lui reproche son injurieuse jalousie, et lui dit : « Si vous voulez vous contenter de mon serment pour seule preuve de mon innocence, je suis prête à vous donner ma main; mais si vous exigez une justification, ne comptez plus sur mon cœur.

Don Rodrigue hésite; il demande des explications. La duchesse de Tyrol entr'ouvre sa veste, et laisse entrevoir son sein. Le roi maudit son emportement, tire son épée, et lève le bras pour se tuer; mais Delmira s'écrie : « Vos jours ne vous appartiennent plus! » Elle lui pardonne et elle l'épouse.

On peut conclure de cette analyse que le drame de Cicognini est loin d'être un chef-d'œuvre; mais il faut convenir que celui de Molière ne vaut guère mieux. ÉMILE DE LA BÉDOLLIÈRE.

PERSONNAGES.

Don GARCIE, prince de Navarre, amant de done Elvire.
Done ELVIRE, princesse de Léon.
Don ALPHONSE, prince de Léon, cru prince de Castille sous le nom de don Sylve.
Done IGNÈS, comtesse, amante de don Sylve, aimée par Maurégat, usurpateur de l'État de Léon.
ÉLISE, confidente de done Elvire.
Don ALVAR, confident de don Garcie, amant d'Élise.
Don LOPE, autre confident de don Garcie, amant d'Élise.
Don PÈDRE, écuyer d'Ignès.
Un Page de done Elvire.

La scène est dans Astorgue, ville d'Espagne dans le royaume de Léon.

DON GARCIE DE NAVARRE.

ACTE PREMIER.
SCÈNE I.
DONE ELVIRE, ÉLISE.

D. ELVIRE. Non, ce n'est point un choix qui pour ces deux amants
Sut régler de mon cœur les secrets sentiments;
Et le prince n'a point, dans tout ce qu'il peut être,
Ce qui fit préférer l'amour qu'il fait paraître.
Don Sylve, comme lui, fit briller à mes yeux
Toutes les qualités d'un héros glorieux;
Même éclat de vertus, joint à même naissance,
Me parlait en tous deux pour cette préférence;
Et je serais encore à nommer le vainqueur,
Si le mérite seul prenait droit sur un cœur :
Mais ces chaînes du ciel qui tombent sur nos âmes
Décidèrent en moi le destin de leurs flammes;
Et toute mon estime, égale entre les deux,
Laissa vers don Garcie entraîner tous mes vœux.

ÉLISE. Cet amour que pour lui votre astre vous inspire
N'a sur vos actions pris que bien peu d'empire,
Puisque nos yeux, madame, ont pu longtemps douter
Qui de ces deux amants vous vouliez mieux traiter.

D. ELVIRE. De ces nobles rivaux l'amoureuse poursuite
A de fâcheux combats, Elise, m'a réduite.
Quand je regardais l'un, rien ne me reprochait
Le tendre mouvement où mon âme penchait;
Mais je me l'imputais à beaucoup d'injustice,
Quand de l'autre à mes yeux s'offrait le sacrifice :
Et don Sylve, après tout, dans ses soins amoureux,
Me semblait mériter un destin plus heureux.
Je m'opposais encor ce qu'au sang de Castille
Du feu roi de Léon semble devoir la fille,
Et la longue amitié qui d'un étroit lien
Joignit les intérêts de son père et du mien.
Ainsi, plus dans mon âme un autre prenait place,
Plus de tous ses respects je plaignais la disgrâce :
Ma pitié, complaisante à ses brûlants soupirs,
D'un dehors favorable amusait ses désirs,
Et voulait réparer, par ce faible avantage,
Ce qu'au fond de mon cœur je lui faisais d'outrage.

ÉLISE. Mais son premier amour que vous avez appris
Doit de cette contrainte affranchir vos esprits;
Et puisqu'avant ces soins où pour vous il s'engage
Done Ignès de son cœur avait reçu l'hommage,
Et que, par des liens aussi fermes que doux,
L'amitié vous unit cette comtesse et vous,
Son secret révélé vous est une matière
A donner à vos vœux liberté tout entière;
Et vous pouvez sans crainte à cet amant confus
D'un devoir d'amitié couvrir tous vos refus.
D. ELVIRE. Il est vrai que j'ai lieu de chérir la nouvelle
Qui m'apprit que don Sylve était un infidèle,
Puisque par ses ardeurs mon cœur tyrannisé
Contre elles à présent se voit autorisé;
Qu'il en peut justement combattre les hommages,
Et, sans scrupule, ailleurs donner tous ses suffrages.
Mais enfin quelle joie en peut prendre ce cœur,
Si d'une autre contrainte il souffre la rigueur;
Si d'un prince jaloux l'éternelle faiblesse
Reçoit indignement les soins de ma tendresse,
Et semble préparer, dans mon juste courroux,
Un éclat à briser tout commerce entre nous?
ÉLISE. Mais si de votre bouche il n'a point su sa gloire,
Est-ce un crime pour lui que de n'oser la croire?
Et ce qui d'un rival a pu flatter les feux
L'autorise-t-il pas à douter de vos vœux?
D. ELVIRE. Non, non, de cette sombre et lâche jalousie
Rien ne peut excuser l'étrange frénésie;
Et par mes actions je l'ai trop informé
Qu'il peut bien se flatter du bonheur d'être aimé.
Sans employer la langue, il est des interprètes
Qui parlent clairement des atteintes secrètes :
Un soupir, un regard, une simple rougeur,
Un silence est assez pour expliquer un cœur.
Tout parle dans l'amour; et sur cette matière
Le moindre jour doit être une grande lumière,
Puisque chez notre sexe, où l'honneur est puissant,
On ne montre jamais tout ce que l'on ressent.
J'ai voulu, je l'avoue, ajuster ma conduite,
Et voir d'un œil égal l'un et l'autre mérite :
Mais que contre ses vœux on combat vainement,
Et que la différence est connue aisément
De toutes ces faveurs qu'on fait avec étude
A celles où du cœur fait pencher l'habitude!
Dans les unes toujours on paraît se forcer;
Mais les autres, hélas! se font sans y penser,
Semblables à ces eaux si pures et si belles
Qui coulent sans effort des sources naturelles.

ACTE I.

<blockquote>
Ma pitié pour don Sylve avait beau l'émouvoir,
J'en trahissais les soins sans m'en apercevoir;
Et mes regards au prince, en un pareil martyre,
En disaient toujours plus que je n'en voulais dire.
</blockquote>

ÉLISE.
<blockquote>
Enfin si les soupçons de cet illustre amant,
Puisque vous le voulez, n'ont point de fondement,
Pour le moins font-ils foi d'une âme bien atteinte,
Et d'autres chériraient ce qui fait votre plainte.
De jaloux mouvements doivent être odieux,
S'ils partent d'un amour qui déplaît à nos yeux :
Mais tout ce qu'un amant nous peut montrer d'alarmes
Doit, lorsque nous l'aimons, avoir pour nous des charmes;
C'est par là que son feu se peut mieux exprimer;
Et plus il est jaloux, plus nous devons l'aimer.
Ainsi, puisqu'en votre âme un prince magnanime...
</blockquote>

D. ELVIRE.
<blockquote>
Ah! ne m'avancez point cette étrange maxime :
Partout la jalousie est un monstre odieux;
Rien n'en peut adoucir les traits injurieux;
Et plus l'amour est cher qui lui donne naissance,
Plus on doit ressentir les coups de cette offense.
Voir un prince emporté, qui perd à tous moments
Le respect que l'amour inspire aux vrais amants;
Qui, dans les soins jaloux où son âme se noie,
Querelle également mon chagrin et ma joie,
Et dans tous mes regards ne peut rien remarquer
Qu'en faveur d'un rival il ne veuille expliquer!...
Non, non, par ses soupçons je suis trop offensée,
Et sans déguisement je te dis ma pensée :
Le prince don Garcie est cher à mes désirs,
Il peut d'un cœur illustre échauffer les soupirs;
Au milieu de Léon on a vu son courage
Me donner de sa flamme un noble témoignage,
Braver en ma faveur les périls les plus grands,
M'enlever aux desseins de nos lâches tyrans,
Et, dans ses murs forcés, mettre ma destinée
A couvert des horreurs d'un indigne hyménée :
Et je ne cèle point que j'aurais de l'ennui
Que la gloire en fût due à quelque autre que lui;
Car un cœur amoureux prend un plaisir extrême
A se voir redevable, Elise, à ce qu'il aime;
Et sa flamme timide ose mieux éclater
Lorsqu'en favorisant elle croit s'acquitter.
Oui, j'aime qu'un secours qui hasarde sa tête
Semble à sa passion donner droit de conquête;
J'aime que mon péril m'ait jetée en ses mains :
Et si les bruits communs ne sont pas des bruits vains,
Si la bonté du ciel nous ramène mon frère,
Les vœux les plus ardents que mon cœur puisse faire,
</blockquote>

C'est que son bras encor sur un perfide sang
Puisse aider à ce frère à reprendre son rang,
Et par d'heureux succès d'une haute vaillance
Mériter tous les soins de sa reconnaissance.
Mais avec tout cela, s'il pousse mon courroux,
S'il ne purge ses feux de leurs transports jaloux,
Et ne les range aux lois que je lui veux prescrire,
C'est inutilement qu'il prétend done Elvire :
L'hymen ne peut nous joindre ; et j'abhorre des nœuds
Qui deviendraient sans doute un enfer pour tous deux.

ÉLISE. Bien que l'on pût avoir des sentiments tout autres,
C'est au prince, madame, à se régler aux vôtres ;
Et dans votre billet ils sont si bien marqués,
Que quand il les verra de la sorte expliqués...

D. ELVIRE. Je n'y veux point, Elise, employer cette lettre ;
C'est un soin qu'à ma bouche il me vaut mieux commettre ;
La faveur d'un écrit laisse aux mains d'un amant
Des témoins trop constants de notre attachement :
Ainsi donc empêchez qu'au prince on ne la livre.

ÉLISE. Toutes vos volontés sont des lois qu'on doit suivre.
J'admire cependant que le ciel ait jeté
Dans le goût des esprits tant de diversité,
Et que ce que les uns regardent comme outrage
Soit vu par d'autres yeux sous un autre visage.
Pour moi, je trouverais mon sort tout à fait doux
Si j'avais un amant qui pût être jaloux ;
Je saurais m'applaudir de son inquiétude :
Et ce qui pour mon âme est souvent un peu rude,
C'est de voir don Alvar ne prendre aucun souci...

D. ELVIRE. Nous ne le croyions pas si proche ; le voici.

SCÈNE II.

DONE ELVIRE, DON ALVAR, ÉLISE.

D. ELVIRE. Votre retour surprend : qu'avez-vous à m'apprendre ?
Don Alphonse vient-il ? a-t-on lieu de l'attendre ?

D. ALVAR. Oui, madame ; et ce frère, en Castille élevé,
De rentrer dans ses droits voit le temps arrivé.
Jusqu'ici don Louis, qui vit à sa prudence
Par le feu roi mourant commettre son enfance,
A caché ses destins aux yeux de tout l'Etat,
Pour l'ôter aux fureurs du traître Maurégat;
Et bien que le tyran, depuis sa lâche audace,
L'ait souvent demandé pour lui rendre sa place,
Jamais son zèle ardent n'a pris de sûreté
A l'appât dangereux de sa fausse équité :
Mais, les peuples émus par cette violence
Que vous a voulu faire une injuste puissance,

Ce généreux vieillard a cru qu'il était temps
D'éprouver le succès d'un espoir de vingt ans :
Il a tenté Léon, et ses fidèles trames
Des grands comme du peuple ont pratiqué les âmes,
Tandis que la Castille armait dix mille bras
Pour redonner ce prince aux vœux de ses Etats;
Il fait auparavant semer sa renommée,
Et ne veut le montrer qu'en tête d'une armée,
Que tout prêt à lancer le foudre punisseur
Sous qui doit succomber un lâche ravisseur.
On investit Léon, et don Sylve en personne
Commande le secours que son père vous donne.

D. ELVIRE. Un secours si puissant doit flatter notre espoir;
Mais je crains que mon frère y puisse trop devoir.

D. ALVAR. Mais, madame, admirez que, malgré la tempête
Que votre usurpateur voit gronder sur sa tête,
Tous les bruits de Léon annoncent pour certain
Qu'à la comtesse Ignès il va donner la main.

D. ELVIRE. Il cherche dans l'hymen de cette illustre fille
L'appui du grand crédit où se voit sa famille.
Je ne reçois rien d'elle, et j'en suis en souci;
Mais son cœur au tyran fut toujours endurci.

ÉLISE. De trop puissants motifs d'honneur et de tendresse
Opposent ses refus aux nœuds dont on la presse,
Pour...

D. ALVAR.   Le prince entre ici.

SCÈNE III.

DON GARCIE, DONE ELVIRE, DON ALVAR, ÉLISE.

D. GARCIE.   Je viens m'intéresser,
Madame, au doux espoir qu'il vous vient d'annoncer.
Ce frère qui menace un tyran plein de crimes
Flatte de mon amour les transports légitimes :
Son sort offre à mon bras des périls glorieux
Dont je puis faire hommage à l'éclat de vos yeux,
Et par eux m'acquérir, si le ciel m'est propice,
La gloire d'un revers que vous doit sa justice,
Qui va faire à vos pieds choir l'infidélité,
Et rendre à votre sang toute sa dignité.
Mais ce qui plus me plaît d'une attente si chère,
C'est que pour être roi le ciel vous rend ce frère;
Et qu'ainsi mon amour peut éclater au moins
Sans qu'à d'autres motifs on impute ses soins,
Et qu'il soit soupçonné que dans votre personne
Il cherche à me gagner les droits d'une couronne.
Oui, tout mon cœur voudrait montrer aux yeux de tous
Qu'il ne regarde en vous autre chose que vous;

Et cent fois, si je puis le dire sans offense,
Ses vœux se sont armés contre votre naissance;
Leur chaleur indiscrète a d'un destin plus bas
Souhaité le partage à vos divins appas,
Afin que de ce cœur le noble sacrifice
Pût du ciel envers vous réparer l'injustice,
Et votre sort tenir des mains de mon amour
Tout ce qu'il doit au sang dont vous tenez le jour.
Mais puisque enfin les cieux de tout ce juste hommage
A mes feux prévenus dérobent l'avantage,
Trouvez bon que ces feux prennent un peu d'espoir
Sur la mort que mon bras s'apprête à faire voir,
Et qu'ils osent briguer par d'utiles services
D'un frère et d'un Etat les suffrages propices.

D. ELVIRE. Je sais que vous pouvez, prince, en vengeant nos droits,
Faire par votre amour parler cent beaux exploits :
Mais ce n'est pas assez pour le prix qu'il espère,
Que l'aveu d'un Etat et la faveur d'un frère;
Done Elvire n'est pas au bout de cet effort,
Et je vous vois à vaincre un obstacle plus fort.

D. GARCIE. Oui, madame, j'entends ce que vous voulez dire.
Je sais bien que pour vous mon cœur en vain soupire,
Et l'obstacle puissant qui s'oppose à mes feux,
Sans que vous le nommiez, n'est pas secret pour eux.

D. ELVIRE. Souvent on entend mal ce qu'on croit bien entendre;
Et par trop de chaleur, prince, on se peut méprendre.
Mais, puisqu'il faut parler, désirez-vous savoir
Quand vous pourrez me plaire et prendre quelque espoir?

D. GARCIE. Ce me sera, madame, une faveur extrême.

D. ELVIRE. Quand vous saurez m'aimer comme il faut que l'on aime.

D. GARCIE. Et que peut-on, hélas! observer sous les cieux
Qui ne cède à l'ardeur que m'inspirent vos yeux?

D. ELVIRE. Quand votre passion ne fera rien paraître
Dont se puisse indigner celle qui l'a fait naître.

D. GARCIE. C'est là son plus grand soin.

D. ELVIRE.   Quand tous ses mouvements
Ne prendront point de moi de trop bas sentiments.

D. GARCIE. Ils vous révèrent trop.

D. ELVIRE.   Quand d'un injuste ombrage
Votre raison saura me réparer l'outrage,
Et que vous bannirez enfin ce monstre affreux
Qui de son noir venin empoisonne vos feux,
Cette jalouse humeur dont l'importun caprice
Aux vœux que vous m'offrez rend un mauvais office,
S'oppose à leur attente, et contre eux à tous coups
Arme les mouvements de mon juste courroux.

D. GARCIE. Ah! madame, il est vrai, quelque effort que je fasse,
Qu'un peu de jalousie en mon cœur trouve place,

Et qu'un rival absent de vos divins appas
Au repos de ce cœur vient livrer des combats.
Soit caprice ou raison, j'ai toujours la croyance
Que votre âme en ces lieux souffre de son absence,
Et que, malgré mes soins, vos soupirs amoureux
Vont trouver à tous coups ce rival trop heureux.
Mais, si de tels soupçons ont de quoi vous déplaire,
Il vous est bien facile, hélas! de m'y soustraire;
Et leur bannissement, dont j'accepte la loi,
Dépend bien plus de vous qu'il ne dépend de moi.
Oui, c'est vous qui pouvez, par deux mots pleins de flamme,
Contre la jalousie armer toute mon âme,
Et, des pleines clartés d'un glorieux espoir,
Dissiper les horreurs que ce monstre y fait choir.
Daignez donc étouffer le doute qui m'accable,
Et faites qu'un aveu d'une bouche adorable
Me donne l'assurance, au fort de tant d'assauts,
Que je ne puis trouver dans le peu que je vaux.

D. ELVIRE. Prince, de vos soupçons la tyrannie est grande.
Au moindre mot qu'il dit un cœur veut qu'on l'entende,
Et n'aime point ces feux dont l'importunité
Demande qu'on s'explique avec tant de clarté.
Le premier mouvement qui découvre notre âme
Doit d'un amant discret satisfaire la flamme;
Et c'est à s'en dédire autoriser nos vœux
Que vouloir plus avant pousser de tels aveux.
Je ne dis point quel choix, s'il m'était volontaire,
Entre don Sylve et vous mon âme pourrait faire :
Mais vouloir vous contraindre à n'être point jaloux
Aurait dit quelque chose à tout autre que vous;
Et je croyais cet ordre un assez doux langage
Pour n'avoir pas besoin d'en dire davantage.
Cependant votre amour n'est pas encor content;
Il demande un aveu qui soit plus éclatant;
Pour l'ôter de scrupule, il me faut à vous-même,
En des termes exprès, dire que je vous aime;
Et peut-être qu'encor, pour vous en assurer,
Vous vous obstineriez à m'en faire jurer.

D. GARCIE. Hé bien! madame, hé bien! je suis trop téméraire;
De tout ce qui vous plaît je dois me satisfaire.
Je ne demande point de plus grande clarté :
Je crois que vous avez pour moi quelque bonté,
Que d'un peu de pitié mon feu vous sollicite,
Et je me vois heureux plus que je ne mérite.
C'en est fait, je renonce à mes soupçons jaloux;
L'arrêt qui les condamne est un arrêt bien doux,
Et je reçois la loi qu'il daigne me prescrire
Pour affranchir mon cœur de leur injuste empire.

D. ELVIRE. Vous promettez beaucoup, prince; et je doute fort
Si vous pourrez sur vous faire ce grand effort.
D. GARCIE. Ah! madame, il suffit, pour me rendre croyable,
Que ce qu'on vous promet doit être inviolable,
Et que l'heur d'obéir à sa divinité
Ouvre aux plus grands efforts trop de facilité.
Que le ciel me déclare une éternelle guerre,
Que je tombe à vos pieds d'un éclat de tonnerre,
Ou, pour périr encor par de plus rudes coups,
Puissé-je voir sur moi fondre votre courroux,
Si jamais mon amour descend à la faiblesse
De manquer au devoir d'une telle promesse,
Si jamais dans mon âme aucun jaloux transport
Fait...!

SCENE IV.

DONE ELVIRE, DON GARCIE, DON ALVAR, ÉLISE; UN PAGE *présentant un billet à done Elvire.*

D. ELVIRE. J'en étais en peine, et tu m'obliges fort.
Que le courrier attende.

SCÈNE V.

DONE ELVIRE, DON GARCIE, DON ALVAR, ÉLISE.

D. ELVIRE *bas à part.* A ces regards qu'il jette,
Vois-je pas que déjà cet écrit l'inquiète?
Prodigieux effet de son tempérament!
(*Haut.*)
Qui vous arrête, prince, au milieu du serment?
D. GARCIE. J'ai cru que vous aviez quelque secret ensemble,
Et je ne voulais pas l'interrompre.
D. ELVIRE. Il me semble
Que vous me répondez d'un ton fort altéré.
Je vous vois tout à coup le visage égaré.
Ce changement soudain a lieu de me surprendre :
D'où peut-il provenir? le pourrait-on apprendre?
D. GARCIE. D'un mal qui tout à coup vient d'attaquer mon cœur.
D. ELVIRE. Souvent plus qu'on ne croit ces maux ont de rigueur,
Et quelque prompt secours vous serait nécessaire.
Mais encor, dites-moi, vous prend-il d'ordinaire?
D. GARCIE. Par fois.
D. ELVIRE. Ah! prince faible, hé bien! par cet écrit,
Guérissez-le ce mal; il n'est que dans l'esprit.
D. GARCIE. Par cet écrit, madame? Ah! ma main le refuse.
Je vois votre pensée et de quoi l'on m'accuse.
Si...
D. ELVIRE. Lisez-le, vous dis-je, et satisfaites-vous.
D. GARCIE. Pour me traiter après de faible, de jaloux?
Non, non : je dois ici vous rendre un témoignage

Qu'à mon cœur cet écrit n'a point donné d'ombrage;
Et, bien que vos bontés m'en laissent le pouvoir,
Pour me justifier je ne veux point le voir.
D. ELVIRE. Si vous vous obstinez à cette résistance,
J'aurais tort de vouloir vous faire violence;
Et c'est assez enfin que vous avoir pressé
De voir de quelle main ce billet m'est tracé.
D. GARCIE. Ma volonté toujours vous doit être soumise.
Si c'est votre plaisir que pour vous je le lise,
Je consens volontiers à prendre cet emploi.
D. ELVIRE. Oui, oui, prince, tenez, vous le lirez pour moi.
D. GARCIE. C'est pour vous obéir au moins; et je puis dire...
D. ELVIRE. C'est ce que vous voudrez; dépêchez-vous de lire.
D. GARCIE. Il est de done Ignès, à ce que je connoi.
D. ELVIRE. Oui. Je m'en réjouis et pour vous et pour moi.
D. GARCIE *lit.* « Malgré l'effort d'un long mépris,
» Le tyran toujours m'aime; et, depuis votre absence,
» Vers moi, pour me porter au dessein qu'il a pris,
» Il semble avoir tourné toute sa violence,
» Dont il poursuivait l'alliance
» De vous et de son fils.
» Ceux qui sur moi peuvent avoir empire,
» Par de lâches motifs qu'un faux honneur inspire,
» Approuvent tous cet indigne lien.
» J'ignore encor par où finira mon martyre;
» Mais je mourrai plutôt que de consentir rien.
» Puissiez-vous jouir, belle Elvire,
» D'un destin plus doux que le mien!
» D. IGNÈS. »

Dans la haute vertu son âme est affermie.
D. ELVIRE. Je vais faire réponse à cette illustre amie.
Cependant apprenez, prince, à vous mieux armer
Contre ce qui prend droit de vous trop alarmer.
J'ai calmé votre trouble avec cette lumière,
Et la chose a passé d'une douce manière;
Mais, à n'en point mentir, il serait des moments
Où je pourrais entrer en d'autres sentiments.
D. GARCIE. Hé quoi! vous croyez donc...
D. ELVIRE. Je crois ce qu'il faut croire.
Adieu. De mes avis conservez la mémoire;
Et, s'il est vrai pour moi que votre amour soit grand,
Donnez-en à mon cœur les preuves qu'il prétend.
D. GARCIE. Croyez que désormais c'est toute mon envie,
Et qu'avant d'y manquer je veux perdre la vie.

ACTE DEUXIÉME.

SCÈNE I.

ÉLISE, DON LOPE.

ÉLISE. Tout ce que fait le prince, à parler franchement,
N'est pas ce qui me donne un grand étonnement;
Car, que d'un noble amour une âme bien saisie
En pousse les transports jusqu'à la jalousie,
Que de doutes fréquents ses vœux soient traversés,
Il est fort naturel, et je l'approuve assez :
Mais ce qui me surprend, don Lope, c'est d'entendre
Que vous lui préparez les soupçons qu'il doit prendre;
Que votre âme les forme, et qu'il n'est en ces lieux
Fâcheux que par vos soins, jaloux que par vos yeux.
Encore un coup, don Lope, une âme bien éprise
Des soupçons qu'elle prend ne me rend point surprise;
Mais qu'on ait sans amour tous les soins d'un jaloux,
C'est une nouveauté qui n'appartient qu'à vous.

D. LOPE. Que sur cette conduite à son aise l'on glose!
Chacun règle la sienne au but qu'il se propose;
Et, rebuté par vous des soins de mon amour,
Je songe auprès du prince à bien faire ma cour.

ÉLISE. Mais savez-vous qu'enfin il fera mal la sienne,
S'il faut qu'en cette humeur votre esprit l'entretienne?

D. LOPE. Et quand, charmante Elise, a-t-on vu, s'il vous plaît,
Qu'on cherche auprès des grands que son propre intérêt;
Qu'un parfait courtisan veuille charger leur suite
D'un censeur des défauts qu'on trouve en leur conduite,
Et s'aille inquiéter si son discours leur nuit,
Pourvu que sa fortune en tire quelque fruit?
Tout ce qu'on fait ne va qu'à se mettre en leur grâce;
Par la plus courte voie on y cherche une place;
Et les plus prompts moyens de gagner leur faveur,
C'est de flatter toujours le faible de leur cœur,
D'applaudir en aveugle à ce qu'ils veulent faire,
Et n'appuyer jamais ce qui peut leur déplaire :
C'est là le vrai secret d'être bien auprès d'eux.
Les utiles conseils font passer pour fâcheux,
Et vous laissent toujours hors de la confidence
Où vous jette d'abord l'adroite complaisance.
Enfin on voit partout que l'art des courtisans
Ne tend qu'à profiter des faiblesses des grands,
A nourrir leurs erreurs, et jamais dans leur âme
Ne porter les avis des choses qu'on y blâme.

ÉLISE. Ces maximes un temps leur peuvent succéder :

Mais il est des revers qu'on doit appréhender;
Et dans l'esprit des grands, qu'on tâche de surprendre,
Un rayon de lumière à la fin peut descendre,
Qui sur tous ces flatteurs venge équitablement
Ce qu'a fait à leur gloire un long aveuglement.
Cependant je dirai que votre âme s'explique
Un peu bien librement sur votre politique;
Et ces nobles motifs, au prince rapportés,
Serviraient assez mal vos assiduités.

D. LOPE. Outre que je pourrais désavouer sans blâme
Ces libres vérités sur quoi s'ouvre mon âme,
Je sais fort bien qu'Elise a l'esprit trop discret
Pour aller divulguer cet entretien secret.
Qu'ai-je dit après tout que sans moi l'on ne sache?
Et dans mon procédé que faut-il que je cache?
On peut craindre une chute avec quelque raison,
Quand on met en usage ou ruse ou trahison :
Mais qu'ai-je à redouter, moi qui partout n'avance
Que les soins approuvés d'un peu de complaisance,
Et qui suis seulement par d'utiles leçons
La pente qu'a le prince à de jaloux soupçons?
Son âme semble en vivre, et je mets mon étude
A trouver des raisons à son inquiétude,
A voir de tous côtés s'il ne se passe rien
A fournir le sujet d'un secret entretien;
Et quand je puis venir, enflé d'une nouvelle,
Donner à son repos une atteinte mortelle,
C'est lors que plus il m'aime, et je vois sa raison
D'une audience avide avaler ce poison,
Et m'en remercier comme d'une victoire
Qui comblerait ses jours de bonheur et de gloire
Mais mon rival paraît, je vous laisse tous deux :
Et, bien que je renonce à l'espoir de vos vœux,
J'aurais un peu de peine à voir qu'en ma présence
Il reçût des effets de quelque préférence;
Et je veux, si je puis, m'épargner ce souci.

ÉLISE. Tout amant de bon sens en doit user ainsi.

SCÈNE II.
DON ALVAR, ÉLISE.

D. ALVAR. Enfin nous apprenons que le roi de Navarre
Pour les désirs du prince aujourd'hui se déclare,
Et qu'un nouveau renfort de troupes nous attend
Pour le fameux service où son amour prétend.
Je suis surpris, pour moi, qu'avec tant de vitesse
On ait fait avancer... Mais...

SCÈNE III.

DON GARCIE, ÉLISE, DON ALVAR.

D. GARCIE. Que fait la princesse?
ÉLISE. Quelques lettres, seigneur; je le présume ainsi.
Mais elle va savoir que vous êtes ici.
D. GARCIE. J'attendrai qu'elle ait fait.

SCÈNE IV.
DON GARCIE *seul.*

Près de souffrir sa vue,
D'un trouble tout nouveau je me sens l'âme émue;
Et la crainte, mêlée à mon ressentiment,
Jette par tout mon corps un soudain tremblement.
Prince, prends garde au moins qu'un aveugle caprice
Ne te conduise ici dans quelque précipice,
Et que de ton esprit les désordres puissants
Ne donnent un peu trop au rapport de tes sens :
Consulte ta raison, prends sa clarté pour guide;
Vois si de tes soupçons l'apparence est solide :
Ne démens pas leur voix; mais aussi garde bien
Que, pour les croire trop, ils ne t'imposent rien,
Qu'à tes premiers transports ils n'osent trop permettre,
Et relis posément cette moitié de lettre.
Ah! qu'est-ce que mon cœur, trop digne de pitié,
Ne voudrait pas donner pour son autre moitié!
Mais, après tout, que dis-je? il suffit bien de l'une,
Et n'en voilà que trop pour voir mon infortune.

« Quoique votre rival...
» Vous devez toutefois vous...
» Et vous avez en vous à...
» L'obstacle le plus grand...
» Je chéris tendrement ce...
» Pour me tirer des mains de...
» Son amour, ses devoirs...
» Mais il m'est odieux avec...
» Otez donc à vos feux ce...
» Méritez les regards que l'on...
» Et lorsqu'on vous oblige...
» Ne vous obstinez point à... »

Oui, mon sort par ces mots est assez éclairci;
Son cœur, comme sa main, se fait connaître ici;
Et les sens imparfaits de cet écrit funeste
Pour s'expliquer à moi n'ont pas besoin du reste.
Toutefois dans l'abord agissons doucement,
Couvrons à l'infidèle un vif ressentiment;
Et, de ce que je tiens ne donnant point d'indice,

ACTE II.

Confondons son esprit par son propre artifice.
La voici. Ma raison, renferme mes transports,
Et rends-toi pour un temps maîtresse du dehors.

SCÈNE V.
DONE ELVIRE, DON GARCIE.

D. ELVIRE. Vous avez bien voulu que je vous fisse attendre.
D. GARCIE *bas à part.* Ah! qu'elle cache bien...
D. ELVIRE. On vient de nous apprendre
Que le roi votre père approuve vos projets,
Et veut bien que son fils nous rende nos sujets;
Et mon âme en a pris une allégresse extrême.
D. GARCIE. Oui, madame, et mon cœur s'en réjouit de même;
Mais...
D. ELVIRE. Le tyran, sans doute, aura peine à parer
Les foudres que partout il entend murmurer;
Et j'ose me flatter que le même courage
Qui put bien me soustraire à sa brutale rage,
Et dans les murs d'Astorgue, arrachée à ses mains,
Me faire un sûr asile à braver ses desseins,
Pourra, de tout Léon achevant la conquête,
Sous ses nobles efforts faire choir cette tête.
D. GARCIE. Le succès en pourra parler dans quelques jours.
Mais, de grâce, passons à quelque autre discours.
Puis-je, sans trop oser, vous prier de me dire
A qui vous avez pris, madame, soin d'écrire
Depuis que le destin nous a conduits ici?
D. ELVIRE. Pourquoi cette demande? et d'où vient ce souci?
D. GARCIE. D'un désir curieux de pure fantaisie.
D. ELVIRE. La curiosité naît de la jalousie.
D. GARCIE. Non, ce n'est rien du tout de ce que vous pensez;
Vos ordres de ce mal me défendent assez.
D. ELVIRE. Sans chercher plus avant quel intérêt vous presse,
J'ai deux fois à Léon écrit à la comtesse,
Et deux fois au marquis don Louis à Burgos.
Avec cette réponse êtes-vous en repos?
D. GARCIE. Vous n'avez point écrit à quelque autre personne,
Madame?
D. ELVIRE. Non, sans doute; et ce discours m'étonne.
D. GARCIE. De grâce, songez bien avant que d'assurer.
En manquant de mémoire on peut se parjurer.
D. ELVIRE. Ma bouche sur ce point ne peut être parjure.
D. GARCIE. Elle a dit toutefois une haute imposture.
D. ELVIRE. Prince!
D. GARCIE. Madame!
D. ELVIRE. O ciel! quel est ce mouvement?
Avez-vous, dites-moi, perdu le jugement?
D. GARCIE. Oui, oui, je l'ai perdu, lorsque dans votre vue

J'ai pris, pour mon malheur, le poison qui me tue,
Et que j'ai cru trouver quelque sincérité
Dans les traîtres appas dont je fus enchanté.

D. ELVIRE. De quelle trahison pouvez-vous donc vous plaindre?

D. GARCIE. Ah! que ce cœur est double, et sait bien l'art de feindre!
Mais tous moyens de fuir lui vont être soustraits.
Jetez ici les yeux, et connaissez vos traits.
Sans avoir vu le reste, il m'est assez facile
De découvrir pour qui vous employez ce style.

D. ELVIRE. Voilà donc le sujet qui vous trouble l'esprit?

D. GARCIE. Vous ne rougissez pas en voyant cet écrit?

D. ELVIRE. L'innocence à rougir n'est point accoutumée.

D. GARCIE. Il est vrai qu'en ces lieux on la voit opprimée.
Ce billet démenti pour n'avoir point de seing...

D. ELVIRE. Pourquoi le démentir, puisqu'il est de ma main?

D. GARCIE. Encore est-ce beaucoup que, de franchise pure,
Vous demeuriez d'accord que c'est votre écriture :
Mais ce sera, sans doute, et j'en serais garant,
Un billet qu'on envoie à quelque indifférent;
Ou du moins ce qu'il a de tendresse évidente
Sera pour une amie ou pour quelque parente.

D. ELVIRE. Non, c'est pour un amant que ma main l'a formé,
Et, j'ajoute de plus, pour un amant aimé.

D. GARCIE. Et je puis, ô perfide!...

D. ELVIRE. Arrêtez, prince indigne,
De ce lâche transport l'égarement insigne.
Bien que de vous mon cœur ne prenne point de loi,
Et ne doive en ces lieux aucun compte qu'à soi,
Je veux bien me purger, pour votre seul supplice,
Du crime que m'impose un insolent caprice.
Vous serez éclairci, n'en doutez nullement :
J'ai ma défense prête en ce même moment;
Vous allez recevoir une pleine lumière;
Mon innocence ici paraîtra tout entière;
Et je veux, vous mettant juge en votre intérêt,
Vous faire prononcer vous-même votre arrêt.

D. GARCIE. Ce sont propos obscurs qu'on ne saurait comprendre.

D. ELVIRE. Bientôt à vos dépens vous me pourrez entendre.
Elise, holà!

SCÈNE VI.

DON GARCIE, DONE ELVIRE, ÉLISE.

ÉLISE. Madame?

D. ELVIRE *à D. Garcie.* Observez bien au moins
Si j'ose à vous tromper employer quelques soins,
Si par un seul coup d'œil ou geste qui l'instruise
Je cherche de ce coup à parer la surprise.
    (*A Elise.*)
Le billet que tantôt ma main avait tracé

ACTE II.

       Répondez promptement, où l'avez-vous laissé?
ÉLISE. Madame, j'ai sujet de m'avouer coupable.
Je ne sais comme il est demeuré sur ma table;
Mais on vient de m'apprendre en ce même moment
Que don Lope venant dans mon appartement,
Par une liberté qu'on lui voit se permettre,
A fureté partout, et trouvé cette lettre.
Comme il la dépliait, Léonor a voulu
S'en saisir promptement avant qu'il eût rien lu;
Et, se jetant sur lui, la lettre contestée
En deux justes moitiés dans leurs mains est restée;
Et don Lope aussitôt prenant un prompt essor
A dérobé la sienne aux soins de Léonor.
D. ELVIRE. Avez-vous ici l'autre?
ÉLISE.   Oui, la voilà, madame.
             (*A don Garcie.*)
D. ELVIRE. Donnez. Nous allons voir qui mérite le blâme.
Avec votre moitié rassemblez celle-ci.
Lisez, et hautement, je veux l'entendre aussi.
D. GARCIE. *Au prince don Garcie.* Ah!
D. ELVIRE.   Achevez de lire.
Votre âme pour ce mot ne doit point s'interdire.

D. GARCIE *lit.* « Quoique votre rival, prince, alarme votre âme,
» Vous devez toutefois vous craindre plus que lui;
» Et vous avez en vous à détruire aujourd'hui
» L'obstacle le plus grand que trouve votre flamme.

» Je chéris tendrement ce qu'a fait don Garcie
» Pour me tirer des mains de mes fiers ravisseurs;
» Son amour, ses devoirs, ont pour moi des douceurs :
» Mais il m'est odieux avec sa jalousie.

» Otez donc à vos feux ce qu'ils en font paraître,
» Méritez les regards que l'on jette sur eux;
» Et lorsqu'on vous oblige à vous tenir heureux,
» Ne vous obstinez point à ne pas vouloir l'être. »

D. ELVIRE. Hé bien! que dites-vous!
D. GARCIE.   Ah! madame, je dis
Qu'à cet objet mes sens demeurent interdits,
Que je vois dans ma plainte une horrible injustice,
Et qu'il n'est point pour moi d'assez cruel supplice.
D. ELVIRE. Il suffit. Apprenez que si j'ai souhaité
Qu'à vos yeux cet écrit pût être présenté,
C'est pour le démentir, et cent fois me dédire
De tout ce que pour vous vous y venez de lire.
Adieu, prince.
D. GARCIE.   Madame, hélas! où fuyez-vous?
D. ELVIRE. Où vous ne serez point, trop odieux jaloux.

D. GARCIE. Ah! madame, excusez un amant misérable,
Qu'un sort prodigieux a fait vers vous coupable,
Et qui, bien qu'il vous cause un courroux si puissant
Eût été plus blâmable à rester innocent.
Car enfin peut-il être une âme bien atteinte
Dont l'espoir le plus doux ne soit mêlé de crainte?
Et pourriez-vous penser que mon cœur eût aimé,
Si ce billet fatal ne l'eût point alarmé,
S'il n'avait point frémi des coups de cette foudre
Dont je me figurais tout mon bonheur en poudre?
Vous-même, dites-moi si cet événement
N'eût pas dans mon erreur jeté tout autre amant;
Si d'une preuve, hélas! qui me semblait si claire
Je pouvais démentir...

D. ELVIRE. Oui, vous le pouviez faire;
Et dans mes sentiments, assez bien déclarés,
Vos doutes rencontraient des garants assurés :
Vous n'aviez rien à craindre; et d'autres sur ce gage
Auraient du monde entier bravé le témoignage.

D. GARCIE. Moins on mérite un bien qu'on nous fait espérer,
Plus notre âme a de peine à pouvoir s'assurer.
Un sort trop plein de gloire à nos yeux est fragile,
Et nous laisse aux soupçons une pente facile.
Pour moi, qui crois si peu mériter vos bontés,
J'ai douté du bonheur de mes témérités;
J'ai cru que, dans ces lieux rangés sous ma puissance,
Votre âme se forçait à quelque complaisance;
Que, déguisant pour moi votre sévérité...

D. ELVIRE. Et je pourrais descendre à cette lâcheté!
Moi, prendre le parti d'une honteuse feinte,
Agir par les motifs d'une servile crainte,
Trahir mes sentiments, et, pour être en vos mains,
D'un masque de faveur vous couvrir mes dédains!
La gloire sur mon cœur aurait si peu d'empire!
Vous pouvez le penser! et vous me l'osez dire!
Apprenez que ce cœur ne sait point s'abaisser,
Qu'il n'est rien sous les cieux qui puisse l'y forcer;
Et, s'il vous a fait voir, par une erreur insigne,
Des marques de bonté dont vous n'étiez pas digne,
Qu'il saura bien montrer, malgré votre pouvoir,
La haine que pour vous il se résout d'avoir,
Braver votre furie, et vous faire connaître
Qu'il n'a point été lâche et ne veut jamais l'être.

D. GARCIE. Hé bien! je suis coupable, et ne m'en défends pas :
Mais je demande grâce à vos divins appas;
Je la demande au nom de la plus vive flamme
Dont jamais deux beaux yeux aient fait brûler une âme.
Que si votre courroux ne peut être apaisé,

ACTE II.

Si mon crime est trop grand pour se voir excusé,
Si vous ne regardez ni l'amour qui le cause
Ni le vif repentir que mon cœur vous expose,
Il faut qu'un coup heureux, en me faisant mourir,
M'arrache à des tourments que je ne puis souffrir.
Non, ne présumez pas qu'ayant su vous déplaire,
Je puisse vivre une heure avec votre colère.
Déjà de ce moment la barbare longueur
Sous ses cuisants remords fait succomber mon cœur,
Et de mille vautours les blessures cruelles
N'ont rien de comparable à ses douleurs mortelles.
Madame, vous n'avez qu'à me le déclarer,
S'il n'est point de pardon que je doive espérer,
Cette épée aussitôt, par un coup favorable,
Va percer à vos yeux le cœur d'un misérable,
Ce cœur, ce traître cœur, dont les perplexités
Ont si fort outragé vos extrêmes bontés :
Trop heureux en mourant si ce coup légitime
Efface en votre esprit l'image de mon crime,
Et ne laisse aucuns traits de votre aversion
Au faible souvenir de mon affection !
C'est l'unique faveur que demande ma flamme.

D. ELVIRE. Ah! prince trop cruel!
D. GARCIE. Dites, parlez, madame.
D. ELVIRE. Faut-il encor pour vous conserver des bontés,
  Et vous voir m'outrager par tant d'indignités?
D. GARCIE. Un cœur ne peut jamais outrager quand il aime;
  Et ce que fait l'amour, il l'excuse lui-même.
D. ELVIRE. L'amour n'excuse point de tels emportements.
D. GARCIE. Tout ce qu'il a d'ardeur passe en ses mouvements;
  Et plus il devient fort, plus il trouve de peine...
D. ELVIRE. Non, ne m'en parlez point, vous méritez ma haine.
D. GARCIE. Vous me haïssez donc?
D. ELVIRE. J'y veux tâcher au moins :
  Mais, hélas! je crains bien que j'y perde mes soins,
  Et que tout le courroux qu'excite votre offense
  Ne puisse jusque-là faire aller ma vengeance.
D. GARCIE. D'un supplice si grand ne tentez point l'effort,
  Puisque pour vous venger je vous offre ma mort;
  Prononcez-en l'arrêt, et j'obéis sur l'heure.
D. ELVIRE. Qui ne saurait haïr ne peut vouloir qu'on meure.
D. GARCIE. Et moi, je ne puis vivre, à moins que vos bontés
  Accordent un pardon à mes témérités.
  Résolvez l'un des deux, de punir, ou d'absoudre.
D. ELVIRE. Hélas! j'ai trop fait voir ce que je puis résoudre.
  Par l'aveu d'un pardon n'est-ce pas se trahir,
  Que dire au criminel qu'on ne le peut haïr?
D. GARCIE. Ah! c'en est trop; souffrez, adorable princesse...

D. ELVIRE. Laissez; je me veux mal d'une telle faiblesse.
D. GARCIE *seul.* Enfin je suis...

SCÈNE VII.
DON GARCIE, DON LOPE.

D. LOPE. Seigneur, je viens vous informer
D'un secret dont vos feux ont droit de s'alarmer.
D. GARCIE. Ne me viens point parler de secret ni d'alarme
Dans les doux mouvements du transport qui me charme.
Après ce qu'à mes yeux on vient de présenter,
Il n'est point de soupçons que je doive écouter;
Et d'un divin objet la bonté sans pareille
A tous ces vains rapports doit fermer mon oreille :
Ne m'en fais plus.
D. LOPE. Seigneur, je veux ce qu'il vous plaît;
Mes soins en tout ceci n'ont que votre intérêt.
J'ai cru que le secret que je viens de surprendre
Méritait bien qu'en hâte on vous le vînt apprendre :
Mais, puisque vous voulez que je n'en touche rien,
Je vous dirai, seigneur, pour changer d'entretien,
Que déjà dans Léon on voit chaque famille
Lever le masque au bruit des troupes de Castille,
Et que surtout le peuple y fait pour son vrai roi
Un éclat à donner au tyran de l'effroi.
D. GARCIE. La Castille du moins n'aura pas la victoire
Sans que nous essayions d'en partager la gloire;
Et nos troupes aussi peuvent être en état
D'imprimer quelque crainte au cœur de Maurégat.
Mais quel est ce secret dont tu voulais m'instruire?
Voyons un peu.
D. LOPE. Seigneur, je n'ai rien à vous dire.
D. GARCIE. Va, va, parle; mon cœur t'en donne le pouvoir.
D. LOPE. Vos paroles, seigneur, m'en ont trop fait savoir;
Et puisque mes avis ont de quoi vous déplaire,
Je saurai désormais trouver l'art de me taire.
D. GARCIE. Enfin je veux savoir la chose absolument.
D. LOPE. Je ne réplique point à ce commandement.
Mais, seigneur, en ce lieu le devoir de mon zèle
Trahirait le secret d'une telle nouvelle :
Sortons pour vous l'apprendre; et, sans rien embrasser,
Vous-même vous verrez ce qu'on en doit penser.

ACTE TROISIÈME.

SCÈNE I.
DONE ELVIRE, ÉLISE.

D. ELVIRE. Élise, que dis-tu de l'étrange faiblesse
Que vient de témoigner le cœur d'une princesse?
Que dis-tu de me voir tomber si promptement
De toute la chaleur de mon ressentiment,
Et, malgré tant d'éclat, relâcher mon courage
Au pardon trop honteux d'un si cruel outrage?

ÉLISE. Moi, je dis que d'un cœur que nous pouvons chérir
Une injure, sans doute, est bien dure à souffrir;
Mais que s'il n'en est point qui davantage irrite,
Il n'en est point aussi qu'on pardonne si vite,
Et qu'un coupable aimé triomphe à nos genoux
De tous les prompts transports du plus bouillant courroux,
D'autant plus aisément, madame, quand l'offense
Dans un excès d'amour peut trouver sa naissance.
Ainsi, quelque dépit que l'on vous ait causé,
Je ne m'étonne point de le voir apaisé;
Et je sais quel pouvoir, malgré votre menace,
A de pareils forfaits donnera toujours grâce.

D. ELVIRE. Ah! sache, quelque ardeur qui m'impose des lois,
Que mon front a rougi pour la dernière fois,
Et que, si désormais on pousse ma colère,
Il n'est point de retour qu'il faille qu'on espère.
Quand je pourrais reprendre un tendre sentiment,
C'est assez contre lui que l'éclat d'un serment:
Car enfin un esprit qu'un peu d'orgueil inspire
Trouve beaucoup de honte à se pouvoir dédire,
Et souvent, aux dépens d'un pénible combat,
Fait sur ses propres vœux un illustre attentat,
S'obstine par honneur, et n'a rien qu'il n'immole
A la noble fierté de tenir sa parole.
Ainsi, dans le pardon que l'on vient d'obtenir,
Ne prends point de clartés pour régler l'avenir;
Et, quoi qu'à mes destins la fortune prépare,
Crois que je ne puis être au prince de Navarre
Que de ces noirs accès qui troublent sa raison
Il n'ait fait éclater l'entière guérison,
Et réduit tout mon cœur, que ce mal persécute,
A n'en plus redouter l'affront d'une rechute.

ÉLISE. Mais quel affront nous fait le transport d'un jaloux?

D. ELVIRE. En est-il un qui soit plus digne de courroux?
Et puisque notre cœur fait un effort extrême

	Lorsqu'il se peut résoudre à confesser qu'il aime,
	Puisque l'honneur du sexe, en tout temps rigoureux,
	Oppose un fort obstacle à de pareils aveux,
	L'amant qui voit pour lui franchir un tel obstacle
	Doit-il impunément douter de cet oracle?
	Et n'est-il pas coupable alors qu'il ne croit pas
	Ce qu'on ne dit jamais qu'après de grands combats?

ÉLISE. Moi, je tiens que toujours un peu de défiance
En ces occasions n'a rien qui nous offense,
Et qu'il est dangereux qu'un cœur qu'on a charmé
Soit trop persuadé, madame, d'être aimé :
Si...

D. ELVIRE. N'en disputons plus. Chacun a sa pensée.
C'est un scrupule enfin dont mon âme est blessée;
Et contre mes désirs je sens je ne sais quoi
Me prédire un éclat entre le prince et moi,
Qui, malgré ce qu'on doit aux vertus dont il brille...
Mais, ô ciel! en ces lieux don Sylve de Castille!

SCÈNE II.

DONE ELVIRE, DON ALPHONSE cru DON SYLVE, ÉLISE.

D. ELVIRE. Ah! seigneur, par quel sort vous vois-je maintenant?
D. ALPHONSE. Je sais que mon abord, madame, est surprenant,
Et qu'être sans éclat entré dans cette ville,
Dont l'ordre d'un rival rend l'accès difficile,
Qu'avoir pu me soustraire aux yeux de ses soldats,
C'est un événement que vous n'attendiez pas.
Mais si j'ai dans ces lieux franchi quelques obstacles,
L'ardeur de vous revoir peut bien d'autres miracles;
Tout mon cœur a senti par de trop rudes coups
Le rigoureux destin d'être éloigné de vous,
Et je n'ai pu nier au tourment qui le tue
Quelques moments secrets d'une si chère vue.
Je viens vous dire donc que je rends grâce aux cieux
De vous voir hors des mains d'un tyran odieux :
Mais, parmi les douceurs d'une telle aventure,
Ce qui m'est un sujet d'éternelle torture,
C'est de voir qu'à mon bras les rigueurs de mon sort
Ont envié l'honneur de cet illustre effort,
Et fait à mon rival, avec trop d'injustice,
Offrir les doux périls d'un si fameux service.
Oui, madame, j'avais, pour rompre vos liens,
Des sentiments sans doute aussi beaux que les siens;
Et je pouvais pour vous gagner cette victoire,
Si le ciel n'eût voulu m'en dérober la gloire.

D. ELVIRE. Je sais, seigneur, je sais que vous avez un cœur
Qui des plus grands périls vous peut rendre vainqueur;
Et je ne doute point que ce généreux zèle,

Dont la chaleur vous pousse à venger ma querelle,
N'eût contre les efforts d'un indigne projet
Pu faire en ma faveur tout ce qu'un autre a fait.
Mais, sans cette action dont vous étiez capable,
Mon sort à la Castille est assez redevable ;
On sait ce qu'en ami plein d'ardeur et de foi
Le comte votre père a fait pour le feu roi ;
Après l'avoir aidé jusqu'à l'heure dernière,
Il donne en ses Etats un asile à mon frère.
Quatre lustres entiers il y cache son sort
Aux barbares fureurs de quelque lâche effort ;
Et, pour rendre à son front l'éclat d'une couronne,
Contre nos ravisseurs vous marchez en personne.
N'êtes-vous pas content? et ces soins généreux
Ne m'attachent-ils point par d'assez puissants nœuds?
Quoi! votre âme, seigneur, serait-elle obstinée
A vouloir asservir toute ma destinée?
Et faut-il que jamais il ne tombe sur nous
L'ombre d'un seul bienfait, qu'il ne vienne de vous?
Ah! souffrez, dans les maux où mon destin m'expose,
Qu'aux soins d'un autre aussi je doive quelque chose ;
Et ne vous plaignez point de voir un autre bras
Acquérir de la gloire où le vôtre n'est pas.

D. ALPHONSE. Oui, madame, mon cœur doit cesser de s'en plaindre,
Avec trop de raison vous voulez m'y contraindre ;
Et c'est injustement qu'on se plaint d'un malheur,
Quand un autre plus grand s'offre à notre douleur.
Ce secours d'un rival m'est un cruel martyre.
Hais, hélas! de mes maux ce n'est pas là le pire :
Le coup, le rude coup dont je suis atterré,
C'est de me voir par vous ce rival préféré.
Oui, je ne vois que trop que ses feux pleins de gloire
Sur les miens dans votre âme emportent la victoire ;
Et cette occasion de servir vos appas,
Cet avantage offert de signaler son bras,
Cet éclatant exploit qui vous fut salutaire,
N'est que le pur effet du bonheur de vous plaire,
Que le secret pouvoir d'un astre merveilleux
Qui fait tomber la gloire où s'attachent vos vœux.
Ainsi tous mes efforts ne seront que fumée.
Contre vos fiers tyrans je conduis une armée :
Mais je marche en tremblant à cet illustre emploi,
Assuré que vos vœux ne seront pas pour moi,
Et que, s'ils sont suivis, la fortune prépare
L'heur des plus beaux succès aux soins de la Navarre.
Ah! madame, faut-il me voir précipité
De l'espoir glorieux dont je m'étais flatté?
Et ne puis-je savoir quels crimes on m'impute,

Pour avoir mérité cette effroyable chute?
D. ELVIRE. Ne me demandez rien avant que regarder
Ce qu'à mes sentiments vous devez demander;
Et sur cette froideur qui semble vous confondre
Répondez-vous, seigneur, ce que je puis répondre :
Car enfin tous vos soins ne sauraient ignorer
Quels secrets de votre âme on m'a su déclarer;
Et je la crois cette âme et trop noble et trop haute
Pour vouloir m'obliger à commettre une faute.
Vous-même, dites-vous s'il est de l'équité
De me voir couronner une infidélité,
Si vous pouvez m'offrir sans beaucoup d'injustice
Un cœur à d'autres yeux offert en sacrifice,
Vous plaindre avec raison, et blâmer mes refus
Lorsqu'ils veulent d'un crime affranchir vos vertus.
Oui, seigneur, c'est un crime; et les premières flammes
Ont des droits si sacrés sur les illustres âmes,
Qu'il faut perdre grandeurs et renoncer au jour
Plutôt que de pencher vers un second amour.
J'ai pour vous cette ardeur que peut prendre l'estime
Pour un courage haut, pour un cœur magnanime;
Mais n'exigez de moi que ce que je vous dois,
Et soutenez l'honneur de votre premier choix.
Malgré vos feux nouveaux, voyez quelle tendresse
Vous conserve le cœur de l'aimable comtesse;
Ce que pour un ingrat (car vous l'êtes, seigneur,)
Elle a d'un choix constant refusé de bonheur;
Quel mépris généreux, dans son ardeur extrême,
Elle a fait de l'éclat que donne un diadème :
Voyez combien d'efforts pour vous elle a bravés,
Et rendez à son cœur ce que vous lui devez.
D. ALPHONSE. Ah! madame, à mes yeux n'offrez point son mérite,
Il n'est que trop présent à l'ingrat qui la quitte;
Et si mon cœur vous dit ce que pour elle il sent,
J'ai peur qu'il ne soit pas envers vous innocent.
Oui, ce cœur l'ose plaindre, et ne suit pas sans peine
L'impérieux effort de l'amour qui l'entraîne;
Aucun espoir pour vous n'a flatté mes désirs,
Qui ne m'ait arraché pour elle des soupirs,
Qui n'ait dans ses douceurs fait jeter à mon âme
Quelques tristes regards vers sa première flamme,
Se reprocher l'effet de vos divins attraits,
Et mêler des remords à mes plus chers souhaits.
J'ai fait plus que cela, puisqu'il vous faut tout dire;
Oui, j'ai voulu sur moi vous ôter votre empire,
Sortir de votre chaîne, et rejeter mon cœur
Sous le joug innocent de mon premier vainqueur.
Mais après mes efforts ma constance abattue

Voit un cours nécessaire à ce mal qui me tue;
Et, dût être mon sort à jamais malheureux,
Je ne puis renoncer à l'espoir de mes vœux.
Je ne saurais souffrir l'épouvantable idée
De vous voir par un autre à mes yeux possédée;
Et le flambeau du jour qui m'offre vos appas
Doit avant cet hymen éclairer mon trépas.
Je sais que je trahis une princesse aimable;
Mais, madame, après tout, mon cœur est-il coupable?
Et le fort ascendant que prend votre beauté
Laisse-t-il aux esprits aucune liberté?
Hélas! je suis ici bien plus à plaindre qu'elle;
Son cœur en me perdant ne perd qu'un infidèle;
D'un pareil déplaisir on se peut consoler:
Mais moi, par un malheur qui ne peut s'égaler,
J'ai celui de quitter une aimable personne,
Et tous les maux encor que mon amour me donne.

D. ELVIRE. Vous n'avez que les maux que vous voulez avoir;
Et toujours notre cœur est en notre pouvoir:
Il peut bien quelquefois montrer quelque faiblesse;
Mais enfin sur nos sens la raison est maîtresse...

SCÈNE III.
DON GARCIE, DONE ELVIRE, DON ALPHONSE *cru* DON SYLVE.

D. GARCIE. Madame, mon abord, comme je connais bien,
Assez mal à propos trouble votre entretien;
Et mes pas en ce lieu, s'il faut que je le die,
Ne croyaient pas trouver si bonne compagnie.

D. ELVIRE. Cette vue, en effet, surprend au dernier point;
Et, de même que vous, je ne l'attendais point.

D. GARCIE. Oui, madame, je crois que de cette visite,
Comme vous l'assurez, vous n'étiez point instruite.
    (*A don Sylve.*)
Mais, seigneur, vous deviez nous faire au moins l'honneur
De nous donner avis de ce rare bonheur,
Et nous mettre en état, sans nous vouloir surprendre,
De vous rendre en ces lieux ce qu'on voudrait vous rendre.

D. ALPHONSE. Les héroïques soins vous occupent si fort,
Que de vous en tirer, seigneur, j'aurais eu tort;
Et des grands conquérants les sublimes pensées
Sont aux civilités avec peine abaissées.

D. GARCIE. Mais les grands conquérants, dont on vante les soins,
Loin d'aimer le secret, affectent les témoins:
Leur âme, dès l'enfance à la gloire élevée,
Les fait dans leurs projets aller tête levée;
Et, s'appuyant toujours sur de hauts sentiments,
Ne s'abaisse jamais à des déguisements.
Ne commettez-vous point vos vertus héroïques

Et ne craignez-vous point qu'on puisse, aux yeux de tous,
Trouver cette action trop indigne de vous?
D. ALPHONSE. Je ne sais si quelqu'un blâmera ma conduite,
Au secret que j'ai fait d'une telle visite;
Mais je sais qu'aux projets qui veulent la clarté,
Prince, je n'ai jamais cherché l'obscurité :
Et, quand j'aurai sur vous à faire une entreprise,
Vous n'aurez pas sujet de blâmer la surprise;
Il ne tiendra qu'à vous de vous en garantir,
Et l'on prendra le soin de vous en avertir.
Cependant demeurons aux termes ordinaires,
Remettons nos débats après d'autres affaires;
Et, d'un sang un peu chaud réprimant les bouillons,
N'oublions pas tous deux devant qui nous parlons.
D. ELVIRE *à don Garcie*. Prince, vous avez tort; et sa visite est telle,
Que vous...
D. GARCIE. Ah! c'en est trop que prendre sa querelle,
Madame; et votre esprit devrait feindre un peu mieux,
Lorsqu'il veut ignorer sa venue en ces lieux.
Cette chaleur si prompte à vouloir la défendre
Persuade assez mal qu'elle ait pu vous surprendre.
D. ELVIRE. Quoi que vous soupçonniez, il m'importe si peu,
Que j'aurais du regret d'en faire un désaveu.
D. GARCIE. Poussez donc jusqu'au bout cet orgueil héroïque,
Et que sans hésiter tout votre cœur s'explique;
C'est au déguisement donner trop de crédit.
Ne désavouez rien, puisque vous l'avez dit.
Tranchez, tranchez le mot, forcez toute contrainte;
Dites que de ses feux vous ressentez l'atteinte,
Que pour vous sa présence a des charmes si doux...
D. ELVIRE. Et si je veux l'aimer, m'en empêcherez-vous?
Avez-vous sur mon cœur quelque empire à prétendre?
Et, pour régler mes vœux, ai-je votre ordre à prendre?
Sachez que trop d'orgueil a pu vous décevoir,
Si votre cœur sur moi s'est cru quelque pouvoir,
Et que mes sentiments sont d'une âme trop grande
Pour vouloir les cacher lorsqu'on me les demande.
Je ne vous dirai point si le comte est aimé :
Mais apprenez de moi qu'il est fort estimé;
Que ses hautes vertus, pour qui je m'intéresse,
Méritent mieux que vous les vœux d'une princesse;
Que je garde aux ardeurs, aux soins qu'il me fait voir,
Tout le ressentiment qu'une âme puisse avoir;
Et que si des destins la fatale puissance
M'ôte la liberté d'être sa récompense,
Au moins est-il en moi de promettre à ses vœux
Qu'on ne me verra point le butin de vos feux.

Et, sans vous amuser d'une attente frivole,
C'est à quoi je m'engage; et je tiendrai parole.
Voilà mon cœur ouvert, puisque vous le voulez,
Et mes vrais sentiments à vos yeux étalés.
Etes-vous satisfait? et mon âme attaquée
S'est-elle, à votre avis, assez bien expliquée?
Voyez, pour vous ôter tout lieu de soupçonner,
S'il reste quelque jour encore à vous donner.
    (A don Sylve.)
Cependant si vos soins s'attachent à me plaire,
Songez que votre bras, comte, m'est nécessaire,
Et, d'un capricieux quels que soient les transports,
Qu'à punir nos tyrans il doit tous ses efforts.
Fermez l'oreille enfin à toute sa furie;
Et pour vous y porter, c'est moi qui vous en prie.

SCÈNE IV.

DON GARCIE, DON ALPHONSE cru DON SYLVE.

D. GARCIE. Tout vous rit, et votre âme en cette occasion
Jouit superbement de ma confusion.
Il vous est doux de voir un aveu plein de gloire
Sur les feux d'un rival marquer votre victoire :
Mais c'est à votre joie un surcroît sans égal
D'en avoir pour témoins les yeux de ce rival;
Et mes prétentions, hautement étouffées,
A vos vœux triomphants sont d'illustres trophées.
Goûtez à pleins transports ce bonheur éclatant :
Mais sachez qu'on n'est pas encore où l'on prétend.
La fureur qui m'anime a de trop justes causes,
Et l'on verra peut-être arriver bien des choses.
Un désespoir va loin quand il est échappé,
Et tout est pardonnable à qui se voit trompé.
Si l'ingrate, à mes yeux, pour flatter votre flamme,
A jamais n'être à moi vient d'engager son âme,
Je saurai bien trouver, dans mon juste courroux,
Les moyens d'empêcher qu'elle ne soit à vous.

D. ALPHONSE. Cet obstacle n'est pas ce qui me met en peine.
Nous verrons quelle attente, en tout cas, sera vaine;
Et chacun de ses feux pourra, par sa valeur,
Ou défendre la gloire, ou venger le malheur.
Mais comme, entre rivaux, l'âme la plus posée
A des termes d'aigreur trouve une pente aisée,
Et que je ne veux point qu'un pareil entretien
Puisse trop échauffer votre esprit et le mien,
Prince, affranchissez-moi d'une gêne secrète,
Et me donnez moyen de faire ma retraite.

D. GARCIE. Non, non, ne craignez point qu'on pousse votre esprit
A violer ici l'ordre qu'on vous prescrit.

Quelque juste fureur qui me presse et vous flatte,
Je sais, comte, je sais quand il faut qu'elle éclate.
Ces lieux vous sont ouverts; oui, sortez-en, sortez
Glorieux des douceurs que vous en remportez.
Mais, encore une fois, apprenez que ma tête
Peut seule dans vos mains mettre votre conquête.

D. ALPHONSE. Quand nous en serons là, le sort en notre bras
De tous nos intérêts videra les débats.

ACTE QUATRIÈME.

SCÈNE I.
DONE ELVIRE, DON ALVAR.

D. ELVIRE. Retournez, don Alvar, et perdez l'espérance
De me persuader l'oubli de cette offense.
Cette plaie en mon cœur ne saurait se guérir;
Et les soins qu'on en prend ne font rien que l'aigrir.
A quelques faux respects croit-il que je défère?
Non, non, il a poussé trop avant ma colère;
Et son vain repentir, qui porte ici vos pas,
Sollicite un pardon que vous n'obtiendrez pas.

D. ALVAR. Madame, il fait pitié : jamais cœur, que je pense,
Par un plus vif remords n'expia son offense;
Et, si dans sa douleur vous le considériez,
Il toucherait votre âme, et vous l'excuseriez.
On sait bien que le prince est dans un âge à suivre
Les premiers mouvements où son âme se livre,
Et qu'en un sang bouillant toutes les passions
Ne laissent guère place à des réflexions.
Don Lope, prévenu d'une fausse lumière,
De l'erreur de son maître a fourni la matière.
Un bruit assez confus, dont le zèle indiscret
A de l'abord du comte éventé le secret,
Vous avait mise aussi de cette intelligence
Qui, dans ces lieux gardés, a donné sa présence.
Le prince a cru l'avis; et son amour séduit
Sur une fausse alarme a fait tout ce grand bruit.
Mais d'une telle erreur son âme est revenue :
Votre innocence enfin lui vient d'être connue;
Et don Lope qu'il chasse est un visible effet
Du vif remords qu'il sent de l'éclat qu'il a fait.

D. ELVIRE. Ah! c'est trop promptement qu'il croit mon innocence.
Il n'en a pas encore une entière assurance :
Dites-lui, dites-lui qu'il doit bien tout peser,
Et ne se hâter point, de peur de s'abuser.

D. ALVAR. Madame, il sait trop bien...

ACTE IV.

D. ELVIRE.   Mais, don Alvar, de grâce,
N'étendons pas plus loin un discours qui me lasse;
Il réveille un chagrin qui vient à contre-temps
En troubler dans mon cœur d'autres plus importants.
Oui, d'un trop grand malheur la surprise me presse,
Et le bruit du trépas de l'illustre comtesse
Doit s'emparer si bien de tout mon déplaisir,
Qu'aucun autre souci n'a droit de me saisir.
D. ALVAR. Madame, ce peut être une fausse nouvelle.
Mais mon retour au prince en porte une cruelle.
D. ELVIRE. De quelque grand ennui qu'il puisse être agité,
Il en aura toujours moins qu'il n'a mérité.

SCÈNE II.
DONE ELVIRE, ÉLISE.

ÉLISE. J'attendais qu'il sortît, madame, pour vous dire
Ce qu'il faut maintenant que votre âme respire,
Puisque votre chagrin, dans un moment d'ici,
Du sort de done Ignès peut se voir éclairci.
Un inconnu, qui vient pour cette confidence,
Vous fait par un des siens demander audience.
D. ELVIRE. Elise, il faut le voir; qu'il vienne promptement.
ÉLISE. Mais il veut n'être vu que de vous seulement;
Et par cet envoyé, madame, il sollicite
Qu'il puisse sans témoins vous rendre sa visite.
D. ELVIRE. Hé bien! nous serons seuls, et je vais l'ordonner
Tandis que tu prendras le soin de l'amener.
Que mon impatience en ce moment est forte!
Ô destins! est-ce joie ou douleur qu'on m'apporte?

SCÈNE III.
DON PÈDRE, ÉLISE.

ÉLISE. Où...
D. PÈDRE.   Si vous me cherchez, madame, me voici.
ÉLISE. En quel lieu votre maître?
D. PÈDRE.   Il est proche d'ici.
Le ferai-je venir?
ÉLISE.   Dites-lui qu'il s'avance,
Assuré qu'on l'attend avec impatience,
Et qu'il ne se verra d'aucuns yeux éclairé.
   (Seule.)
Je ne sais quel secret en doit être auguré;
Tant de précautions qu'il affecte de prendre...
Mais le voici déjà.

SCÈNE IV.
DONE IGNÈS *déguisée en homme;* ÉLISE.

ÉLISE.   Seigneur, pour vous attendre

On a fait... Mais que vois-je? Ah! madame, mes yeux...
D. IGNÈS. Ne me découvrez point, Elise, dans ces lieux,
Et laissez respirer ma triste destinée
Sous une feinte mort que je me suis donnée.
C'est elle qui m'arrache à tous mes fiers tyrans,
Car je puis sous ce nom comprendre mes parents;
J'ai par elle évité cet hymen redoutable,
Pour qui j'aurais souffert une mort véritable;
Et sous cet équipage et le bruit de ma mort
Il faut cacher à tous le secret de mon sort,
Pour me voir à l'abri de l'injuste poursuite
Qui pourrait dans ces lieux persécuter ma fuite.
ÉLISE. Ma surprise en public eût trahi vos désirs.
Mais allez là-dedans étouffer des soupirs,
Et des charmants transports d'une pleine allégresse
Saisir à votre aspect le cœur de la princesse :
Vous la trouverez seule; elle-même a pris soin
Que votre abord fût libre, et n'eût aucun témoin.

SCÈNE V.
DON ALVAR, ÉLISE.

ÉLISE. Vois-je pas don Alvar?
D. ALVAR. Le prince me renvoie
Vous prier que pour lui votre crédit s'emploie.
De ses jours, belle Elise, on doit n'espérer rien,
S'il n'obtient par vos soins un moment d'entretien.
Son âme à des transports... Mais le voici lui-même.

SCÈNE VI.
DON GARCIE, DON ALVAR, ÉLISE.

D. GARCIE. Ah! sois un peu sensible à ma disgrâce extrême,
Elise, et prends pitié d'un cœur infortuné
Qu'aux plus vives douleurs tu vois abandonné.
ÉLISE. C'est avec d'autres yeux que ne fait la princesse,
Seigneur, que je verrais le tourment qui vous presse :
Mais nous avons du ciel, ou du tempérament,
Que nous jugeons de tout chacun diversement;
Et puisqu'elle vous blâme, et que sa fantaisie
Lui fait un monstre affreux de votre jalousie,
Je serais complaisant, et voudrais m'efforcer
De cacher à ses yeux ce qui peut les blesser.
Un amant suit sans doute une utile méthode,
S'il fait qu'à notre humeur la sienne s'accommode;
Et cent devoirs font moins que ces ajustements
Qui font croire en deux cœurs les mêmes sentiments.
L'art de ces deux rapports fortement les assemble,
Et nous n'aimons rien tant que ce qui nous ressemble.
D. GARCIE. Je le sais : mais, hélas! les destins inhumains

S'opposent à l'effet de ces justes desseins,
Et, malgré tous mes soins, viennent toujours me tendre
Un piége dont mon cœur ne saurait se défendre.
Ce n'est pas que l'ingrate, aux yeux de mon rival,
N'ait fait contre mes feux un aveu trop fatal,
Et témoigné pour lui des excès de tendresse
Dont le cruel objet me reviendra sans cesse :
Mais comme trop d'ardeur enfin m'avait séduit
Quand j'ai cru qu'en ces lieux elle l'eut introduit,
D'un trop cuisant ennui je sentirais l'atteinte
A lui laisser sur moi quelque sujet de plainte.
Oui, je veux faire au moins, si je m'en vois quitté,
Que ce soit de son cœur pure infidélité,
Et, venant m'excuser d'un trait de promptitude,
Dérober tout prétexte à son ingratitude.

ÉLISE. Laissez un peu de temps à son ressentiment,
Et ne la voyez point, seigneur, si promptement.
D. GARCIE. Ah! si tu me chéris, obtiens que je la voie;
C'est une liberté qu'il faut qu'elle m'octroie :
Je ne pars point d'ici, qu'au moins son fier dédain...
ÉLISE. De grâce, différez l'effet de ce dessein.
D. GARCIE. Non, ne m'oppose point une excuse frivole.
ÉLISE *à part.* Il faut que ce soit elle, avec une parole,
Qui trouve les moyens de le faire en aller.
   (*A don Garcie.*)
Demeurez donc, seigneur; je m'en vais lui parler.
D. GARCIE. Dis-lui que j'ai d'abord banni de ma présence
Celui dont les avis ont causé mon offense;
Que don Lope jamais...

SCÈNE VII.

DON GARCIE, DON ALVAR.

D. GARCIE *regardant par la porte qu'Elise a laissée entr'ouverte.*
Que vois-je, ô justes cieux!
Faut-il que je m'assure au rapport de mes yeux!
Ah! sans doute, ils me sont des témoins trop fidèles.
Voilà le comble affreux de mes peines mortelles;
Voici le coup fatal qui devait m'accabler :
Et quand par des soupçons je me sentais troubler,
C'était, c'était le ciel, dont la sourde menace
Présageait à mon cœur cette horrible disgrâce.
D. ALVAR. Qu'avez-vous vu, seigneur, qui vous puisse émouvoir?
D. GARCIE. J'ai vu ce que mon âme a peine à concevoir;
Et le renversement de toute la nature
Ne m'étonnerait pas comme cette aventure.
C'en est fait... Le destin... Je ne saurais parler.
D. ALVAR. Seigneur, que votre esprit tâche à se rappeler.
D. GARCIE. J'ai vu... Vengeance, ô ciel!

D. ALVAR. Quelle atteinte soudaine...
D. GARCIE. J'en mourrai, don Alvar; la chose est bien certaine.
D. ALVAR. Mais, seigneur, qui pourrait...
D. GARCIE. Ah! tout est ruiné!
Je suis, je suis trahi, je suis assassiné :
Un homme (sans mourir te le puis-je bien dire?)
Un homme dans les bras de l'infidèle Elvire!
D. ALVAR. Ah! seigneur, la princesse est vertueuse au point...
D. GARCIE. Ah! sur ce que j'ai vu ne me conteste point,
Don Alvar; c'en est trop que soutenir sa gloire,
Lorsque mes yeux font foi d'une action si noire.
D. ALVAR. Seigneur, nos passions nous font prendre souvent
Pour chose véritable un objet décevant;
Et de croire qu'une âme à la vertu nourrie
Se puisse...
D. GARCIE. Don Alvar, laissez-moi, je vous prie :
Un conseiller me choque en cette occasion,
Et je ne prends avis que de ma passion.
D. ALVAR *à part.* Il ne faut rien répondre à cet esprit farouche.
D. GARCIE. Ah! que sensiblement cette atteinte me touche!
Mais il faut voir qui c'est, et de ma main punir...
La voici. Ma fureur, te peux-tu retenir?

SCÈNE VIII.

DONE ELVIRE, DON GARCIE, DON ALVAR.

D. ELVIRE. Hé bien! que voulez-vous? et quel espoir de grâce,
Après vos procédés, peut flatter votre audace?
Osez-vous à mes yeux encor vous présenter?
Et que me direz-vous que je doive écouter?
D. GARCIE. Que toutes les horreurs dont une âme est capable
A vos déloyautés n'ont rien de comparable;
Que le sort, les démons, et le ciel en courroux,
N'ont jamais rien produit de si méchant que vous.
D. ELVIRE. Ah! vraiment j'attendais l'excuse d'un outrage,
Mais, à ce que je vois, c'est un autre langage.
D. GARCIE. Oui, oui, c'en est un autre; et vous n'attendiez pas
Que j'eusse découvert le traître dans vos bras;
Qu'un funeste hasard, par la porte entr'ouverte,
Eût offert à mes yeux votre honte et ma perte.
Est-ce l'heureux amant sur ses pas revenu,
Ou quelque autre rival qui m'était inconnu?
O ciel, donne à mon cœur des forces suffisantes
Pour pouvoir supporter des douleurs si cuisantes!
Rougissez maintenant, vous en avez raison,
Et le masque est levé de votre trahison.
Voilà ce que marquaient les troubles de mon âme,
Ce n'était pas en vain que s'alarmait ma flamme;

ACTE IV.

Par ces fréquents soupçons qu'on trouvait odieux,
Je cherchais le malheur qu'ont rencontré mes yeux;
Et, malgré tous vos soins et votre adresse à feindre,
Mon astre me disait ce que j'avais à craindre.
Mais ne présumez pas que, sans être vengé,
Je souffre le dépit de me voir outragé.
Je sais que sur les vœux on n'a point de puissance,
Que l'amour veut partout naître sans dépendance,
Que jamais par la force on n'entra dans un cœur,
Et que toute âme est libre à nommer son vainqueur.
Aussi ne trouverais-je aucun sujet de plainte,
Si pour moi votre bouche avait parlé sans feinte;
Et son arrêt livrant mon espoir à la mort,
Mon cœur n'aurait eu droit de s'en prendre qu'au sort.
Mais d'un aveu trompeur voir ma flamme applaudie,
C'est une trahison, c'est une perfidie,
Qui ne saurait trouver de trop grands châtiments;
Et je puis tout permettre à mes ressentiments.
Non, non, n'espérez rien après un tel outrage;
Je ne suis plus à moi, je suis tout à la rage.
Trahi de tous côtés, mis dans un triste état,
Il faut que mon amour se venge avec éclat,
Qu'ici j'immole tout à ma fureur extrême,
Et que mon désespoir achève par moi-même.

D. ELVIRE. Assez paisiblement vous a-t-on écouté?
Et pourrai-je à mon tour parler en liberté?

D. GARCIE. Et par quels beaux discours que l'artifice inspire...

D. ELVIRE. Si vous avez encor quelque chose à me dire,
Vous pouvez l'ajouter, je suis prête à l'ouïr;
Sinon, faites au moins que je puisse jouir
De deux ou trois moments de paisible audience.

D. GARCIE. Hé bien! j'écoute. O ciel! quelle est ma patience!

D. ELVIRE. Je force ma colère, et veux sans nulle aigreur
Répondre à ce discours si rempli de fureur.

D. GARCIE. C'est que vous voyez bien...

D. ELVIRE. Ah! j'ai prêté l'oreille
Autant qu'il vous a plu; rendez-moi la pareille.
J'admire mon destin; et jamais sous les cieux
Il ne fut rien, je crois, de si prodigieux,
Rien dont la nouveauté soit plus inconcevable,
Et rien que la raison rende moins supportable.
Je me vois un amant qui, sans se rebuter,
Applique tous ses soins à me persécuter;
Qui, dans tout cet amour que sa bouche m'exprime,
Ne conserve pour moi nul sentiment d'estime;
Rien au fond de ce cœur qu'ont pu blesser mes yeux
Qui fasse droit au sang que j'ai reçu des cieux,
Et de mes actions défende l'innocence

Contre le moindre effort d'une fausse apparence.
Oui, je vois...
(*D. Garcie montre de l'impatience pour parler.*)
    Ah! surtout ne m'interrompez point.
Je vois, dis-je, mon sort malheureux à ce point,
Qu'un cœur qui dit qu'il m'aime et qui doit faire croire
Que, quand tout l'univers douterait de ma gloire,
Il voudrait contre tous en être le garant,
Est celui qui s'en fait l'ennemi le plus grand.
On ne voit échapper aux soins que prend sa flamme
Aucune occasion de soupçonner mon âme :
Mais c'est peu des soupçons; il en fait des éclats
Que sans être blessé l'amour ne souffre pas.
Loin d'agir en amant qui, plus que la mort même,
Appréhende toujours d'offenser ce qu'il aime,
Qui se plaint doucement et cherche avec respect
A pouvoir s'éclaircir de ce qu'il croit suspect,
A toute extrémité dans ses doutes il passe,
Et ce n'est que fureur, qu'injure et que menace.
Cependant aujourd'hui je veux fermer les yeux
Sur tout ce qui devrait me le rendre odieux,
Et lui donner moyen, par une bonté pure,
De tirer son salut d'une nouvelle injure.
Ce grand emportement qu'il m'a fallu souffrir
Part de ce qu'à vos yeux le hasard vient d'offrir.
J'aurais tort de vouloir démentir votre vue,
Et votre âme sans doute a dû paraître émue.

D. GARCIE. Et n'est-ce pas...

D. ELVIRE.   Encore un peu d'attention,
Et vous allez savoir ma résolution.
Il faut que de nous deux le destin s'accomplisse.
Vous êtes maintenant sur un grand précipice;
Et ce que votre cœur pourra délibérer
Va vous y faire choir ou bien vous en tirer.
Si, malgré cet objet qui vous a pu surprendre,
Prince, vous me rendez ce que vous devez rendre,
Et ne demandez point d'autre preuve que moi
Pour condamner l'erreur du trouble où je vous voi;
Si de vos sentiments la prompte déférence
Veut sur ma seule foi croire mon innocence,
Et de tous vos soupçons démentir le crédit,
Pour croire aveuglément ce que mon cœur vous dit,
Cette soumission, cette marque d'estime,
Du passé dans ce cœur efface tout le crime;
Je rétracte à l'instant ce qu'un juste courroux
M'a fait dans la chaleur prononcer contre vous;
Et si je puis un jour choisir ma destinée
Sans choquer les devoirs du rang où je suis née,

Mon honneur, satisfait par ce respect soudain,
Promet à votre amour et mes vœux et ma main.
Mais, prêtez bien l'oreille à ce que je vais dire :
Si cette offre sur vous obtient si peu d'empire
Que vous me refusiez de me faire entre nous
Un sacrifice entier de vos soupçons jaloux ;
S'il ne vous suffit pas de toute l'assurance
Que vous peuvent donner mon cœur et ma naissance,
Et que de votre esprit les ombrages puissants
Forcent mon innocence à convaincre vos sens,
Et porter à vos yeux l'éclatant témoignage
D'une vertu sincère à qui l'on fait outrage,
Je suis prête à le faire, et vous serez content :
Mais il vous faut de moi détacher à l'instant,
A mes vœux pour jamais renoncer de vous-même ;
Et j'atteste du ciel la puissance suprême
Que, quoi que le destin puisse ordonner de nous,
Je choisirai plutôt d'être à la mort qu'à vous.
Voilà dans ces deux choix de quoi vous satisfaire :
Avisez maintenant celui qui peut vous plaire.

D. GARCIE. Juste ciel ! jamais rien peut-il être inventé
Avec plus d'artifice et de déloyauté !
Tout ce que des enfers la malice étudie
A-t-il rien de si noir que cette perfidie !
Et peut-elle trouver dans toute sa rigueur
Un plus cruel moyen d'embarrasser un cœur !
Ah ! que vous savez bien ici contre moi-même,
Ingrate, vous servir de ma faiblesse extrême,
Et ménager pour vous l'effort prodigieux
De ce fatal amour né de vos traîtres yeux !
Parce qu'on est surprise et qu'on manque d'excuse,
D'une offre de pardon on emprunte la ruse :
Votre feinte douceur forge un amusement
Pour divertir l'effet de mon ressentiment ;
Et, par le nœud subtil du choix qu'elle embarrasse,
Veut soustraire un perfide au coup qui le menace.
Oui, vos dextérités veulent me détourner
D'un éclaircissement qui vous doit condamner ;
Et votre âme, feignant une innocence entière,
Ne s'offre à m'en donner une pleine lumière
Qu'à des conditions qu'après d'ardents souhaits
Vous pensez que mon cœur n'acceptera jamais.
Mais vous serez trompée en me croyant surprendre :
Oui, oui, je prétends voir ce qui doit vous défendre,
Et quel fameux prodige, accusant ma fureur,
Peut de ce que j'ai vu justifier l'horreur.

D. ELVIRE. Songez que par ce choix vous allez vous prescrire
De ne plus rien prétendre au cœur de done Elvire.

D. GARCIE. Soit : je souscris à tout; et mes vœux aussi bien,
   En l'état où je suis, ne prétendent plus rien.
D. ELVIRE. Vous vous repentirez de l'éclat que vous faites.
D. GARCIE. Non, non, tous ces discours sont de vaines défaites;
   Et c'est moi bien plutôt qui dois vous avertir
   Que quelque autre dans peu se pourra repentir :
   Le traître, quel qu'il soit, n'aura pas l'avantage
   De dérober sa vie à l'effort de ma rage.
D. ELVIRE. Ah! c'est trop en souffrir, et mon cœur irrité
   Ne doit plus conserver une sotte bonté;
   Abandonnons l'ingrat à son propre caprice,
   Et, puisqu'il veut périr, consentons qu'il périsse.
       (A don Garcie.)
   Elise!... A cet éclat vous voulez me forcer;
   Mais je vous apprendrai que c'est trop m'offenser.

SCÈNE IX.

DONE ELVIRE, DON GARCIE, ÉLISE, DON ALVAR.

D. ELVIRE à Elise. Faites un peu sortir la personne chérie...
   Allez, vous m'entendez, dites que je l'en prie.
D. GARCIE. Et je puis...
D. ELVIRE.   Attendez, vous serez satisfait.
ELISE à part en sortant. Voici de son jaloux sans doute un nouveau trait.
D. ELVIRE. Prenez garde qu'au moins cette noble colère
   Dans la même fierté jusqu'au bout persévère;
   Et surtout désormais songez bien à quel prix
   Vous avez voulu voir vos soupçons éclaircis.

SCÈNE X.

DONE ELVIRE, DON GARCIE, DONE IGNÈS *déguisée en homme*, ÉLISE, DON ALVAR.

D. ELVIRE *à don Garcie en lui montrant done Ignès*.
   Voici, grâces au ciel, ce qui les a fait naître
   Ces soupçons obligeants que l'on me fait paraître;
   Voyez bien ce visage, et si de done Ignès
   Vos yeux au même instant n'y connaissent les traits.
D. GARCIE. O ciel!
D. ELVIRE.   Si la fureur dont votre âme est émue
   Vous trouble jusque-là l'usage de la vue,
   Vous avez d'autres yeux à pouvoir consulter,
   Qui ne vous laisseront aucun lieu de douter.
   Sa mort est une adresse au besoin inventée
   Pour fuir l'autorité qui l'a persécutée;
   Et sous un tel habit elle cachait son sort
   Pour mieux jouir du fruit de cette feinte mort.
       (A done Ignès.)
   Madame, pardonnez s'il faut que je consente
   A trahir vos secrets et tromper votre attente :

ACTE IV.

Je me vois exposée à sa témérité;
Toutes mes actions n'ont plus de liberté;
Et mon honneur, en butte aux soupçons qu'il peut prendre,
Est réduit à toute heure aux soins de se défendre.
Nos doux embrassements, qu'a surpris ce jaloux,
De cent indignités m'ont fait souffrir les coups.
Oui, voilà le sujet d'une fureur si prompte,
Et l'assuré témoin qu'on produit de ma honte.
    (*A don Garcie.*)
Jouissez à cette heure en tyran absolu
De l'éclaircissement que vous avez voulu :
Mais sachez que j'aurai sans cesse la mémoire
De l'outrage sanglant qu'on a fait à ma gloire.
Et, si je puis jamais oublier mes serments,
Tombent sur moi du ciel les plus grands châtiments!
Qu'un tonnerre éclatant mette ma tête en poudre
Lorsqu'à souffrir vos feux je pourrai me résoudre!
Allons, madame, allons, ôtons-nous de ces lieux
Qu'infectent les regards d'un monstre furieux;
Fuyons-en promptement l'atteinte envenimée,
Evitons les effets de sa rage animée,
Et ne faisons des vœux, dans nos justes desseins,
Que pour nous voir bientôt affranchir de ses mains.

D. IGNÈS *à don Garcie.* Seigneur, de vos soupçons l'injuste violence
A la même vertu vient de faire une offense.

SCÈNE XI.
DON GARCIE, DON ALVAR.

D. GARCIE. Quelles tristes clartés, dissipant mon erreur,
Enveloppent mes sens d'une profonde horreur,
Et ne laissent plus voir à mon âme abattue
Que l'effroyable objet d'un remords qui me tue!
Ah! don Alvar, je vois que vous avez raison;
Mais l'enfer dans mon cœur a soufflé son poison,
Et, par un trait fatal de sa rigueur extrême,
Mon plus grand ennemi se rencontre en moi-même.
Que me sert-il d'aimer du plus ardent amour
Qu'une âme consumée ait jamais mis au jour,
Si, par ces mouvements qui font toute ma peine,
Cet amour à tout coup se rend digne de haine?
Il faut, il faut venger par mon juste trépas
L'outrage que j'ai fait à ses divins appas;
Aussi bien quels conseils aujourd'hui puis-je suivre?
Ah! j'ai perdu l'objet pour qui j'aimais à vivre.
Si j'ai pu renoncer à l'espoir de ses vœux,
Renoncer à la vie est beaucoup moins fâcheux.

D. ALVAR. Seigneur...

D. GARCIE.   Non, don Alvar, ma mort est nécessaire;
Il n'est soins ni raisons qui m'en puissent distraire :
Mais il faut que mon sort, en se précipitant,

          Rende à cette princesse un service éclatant;
          Et je veux me chercher dans cette illustre envie
          Les moyens glorieux de sortir de la vie,
          Faire, par un grand coup qui signale ma foi,
          Qu'en expirant pour elle elle ait regret à moi,
          Et qu'elle puisse dire en se voyant vengée :
          « C'est par son trop d'amour qu'il m'avait outragée. »
          Il faut que de ma main un illustre attentat
          Porte une mort trop due au sein de Maurégat,
          Que j'aille prévenir par une belle audace
          Le coup dont la Castille avec bruit le menace;
          Et j'aurai la douceur, dans mon instant fatal,
          De ravir cette gloire à l'espoir d'un rival.

D. ALVAR. Un service, seigneur, de cette conséquence
          Aurait bien le pouvoir d'effacer votre offense;
          Mais hasarder...

D. GARCIE.   Allons, par un juste devoir,
          Faire à ce noble effort servir mon désespoir.

ACTE CINQUIÈME.

SCÈNE I.

DON ALVAR, ÉLISE.

D. ALVAR. Oui, jamais il ne fut de si rude surprise.
          Il venait de former cette haute entreprise;
          A l'avide désir d'immoler Maurégat
          De son prompt désespoir il tournait tout l'éclat;
          Ses soins précipités voulaient à son courage
          De cette juste mort assurer l'avantage,
          Y chercher son pardon, et prévenir l'ennui
          Qu'un rival partageât cette gloire avec lui;
          Il sortait de ces murs, quand un bruit trop fidèle
          Est venu lui porter la fâcheuse nouvelle
          Que ce même rival qu'il voulait prévenir
          A remporté l'honneur qu'il pensait obtenir,
          L'a prévenu lui-même en immolant le traître,
          Et poussé dans ce jour don Alphonse à paraître,
          Qui d'un si prompt succès va goûter la douceur,
          Et vient prendre en ces lieux la princesse sa sœur :
          Et, ce qui n'a pas peine à gagner la croyance,
          On entend publier que c'est la récompense
          Dont il prétend payer le service éclatant
          Du bras qui lui fait jour au trône qui l'attend.

ÉLISE. Oui, donc Elvire a su ces nouvelles semées,
          Et du vieux don Louis les trouve confirmées,
          Qui vient de lui mander que Léon dans ce jour
          De don Alphonse et d'elle attend l'heureux retour.

ACTE V.

Et que c'est là qu'on doit, par un revers prospère,
Lui voir prendre un époux de la main de ce frère.
Dans ce peu qu'il en dit, il donne assez à voir
Que don Sylve est l'époux qu'elle doit recevoir.

D. ALVAR. Ce coup au cœur du prince...

ÉLISE. Est sans doute bien rude,
Et je le trouve à plaindre en son inquiétude.
Son intérêt pourtant, si j'en ai bien jugé,
Est encor cher au cœur qu'il a tant outragé;
Et je n'ai point connu qu'à ce succès qu'on vante
La princesse ait fait voir une âme fort contente
De ce frère qui vient, et de la lettre aussi :
Mais...

SCÈNE II.

DONE ELVIRE, DONE IGNÈS *déguisée en homme*, ÉLISE, DON ALVAR.

D. ELVIRE. Faites, don Alvar, venir le prince ici.
(*Don Alvar sort.*)
Souffrez que devant vous je lui parle, madame,
Sur cet événement dont on surprend mon âme;
Et ne m'accusez point d'un trop prompt changement,
Si je perds contre lui tout mon ressentiment.
Sa disgrâce imprévue a pris droit de l'éteindre;
Sans lui laisser ma haine, il est assez à plaindre;
Et le ciel, qui l'expose à ce trait de rigueur,
N'a que trop bien servi les serments de mon cœur.
Un éclatant arrêt de ma gloire outragée
A jamais n'être à lui me tenait engagée :
Mais, quand par les destins il est exécuté,
J'y vois pour son amour trop de sévérité;
Et le triste succès de tout ce qu'il m'adresse
M'efface son offense et lui rend ma tendresse.
Oui, mon cœur, trop vengé par de si rudes coups,
Laisse à leur cruauté désarmer son courroux,
Et cherche maintenant, par un soin pitoyable,
A consoler le sort d'un amant misérable;
Et je crois que sa flamme a bien pu mériter
Cette compassion que je lui veux prêter.

D. IGNÈS. Madame, on aurait tort de trouver à redire
Aux tendres sentiments qu'on voit qu'il vous inspire;
Ce qu'il a fait pour vous... Il vient, et sa pâleur
De ce coup surprenant marque assez la douleur.

SCÈNE III.

DON GARCIE, DONE ELVIRE, DONE IGNÈS *déguisée en homme*, ÉLISE.

D. GARCIE. Madame, avec quel front faut-il que je m'avance,
Quand je viens vous offrir l'odieuse présence...?

D. ELVIRE. Prince, ne parlons plus de mon ressentiment :
Votre sort dans mon âme a fait du changement;

Et, par le triste état où sa rigueur vous jette,
Ma colère est éteinte, et notre paix est faite.
Oui, bien que votre amour ait mérité les coups
Que fait sur lui du ciel éclater le courroux :
Bien que ces noirs soupçons aient offensé ma gloire
Par des indignités qu'on aurait peine à croire;
J'avouerai toutefois que je plains son malheur
Jusqu'à voir nos succès avec quelque douleur;
Que je hais les faveurs de ce fameux service,
Lorsqu'on veut de mon cœur lui faire un sacrifice,
Et voudrais bien pouvoir racheter les moments
Où le sort contre vous n'armait que mes serments.
Mais enfin vous savez comme nos destinées
Aux intérêts publics sont toujours enchaînées,
Et que l'ordre des cieux, pour disposer de moi,
Dans mon frère qui vient me va montrer mon roi.
Cédez, comme moi, prince, à cette violence
Où la grandeur soumet celles de ma naissance;
Et si de votre amour les déplaisirs sont grands,
Qu'il se fasse un secours de la part que j'y prends,
Et ne se serve point, contre un coup qui l'étonne,
Du pouvoir qu'en ces lieux votre valeur vous donne :
Ce vous serait sans doute un indigne transport
De vouloir dans vos maux lutter contre le sort;
Et lorsque c'est en vain qu'on s'oppose à sa rage,
La soumission prompte est grandeur de courage.
Ne résistez donc point à ses coups éclatants;
Ouvrez les murs d'Astorgue au frère que j'attends;
Laissez-moi rendre aux droits qu'il peut sur moi prétendre
Ce que mon triste cœur a résolu de rendre;
Et ce fatal hommage où mes vœux sont forcés
Peut-être n'ira pas si loin que vous pensez.

D. GARCIE. C'est faire voir, madame, une bonté trop rare
Que vouloir adoucir le coup qu'on me prépare;
Sur moi, sans de tels soins, vous pouvez laisser choir
Le foudre rigoureux de tout votre devoir.
En l'état où je suis je n'ai rien à vous dire.
J'ai mérité du sort tout ce qu'il a de pire;
Et je sais, quelques maux qu'il me faille endurer,
Que je me suis ôté le droit d'en murmurer.
Par où pourrais-je, hélas! dans ma vaste disgrâce,
Vers vous de quelque plainte autoriser l'audace?
Mon amour s'est rendu mille fois odieux;
Il n'a fait qu'outrager vos attraits glorieux;
Et lorsque, par un juste et fameux sacrifice
Mon bras à votre sang cherche à rendre un service,
Mon astre m'abandonne au déplaisir fatal
De me voir prévenu par le bras d'un rival.

Madame, après cela je n'ai rien à prétendre ;
Je suis digne du coup que l'on me fait attendre ;
Et je le vois venir sans oser contre lui
Tenter de votre cœur le favorable appui.
Ce qui peut me rester dans mon malheur extrême,
C'est de chercher alors mon remède en moi-même,
Et faire que ma mort, propice à mes désirs,
Affranchisse mon cœur de tous ses déplaisirs.
Oui, bientôt dans ces lieux don Alphonse doit être,
Et déjà mon rival commence de paraître :
De Léon vers ces murs il semble avoir volé
Pour recevoir le prix du tyran immolé.
Ne craignez point du tout qu'aucune résistance
Fasse valoir ici ce que j'ai de puissance :
Il n'est effort humain que, pour vous conserver,
Si vous y consentiez, je ne pusse braver.
Mais ce n'est pas à moi, dont on hait la mémoire,
A pouvoir espérer cet aveu plein de gloire ;
Et je ne voudrais pas par des efforts trop vains
Jeter le moindre obstacle à vos justes desseins :
Non, je ne contrains point vos sentiments, madame ;
Je vais en liberté laisser toute votre âme,
Ouvrir les murs d'Astorgue à cet heureux vainqueur,
Et subir de mon sort la dernière rigueur.

SCÈNE IV.

DONE ELVIRE, DONE IGNÈS *déguisée en homme*, ÉLISE.

D. ELVIRE. Madame, au désespoir où son destin l'expose
De tous mes déplaisirs n'imputez point la cause.
Vous me rendrez justice en croyant que mon cœur
Fait de vos intérêts sa plus vive douleur ;
Que bien plus que l'amour l'amitié m'est sensible,
Et que, si je me plains d'une disgrâce horrible,
C'est de voir que du ciel le funeste courroux
Ait pris chez moi les traits qu'il lance contre vous,
Et rendu mes regards coupables d'une flamme
Qui traite indignement les bontés de votre âme.
D. IGNÈS. C'est un événement dont sans doute vos yeux
N'ont point pour moi, madame, à quereller les cieux.
Si les faibles attraits qu'étale mon visage
M'exposaient au destin de souffrir un volage,
Le ciel ne pouvait mieux m'adoucir de tels coups,
Quand pour m'ôter ce cœur il s'est servi de vous ;
Et mon front ne doit point rougir d'une inconstance
Qui de vos traits aux miens marque la différence.
Si pour ce changement je pousse des soupirs,
Ils viennent de le voir fatal à vos désirs ;
Et, dans cette douleur que l'amitié m'excite,

Je m'accuse pour vous de mon peu de mérite,
Qui n'a pu retenir un cœur dont les tributs
Causent un si grand trouble à vos vœux combattus.

D. ELVIRE. Accusez-vous plutôt de l'injuste silence
Qui m'a de vos deux cœurs caché l'intelligence.
Ce secret plus tôt su peut-être à toutes deux
Nous aurait épargné des troubles si fâcheux;
Et mes justes froideurs, des désirs d'un volage
Au point de leur naissance ayant banni l'hommage,
Eussent pu renvoyer...

D. IGNÈS.   Madame, le voici.

D. ELVIRE. Sans rencontrer ses yeux vous pouvez être ici :
Ne sortez point, madame; et, dans un tel martyre,
Veuillez être témoin de ce que je vais dire.

D. IGNÈS. Madame, j'y consens, quoique je sache bien
Qu'on fuirait à ma place un pareil entretien.

D. ELVIRE. Son succès, si le ciel seconde ma pensée,
Madame, n'aura rien dont vous soyez blessée.

SCÈNE V.

DON ALPHONSE *cru* DON SYLVE, DONE ELVIRE, DONE IGNÈS *déguisée en homme*, ÉLISE.

D. ELVIRE. Avant que vous parliez, je demande instamment
Que vous daigniez, seigneur, m'écouter un moment.
Déjà la renommée a jusqu'à nos oreilles
Porté de votre bras les soudaines merveilles;
Et j'admire avec tous comme en si peu de temps
Il donne à nos destins ces succès éclatants.
Je sais bien qu'un bienfait de cette conséquence
Ne saurait demander trop de reconnaissance,
Et qu'on doit toute chose à l'exploit immortel
Qui replace mon frère au trône paternel.
Mais, quoi que de son cœur vous offrent les hommages,
Usez en généreux de tous vos avantages,
Et ne permettez pas que ce coup glorieux
Jette sur moi, seigneur, un joug impérieux;
Que votre amour, qui sait quel intérêt m'anime,
S'obstine à triompher d'un refus légitime,
Et veuille que ce frère, où l'on va m'exposer,
Commence d'être roi pour me tyranniser.
Léon a d'autres prix dont, en cette occurrence,
Il peut mieux honorer votre haute vaillance;
Et c'est à vos vertus faire un présent trop bas
Que vous donner un cœur qui ne se donne pas.
Peut-on être jamais satisfait en soi-même,
Lorsque par la contrainte on obtient ce qu'on aime?
C'est un triste avantage; et l'amant généreux
A ces conditions refuse d'être heureux :

ACTE V.

Il ne veut rien devoir à cette violence
Qu'exercent sur nos cœurs les droits de la naissance,
Et pour l'objet qu'il aime est toujours trop zélé
Pour souffrir qu'en victime il lui soit immolé.
Ce n'est pas que ce cœur au mérite d'un autre
Prétende réserver ce qu'il refuse au vôtre.
Non, seigneur, j'en réponds, et vous donne ma foi
Que personne jamais n'aura pouvoir sur moi;
Qu'une sainte retraite à toute autre poursuite...

D. ALPHONSE. J'ai de votre discours assez souffert la suite,
Madame; et par deux mots je vous l'eusse épargné,
Si votre fausse alarme eût sur vous moins gagné.
Je sais qu'un bruit commun, qui partout se fait croire,
De la mort du tyran me veut donner la gloire;
Mais le seul peuple enfin, comme on nous fait savoir,
Laissant par don Louis échauffer son devoir,
A remporté l'honneur de cet acte héroïque
Dont mon nom est chargé par la rumeur publique :
Et ce qui d'un tel bruit a fourni le sujet,
C'est que, pour appuyer son illustre projet,
Don Louis fit semer, par une feinte utile,
Que, secondé des miens, j'avais saisi la ville;
Et par cette nouvelle il a poussé les bras
Qui d'un usurpateur ont hâté le trépas.
Par son zèle prudent il a su tout conduire,
Et c'est par un des siens qu'il vient de m'en instruire.
Mais dans le même instant un secret m'est appris,
Qui va vous étonner autant qu'il m'a surpris.
Vous attendez un frère, et Léon son vrai maître;
A vos yeux maintenant le ciel le fait paraître;
Oui, je suis don Alphonse; et mon sort conservé,
Et sous le nom du sang de Castille élevé,
Est un fameux effet de l'amitié sincère
Qui fut entre son prince et le roi notre père.
Don Louis du secret a toutes les clartés,
Et doit aux yeux de tous prouver ces vérités.
D'autres soins maintenant occupent ma pensée :
Non qu'à votre sujet elle soit traversée,
Que ma flamme querelle un tel événement,
Et qu'en mon cœur le frère importune l'amant.
Mes feux par ce secret ont reçu sans murmure
Le changement qu'en eux a prescrit la nature;
Et le sang qui nous joint m'a si bien détaché
De l'amour dont pour vous mon cœur était touché,
Qu'il ne respire plus, pour faveur souveraine,
Que les chères douceurs de sa première chaîne,
Et le moyen de rendre à l'adorable Ignès
Ce que de ses bontés a mérité l'excès.

Mais son sort incertain rend le mien misérable :
Et si ce qu'on en dit se trouvait véritable,
En vain Léon m'appelle et le trône m'attend,
La couronne n'a rien à me rendre content,
Et je n'en veux l'éclat que pour goûter la joie
D'en couronner l'objet où le ciel me renvoie,
Et pouvoir réparer par ces justes tributs
L'outrage que j'ai fait à ses rares vertus.
Madame, c'est de vous que j'ai raison d'attendre
Ce que de son destin mon âme peut apprendre :
Instruisez-m'en, de grâce ; et, par votre discours,
Hâtez mon désespoir, ou le bien de mes jours.

D. ELVIRE. Ne vous étonnez pas si je tarde à répondre,
Seigneur ; ces nouveautés ont droit de me confondre.
Je n'entreprendrai point de dire à votre amour
Si done Ignès est morte ou respire le jour ;
Mais par ce cavalier, l'un de ses plus fidèles,
Vous en pourrez sans doute apprendre des nouvelles.

D. ALPHONSE *reconnaissant done Ignès.* Ah ! madame, il m'est doux en ces
De voir ici briller vos célestes beautés.   [perplexités
Mais vous, avec quels yeux verrez-vous un volage
Dont le crime...

D. IGNÈS.   Ah ! gardez de me faire un outrage,
Et de vous hasarder à dire que vers moi
Un cœur dont je fais cas ait pu manquer de foi :
J'en refuse l'idée, et l'excuse me blesse.
Rien n'a pu m'offenser auprès de la princesse ;
Et tout ce que d'ardeur elle vous a causé
Par un si haut mérite est assez excusé.
Cette flamme vers moi ne vous rend point coupable ;
Et, dans le noble orgueil dont je me sens capable,
Sachez, si vous l'étiez, que ce serait en vain
Que vous présumeriez de fléchir mon dédain,
Et qu'il n'est repentir ni suprême puissance
Qui gagnât sur mon cœur d'oublier cette offense.

D. ELVIRE. Mon frère, d'un tel nom souffrez-moi la douceur,
De quel ravissement comblez-vous une sœur !
Que j'aime votre choix, et bénis l'aventure
Qui vous fait couronner une amitié si pure !
Et de deux nobles cœurs que j'aime tendrement...

SCÈNE VI.

DON GARCIE, DONE ELVIRE, DONE IGNÈS *déguisée en homme*, DON ALPHONSE *cru* DON SYLVE, ÉLISE.

D. GARCIE. De grâce, cachez-moi votre contentement,
Madame, et me laissez mourir dans la croyance
Que le devoir vous fait un peu de violence.
Je sais que de vos vœux vous pouvez disposer ;

ACTE V.

Et mon dessein n'est pas de leur rien opposer;
Vous le voyez assez, et quelle obéissance
De vos commandements m'arrache la puissance :
Mais je vous avouerai que cette gayeté
Surprend au dépourvu toute ma fermeté,
Et qu'un pareil objet dans mon âme fait naître
Un transport dont j'ai peur que je ne sois pas maître;
Et je me punirais s'il m'avait pu tirer
De ce respect soumis où je veux demeurer.
Oui, vos commandements ont prescrit à mon âme
De souffrir sans éclat le malheur de ma flamme;
Cet ordre sur mon cœur doit être tout-puissant,
Et je prétends mourir en vous obéissant :
Mais, encore une fois, la joie où je vous treuve
M'expose à la rigueur d'une trop rude épreuve,
Et l'âme la plus sage en ces occasions
Répond malaisément de ses émotions.
Madame, épargnez-moi cette cruelle atteinte,
Donnez-moi par pitié deux moments de contrainte;
Et quoi que d'un rival vous inspirent les soins,
N'en rendez pas mes yeux les malheureux témoins :
C'est la moindre faveur qu'on peut, je crois, prétendre,
Lorsque dans ma disgrâce un amant peut descendre
Je ne l'exige pas, madame, pour longtemps,
Et bientôt mon départ rendra vos vœux contents.
Je vais où de ses feux mon âme consumée
N'apprendra votre hymen que par la renommée :
Ce n'est pas un spectacle où je doive courir,
Madame; sans le voir, j'en saurai bien mourir.

D. IGNÈS. Seigneur, permettez-moi de blâmer votre plainte.
De vos maux la princesse a su paraître atteinte;
Et cette joie encor de quoi vous murmurez
Ne lui vient que des biens qui vous sont préparés.
Elle goûte un succès à vos désirs prospère,
Et dans votre rival elle trouve son frère;
C'est don Alphonse enfin dont on a tant parlé,
Et ce fameux secret vient d'être dévoilé.

D. ALPHONSE. Mon cœur, grâces au ciel, après un long martyre,
Seigneur, sans vous rien prendre, a tout ce qu'il désire,
Et goûte d'autant mieux son bonheur en ce jour,
Qu'il se voit en état de servir votre amour.

D. GARCIE. Hélas! cette bonté, seigneur, doit me confondre;
A mes plus chers désirs elle daigne répondre.
Le coup que je craignais, le ciel l'a détourné,
Et tout autre que moi se verrait fortuné :
Mais ces douces clartés d'un secret favorable
Vers l'objet adoré me découvrent coupable :
Et, tombé de nouveau dans ces traîtres soupçons
Sur quoi l'on m'a tant fait d'inutiles leçons,

Et par qui mon ardeur, si souvent odieuse,
Doit perdre tout espoir d'être à jamais heureuse...
Oui, l'on doit me haïr avec trop de raison;
Moi-même je me trouve indigne de pardon;
Et, quelque heureux succès que le sort me présente,
La mort, la seule mort est toute mon attente.

D. ELVIRE. Non, non; de ce transport le soumis mouvement,
Prince, jette en mon âme un plus doux sentiment.
Par lui de mes serments je me sens détachée:
Vos plaintes, vos respects, vos douleurs m'ont touchée;
J'y vois partout briller un excès d'amitié,
Et votre maladie est digne de pitié.
Je vois, prince, je vois qu'on doit quelque indulgence
Aux défauts où du ciel fait pencher l'influence;
Et, pour tout dire enfin, jaloux ou non jaloux,
Mon roi sans me gêner peut me donner à vous.

D. GARCIE. Ciel, dans l'excès des biens que cet aveu m'octroie,
Rends capable mon cœur de supporter sa joie!

D. ALPHONSE. Je veux que cet hymen, après nos vains débats,
Seigneur, joigne à jamais nos cœurs et nos Etats.
Mais ici le temps presse, et Léon nous appelle;
Allons dans nos plaisirs satisfaire son zèle,
Et par notre présence et nos soins différents
Donner le dernier coup au parti des tyrans.

FIN DE DON GARCIE DE NAVARRE.

LES
PRÉCIEUSES RIDICULES,

COMÉDIE EN UN ACTE.

1659

NOTICE SUR LES PRÉCIEUSES RIDICULES.

Madame de Rambouillet réunissait dans son hôtel de la rue Saint-Thomas-du-Louvre un cercle de beaux esprits, parmi lesquels se distinguaient Voiture, Balzac, Chapelain, Benserade, Cotin, Desmarets, Vaugelas, Segrais, Bussy-Rabutin, la mère du grand Condé, mademoiselle de Scudéri, madame de la Suze, madame de Grignon et madame de Sévigné. La plupart de ces personnages se désignaient par des anagrammes, et la maîtresse du logis avait été baptisée Arthénice, Éracinthe et Corinthée. Cette société mettait à la mode ce jargon quintessencié et la fade galanterie dont mademoiselle de Scudéri avait donné l'exemple dans son roman de *Clélie*. On y composait des énigmes, des madrigaux, des bouts-rimés, des sonnets, des rondeaux; et celles de ces pièces de vers qui s'écartaient le plus du naturel étaient toujours les mieux accueillies. La Bruyère a défini en ces termes le genre de conversations qu'à l'instar de l'hôtel de Rambouillet les précieuses et les coureurs de ruelles affectionnaient : « Ils laissaient au vulgaire l'art de parler d'une manière intelligible; une chose dite entre eux peu clairement en entraînait une autre encore plus obscure, sur laquelle on enchérissait par de vraies énigmes, toujours suivies de longs applaudissements. Par tout ce qu'ils appelaient délicatesse, sentiment et finesse d'expression, ils étaient enfin parvenus à n'être plus entendue et à ne s'entendre pas eux-mêmes. »

Molière osa attaquer ces ridicules, et sa pièce, jouée le 18 novembre 1659, produisit une sensation extraordinaire. Dès la seconde représentation, le prix du parterre fut porté de dix à quinze sous, et le prix des autres places fut doublé. Les *Précieuses ridicules* furent suivies pendant quatre mois à Paris sans interruption, et applaudies également à la cour, qui se trouvait alors au pied des Pyrénées. On raconte qu'un vieillard inconnu, saisi des beautés nouvelles que cette comédie révélait, s'écria du milieu du parterre : « Courage, Molière, voilà la bonne comédie! »

ÉMILE DE LA BÉDOLLIÈRE.

PRÉFACE.

C'est une chose étrange, qu'on imprime les gens malgré eux! Je ne vois rien de si injuste, et je pardonnerais toute autre violence plutôt que celle-là.

Ce n'est pas que je veuille faire ici l'auteur modeste et mépriser par honneur ma comédie : j'offenserais mal à propos tout Paris, si je l'accusais d'avoir pu applaudir à une sottise. Comme le public est le juge absolu de ces sortes d'ouvrages, il y aurait de l'impertinence à moi de le démentir; et quand j'aurais eu la plus mauvaise opinion du monde de mes *Précieuses ridicules* avant leur représentation, je dois croire maintenant qu'elles valent quelque chose, puisque tant de gens ensemble en ont dit du bien. Mais comme une grande partie des grâces qu'on y a trouvées dépendent de l'action et du ton de voix, il m'importait qu'on ne les dépouillât pas de ces ornements; et je trouvais que le succès qu'elles avaient eu dans la représentation était assez beau pour en demeurer là. J'avais résolu, dis-je, de ne les faire voir qu'à la chandelle, pour ne point donner lieu à quelqu'un de dire le proverbe; et je ne voulais pas qu'elles sautassent du théâtre de Bourbon dans la galerie du Palais. Cependant je n'ai pu l'éviter, et je suis tombé dans la disgrâce de voir une copie dérobée de ma pièce entre les mains des libraires accompagnée d'un privilége obtenu par surprise. J'ai eu beau crier : O temps! ô mœurs! on m'a fait voir une nécessité pour moi d'être imprimé ou d'avoir un procès; et le dernier mal est encore pire que le premier. Il faut donc se laisser aller à la destinée et consentir à une chose qu'on ne laisserait pas de faire sans moi.

Mon Dieu! l'étrange embarras qu'un livre à mettre au jour! et qu'un auteur est neuf la première fois qu'on l'imprime! Encore si l'on m'avait donné du temps, j'aurais pu mieux songer à moi, et j'aurais pris toutes les précautions que MM. les auteurs, à présent mes confrères, ont coutume de prendre en semblables occasions. Outre quelque grand seigneur que j'aurais été prendre malgré lui pour protecteur de mon ouvrage, et dont j'aurais tenté la libéralité par une épître dédicatoire bien fleurie, j'aurais tâché de faire une belle et docte préface; et je ne manque point de livres qui m'auraient fourni tout ce qu'on peut dire de savant sur la tragédie et la comédie, l'étymologie de toutes deux, leur origine, leur définition et le reste. J'aurais parlé aussi à mes amis, qui, pour la recommandation de ma pièce, ne m'auraient pas refusé ou des vers français ou des vers latins. J'en ai même qui m'auraient loué en grec; et l'on n'ignore pas qu'une louange en grec est d'une merveilleuse efficace à la tête d'un livre. Mais on me met au jour sans me donner loisir de me reconnaître; et je ne puis même obtenir la liberté de dire deux mots pour justifier mes intentions sur le sujet de cette comédie. J'aurais voulu faire voir qu'elle se tient partout dans les bornes de la satire honnête et permise; que les plus excellentes choses sont sujettes à être copiées par de mauvais singes qui méritent d'être bernés; que ces vicieuses imitations de ce qu'il y a de plus parfait ont été de tout temps la matière de la comédie; et que, par la même raison que les véritables savants et les vrais braves ne se sont point encore avisés de s'offenser du docteur de la comédie et du capitan, non plus que les juges, les princes et les rois de voir Trivelin ou quelque autre sur le théâtre faire ridiculement le juge, le prince ou le roi; aussi les véritables précieuses auraient tort de se piquer lorsqu'on joue les ridicules qui les imitent mal. Mais enfin, comme j'ai dit on ne me laisse pas le temps de respirer, et M. de Luynes veut m'aller faire relier de ce pas. A la bonne heure, puisque Dieu l'a voulu.

PERSONNAGES.

LA GRANGE,
DU CROISY, } amants rebutés.
GORGIBUS, bon bourgeois.
MADELON, fille de Gorgibus, précieuse ridicule.
CATHOS, nièce de Gorgibus, précieuse ridicule.
MAROTTE, servante des précieuses ridicules.
ALMANZOR, laquais des précieuses ridicules.
LE MARQUIS DE MASCARILLE, valet de La Grange.
LE VICOMTE DE JODELET, valet de Du Croisy.
LUCILE, voisine de Gorgibus.
CÉLIMÈNE, voisine de Gorgibus.
DEUX PORTEURS DE CHAISE.
VIOLONS.

La scène est à Paris, dans la maison de Gorgibus.

LES
PRÉCIEUSES RIDICULES.

SCÈNE I.
LA GRANGE, DU CROISY.

DU CROISY. — Seigneur la Grange...
LA GRANGE. — Quoi?
DU CROISY. — Regardez-moi un peu sans rire.
LA GRANGE. — Hé bien?
DU CROISY. — Que dites-vous de notre visite? En êtes-vous fort satisfait?
LA GRANGE. — A votre avis, avons-nous sujet de l'être tous deux?
DU CROISY. — Pas tout à fait, à dire vrai.
LA GRANGE. — Pour moi, je vous avoue que j'en suis tout scandalisé. A-t-on jamais vu, dites-moi, deux pecques provinciales faire plus les renchéries que celles-là, et deux hommes traités avec plus de mépris que nous? A peine ont-elles pu se résoudre à nous faire donner des siéges. Je n'ai jamais vu tant parler à l'oreille qu'elles ont fait entre elles, tant bâiller, tant se frotter les yeux, et demander tant de fois: Quelle heure est-il? Ont-elles répondu que oui et non à tout ce que nous avons pu leur dire? Et ne m'avouerez-vous pas enfin que, quand nous aurions été les dernières personnes du monde, on ne pouvait nous faire pis qu'elles ont fait?
DU CROISY. — Il me semble que vous prenez la chose fort à cœur.
LA GRANGE. — Sans doute je l'y prends, et de telle façon que je me veux venger de cette impertinence. Je connais ce qui nous a fait mépriser. L'air précieux n'a pas seulement infecté Paris; il s'est aussi répandu dans les provinces, et nos donzelles ridicules en ont humé leur bonne part. En un mot, c'est un ambigu de précieuse et de coquette que leur personne. Je vois ce qu'il faut être pour en être bien reçu; et si vous m'en croyez, nous leur jouerons tous deux une pièce qui leur fera voir leur sottise, et pourra leur apprendre à connaître un peu mieux leur monde.
DU CROISY. — Et comment encore?
LA GRANGE. — J'ai un certain valet, nommé Mascarille, qui passe, au sentiment de beaucoup de gens, pour une manière de bel esprit; car il n'y a rien à meilleur marché que le bel esprit maintenant. C'est un extravagant qui s'est mis dans la tête de vouloir faire l'homme de condition. Il se pique ordinairement de galanterie et de vers, et dédaigne les autres valets jusqu'à les appeler brutaux.
DU CROISY. — Hé bien! qu'en prétendez-vous faire?
LA GRANGE. — Ce que j'en prétends faire? Il faut... Mais sortons d'ici auparavant.

SCÈNE II.
GORGIBUS, DU CROISY, LA GRANGE.

GORGIBUS. — Hé bien! vous avez vu ma nièce et ma fille? Les affaires iront-elles bien? Quel est le résultat de cette visite?

LA GRANGE. — C'est une chose que vous pourrez mieux apprendre d'elles que de nous. Tout ce que nous pouvons vous dire, c'est que nous vous rendons grâce de la faveur que vous nous avez faite, et demeurons vos très-humbles serviteurs.

DU CROISY. — Vos très-humbles serviteurs.

GORGIBUS *seul*. — Ouais il me semble qu'ils sortent mal satisfaits d'ici. D'où pourrait venir leur mécontentement? Il faut savoir un peu ce que c'est. Holà!

SCÈNE III.
GORGIBUS, MAROTTE.

MAROTTE. — Que désirez-vous, monsieur?

GORGIBUS. — Où sont vos maîtresses?

MAROTTE. — Dans leur cabinet.

GORGIBUS. — Que font-elles?

MAROTTE. — De la pommade pour les lèvres.

GORGIBUS. — C'est trop pommader : dites-leur qu'elles descendent.

SCÈNE IV.
GORGIBUS *seul*.

Ces pendardes-là, avec leur pommade, ont, je pense, envie de me ruiner. Je ne vois partout que blancs d'œufs, lait virginal, et mille autres brimborions que je ne connais point. Elles ont usé, depuis que nous sommes ici, le lard d'une douzaine de cochons, pour le moins; et quatre valets vivraient tous les jours des pieds de mouton qu'elles emploient.

SCÈNE V.
MADELON, CATHOS, GORGIBUS.

GORGIBUS. — Il est bien nécessaire, vraiment, de faire tant de dépense pour vous graisser le museau! Dites-moi un peu ce que vous avez fait à ces messieurs, que je les vois sortir avec tant de froideur. Vous avais-je pas commandé de les recevoir comme des personnes que je voulais vous donner pour maris?

MADELON. — Et quelle estime, mon père, voulez-vous que nous fassions du procédé irrégulier de ces gens-là?

CATHOS. — Le moyen, mon oncle, qu'une fille un peu raisonnable se pût accommoder de leur personne?

GORGIBUS. — Et qu'y trouvez-vous à redire?

MADELON. — La belle galanterie que la leur! Quoi! débuter d'abord par le mariage!

GORGIBUS. — Et par où veux-tu donc qu'ils débutent? par le concubinage? N'est-ce pas un procédé dont vous avez sujet de vous louer toutes deux, aussi bien que moi? Est-il rien de plus obligeant que cela?

Et ce lien sacré où ils aspirent n'est-il pas un témoignage de l'honnêteté de leurs intentions?

MADELON. — Ah! mon père, ce que vous dites là est du dernier bourgeois. Cela me fait honte de vous ouïr parler de la sorte; et vous devriez un peu vous faire apprendre le bel air des choses.

GORGIBUS. — Je n'ai que faire ni d'air ni de chanson. Je te dis que le mariage est une chose sacrée, et que c'est faire en honnêtes gens que de débuter par là.

MADELON. — Mon Dieu! que si tout le monde vous ressemblait, un roman serait bientôt fini! La belle chose que ce serait si d'abord Cyrus épousait Mandane, et qu'Aronce de plain-pied fût marié à Clélie!

GORGIBUS. — Que me vient conter celle-ci?

MADELON. — Mon père, voilà ma cousine qui vous dira, aussi bien que moi, que le mariage ne doit jamais arriver qu'après les autres aventures. Il faut qu'un amant, pour être agréable, sache débiter les beaux sentiments, pousser le doux, le tendre et le passionné, et que sa recherche soit dans les formes. Premièrement, il doit voir au temple ou à la promenade, ou dans quelque cérémonie publique, la personne dont il devient amoureux; ou bien être conduit fatalement chez elle par un parent ou un ami, et sortir de là tout rêveur et mélancolique. Il cache un temps sa passion à l'objet aimé, et cependant lui rend plusieurs visites, où l'on ne manque jamais de mettre sur le tapis une question galante qui exerce les esprits de l'assemblée. Le jour de la déclaration arrive, qui se doit faire ordinairement dans une allée de quelque jardin, tandis que la compagnie s'est un peu éloignée; et cette déclaration est suivie d'un prompt courroux qui paraît à notre rougeur, et qui pour un temps bannit l'amant de notre présence. Ensuite il trouve moyen de nous apaiser, de nous accoutumer insensiblement au discours de sa passion, et de tirer de nous cet aveu qui fait tant de peine. Après cela viennent les aventures, les rivaux qui se jettent à la traverse d'une inclination établie, les persécutions des pères, les jalousies conçues sur de fausses apparences, les plaintes, les désespoirs, les enlèvements, et ce qui s'ensuit. Voilà comme les choses se traitent dans les belles manières; et ce sont des règles dont, en bonne galanterie, on ne saurait se dispenser. Mais en venir de but en blanc à l'union conjugale, ne faire l'amour qu'en faisant le contrat du mariage, et prendre justement le roman par la queue; encore un coup, mon père, il ne se peut rien de plus marchand que ce procédé, et j'ai mal au cœur de la seule vision que cela me fait.

GORGIBUS. — Quel diable de jargon entends-je ici? Voici bien du haut style.

CATHOS. — En effet, mon oncle, ma cousine donne dans le vrai de la chose. Le moyen de bien recevoir des gens qui sont tout à fait incongrus en galanterie! Je m'en vais gager qu'ils n'ont jamais vu la carte de Tendre, et que Billets-doux, Petits-soins, Billets-galants et Jolis-vers, sont des terres inconnues pour eux. Ne voyez-vous pas que toute leur personne marque cela, et qu'ils n'ont point cet air qui donne d'abord bonne opinion des gens? Venir en visite amoureuse avec une jambe tout unie, un chapeau désarmé de plumes, une tête irrégulière en cheveux et un habit qui souffre une indigence de rubans! Mon Dieu! quels amants sont-ce là! Quelle frugalité d'ajustement et quelle sécheresse de conversation! On n'y dure point, on n'y tient pas. J'ai remarqué encore que leurs rabats ne sont point de la bonne faiseuse, et qu'il s'en faut plus d'un grand demi-pied que leurs hauts-de-chausses ne soient assez larges.

GORGIBUS. — Je pense qu'elles sont folles toutes deux, et je ne puis rien comprendre à ce baragouin. Cathos, et vous, Madelon...

MADELON. — Eh! de grâce, mon père, défaites-vous de ces noms étranges, et nous appelez autrement.

GORGIBUS. — Comment, ces noms étranges! Ne sont-ce pas vos noms de baptême?

MADELON. — Mon Dieu! que vous êtes vulgaire! Pour moi, un de mes étonnements, c'est que vous ayez pu faire une fille si spirituelle que moi. A-t-on jamais parlé, dans le beau style, de Cathos ni de Madelon? et ne m'avouerez-vous pas que ce serait assez d'un de ces noms pour décrier le plus beau roman du monde?

CATHOS. — Il est vrai, mon oncle, qu'une oreille un peu délicate pâtit furieusement à entendre prononcer ces mots-là; et le nom de Polixène, que ma cousine a choisi, et celui d'Aminte, que je me suis donné, ont une grâce dont il faut que vous demeuriez d'accord.

GORGIBUS. — Ecoutez, il n'y a qu'un mot qui serve; je n'entends point que vous ayez d'autres noms que ceux qui vous ont été donnés par vos parrains et vos marraines. Et pour ces messieurs dont il est question, je connais leurs familles et leurs biens, et je veux résolument que vous vous disposiez à les recevoir pour maris. Je me lasse de vous avoir sur les bras, et la garde de deux filles est une charge un peu trop pesante pour un homme de mon âge.

CATHOS. — Pour moi, mon oncle, tout ce que je puis vous dire, c'est que je trouve le mariage une chose tout à fait choquante. Comment est-ce qu'on peut souffrir la pensée de coucher contre un homme vraiment nu?

MADELON. — Souffrez que nous prenions un peu haleine parmi le beau monde de Paris, où nous ne faisons que d'arriver. Laissez-nous faire à loisir le tissu de notre roman, et n'en pressez point tant la conclusion.

GORGIBUS, *à part*. — Il n'en faut point douter, elles sont achevées. (*Haut.*) Encore un coup, je n'entends rien à toutes ces balivernes; je veux être maître absolu; et, pour trancher toutes sortes de discours, ou vous serez mariées toutes deux avant qu'il soit peu, ou, ma foi, vous serez religieuses; j'en fais un bon serment.

SCÈNE VI.
CATHOS, MADELON.

CATHOS. — Mon Dieu! ma chère, que ton père a la forme enfoncée dans la matière! Que son intelligence est épaisse! et qu'il fait sombre dans son âme!

MADELON. — Que veux-tu, ma chère? j'en suis en confusion pour lui : j'ai peine à me persuader que je puisse être véritablement sa fille, et je crois que quelque aventure un jour me viendra développer une naissance illustre.

CATHOS. — Je le croirais bien; oui, il y a toutes les apparences du monde. Et pour moi, quand je me regarde aussi...

SCÈNE VII.
CATHOS, MADELON, MAROTTE.

MAROTTE. — Voilà un laquais qui demande si vous êtes au logis, et dit que son maître vous veut venir voir.

MADELON. — Apprenez, sotte, à vous énoncer moins vulgairement. Dites : Voilà un nécessaire qui demande si vous êtes en commodité d'être visibles.

MAROTTE. — Dame! je n'entends point le latin, et je n'ai pas appris, comme vous, la filofie dans le Cyre.

MADELON. — L'impertinente! Le moyen de souffrir cela! Et qui est-il, le maître de ce laquais?

MAROTTE. — Il me l'a nommé le marquis de Mascarille.

MADELON. — Ah! ma chère, un marquis! un marquis! Oui, allez dire qu'on peut nous voir. C'est sans doute un bel esprit qui a ouï parler de nous.

CATHOS. — Assurément, ma chère.

MADELON. — Il faut le recevoir dans cette salle basse plutôt qu'en notre chambre. Ajustons un peu nos cheveux au moins, et soutenons notre réputation. Vite, venez nous tendre ici dedans le conseiller des grâces.

MAROTTE. — Par ma foi, je ne sais point quelle bête c'est là; il faut parler chrétien, si vous voulez que je vous entende.

CATHOS. — Apportez-nous le miroir, ignorante que vous êtes, et gardez-vous bien d'en salir la glace par la communication de votre image. (*Elles sortent.*)

SCÈNE VIII.
MASCARILLE, DEUX PORTEURS.

MASCARILLE. — Holà, porteurs, holà! La, la, la, la, la, la! Je pense que ces marauds-là ont dessein de me briser à force de heurter contre les murailles et les pavés.

PREMIER PORTEUR. — Dame! c'est que la porte est étroite. Vous avez voulu aussi que nous soyons entrés jusqu'ici.

MASCARILLE. — Je le crois bien. Voudriez-vous, faquins, que j'exposasse l'embonpoint de mes plumes aux inclémences de la saison pluvieuse, et que j'allasse imprimer mes souliers en boue? Allez, ôtez votre chaise d'ici.

SECOND PORTEUR. — Payez-nous donc, s'il vous plaît, monsieur.

MASCARILLE. — Hé?

SECOND PORTEUR. — Je dis, monsieur, que vous nous donniez de l'argent, s'il vous plaît.

MASCARILLE *lui donnant un soufflet.* — Comment, coquin! demander de l'argent à une personne de ma qualité!

second porteur. — Est-ce ainsi qu'on paye les pauvres gens? et votre qualité nous donne-t-elle à dîner?

mascarille. — Ah! ah! je vous apprendrai à vous connaître. Ces canailles-là s'osent jouer à moi!

premier porteur *prenant un des bâtons de sa chaise.* — Çà, payez-nous vitement.

mascarille. — Quoi?

premier porteur. — Je dis que je veux avoir de l'argent tout à l'heure.

mascarille. — Il est raisonnable, celui-là.

premier porteur. — Vite donc.

mascarille. — Oui-dà, tu parles comme il faut, toi, mais l'autre est un coquin qui ne sait ce qu'il dit. Tiens, es-tu content?

premier porteur. — Non, je ne suis pas content; vous avez donné un soufflet à mon camarade, et... (*levant son bâton*).

mascarille. — Doucement; tiens, voilà pour le soufflet. On obtient tout de moi quand on s'y prend de la bonne façon. Allez, venez me reprendre tantôt, pour aller au Louvre, au petit coucher.

SCÈNE IX.
MAROTTE, MASCARILLE.

marotte. — Monsieur, voilà mes maîtresses qui vont venir tout à l'heure.

mascarille. — Qu'elles ne se pressent point; je suis ici posté commodément pour attendre.

marotte. — Les voici.

SCÈNE X.
MADELON, CATHOS, MASCARILLE, ALMANZOR.

mascarille *après avoir salué.* — Mesdames, vous serez surprises, sans doute, de l'audace de ma visite : mais votre réputation vous attire cette méchante affaire; et le mérite a pour moi des charmes si puissants, que je cours partout après lui.

madelon. — Si vous poursuivez le mérite, ce n'est pas sur nos terres que vous devez chasser.

cathos. — Pour voir chez nous le mérite, il a fallu que vous l'y ayez amené.

mascarille. — Ah! je m'inscris en faux contre vos paroles. La renommée accuse juste en contant ce que vous valez; et vous allez faire pic, repic et capot tout ce qu'il y a de galant dans Paris.

madelon. — Votre complaisance pousse un peu trop avant la libéralité de ses louanges; et nous n'avons garde, ma cousine et moi, de donner de notre sérieux dans le doux de votre flatterie.

cathos. — Ma chère, il faudrait faire donner des siéges.

madelon. — Holà, Almanzor!

almanzor. — Madame?

madelon. — Vite, voiturez-nous ici les commodités de la conversation.

mascarille. — Mais, au moins, y a-t-il sûreté ici pour moi? (*Almanzor sort.*)

SCENE X.

CATHOS. — Que craignez-vous ?

MASCARILLE. — Quelque vol de mon cœur, quelque assassinat de ma franchise. Je vois ici des yeux qui ont la mine d'être de fort mauvais garçons, de faire insulte aux libertés, et de traiter une âme de Turc à Maure. Comment diable ! d'abord qu'on les approche, ils se mettent sur leurs gardes meurtrières ! Ah ! par ma foi, je m'en défie ; et je m'en vais gagner au pied, ou je veux caution bourgeoise qu'ils ne me feront point de mal.

MADELON. — Ma chère, c'est le caractère enjoué.

CATHOS. — Je vois bien que c'est un Amilcar.

MADELON. — Ne craignez rien, nos yeux n'ont point de mauvais desseins, et votre cœur peut dormir en assurance sur leur prud'homie.

CATHOS. — Mais, de grâce, monsieur, ne soyez point inexorable à ce fauteuil qui vous tend les bras il y a un quart d'heure ; contentez un peu l'envie qu'il a de vous embrasser.

MASCARILLE *après s'être peigné et avoir ajusté ses canons.* — Hé bien ! mesdames, que dites-vous de Paris ?

MADELON. — Hélas ! qu'en pourrions-nous dire ? Il faudrait être l'antipode de la raison pour ne pas confesser que Paris est le grand bureau des merveilles, le centre du bon goût, du bel esprit et de la galanterie.

MASCARILLE. — Pour moi, je tiens que hors de Paris il n'y a point de salut pour les honnêtes gens.

CATHOS. — C'est une vérité incontestable.

MASCARILLE. — Il y fait un peu crotté ; mais nous avons la chaise.

MADELON. — Il est vrai que la chaise est un retranchement merveilleux contre les insultes de la boue et du mauvais temps.

MASCARILLE. — Vous recevez beaucoup de visites ? Quel bel esprit est des vôtres ?

MADELON. — Hélas ! nous ne sommes pas encore connues, mais nous sommes en passe de l'être, et nous avons une amie particulière qui nous a promis d'amener ici tous ces messieurs du recueil des pièces choisies.

CATHOS. — Et certains autres qu'on nous a nommés aussi pour être les arbitres souverains des belles choses.

MASCARILLE. — C'est moi qui ferai votre affaire mieux que personne : ils me rendent tous visite ; et je puis dire que je ne me lève jamais sans une demi-douzaine de beaux esprits.

MADELON. — Hé ! mon Dieu ! nous vous serons obligées de la dernière obligation, si vous nous faites cette amitié ; car enfin il faut avoir la connaissance de tous ces messieurs-là, si l'on veut être du beau monde. Ce sont eux qui donnent le branle à la réputation dans Paris ; et vous savez qu'il y en a tel dont il ne faut que la seule fréquentation pour vous donner bruit de connaisseuse, quand il n'y aurait rien autre chose que cela. Mais pour moi, ce que je considère particulièrement, c'est que, par le moyen de ces visites spirituelles, on est instruit de cent choses qu'il faut savoir de nécessité, et qui sont de l'essence du bel esprit. On apprend par là chaque jour les petites nouvelles galantes, les jolis commerces de prose ou de vers. On sait à point nommé : un tel a composé la plus jolie pièce du monde sur un tel sujet; une telle a fait des paroles sur un tel air ; celui-ci a fait un madrigal sur une jouissance; celui-là a composé des stances sur une infidélité : monsieur un tel écrivit hier au soir un sixain à mademoiselle une telle, dont elle lui a envoyé la réponse ce matin sur les huit heures : un tel auteur a fait un tel dessein; celui-là est à la troisième partie de son roman, cet autre met ses ouvrages sous la presse. C'est là ce qui vous fait valoir dans les compagnies; et si l'on ignore ces choses, je ne donnerais pas un clou de tout l'esprit qu'on peut avoir.

CATHOS. — En effet, je trouve que c'est renchérir sur le ridicule, qu'une personne se pique d'esprit, et ne sache pas jusqu'au moindre petit quatrain qui se fait chaque jour; et, pour moi, j'aurais toutes les hontes du monde, s'il fallait qu'on vînt à me demander si j'aurais vu quelque chose de nouveau que je n'aurais pas vu.

MASCARILLE. — Il est vrai qu'il est honteux de n'avoir pas des premiers tout ce qui se fait. Mais ne vous mettez pas en peine; je veux établir chez vous une académie de beaux esprits, et je vous promets qu'il ne se fera pas un bout de vers dans Paris que vous ne sachiez par cœur avant tous les autres. Pour moi, tel que vous me voyez, je m'en escrime un peu quand je veux; et vous verrez courir de ma façon, dans les belles ruelles de Paris, deux cents chansons, autant de sonnets, quatre cents épigrammes, et plus de mille madrigaux, sans compter les énigmes et les portraits.

MADELON. — Je vous avoue que je suis furieusement pour les portraits; je ne vois rien de si galant que cela.

MASCARILLE. — Les portraits sont difficiles et demandent un esprit profond : vous en verrez de ma manière qui ne vous déplairont pas.

CATHOS. — Pour moi, j'aime terriblement les énigmes.

MASCARILLE. — Cela exerce l'esprit; et j'en ai fait quatre encore ce matin, que je vous donnerai à deviner.

MADELON. — Les madrigaux sont agréables quand ils sont bien tournés.

MASCARILLE. — C'est mon talent particulier, et je travaille à mettre en madrigaux toute l'histoire romaine.

MADELON. — Ah! certes, cela sera du dernier beau! j'en retiens un exemplaire au moins, si vous le faites imprimer.

MASCARILLE. — Je vous en promets à chacune un, et des mieux reliés. Cela est au-dessous de ma condition; mais je le fais seulement pour donner à gagner aux libraires, qui me persécutent.

MADELON. — Je m'imagine que le plaisir est grand de se voir imprimer.

MASCARILLE. — Sans doute. Mais à propos il faut que je vous die un impromptu que je fis hier chez une duchesse de mes amies que je fus visiter; car je suis diablement fort sur les impromptus.

CATHOS. — L'impromptu est justement la pierre de touche de l'esprit.

MASCARILLE. — Écoutez donc.

MADELON. — Nous y sommes de toutes nos oreilles.

MASCARILLE. Oh! oh! je n'y prenais pas garde :
Tandis que, sans songer à mal, je vous regarde,
Votre œil en tapinois me dérobe mon cœur.
Au voleur! au voleur! au voleur! au voleur!

CATHOS. — Ah! mon Dieu! voilà qui est poussé dans le dernier galant.

MASCARILLE. — Tout ce que je fais a l'air cavalier; cela ne sent point le pédant.

MADELON. — Il en est éloigné de plus de deux mille lieues.

MASCARILLE. — Avez-vous remarqué ce commencement *oh! oh!* Voilà qui est extraordinaire, *oh! oh!* comme un homme qui s'avise tout d'un coup, *oh! oh!* La surprise, *oh! oh!*

MADELON. — Oui, je trouve ce *oh! oh!* admirable.

MASCARILLE. — Il semble que cela ne soit rien.

CATHOS. — Ah! mon Dieu! que dites-vous? Ce sont là de ces sortes de choses qui ne se peuvent payer.

MADELON. — Sans doute; et j'aimerais mieux avoir fait ce *oh! oh!* qu'un poëme épique.

MASCARILLE. — Tudieu! vous avez le goût bon.

MADELON. Hé! je ne l'ai pas tout à fait mauvais.

MASCARILLE. — Mais n'admirez-vous pas aussi, *je n'y prenais pas garde? Je ne n'y prenais pas garde*, je ne m'apercevais pas de cela; façon de parler naturelle, *je n'y prenais pas garde. Tandis que, sans songer à mal*, tandis qu'innocemment, sans malice, comme un pauvre mouton, *je vous regarde*, c'est-à-dire, je m'amuse à vous considérer, je vous observe, je vous contemple; *votre œil en tapinois...* Que vous semble de ce mot, *tapinois*? n'est-il pas bien choisi?

CATHOS. — Tout à fait bien.

MASCARILLE. — *Tapinois*, en cachette; il semble que ce soit un chat qui vienne de prendre une souris. *Tapinois*.

MADELON. — Il ne se peut rien de mieux.

MASCARILLE. — *Me dérobe mon cœur*, me l'emporte, me le ravit.
Au voleur! au voleur! au voleur! au voleur!

Ne diriez-vous pas que c'est un homme qui crie et court après un voleur pour le faire arrêter?

Au voleur! au voleur! au voleur! au voleur!

MADELON. — Il faut avouer que cela a un tour spirituel et galant.

MASCARILLE. — Je veux vous dire l'air que j'ai fait dessus.

CATHOS. — Vous avez appris la musique?

MASCARILLE. — Moi? point du tout.

CATHOS. — Et comment donc cela se peut-il?

MASCARILLE. — Les gens de qualité savent tout sans avoir jamais rien appris.

MADELON. — Assurément, ma chère.

MASCARILLE. — Ecoutez si vous trouverez l'air à votre goût. *Hem,*

hem, *la*, *la*, *la*, *la*, *la*. La brutalité de la saison a furieusement outragé la délicatesse de ma voix : mais il n'importe, c'est à la cavalière.
(*Il chante.*)

Oh ! oh ! je n'y prenais pas garde, etc.

cathos. — Ah ! que voilà un air qui est passionné ! Est-ce qu'on n'en meurt point ?

madelon. — Il y a de la chromatique là-dedans.

mascarille. — Ne trouvez-vous pas la pensée bien exprimée dans le chant ? *Au voleur ! au voleur ! au voleur !* Et puis comme si l'on criait bien fort, *au, au, au, au, au voleur !* Et tout d'un coup, comme une personne essoufflée, *au voleur !*

madelon. — C'est là savoir le fin des choses, le grand fin, le fin du fin. Tout est merveilleux, je vous assure ; je suis enthousiasmée de l'air et des paroles.

cathos. — Je n'ai encore rien vu de cette force-là.

mascarille. — Tout ce que je fais me vient naturellement ; c'est sans étude.

madelon. — La nature vous a traité en vraie mère passionnée, et vous en êtes l'enfant gâté.

mascarille. — A quoi donc passez-vous le temps, mesdames ?

cathos. — A rien du tout.

madelon. — Nous avons été jusqu'ici dans un jeûne effroyable de divertissements.

mascarille. — Je m'offre à vous mener l'un de ces jours à la comédie, si vous voulez ; aussi bien on en doit jouer une nouvelle que je serai bien aise que nous voyions ensemble.

madelon. — Cela n'est pas de refus.

mascarille. — Mais je vous demande d'applaudir comme il faut quand nous serons là ; car je me suis engagé de faire valoir la pièce, et l'auteur m'en est venu prier encore ce matin. C'est la coutume ici qu'à nous autres gens de condition les auteurs viennent lire leurs pièces nouvelles pour nous engager à les trouver belles et leur donner de la réputation ; et je vous laisse à penser si, quand nous disons quelque chose, le parterre ose nous contredire. Pour moi, j'y suis fort exact ; et quand j'ai promis à quelque poëte, je crie toujours : Voilà qui est beau ! devant que les chandelles soient allumées.

madelon. — Ne m'en parlez point, c'est un admirable lieu que Paris ; il s'y passe cent choses tous les jours qu'on ignore dans les provinces quelque spirituelle qu'on puisse être.

cathos. — C'est assez ; puisque nous sommes instruites, nous ferons notre devoir de nous écrier comme il faut sur tout ce qu'on dira.

mascarille. — Je ne sais si je me trompe, mais vous avez toute la mine d'avoir fait quelque comédie.

madelon. — Hé ! il pourrait être quelque chose de ce que vous dites.

mascarille. — Ah ! ma foi, il faudra que nous la voyions. Entre nous, j'en ai composé une que je veux faire représenter.

cathos. — Hé ! à quels comédiens la donnerez-vous ?

SCÈNE X.

MASCARILLE. — Belle demande! Aux comédiens de l'hôtel de Bourgogne; il n'y a qu'eux qui soient capables de faire valoir les choses : les autres sont des ignorants qui récitent comme l'on parle; ils ne savent pas faire ronfler les vers et s'arrêter au bel endroit. Et le moyen de connaître où est le beau vers, si le comédien ne s'y arrête et ne vous avertit par là qu'il faut faire le brouhaha?

CATHOS. — En effet, il y a manière de faire sentir aux auditeurs les beautés d'un ouvrage; et les choses ne valent que ce qu'on les fait valoir.

MASCARILLE. — Que vous semble de ma petite oie? La trouvez-vous congruente à l'habit?

CATHOS. — Tout à fait.

MASCARILLE. — Le ruban en est bien choisi.

MADELON. — Furieusement bien. C'est Perdrigeon tout pur.

MASCARILLE. — Que dites-vous de mes canons?

MADELON. — Ils ont tout à fait bon air.

MASCARILLE. — Je puis me vanter au moins qu'ils ont un grand quartier plus que tous ceux qu'on fait.

MADELON. — Il faut avouer que je n'ai jamais vu porter si haut l'élégance de l'ajustement.

MASCARILLE. — Attachez un peu sur ces gants la réflexion de votre odorat.

MADELON. — Ils sentent terriblement bon.

CATHOS. — Je n'ai jamais respiré une odeur mieux conditionnée.

MASCARILLE. — Et celle-là? *(Il donne à sentir les cheveux poudrés de sa perruque.)*

MADELON. — Elle est tout à fait de qualité; le sublime en est touché délicieusement.

MASCARILLE. — Vous ne me dites rien de mes plumes! Comment les trouvez-vous?

CATHOS. — Effroyablement belles.

MASCARILLE. — Savez-vous que le brin me coûte un louis d'or? Pour moi, j'ai cette manie de vouloir donner généralement sur tout ce qu'il y a de plus beau.

ADELON. — Je vous assure que nous sympathisons vous et moi. J'ai une délicatesse furieuse pour tout ce que je porte, et, jusqu'à mes chaussettes, je ne puis rien souffrir qui ne soit de la bonne faiseuse.

MASCARILLE *s'écriant brusquement*. — Ahi! ahi! ahi! doucement. Dieu me damne, mesdames! c'est fort mal en user; j'ai à me plaindre de votre procédé : cela n'est pas honnête.

CATHOS. — Qu'est-ce donc? qu'avez-vous?

MASCARILLE. — Quoi! toutes deux contre mon cœur en même temps? M'attaquer à droite et à gauche! Ah! c'est contre le droit des gens; la partie n'est pas égale, et je m'en vais crier au meurtre.

CATHOS. — Il faut avouer qu'il dit les choses d'une manière particulière.

MADELON. — Il a un tour admirable dans l'esprit.

CATHOS. — Vous avez plus de peur que de mal, et votre cœur crie avant qu'on l'écorche.

MASCARILLE. — Comment diable! il est écorché depuis la tête jusqu'aux pieds.

SCÈNE XI.
CATHOS, MADELON, MASCARILLE, MAROTTE.

MAROTTE. — Madame, on demande à vous voir.
MADELON. — Qui?
MAROTTE. — Le vicomte de Jodelet.
MASCARILLE. — Le vicomte de Jodelet?
MAROTTE. — Oui, monsieur.
CATHOS. — Le connaissez-vous?
MASCARILLE. — C'est mon meilleur ami.
MADELON. — Faites entrer vitement.
MASCARILLE. — Il y a quelque temps que nous ne nous sommes vus, et je suis ravi de cette aventure.
CATHOS. — Le voici.

SCÈNE XII.
CATHOS, MADELON, MASCARILLE, JODELET, MAROTTE, ALMANZOR.

MASCARILLE. — Ah! vicomte!
JODELET. (*Ils s'embrassent l'un l'autre.*) — Ah! marquis!
MASCARILLE. — Que je suis aise de te rencontrer!
JODELET. — Que j'ai de joie de te voir ici!
MASCARILLE. — Baise-moi donc encore un peu, je te prie.
MADELON *à Cathos*. — Ma toute bonne, nous commençons d'être connues; voilà le beau monde qui prend le chemin de nous venir voir.
MASCARILLE. — Mesdames, agréez que je vous présente ce gentilhomme-ci; sur ma parole, il est digne d'être connu de vous.
JODELET. — Il est juste de venir vous rendre ce qu'on vous doit, et vos attraits exigent leurs droits seigneuriaux sur toutes sortes de personnes.
MADELON. — C'est pousser vos civilités jusqu'aux derniers confins de flatterie.
CATHOS. — Cette journée doit être marquée dans notre almanach comme une journée bienheureuse.
MADELON *à Almanzor*. — Allons, petit garçon, faut-il toujours vous répéter les choses? Voyez-vous pas qu'il faut le surcroît d'un fauteuil?
MASCARILLE. — Ne vous étonnez pas de voir le vicomte de la sorte; il ne fait que sortir d'une maladie qui lui a rendu le visage pâle, comme vous le voyez.
JODELET. — Ce sont fruits des veilles de la cour et des fatigues de la guerre.
MASCARILLE. — Savez-vous, mesdames, que vous voyez dans le vicomte un des vaillants hommes du siècle? C'est un brave à trois poils.
JODELET. — Vous ne m'en devez rien, marquis, et nous savons ce que vous savez faire aussi.
MASCARILLE. — Il est vrai que nous nous sommes vus tous deux dans l'occasion.
JODELET. — Et dans des lieux où il faisait fort chaud.

MASCARILLE *regardant Cathos et Madelon.* — Oui, mais non pas si chaud qu'ici. Hi! hi! hi!

JODELET. — Notre connaissance s'est faite à l'armée, et la première fois que nous nous vîmes il commandait un régiment de cavalerie sur les galères de Malte.

MASCARILLE. — Il est vrai : mais vous étiez pourtant dans l'emploi avant que j'y fusse; et je me souviens que je n'étais que petit officier encore, que vous commandiez deux mille chevaux.

JODELET. — La guerre est une belle chose : mais, ma foi! la cour récompense bien mal aujourd'hui les gens de service comme nous.

MASCARILLE. — C'est ce qui fait que je veux pendre l'épée au croc.

CATHOS. — Pour moi, j'ai un furieux tendre pour les hommes d'épée.

MADELON. — Je les aime aussi : mais je veux que l'esprit assaisonne la bravoure.

MASCARILLE. — Te souvient-il, vicomte, de cette demi-lune que nous emportâmes sur les ennemis au siége d'Arras?

JODELET. — Que veux-tu dire avec ta demi-lune? C'était bien une lune tout entière.

MASCARILLE. — Je pense que tu as raison.

JODELET. — Il m'en doit bien souvenir, ma foi! j'y fus blessé à la jambe d'un coup de grenade, dont je porte encore les marques. Tâtez un peu, de grâce; vous sentirez quel coup c'était là.

CATHOS *après avoir touché l'endroit.* — Il est vrai que la cicatrice est grande.

MASCARILLE. — Donnez-moi un peu votre main, et tâtez celui-ci : là, justement au derrière de la tête. Y êtes-vous?

MADELON. — Oui, je sens quelque chose.

MASCARILLE. — C'est un coup de mousquet que je reçus la dernière campagne que j'ai faite.

JODELET *découvrant sa poitrine.* — Voici un coup qui me perça de part en part à l'attaque de Gravelines.

MASCARILLE *mettant la main sur le bouton de son haut-de-chausse.* — Je vais vous montrer une furieuse plaie.

MADELON. — Il n'est pas nécessaire, nous le croyons sans y regarder.

MASCARILLE. — Ce sont des marques honorables qui font voir ce qu'on est.

CATHOS. — Nous ne doutons pas de ce que vous êtes.

MASCARILLE. — Vicomte, as-tu là ton carrosse?

JODELET. — Pourquoi?

MASCARILLE. — Nous mènerions promener ces dames hors des portes, et nous leur donnerions un cadeau.

MADELON. — Nous ne saurions sortir aujourd'hui.

MASCARILLE. — Ayons donc les violons pour danser.

JODELET. — Ma foi, c'est bien avisé.

MADELON. — Pour cela, nous y consentons : mais il faut donc quelque surcroît de compagnie.

MASCARILLE. — Holà, Champagne, Picard, Bourguignon, Casquaret, Basque la Verdure, Lorrain, Provençal, la Violette! Au diable soient tous les laquais! Je ne pense pas qu'il y ait gentilhomme en France plus mal servi que moi. Ces canailles me laissent toujours seul.

MADELON. — Almanzor, dites aux gens de monsieur le marquis qu'ils aillent quérir des violons; et nous faites venir ces messieurs et ces dames d'ici près, pour peupler la solitude de notre bal.

(*Almanzor sort.*)

MASCARILLE. — Vicomte, que dis-tu de ces yeux?

JODELET. — Mais, toi-même, marquis, que t'en semble?

MASCARILLE. — Moi, je dis que nos libertés auront peine à sortir d'ici les braies nettes. Au moins, pour moi, je reçois d'étranges secousses, et mon cœur ne tient qu'à un filet.

MADELON. — Que tout ce qu'il dit est naturel! Il tourne les choses le plus agréablement du monde.

CATHOS. — Il est vrai qu'il fait une furieuse dépense en esprit.

MASCARILLE. — Pour vous montrer que je suis véritable, je veux faire un impromptu là-dessus. (*Il médite.*)

CATHOS. — Hé! je vous en conjure de toute la dévotion de mon cœur, que nous oyions quelque chose qu'on ait fait pour nous.

JODELET. — J'aurais envie d'en faire autant; mais je me trouve un peu incommodé de la veine poétique, pour la quantité de saignées que j'y ai faites ces jours passés.

MASCARILLE. — Que diable est-ce là! Je fais toujours bien le premier vers; mais j'ai peine à faire les autres. Ma foi, ceci est un peu trop pressé; je vous ferai un impromptu à loisir, que vous trouverez le plus beau du monde.

JODELET. — Il a de l'esprit comme un démon.

MADELON. — Et du galant, et du bien tourné.

MASCARILLE. — Vicomte, dis-moi un peu, y a-t-il longtemps que tu n'as vu la comtesse?

JODELET. — Il y a plus de trois semaines que je ne lui ai rendu visite.

MASCARILLE. — Sais-tu bien que le duc m'est venu voir ce matin, et m'a voulu mener à la campagne courre un cerf avec lui?

MADELON. — Voici nos amies qui viennent.

SCÈNE XIII.
LUCILE, CÉLIMÈNE, CATHOS, MADELON, MASCARILLE, JODELET, MAROTTE, ALMANZOR, VIOLONS.

MADELON. — Mon Dieu! mes chères, nous vous demandons pardon. Ces messieurs ont eu fantaisie de nous donner les âmes des pieds, et nous vous avons envoyé quérir pour remplir les vides de notre assemblée.

LUCILE. — Vous nous avez obligées sans doute.

MASCARILLE. — Ce n'est ici qu'un bal à la hâte; mais l'un de ces jours, nous vous en donnerons un dans les formes. Les violons sont-ils venus?

ALMANZOR. — Oui, monsieur, ils sont ici.

CATHOS. — Allons donc, mes chères, prenez place.

MASCARILLE *dansant lui seul comme par prélude.* — La, la, la, la, la, la, la, la.

MADELON. — Il a la taille tout à fait élégante.
CATHOS. — Et a la mine de danser proprement.
MASCARILLE *ayant pris Madelon pour danser.* — Ma franchise va danser la courante aussi bien que mes pieds. En cadence, violons; en cadence. O quels ignorants! Il n'y a pas moyen de danser avec eux. Le diable vous emporte! ne sauriez-vous jouer en mesure? La, la, la, la, la, la, la, la. Ferme. O violons de village!
JODELET *dansant ensuite.* — Holà! ne pressez pas si fort la cadence, je ne fais que sortir de maladie.

SCÈNE XIV.
DU CROISY, LA GRANGE, CATHOS, MADELON, LUCILE, CÉLIMÈNE, JODELET, MASCARILLE, MAROTTE, VIOLONS.

LA GRANGE *un bâton à la main.* — Ah! ah! coquins, que faites-vous ici? Il y a trois heures que nous vous cherchons.
MASCARILLE *se sentant battre.* — Ahi! ahi! ahi! vous ne m'aviez pas dit que les coups en seraient aussi.
JODELET. — Ahi! ahi! ahi!
LA GRANGE. — C'est bien à vous, infâme que vous êtes, à vouloir faire l'homme d'importance!
DU CROISY. — Voilà qui vous apprendra à vous connaître.

SCÈNE XV.
CATHOS, MADELON, LUCILE, CÉLIMÈNE, MASCARILLE, JODELET, MAROTTE, VIOLONS.

MADELON. — Que veut donc dire ceci!
JODELET. — C'est une gageure.
CATHOS. — Quoi! vous laisser battre de la sorte!
MASCARILLE. — Mon Dieu! je n'ai pas voulu faire semblant de rien, car je suis violent, et je me serais emporté.
MADELON. — Endurer un affront comme celui-là en notre présence!
MASCARILLE. — Ce n'est rien, ne laissons pas d'achever. Nous nous connaissons il y a longtemps, et entre amis on ne va pas se piquer pour si peu de chose.

SCÈNE XVI.
DU CROISY, LA GRANGE, MADELON, CATHOS, CÉLIMÈNE, LUCILE, MASCARILLE, JODELET, MAROTTE, VIOLONS.

LA GRANGE. — Ma foi, marauds, vous ne vous rirez pas de nous, je vous promets. Entrez, vous autres.
(Trois ou quatre spadassins entrent.)
MADELON. — Quelle est donc cette audace de venir nous troubler de la sorte dans notre maison?
DU CROISY. — Comment, mesdames! nous endurerons que nos laquais soient mieux reçus que nous, qu'ils viennent vous faire l'amour à nos dépens et vous donner le bal?
MADELON. — Vos laquais?
LA GRANGE. — Oui, nos laquais; et cela n'est ni beau ni honnête de nous les débaucher comme vous faites

MADELON. — O ciel! quelle insolence!

LA GRANGE. — Mais ils n'auront pas l'avantage de se servir de nos habits pour vous donner dans la vue; et si vous les voulez aimer, ce sera, ma foi, pour leurs beaux yeux. Vite, qu'on les dépouille sur-le-champ.

JODELET. — Adieu notre braverie.

MASCARILLE. — Voilà le marquisat et la vicomté à bas.

DU CROISY. — Ah! ah! coquins, vous avez l'audace d'aller sur nos brisées! Vous irez chercher autre part de quoi vous rendre agréables aux yeux de vos belles, je vous en assure.

LA GRANGE. — C'est trop de nous supplanter, et de nous supplanter avec nos propres habits.

MASCARILLE. — O fortune, quelle est ton inconstance!

DU CROISY. — Vite, qu'on leur ôte jusqu'à la moindre chose.

LA GRANGE. — Qu'on emporte toutes ces hardes, dépêchez. Maintenant, mesdames, en l'état qu'ils sont, vous pouvez continuer vos amours avec eux tant qu'il vous plaira; nous vous laisserons toute sorte de liberté pour cela, et nous vous protestons, monsieur et moi, que nous n'en serons aucunement jaloux.

SCÈNE XVII.

MADELON, CATHOS, JODELET, MASCARILLE, VIOLONS.

CATHOS. — Ah! quelle confusion!

MADELON. — Je crève de dépit.

UN DES VIOLONS à *Mascarille*. — Qu'est-ce donc que ceci? Qui nous payera, nous autres?

MASCARILLE. — Demandez à monsieur le vicomte.

UN DES VIOLONS à *Jodelet*. — Qui est-ce qui nous donnera de l'argent?

JODELET. — Demandez à monsieur le marquis.

SCÈNE XVIII.

GORGIBUS, MADELON, CATHOS, JODELET, MASCARILLE, VIOLONS.

GORGIBUS. — Ah! coquines que vous êtes, vous nous mettez dans de beaux draps blancs, à ce que je vois! je viens d'apprendre de belles affaires vraiment de ces messieurs et de ces dames qui sortent!

MADELON. — Ah! mon père, c'est une pièce sanglante qu'ils nous ont faite.

GORGIBUS. — Oui, c'est une pièce sanglante, mais qui est un effet de votre impertinence, infâmes. Ils se sont ressentis du traitement que vous leur avez fait; et cependant, malheureux que je suis, il faut que je boive l'affront.

MADELON. — Ah! je jure que nous en serons vengées, ou que je mourrai en la peine. Et vous, marauds, osez-vous vous tenir ici après votre insolence?

MASCARILLE. — Traiter comme cela un marquis! Voilà ce que c'est que du monde; la moindre disgrâce nous fait mépriser de ceux qui nous chérissaient. Allons, camarade, allons chercher fortune autre part; je vois bien qu'on n'aime ici que la vaine apparence, et qu'on n'y considère point la vertu toute nue.

SCÈNE XIX.

GORGIBUS, MADELON, CATHOS, VIOLONS.

UN DES VIOLONS. — Monsieur, nous entendons que vous nous contentiez à leur défaut pour ce que nous avons joué ici.

GORGIBUS *les battant.* — Oui, oui, je vais vous contenter, et voici la monnaie dont je vous veux payer. Et vous, pendardes, je ne sais qui me tient que je ne vous en fasse autant. Nous allons servir de fable et de risée à tout le monde, et voilà ce que vous vous êtes attiré par vos extravagances. Allez vous cacher, vilaines! allez vous cacher pour jamais. (*Seul.*) Et vous, qui êtes cause de leur folie, sottes billevesées, pernicieux amusements des esprits oisifs, romans, vers, chansons, sonnets et sornettes, puissiez-vous être à tous les diables!

FIN DES PRÉCIEUSES RIDICULES.

L'ÉCOLE DES MARIS,

COMÉDIE EN TROIS ACTES.

1661.

NOTICE SUR L'ÉCOLE DES MARIS.

Quatre mois après la chute du *Prince jaloux*, le 4 juin 1661, Molière en fut dédommagé par le succès de *l'Ecole des Maris*, représentée sur le théâtre du Palais-Royal. C'est la première pièce de Molière qu'il ait jugée digne d'impression. Elle fut publiée in-12 à Paris, en 1663, chez le libraire De Luynes; il la fit précéder d'une dédicace au frère de Louis XIV, Monsieur, duc d'Orléans, dont la protection l'avait retenu à Paris.

Voici quelle était la distribution primitive des rôles: Sganarelle, Molière; Ariste, L'Espy; Isabelle, mademoiselle de Brie; Léonor, Armande Béjart; Lisette, Madeleine Béjart; Valère, La Grange; Ergaste, Du Parc, dit Gros-René; un commissaire, De Brie. Le rôle de Sganarelle fut rempli, après Molière, par le célèbre Baron, qui le jouait avec un habit de velours noir, plus négligé que celui de Molière, mais taillé de manière à indiquer plutôt la bizarrerie que l'extravagance. Les commentateurs signalent quelques analogies entre *l'Ecole des Maris* et les *Adelphes* de Térence. L'auteur latin nous peint deux frères dont l'un, Demea, élève son fils avec une extrême sévérité. L'autre, Micio, s'est chargé de l'éducation de son neveu, qu'il laisse presque entièrement maître de ses actions. Le monologue de la scène IV, acte I, est une imitation d'un discours que tient Demea, et dont voici le texte:

« Grands dieux, quelle vie! quelles mœurs! quel excès d'extravagance! Une femme sans fortune qu'il va donner à son fils! une chanteuse chez lui! une maison de dépense et de bruit! Un jeune homme perdu de débauche! Un vieillard qui radote! Non, la Sagesse elle-même ne viendrait pas à bout de sauver une telle famille. »

Le stratagème qu'emploie Isabelle pour s'entendre avec Valère est indiqué dans la vingt-troisième journée du *Décaméron* de Boccace.

Lope de Vega, le fécond dramaturge espagnol, a traité le sujet de la vingt-troisième journée dans une comédie intitulée *la Discreta enamorada*; avant *l'Ecole des Maris*, en 1661, cette pièce avait été arrangée pour la scène française par Dorimon, comédien de la troupe de Mademoiselle, sous le titre de *la Femme industrieuse*. Elle avait été représentée sur le théâtre de la rue des Quatre-Vents, pendant le cours de la foire Saint-Germain, qui se tenait du 3 au 8 février. C'est une rapsodie grossière, dont on jugera par l'échantillon suivant. Trapolin, comme Sganarelle, est auprès d'un écolier l'interprète d'une jeune fille qu'il surveille. Voici comment il s'énonce :

>Enfin elle m'a dit que toutes les vertus,
>Prenant son intérêt, ne t'épargneront plus.
>La *vertu-chou* viendra pour te casser la tête,
>La *vertu-bleu* le nez, de même qu'à la fête;
>La *vertu-guienne* encor ne t'épargnera pas,
>Et les autres vertus te casseront les bras.

Nous appelons l'attention du lecteur sur la curieuse description de costume que fait Sganarelle dans la scène I.

L'édit contre le luxe, dont Sganarelle fait mention dans la scène IX, acte II, avait été promulgué le 27 novembre 1660. Il défend les broderies, les cannetilles, les paillettes, etc. Ces prescriptions sont en contradiction avec la somptuosité des ajustements sous Louis XIV; mais, à cette époque, les lois n'étaient guère faites que pour les vilains.

ÉMILE DE LA BÉDOLLIÈRE.

A MONSEIGNEUR LE DUC D'ORLÉANS,

FRÈRE UNIQUE DU ROI.

MONSEIGNEUR,

Je fais voir ici à la France des choses bien peu proportionnées : il n'est rien de si grand et de si superbe que le nom que je mets à la tête de ce livre, et rien de plus bas que ce qu'il contient. Tout le monde trouvera cet assemblage étrange ; et quelques-uns pourront bien dire, pour en exprimer l'inégalité, que c'est poser une couronne de perles et de diamants sur une statue de terre, et faire entrer par des portiques magnifiques et des arcs triomphaux superbes dans une méchante cabane. Mais, MONSEIGNEUR, ce qui doit me servir d'excuse, c'est qu'en cette aventure je n'ai eu aucun choix à faire, et que l'honneur que j'ai d'être à VOTRE ALTESSE ROYALE m'a imposé une nécessité absolue de lui dédier le premier ouvrage que je mets de moi-même au jour. Ce n'est pas un présent que je lui fais, c'est un devoir dont je m'acquitte ; et les hommages ne sont jamais regardés par les choses qu'ils portent. J'ai donc osé, MONSEIGNEUR, dédier une bagatelle à VOTRE ALTESSE ROYALE, parce que je n'ai pu m'en dispenser ; et si je me dispense ici de m'étendre sur les belles et glorieuses vérités qu'on pourrait dire d'elle, c'est par la juste appréhension que ces grandes idées ne fissent éclater encore davantage la bassesse de mon offrande. Je me suis imposé silence pour trouver un endroit plus propre à placer de si belles choses ; et tout ce que j'ai prétendu dans cette épître, c'est de justifier mon action à toute la France et d'avoir cette gloire de vous dire à vous-même, MONSEIGNEUR, avec toute la soumission possible, que je suis
DE VOTRE ALTESSE ROYALE
      le très-humble, très-obéissant et très-fidèle serviteur,
                      MOLIÈRE.

PERSONNAGES.

SGANARELLE, frère d'Ariste.
ARISTE, frère de Sganarelle.
ISABELLE, sœur de Léonor.
LÉONOR, sœur d'Isabelle.
VALÈRE, amant d'Isabelle.
LISETTE, suivante de Léonor.
ERGASTE, valet de Valère.
UN COMMISSAIRE.
UN NOTAIRE.
DEUX LAQUAIS.

La scène est à Paris, dans une place publique.

L'ÉCOLE DES MARIS.

ACTE PREMIER.
SCÈNE I.
SGANARELLE, ARISTE.

SGANARELLE. Mon frère, s'il vous plaît, ne discourons point tant;
Et que chacun de nous vive comme il l'entend.
Bien que sur moi des ans vous ayez l'avantage,
Et soyez assez vieux pour devoir être sage,
Je vous dirai pourtant que mes intentions
Sont de ne prendre point de vos corrections,
Que j'ai pour tout conseil ma fantaisie à suivre,
Et me trouve fort bien de ma façon de vivre.
ARISTE. Mais chacun la condamne.
SGANARELLE. Oui, des fous comme vous,
Mon frère.
ARISTE. Grand merci; le compliment est doux!
SGANARELLE. Je voudrais bien savoir, puisqu'il faut tout entendre,
Ce que ces beaux censeurs en moi peuvent reprendre.
ARISTE. Cette farouche humeur dont la sévérité
Fuit toutes les douceurs de la société,
A tous vos procédés inspire un air bizarre,
Et, jusques à l'habit, rend tout chez vous barbare.
SGANARELLE. Il est vrai qu'à la mode il faut m'assujettir,
Et ce n'est pas pour moi que je me dois vêtir.
Ne voudriez-vous point par vos belles sornettes,
Monsieur mon frère aîné, car, Dieu merci, vous l'êtes
D'une vingtaine d'ans, à ne vous rien celer
Et cela ne vaut pas la peine d'en parler;
Ne voudriez-vous point, dis-je, sur ces matières
De vos jeunes muguets m'inspirer les manières;
M'obliger à porter de ces petits chapeaux
Qui laissent éventer leurs débiles cerveaux,
Et de ces blonds cheveux de qui la vaste enflure
Des visages humains offusque la figure;
De ces petits pourpoints sous les bras se perdants,
Et de ces grands collets jusqu'au nombril pendants;
De ces manches qu'à table on voit tâter les sauces.

Et de ces cotillons appelés hauts-de-chausses,
De ces souliers mignons de rubans revêtus,
Qui vous font ressembler à des pigeons pattus,
Et de ces grands canons où, comme en des entraves,
On met tous les matins ses deux jambes esclaves,
Et par qui nous voyons ces messieurs les galants
Marcher écarquillés ainsi que des volants?
Je vous plairais sans doute équipé de la sorte,
Et je vous vois porter les sottises qu'on porte.

ARISTE. Toujours au plus grand nombre on doit s'accommoder,
Et jamais il ne faut se faire regarder.
L'un et l'autre excès choque; et tout homme bien sage
Doit faire des habits ainsi que du langage,
N'y rien trop affecter, et, sans empressement,
Suivre ce que l'usage y fait de changement.
Mon sentiment n'est pas qu'on prenne la méthode
De ceux qu'on voit toujours enchérir sur la mode,
Et qui, dans ces excès dont ils sont amoureux,
Seraient fâchés qu'un autre eût été plus loin qu'eux :
Mais je tiens qu'il est mal, sur quoi que l'on se fonde,
De fuir obstinément ce que suit tout le monde,
Et qu'il vaut mieux souffrir d'être au nombre des fous
Que du sage parti se voir seul contre tous.

SGANARELLE. Cela sent son vieillard qui, pour en faire accroire,
Cache ses cheveux blancs d'une perruque noire.

ARISTE. C'est un étrange fait du soin que vous prenez
A me venir toujours jeter mon âge au nez,
Et qu'il faille qu'en moi sans cesse je vous voie
Blâmer l'ajustement aussi bien que la joie :
Comme si, condamnée à ne plus rien chérir,
La vieillesse devait ne songer qu'à mourir,
Et d'assez de laideur n'est pas accompagnée
Sans se tenir encor malpropre et rechignée.

SGANARELLE. Quoi qu'il en soit, je suis attaché fortement
A ne démordre point de mon habillement.
Je veux une coiffure, en dépit de la mode,
Sous qui toute ma tête ait un abri commode;
Un bon pourpoint bien long, et fermé comme il faut,
Qui, pour bien digérer, tienne l'estomac chaud;
Un haut-de-chausse fait justement pour ma cuisse;
Des souliers où mes pieds ne soient point au supplice,
Ainsi qu'en ont usé sagement nos aïeux :
Et qui me trouve mal n'a qu'à fermer les yeux.

SCÈNE II.

LÉONOR, ISABELLE, LISETTE, ARISTE ET SGANARELLE *parlant bas ensemble sur le devant du théâtre sans être aperçus.*

LÉONOR *à Isabelle.* Je me charge de tout en cas que l'on vous gronde.

ACTE I.

LISETTE *à Isabelle*. Toujours dans une chambre à ne point voir le monde!
ISABELLE. Il est ainsi bâti.
LÉONOR. Je vous en plains, ma sœur.
LISETTE *à Léonor*.
Bien vous prend que son frère ait tout une autre humeur,
Madame, et le destin vous fut bien favorable
En vous faisant tomber aux mains du raisonnable.
ISABELLE. C'est un miracle encor qu'il ne m'ait aujourd'hui
Enfermée à la clef, ou menée avec lui.
LISETTE. Ma foi, je l'enverrais au diable avec sa fraise,
Et...
SGANARELLE *heurté par Lisette*.
Où donc allez-vous, qu'il ne vous en déplaise?
LÉONOR. Nous ne savons encore, et je pressais ma sœur
De venir du beau temps respirer la douceur :
Mais...
SGANARELLE *à Léonor*. Pour vous, vous pouvez aller où bon vous semble;
(*Montrant Lisette.*)
Vous n'avez qu'à courir, vous voilà deux ensemble.
(*A Isabelle.*)
Mais vous, je vous défends, s'il vous plaît, de sortir.
ARISTE. Ah! laissez-les, mon frère, aller se divertir.
SGANARELLE. Je suis votre valet, mon frère.
ARISTE. La jeunesse
Veut...
SGANARELLE. La jeunesse est sotte, et parfois la vieillesse.
ARISTE. Croyez-vous qu'elle est mal d'être avec Léonor?
SGANARELLE. Non pas; mais avec moi je la crois mieux encor.
ARISTE. Mais...
SGANARELLE. Mais ses actions de moi doivent dépendre,
Et je sais l'intérêt enfin que j'y dois prendre.
ARISTE. A celles de sa sœur ai-je un moindre intérêt?
SGANARELLE. Mon Dieu! chacun raisonne et fait comme il lui plaît.
Elles sont sans parents, et notre ami leur père
Nous commit leur conduite à son heure dernière;
Et, nous chargeant tous deux, ou de les épouser,
Ou, sur notre refus, un jour d'en disposer,
Sur elles, par contrat, nous sut dès leur enfance
Et de père et d'époux donner pleine puissance.
D'élever celle-là vous prîtes le souci,
Et moi je me chargeai du soin de celle-ci :
Selon vos volontés vous gouvernez la vôtre;
Laissez-moi, je vous prie, à mon gré régir l'autre.
ARISTE. Il me semble...
SGANARELLE. Il me semble, et je le dis tout haut,
Que sur un tel sujet c'est parler comme il faut.
Vous souffrez que la vôtre aille leste et pimpante,
Je le veux bien; qu'elle ait et laquais et suivante,

J'y consens; qu'elle coure, aime l'oisiveté,
Et soit des damoiseaux flairée en liberté,
J'en suis fort satisfait: mais j'entends que la mienne
Vive à ma fantaisie, et non pas à la sienne;
Que d'une serge honnête elle ait son vêtement,
Et ne porte le noir qu'aux bons jours seulement;
Qu'enfermée au logis, en personne bien sage,
Elle s'applique toute aux choses du ménage,
A recoudre mon linge aux heures de loisir,
Ou bien à tricoter quelques bas par plaisir;
Qu'aux discours des muguets elle ferme l'oreille,
Et ne sorte jamais sans avoir qui la veille.
Enfin la chair est faible, et j'entends tous les bruits.
Je ne veux point porter des cornes, si je puis;
Et, comme à m'épouser sa fortune l'appelle,
Je prétends, corps pour corps, pouvoir répondre d'elle.

ISABELLE. Vous n'avez pas sujet, que je crois...
SGANARELLE.   Taisez-vous.
Je vous apprendrai bien s'il faut sortir sans nous.
LÉONOR. Quoi donc! monsieur...
SGANARELLE.   Mon Dieu! madame, sans langage;
Je ne vous parle pas, car vous êtes trop sage.
LÉONOR. Voyez-vous Isabelle avec nous à regret?
SGANARELLE. Oui; vous me la gâtez, puisqu'il faut parler net.
Vos visites ici ne font que me déplaire;
Et vous m'obligerez de ne nous en plus faire.
LÉONOR. Voulez-vous que mon cœur vous parle net aussi?
J'ignore de quel œil elle voit tout ceci;
Mais je sais ce qu'en moi ferait la défiance:
Et, quoiqu'un même sang nous ait donné naissance,
Nous sommes bien peu sœurs, s'il faut que chaque jour
Vos manières d'agir lui donnent de l'amour.
LISETTE. En effet, tous ces soins sont des choses infâmes:
Sommes-nous chez les Turcs, pour renfermer les femmes?
Car on dit qu'on les tient esclaves en ce lieu,
Et que c'est pour cela qu'ils sont maudits de Dieu.
Notre honneur est, monsieur, bien sujet à faiblesse,
S'il faut qu'il ait besoin qu'on le garde sans cesse.
Pensez-vous, après tout, que ces précautions
Servent de quelque obstacle à nos intentions?
Et, quand nous nous mettons quelque chose à la tête,
Que l'homme le plus fin ne soit pas une bête?
Toutes ces gardes-là sont visions de fous;
Le plus sûr est, ma foi, de se fier en nous:
Qui nous gêne se met en un péril extrême,
Et toujours notre honneur veut se garder lui-même.
C'est nous inspirer presque un désir de pécher,
Que montrer tant de soins de nous en empêcher;

Et, si par un mari je me voyais contrainte,
J'aurais fort grande pente à confirmer sa crainte.
SCANARELLE *à Ariste.* Voilà, beau précepteur, votre éducation.
Et vous souffrez cela sans nulle émotion?
ARISTE. Mon frère, son discours ne doit que faire rire :
Elle a quelque raison en ce qu'elle veut dire.
Leur sexe aime à jouir d'un peu de liberté ;
On le retient fort mal par tant d'austérité ;
Et les soins défiants, les verrous et les grilles,
Ne font pas la vertu des femmes ni des filles :
C'est l'honneur qui les doit tenir dans le devoir,
Non la sévérité que nous leur faisons voir.
C'est une étrange chose, à vous parler sans feinte,
Qu'une femme qui n'est sage que par contrainte.
En vain sur tous ses pas nous prétendons régner,
Je trouve que le cœur est ce qu'il faut gagner ;
Et je ne tiendrais, moi, quelque soin qu'on se donne,
Mon honneur guère sûr aux mains d'une personne
A qui, dans les désirs qui pourraient l'assaillir,
Il ne manquerait rien qu'un moyen de faillir.
SGANARELLE. Chansons que tout cela.
ARISTE. Soit; mais je tiens sans cesse
Qu'il nous faut en riant instruire la jeunesse,
Reprendre ses défauts avec grande douceur,
Et du nom de vertu ne point lui faire peur.
Mes soins pour Léonor ont suivi ces maximes ;
Des moindres libertés je n'ai point fait des crimes ;
A ses jeunes désirs j'ai toujours consenti,
Et je ne m'en suis point, grâce au ciel, repenti.
J'ai souffert qu'elle ait vu les belles compagnies,
Les divertissements, les bals, les comédies :
Ce sont choses, pour moi, que je tiens de tout temps
Fort propres à former l'esprit des jeunes gens ;
Et l'école du monde en l'air dont il faut vivre
Instruit mieux à mon gré que ne fait aucun livre.
Elle aime à dépenser en habits, linge et nœuds :
Que voulez-vous ! je tâche à contenter ses vœux ;
Et ce sont des plaisirs qu'on peut dans nos familles,
Lorsque l'on a du bien, permettre aux jeunes filles.
Un ordre paternel l'oblige à m'épouser ;
Mais mon dessein n'est pas de la tyranniser.
Je sais bien que nos ans ne se rapportent guère,
Et je laisse à son choix liberté tout entière.
Si quatre mille écus de rente bien venants,
Une grande tendresse et des soins complaisants,
Peuvent, à son avis, pour un tel mariage,
Réparer entre nous l'inégalité d'âge,
Elle peut m'épouser ; sinon, choisir ailleurs.

Je consens que sans moi ses destins soient meilleurs;
Et j'aime mieux la voir sous un autre hyménée,
Que si contre son gré sa main m'était donnée.

SGANARELLE. Hé! qu'il est doucereux! c'est tout sucre et tout miel!

ARISTE. Enfin, c'est mon humeur, et j'en rends grâce au ciel,
Je ne suivrais jamais ces maximes sévères
Qui font que les enfants comptent les jours des pères.

SGANARELLE. Mais ce qu'en la jeunesse on prend de liberté
Ne se retranche pas avec facilité;
Et tous ces sentiments suivront mal votre envie
Quand il faudra changer sa manière de vie.

ARISTE. Et pourquoi la changer?

SGANARELLE. Pourquoi?

ARISTE. Oui.

SGANARELLE. Je ne sai.

ARISTE. Y voit-on quelque chose où l'honneur soit blessé?

SGANARELLE. Quoi! si vous l'épousez, elle pourra prétendre
Les mêmes libertés que fille on lui voit prendre?

ARISTE. Pourquoi non?

SGANARELLE. Vos désirs lui seront complaisants
Jusques à lui laisser et mouches et rubans?

ARISTE. Sans doute.

SGANARELLE. A lui souffrir, en cervelle troublée,
De courir tous les bals et les lieux d'assemblée?

ARISTE. Oui vraiment.

SGANARELLE. Et chez vous iront les damoiseaux?

ARISTE. Et quoi donc?

SGANARELLE. Qui joueront, donneront des cadeaux?

ARISTE. D'accord.

SGANARELLE. Et votre femme entendra les fleurettes?

ARISTE. Fort bien.

SGANARELLE. Et vous verrez ces visites muguettes
D'un œil à témoigner de n'en être point soûl?

ARISTE. Cela s'entend.

SGANARELLE. Allez, vous êtes un vieux fou.
(A Isabelle.)
Rentrez pour n'ouïr point cette pratique infâme.

SCÈNE III.
ARISTE, SGANARELLE, LÉONOR, LISETTE.

ARISTE. Je veux m'abandonner à la foi de ma femme,
Et prétends toujours vivre ainsi que j'ai vécu.

SGANARELLE. Que j'aurai de plaisir quand il sera cocu!

ARISTE. J'ignore pour quel sort mon astre m'a fait naître:
Mais je sais que pour vous, si vous manquez de l'être,
On ne vous en doit point imputer le défaut;
Car vos soins pour cela font bien tout ce qu'il faut.

SGANARELLE. Riez donc, beau rieur. Oh! que cela doit plaire

ACTE I.

De voir un goguenard presque sexagénaire!
LÉONOR. Du sort dont vous parlez je le garantis, moi,
S'il faut que par l'hymen il reçoive ma foi;
Il s'en peut assurer : mais sachez que mon âme
Ne répondrait de rien si j'étais votre femme.
LISETTE. C'est conscience à ceux qui s'assurent en nous;
Mais c'est pain bénit, certe, à des gens comme vous.
SGANARELLE. Allez, langue maudite et des plus malapprises.
ARISTE. Vous vous êtes, mon frère, attiré ces sottises.
Adieu. Changez d'humeur, et soyez averti
Que renfermer sa femme est un mauvais parti.
Je suis votre valet.
SGANARELLE. Je ne suis pas le vôtre.

SCÈNE IV.
SGANARELLE seul.

Oh! que les voilà bien tous formés l'un pour l'autre!
Quelle belle famille! Un vieillard insensé,
Qui fait le dameret dans un corps tout cassé!
Une fille maîtresse et coquette suprême!
Des valets impudents! Non, la Sagesse même
N'en viendrait pas à bout, perdrait sens et raison
A vouloir corriger une telle maison.
Isabelle pourrait perdre dans ces hantises
Les semences d'honneur qu'avec nous elle a prises;
Et, pour l'en empêcher, dans peu nous prétendons
Lui faire aller revoir nos choux et nos dindons.

SCÈNE V.
VALÈRE, SGANARELLE, ERGASTE.

VALÈRE *dans le fond du théâtre.*
Ergaste, le voilà, cet Argus que j'abhorre,
Le sévère tuteur de celle que j'adore.
SGANARELLE *se croyant seul.*
N'est-ce pas quelque chose enfin de surprenant
Que la corruption des mœurs de maintenant?
VALÈRE. Je voudrais l'accoster, s'il est en ma puissance,
Et tâcher de lier avec lui connaissance.
SGANARELLE *se croyant seul.* Au lieu de voir régner cette sévérité
Qui composait si bien l'ancienne honnêteté,
La jeunesse en ces lieux, libertine, absolue,
Ne prend...
(*Valère salue Sganarelle de loin.*)
VALÈRE. Il ne voit pas que c'est lui qu'on salue.
ERGASTE. Son mauvais œil peut-être est de ce côté-ci.
Passons du côté droit.
SGANARELLE *se croyant seul.* Il faut sortir d'ici.
Le séjour de la ville en moi ne peut produire
Que des...

VALÈRE *en s'approchant peu à peu.* Il faut chez lui tâcher de m'introduire.
SGANARELLE *entendant quelque bruit.*
Hé!... j'ai cru qu'on parlait.
(Se croyant seul.)
Aux champs, grâces aux cieux,
Les sottises du temps ne blessent point mes yeux.
ERGASTE *à Valère.* — Abordez-le.
SGANARELLE *entendant encore du bruit.* Plaît-il?
(N'entendant plus rien.)
Les oreilles me cornent.
(Se croyant seul.)
Là, tous les passe-temps de nos filles se bornent...
(Il aperçoit Valère, qui le salue.)
Est-ce à nous?
ERGASTE *à Valère.* Approchez.
SGANARELLE *sans prendre garde à Valère.* Là, nul godelureau
(Valère le salue encore.)
Ne vient... Que diable...?
(Il se retourne et voit Ergaste, qui le salue de l'autre côté.)
Encor! que de coups de chapeau!
VALÈRE. Monsieur, un tel abord vous interrompt peut-être?
SGANARELLE. Cela se peut.
VALÈRE. Mais quoi! l'honneur de vous connaître
M'est un si grand bonheur, m'est un si doux plaisir,
Que de vous saluer j'avais un grand désir.
SGANARELLE. Soit.
VALÈRE. Et de vous venir, mais sans nul artifice,
Assurer que je suis tout à votre service.
SGANARELLE. Je le crois.
VALÈRE. J'ai le bien d'être de vos voisins,
Et j'en dois rendre grâce à mes heureux destins.
SGANARELLE. C'est bien fait.
VALÈRE. Mais, monsieur, savez-vous les nouvelles
Que l'on dit à la cour, et qu'on tient pour fidèles?
SGANARELLE. Que m'importe?
VALÈRE. Il est vrai; mais pour les nouveautés
On peut avoir parfois des curiosités.
Vous irez voir, monsieur, cette magnificence
Que de notre dauphin prépare la naissance?
SGANARELLE. Si je veux.
VALÈRE. Avouons que Paris nous fait part
De cent plaisirs charmants qu'on n'a point autre part.
Les provinces, auprès, sont des lieux solitaires.
A quoi donc passez-vous le temps?
SGANARELLE. A mes affaires.
VALÈRE. L'esprit veut du relâche, et succombe parfois
Par trop d'attachement aux sérieux emplois.
Que faites-vous les soirs avant qu'on se retire?
SGANARELLE. Ce qui me plaît.

VALÈRE. Sans doute : on ne peut pas mieux dire ;
Cette réponse est juste, et le bon sens paraît
A ne vouloir jamais faire que ce qui plaît.
Si je ne vous croyais l'âme trop occupée,
J'irais parfois chez vous passer l'après-soupée.
SGANARELLE. Serviteur.

SCÈNE VI.
VALÈRE, ERGASTE.

VALÈRE. Que dis-tu de ce bizarre fou ?
ERGASTE. Il a le repart brusque, et l'accueil loup-garou.
VALÈRE. Ah ! j'enrage !
ERGASTE. Et de quoi ?
VALÈRE. De quoi ? C'est que j'enrage
De voir celle que j'aime au pouvoir d'un sauvage
D'un dragon surveillant, dont la sévérité
Ne lui laisse jouir d'aucune liberté.
ERGASTE. C'est ce qui fait pour vous ; et sur ces conséquences
Votre amour doit fonder de grandes espérances.
Apprenez, pour avoir votre esprit affermi,
Qu'une femme qu'on garde est gagnée à demi,
Et que les noirs chagrins des maris ou des pères
Ont toujours du galant avancé les affaires.
Je coquette fort peu, c'est mon moindre talent,
Et de profession je ne suis point galant :
Mais j'en ai servi vingt, de ces chercheurs de proie,
Qui disaient fort souvent que leur plus grande joie
Était de rencontrer de ces maris fâcheux
Qui jamais sans gronder ne reviennent chez eux,
De ces brutaux fieffés qui, sans raison ni suite,
De leurs femmes en tout contrôlent la conduite,
Et, du nom de maris fièrement se parants,
Leur rompent en visière aux yeux des soupirants.
On en sait, disent-ils, prendre ses avantages ;
Et l'aigreur de la dame, à ces sortes d'outrages
Dont la plaint doucement le complaisant témoin,
Est un champ à pousser les choses assez loin.
En un mot, ce vous est une attente assez belle
Que la sévérité du tuteur d'Isabelle.
VALÈRE. Mais depuis quatre mois que je l'aime ardemment,
Je n'ai pour lui parler pu trouver un moment.
ERGASTE. L'amour rend inventif ; mais vous ne l'êtes guère.
Et si j'avais été...
VALÈRE. Mais qu'aurais-tu pu faire,
Puisque sans ce brutal on ne la voit jamais,
Et qu'il n'est là-dedans servantes ni valets
Dont, par l'appât flatteur de quelque récompense,
Je puisse pour mes feux ménager l'assistance ?
ERGASTE. Elle ne sait donc pas encor que vous l'aimez ?

VALÈRE. C'est un point dont mes vœux ne sont pas informés.
Partout où ce farouche a conduit cette belle,
Elle m'a toujours vu comme une ombre après elle ;
Et mes regards aux siens ont tâché chaque jour
De pouvoir expliquer l'excès de mon amour.
Mes yeux ont fort parlé : mais qui me peut apprendre
Si leur langage enfin a pu se faire entendre ?
ERGASTE. Ce langage, il est vrai, peut être obscur parfois,
S'il n'a pour truchement l'écriture ou la voix.
VALÈRE. Que faire pour sortir de cette peine extrême,
Et savoir si la belle a connu que je l'aime ?
Dis-m'en quelque moyen.
ERGASTE. C'est ce qu'il faut trouver.
Entrons un peu chez vous afin d'y mieux rêver.

ACTE DEUXIÈME.

SCÈNE I.

ISABELLE, SGANARELLE.

SGANARELLE. Va, je sais la maison et connais la personne
Aux marques seulement que ta bouche me donne.
ISABELLE *à part.* O ciel, sois-moi propice, et seconde en ce jour
Le stratagème adroit d'un innocent amour !
SGANARELLE. Dis-tu pas qu'on t'a dit qu'il s'appelle Valère ?
ISABELLE. Oui.
SGANARELLE. Va, sois en repos, rentre, et me laisse faire ;
Je vais parler sur l'heure à ce jeune étourdi.
ISABELLE *en s'en allant.* Je fais, pour une fille, un projet bien hardi :
Mais l'injuste rigueur dont envers moi l'on use
Dans tout esprit bien fait me servira d'excuse.

SCÈNE II.

SGANARELLE *seul.*

(*Il frappe à sa porte croyant que c'est celle de Valère.*)
Ne perdons point de temps : c'est ici. Qui va là ?
Bon ! je rêve. Holà, dis-je, holà, quelqu'un, holà.
Je ne m'étonne pas, après cette lumière,
S'il y venait tantôt de si douce manière.
Mais je veux me hâter, et de son fol espoir...

SCÈNE III.

VALÈRE, SGANARELLE, ERGASTE.

SGANARELLE *à Ergaste, qui est sorti brusquement.*
Peste soit du gros bœuf, qui, pour me faire choir,
Se vient devant mes pas planter comme une perche !
VALÈRE. Monsieur, j'ai du regret...
SGANARELLE. Ah ! c'est vous que je cherche.
VALÈRE. Moi, monsieur ?

SGANARELLE. Vous. Valère est-il pas votre nom?
VALÈRE. Oui.
SGANARELLE. Je viens vous parler, si vous le trouvez bon.
VALÈRE. Puis-je être assez heureux pour vous rendre service?
SGANARELLE. Non. Mais je prétends, moi, vous rendre un bon office,
Et c'est ce qui chez vous prend droit de m'amener.
VALÈRE. Chez moi, monsieur?
SGANARELLE. Chez vous. Faut-il tant s'étonner?
VALÈRE. J'en ai bien du sujet; et mon âme ravie
De l'honneur...
SGANARELLE. Laissons là cet honneur, je vous prie.
VALÈRE. Voulez-vous pas entrer?
SGANARELLE. Il n'en est pas besoin.
VALÈRE. Monsieur, de grâce.
SGANARELLE. Non, je n'irai pas plus loin.
VALÈRE. Tant que vous serez là, je ne puis vous entendre.
SGANARELLE. Moi, je n'en veux bouger.
VALÈRE. Hé bien! il faut se rendre.
Vite, puisque monsieur à cela se résout,
Donnez un siége ici.
SGANARELLE. Je veux parler debout.
VALÈRE. Vous souffrir de la sorte?
SGANARELLE. Ah! contrainte effroyable!
VALÈRE. Cette incivilité serait trop condamnable.
SGANARELLE. C'en est une que rien ne saurait égaler,
De n'ouïr pas les gens qui veulent nous parler.
VALÈRE. Je vous obéis donc.
SGANARELLE. Vous ne sauriez mieux faire.
(Ils font de grandes cérémonies pour se couvrir.)
Tant de cérémonie est fort peu nécessaire.
Voulez-vous m'écouter?
VALÈRE. Sans doute, et de grand cœur.
SGANARELLE. Savez-vous, dites-moi, que je suis le tuteur
D'une fille assez jeune et passablement belle
Qui loge en ce quartier et qu'on nomme Isabelle?
VALÈRE. Oui.
SGANARELLE. Si vous le savez, je ne vous l'apprends pas.
Mais savez-vous aussi, lui trouvant des appas,
Qu'autrement qu'en tuteur sa personne me touche,
Et qu'elle est destinée à l'honneur de ma couche?
VALÈRE. Non.
SGANARELLE. Je vous l'apprends donc, et qu'il est à propos
Que vos feux, s'il vous plaît, la laissent en repos.
VALÈRE. Qui? moi, monsieur?
SGANARELLE. Oui, vous. Mettons bas toute feinte.
VALÈRE. Qui vous a dit que j'ai pour elle l'âme atteinte?
SGANARELLE. Des gens à qui l'on peut donner quelque crédit.
VALÈRE. Mais encore?
SGANARELLE. Elle-même.

VALÈRE. Elle?
SGANARELLE. Elle. Est-ce assez dit?
Comme une fille honnête, et qui m'aime d'enfance,
Elle vient de m'en faire entière confidence,
Et, de plus, m'a chargé de vous donner avis
Que, depuis que par vous tous ses pas sont suivis,
Son cœur, qu'avec excès votre poursuite outrage,
N'a que trop de vos yeux entendu le langage;
Que vos secrets désirs lui sont assez connus,
Et que c'est vous donner des soucis superflus
De vouloir davantage expliquer une flamme
Qui choque l'amitié que me garde son âme.
VALÈRE. C'est elle, dites-vous, qui de sa part vous fait...
SGANARELLE. Oui, vous venir donner cet avis franc et net;
Et qu'ayant vu l'ardeur dont votre âme est blessée,
Elle vous eût plus tôt fait savoir sa pensée
Si son cœur avait eu, dans son émotion,
A qui pouvoir donner cette commission;
Mais qu'enfin la douleur d'une contrainte extrême
L'a réduite à vouloir se servir de moi-même,
Pour vous rendre averti, comme je vous ai dit,
Qu'à tout autre que moi son cœur est interdit,
Que vous avez assez joué de la prunelle,
Et que, si vous avez tant soit peu de cervelle,
Vous prendrez d'autres soins. Adieu, jusqu'au revoir.
Voilà ce que j'avais à vous faire savoir.
VALÈRE *bas*. Ergaste, que dis-tu d'une telle aventure?
SGANARELLE *bas à part*. Le voilà bien surpris!
ERGASTE *bas à Valère*. Selon ma conjecture,
Je tiens qu'elle n'a rien de déplaisant pour vous,
Qu'un mystère assez fin est caché là-dessous,
Et qu'enfin cet avis n'est pas d'une personne
Qui veuille voir cesser l'amour qu'elle vous donne.
SGANARELLE *à part*. Il en tient comme il faut.
VALÈRE *bas à Ergaste*. Tu crois mystérieux...
ERGASTE *bas*. Oui... Mais il nous observe, ôtons-nous de ses yeux.

SCÈNE IV.
SGANARELLE *seul*.

Que sa confusion paraît sur son visage!
Il ne s'attendait pas, sans doute, à ce message.
Appelons Isabelle : elle montre le fruit
Que l'éducation dans une âme produit;
La vertu fait ses soins, et son cœur s'y consomme
Jusques à s'offenser des seuls regards d'un homme.

SCÈNE V.
ISABELLE, SGANARELLE.

ISABELLE *bas en entrant*. J'ai peur que mon amant, plein de sa passion,

ACTE II.

N'ait pas de mon avis compris l'intention;
Et j'en veux, dans les fers où je suis prisonnière,
Hasarder un qui parle avec plus de lumière.

SGANARELLE. Me voilà de retour.
ISABELLE. Hé bien?
SGANARELLE. Un plein effet
A suivi tes discours, et ton homme a son fait.
Il me vouloit nier que son cœur fût malade :
Mais lorsque de ta part j'ai marqué l'ambassade,
Il est resté d'abord et muet et confus,
Et je ne pense pas qu'il y revienne plus.
ISABELLE. Ah! que me dites-vous? J'ai bien peur du contraire,
Et qu'il ne nous prépare encor plus d'une affaire.
SGANARELLE. Et sur quoi fondes-tu cette peur que tu dis?
ISABELLE. Vous n'avez pas été plutôt hors du logis,
Qu'ayant, pour prendre l'air, la tête à ma fenêtre,
J'ai vu dans ce détour un jeune homme paraître,
Qui d'abord, de la part de cet impertinent,
Est venu me donner un bonjour surprenant,
Et m'a, droit dans ma chambre, une boîte jetée
Qui renferme une lettre en poulet cachetée.
J'ai voulu sans tarder lui rejeter le tout;
Mais ses pas de la rue avoient gagné le bout,
Et je m'en sens le cœur tout gros de fâcherie.
SGANARELLE. Voyez un peu la ruse et la friponnerie
ISABELLE. Il est de mon devoir de faire promptement
Reporter boîte et lettre à ce maudit amant;
Et j'aurois pour cela besoin d'une personne...
Car d'oser à vous-même...
SGANARELLE. Au contraire, mignonne,
C'est me faire mieux voir ton amour et ta foi;
Et mon cœur avec joie accepte cet emploi :
Tu m'obliges par là plus que je ne puis dire.
ISABELLE. Tenez donc.
SGANARELLE. Bon. Voyons ce qu'il a pu t'écrire.
ISABELLE. Ah ciel! gardez-vous bien de l'ouvrir.
SGANARELLE. Et pourquoi?
ISABELLE. Lui voulez-vous donner à croire que c'est moi?
Une fille d'honneur doit toujours se défendre
De lire les billets qu'un homme lui fait rendre.
La curiosité qu'on fait lors éclater
Marque un secret plaisir de s'en ouïr conter;
Et je trouve à propos que, toute cachetée,
Cette lettre lui soit promptement reportée,
Afin que d'autant mieux il connoisse aujourd'hui
Le mépris éclatant que mon cœur fait de lui,
Que ses feux désormais perdent toute espérance
Et n'entreprennent plus pareille extravagance.

SGANARELLE. Certes, elle a raison lorsqu'elle parle ainsi.
Va, ta vertu me charme et ta prudence aussi;
Je vois que mes leçons ont germé dans ton âme,
Et tu te montres digne enfin d'être ma femme.
ISABELLE. Je ne veux pas pourtant gêner votre désir.
La lettre est dans vos mains, et vous pouvez l'ouvrir.
SGANARELLE. Non, je n'ai garde; hélas! tes raisons sont trop bonnes;
Et je vais m'acquitter du soin que tu me donnes,
A quatre pas de là dire ensuite deux mots,
Et revenir ici te remettre en repos.

SCÈNE VI.
SGANARELLE seul.

Dans quel ravissement est-ce que mon cœur nage,
Lorsque je vois en elle une fille si sage!
C'est un trésor d'honneur que j'ai dans ma maison.
Prendre un regard d'amour pour une trahison!
Recevoir un poulet comme une injure extrême,
Et le faire au galant reporter par moi-même!
Je voudrais bien savoir, en voyant tout ceci,
Si celle de mon frère en userait ainsi.
Ma foi, les filles sont ce que l'on les fait être.
Holà.
(*Il frappe à la porte de Valère.*)

SCÈNE VII.
SGANARELLE, ERGASTE.

ERGASTE. Qu'est-ce?
SGANARELLE. Tenez, dites à votre maître
Qu'il ne s'ingère pas d'oser écrire encor
Des lettres qu'il envoie avec des boîtes d'or,
Et qu'Isabelle en est puissamment irritée.
Voyez, on ne l'a pas au moins décachetée;
Il connaîtra l'état que l'on fait de ses feux,
Et quel heureux succès il doit espérer d'eux.

SCÈNE VIII.
VALÈRE, ERGASTE.

VALÈRE. Que vient de te donner cette farouche bête?
ERGASTE. Cette lettre, monsieur, qu'avecque cette boîte
On prétend qu'ait reçue Isabelle de vous,
Et dont elle est, dit-il, en un fort grand courroux.
C'est sans vouloir l'ouvrir qu'elle vous la fait rendre.
Lisez vite, et voyons si je me puis méprendre.
VALÈRE *lit.*
« Cette lettre vous surprendra sans doute, et l'on peut trouver bien
» hardi pour moi et le dessein de vous l'écrire et la manière de vous
» la faire tenir : mais je me vois dans un état à ne plus garder de
» mesure. La juste horreur d'un mariage dont je suis menacée dans

ACTE II.

» six jours me fait hasarder toutes choses, et, dans la résolution de
» m'en affranchir par quelque voie que ce soit, j'ai cru que je devais
» plutôt vous choisir que le désespoir. Ne croyez pas pourtant que
» vous soyez redevable de tout à ma mauvaise destinée : ce n'est pas
» la contrainte où je me trouve qui a fait naître les sentiments que
» j'ai pour vous, mais c'est elle qui en précipite le témoignage et qui
» me fait passer sur des formalités où la bienséance du sexe oblige. Il
» ne tiendra qu'à vous que je sois à vous bientôt, et j'attends seule-
» ment que vous m'ayez marqué les intentions de votre amour pour
» vous faire savoir la résolution que j'ai prise : mais surtout songez
» que le temps presse, et que deux cœurs qui s'aiment doivent s'en-
» tendre à demi-mot. »

ERGASTE. Hé bien! monsieur, le tour est-il d'original?
Pour une jeune fille, elle n'en sait pas mal.
De ces ruses d'amour la croirait-on capable?
VALÈRE. Ah! je la trouve là tout à fait adorable.
Ce trait de son esprit et de son amitié
Accroît pour elle encor mon amour de moitié,
Et joint aux sentiments que sa beauté m'inspire...
ERGASTE. La dupe vient : songez à ce qu'il vous faut dire.

SCÈNE IX.
SGANARELLE, VALÈRE, ERGASTE.

SGANARELLE *se croyant seul.* O trois et quatre fois béni soit cet édit
Par qui des vêtements le luxe est interdit!
Les peines des maris ne seront plus si grandes,
Et les femmes auront un frein à leurs demandes.
Oh! que je sais au roi bon gré de ces décris!
Et que, pour le repos de ces mêmes maris
Je voudrais bien qu'on fît de la coquetterie
Comme de la guipure et de la broderie!
J'ai voulu l'acheter l'édit expressément
Afin que d'Isabelle il soit lu hautement;
Et ce sera tantôt, n'étant plus occupée,
Le divertissement de notre après-soupée.
    (Apercevant Valère.)
Enverrez-vous encor, monsieur aux blonds cheveux,
Avec des boîtes d'or des billets amoureux?
Vous pensiez bien trouver quelque jeune coquette,
Friande de l'intrigue et tendre à la fleurette :
Vous voyez de quel air on reçoit vos joyaux.
Croyez-moi, c'est tirer votre poudre aux moineaux :
Elle est sage, elle m'aime, et votre amour l'outrage.
Prenez visée ailleurs et troussez-moi bagage.
VALÈRE. Oui, oui, votre mérite, à qui chacun se rend,
Est à mes vœux, monsieur, un obstacle trop grand;
Et c'est folie à moi, dans mon ardeur fidèle,
De prétendre avec vous à l'amour d'Isabelle.

SGANARELLE. Il est vrai, c'est folie.
VALÈRE. Aussi n'aurais-je pas
Abandonné mon cœur à suivre ses appas,
Si j'avais pu prévoir que ce cœur misérable
Dût trouver un rival comme vous redoutable.
SGANARELLE. Je le crois.
VALÈRE. Je n'ai garde à présent d'espérer :
Je vous cède, monsieur, et c'est sans murmurer.
SGANARELLE. Vous faites bien.
VALÈRE. Le droit de la sorte l'ordonne ;
Et de tant de vertus brille votre personne,
Que j'aurais tort de voir d'un regard de courroux
Les tendres sentiments qu'Isabelle a pour vous.
SGANARELLE. Cela s'entend.
VALÈRE. Oui, oui, je vous quitte la place :
Mais je vous prie au moins, et c'est la seule grâce,
Monsieur, que vous demande un misérable amant
Dont vous seul aujourd'hui causez tout le tourment ;
Je vous conjure donc d'assurer Isabelle
Que, si depuis trois mois mon cœur brûle pour elle,
Cet amour est sans tache, et n'a jamais pensé
A rien dont son honneur ait lieu d'être offensé.
SGANARELLE. Oui.
VALÈRE. Que, ne dépendant que du choix de mon âme,
Tous mes desseins étaient de l'obtenir pour femme,
Si les destins, en vous qui captivez son cœur,
N'opposaient un obstacle à cette juste ardeur.
SGANARELLE. Fort bien.
VALÈRE. Que, quoi qu'on fasse, il ne lui faut pas croire
Que jamais ses appas sortent de ma mémoire ;
Que, quelque arrêt des cieux qu'il me faille subir,
Mon sort est de l'aimer jusqu'au dernier soupir ;
Et que, si quelque chose étouffe mes poursuites,
C'est le juste respect que j'ai pour vos mérites.
SGANARELLE. C'est parler sagement ; et je vais de ce pas
Lui faire ce discours qui ne la choque pas :
Mais, si vous me croyez, tâchez de faire en sorte
Que de votre cerveau cette passion sorte.
Adieu.
ERGASTE *à Valère.* La dupe est bonne.

SCÈNE X.
SGANARELLE *seul.*

Il me fait grand'pitié,
Ce pauvre malheureux tout rempli d'amitié ;
Mais c'est un mal pour lui de s'être mis en tête
De vouloir prendre un fort qui se voit ma conquête.
(*Sganarelle heurte à sa porte.*)

SCÈNE XI.
SGANARELLE, ISABELLE.

SGANARELLE. Jamais amant n'a fait tant de trouble éclater,
Au poulet renvoyé sans le décacheter :
Il perd toute espérance enfin, et se retire.
Mais il m'a tendrement conjuré de te dire
« Que du moins en t'aimant il n'a jamais pensé
» A rien dont ton honneur ait lieu d'être offensé;
» Et que, ne dépendant que du choix de son âme,
» Tous ses désirs étaient de t'obtenir pour femme,
» Si les destins, en moi qui captive ton cœur,
» N'opposaient un obstacle à cette juste ardeur;
» Que, quoi qu'on puisse faire, il ne te faut pas croire
» Que jamais tes appas sortent de sa mémoire;
» Que, quelque arrêt des cieux qu'il lui faille subir,
» Son sort est de t'aimer jusqu'au dernier soupir;
» Et que, si quelque chose étouffe sa poursuite,
» C'est le juste respect qu'il a pour mon mérite. »
Ce sont ses propres mots; et, loin de le blâmer,
Je le trouve honnête homme, et le plains de t'aimer.

ISABELLE *bas*. Ses feux ne trompent point ma secrète croyance,
Et toujours ses regards m'en ont dit l'innocence.

SGANARELLE. Que dis-tu?

ISABELLE. Qu'il m'est dur que vous plaigniez si fort
Un homme que je hais à l'égal de la mort;
Et que, si vous m'aimiez autant que vous le dites,
Vous sentiriez l'affront que me font ses poursuites.

SGANARELLE. Mais il ne savait pas tes inclinations;
Et, par l'honnêteté de ses intentions,
Son amour ne mérite...

ISABELLE. Est-ce les avoir bonnes,
Dites-moi, de vouloir enlever les personnes?
Est-ce être homme d'honneur de former des desseins
Pour m'épouser de force en m'ôtant de vos mains?
Comme si j'étais fille à supporter la vie
Après qu'on m'aurait fait une telle infamie!

SGANARELLE. Comment?

ISABELLE. Oui, oui; j'ai su que ce traître d'amant
Parle de m'obtenir par un enlèvement;
Et j'ignore, pour moi, les pratiques secrètes
Qui l'ont instruit sitôt du dessein que vous faites
De me donner la main dans huit jours au plus tard,
Puisque ce n'est que d'hier que vous m'en fîtes part :
Mais il veut prévenir, dit-on, cette journée
Qui doit à votre sort unir ma destinée.

SGANARELLE. Voilà qui ne vaut rien.

ISABELLE. Oh que pardonnez-moi!
C'est un fort honnête homme, et qui ne sent pour moi...
SGANARELLE. Il a tort; et ceci passe la raillerie.
ISABELLE. Allez, votre douceur entretient sa folie;
S'il vous eût vu tantôt lui parler vertement,
Il craindrait vos transports et mon ressentiment :
Car c'est encor depuis sa lettre méprisée
Qu'il a dit ce dessein qui m'a scandalisée;
Et son amour conserve, ainsi que je l'ai su,
La croyance qu'il est dans mon cœur bien reçu,
Que je fuis votre hymen, quoi que le monde en croie,
Et me verrais tirer de vos mains avec joie.
SGANARELLE. Il est fou.
ISABELLE. Devant vous il sait se déguiser;
Et son intention est de vous amuser.
Croyez, par ces beaux mots, que le traître vous joue.
Je suis bien malheureuse, il faut que je l'avoue,
Qu'avecque tous mes soins pour vivre dans l'honneur
Et rebuter les vœux d'un lâche suborneur,
Il faille être exposée aux fâcheuses surprises
De voir faire sur moi d'infâmes entreprises!
SGANARELLE. Va, ne redoute rien.
ISABELLE. Pour moi, je vous le di,
Si vous n'éclatez fort contre un trait si hardi,
Et ne trouvez bientôt moyen de me défaire
Des persécutions d'un pareil téméraire,
J'abandonnerai tout, et renonce à l'ennui
De souffrir les affronts que je reçois de lui.
SGANARELLE. Ne t'afflige point tant; va, ma petite femme,
Je m'en vais le trouver, et lui chanter sa gamme.
ISABELLE. Dites-lui bien au moins qu'il le nierait en vain,
Que c'est de bonne part qu'on m'a dit son dessein;
Et qu'après cet avis, quoi qu'il puisse entreprendre,
J'ose le défier de me pouvoir surprendre;
Enfin que, sans plus perdre et soupirs et moments,
Il doit savoir pour vous quels sont mes sentiments,
Et que, si d'un malheur il ne veut être cause,
Il ne se fasse pas deux fois dire une chose.
SGANARELLE. Je dirai ce qu'il faut.
ISABELLE. Mais tout cela d'un ton
Qui marque que mon cœur lui parle tout de bon.
SGANARELLE. Va, je n'oublierai rien, je t'en donne assurance.
ISABELLE. J'attends votre retour avec impatience;
Hâtez-le, s'il vous plaît, de tout votre pouvoir :
Je languis quand je suis un moment sans vous voir.
SGANARELLE. Va, pouponne, mon cœur, je reviens tout à l'heure.

SCÈNE XII.
SGANARELLE *seul.*

Est-il une personne et plus sage et meilleure?

Ah! que je suis heureux! et que j'ai de plaisir
De trouver une femme au gré de mon désir!
Oui, voilà comme il faut que les femmes soient faites;
Et non, comme j'en sais, de ces franches coquettes
Qui s'en laissent conter, et font dans tout Paris
Montrer au bout du doigt leurs honnêtes maris.
(Il frappe à la porte de Valère.)
Holà, notre galant aux belles entreprises!

SCÈNE XIII.
VALÈRE, SGANARELLE, ERGASTE.

VALÈRE. Monsieur, qui vous ramène en ce lieu?
SGANARELLE. Vos sottises.
VALÈRE. Comment?
SGANARELLE. Vous savez bien de quoi je veux parler.
Je vous croyais plus sage, à ne vous rien celer.
Vous venez m'amuser de vos belles paroles,
Et conservez sous main des espérances folles.
Voyez-vous, j'ai voulu doucement vous traiter;
Mais vous m'obligerez à la fin d'éclater.
N'avez-vous point de honte, étant ce que vous êtes,
De faire en votre esprit les projets que vous faites,
De prétendre enlever une fille d'honneur,
Et troubler un hymen qui fait tout son bonheur?
VALÈRE. Qui vous a dit, monsieur, cette étrange nouvelle?
SGANARELLE. Ne dissimulons point : je la tiens d'Isabelle,
Qui vous mande par moi, pour la dernière fois,
Qu'elle vous a fait voir assez quel est son choix;
Que son cœur, tout à moi, d'un tel projet s'offense;
Qu'elle mourrait plutôt qu'en souffrir l'insolence;
Et que vous causerez de terribles éclats,
Si vous ne mettez fin à tout cet embarras.
VALÈRE. S'il est vrai qu'elle ait dit ce que je viens d'entendre,
J'avouerai que mes feux n'ont plus rien à prétendre;
Par ces mots assez clairs je vois tout terminé,
Et je dois révérer l'arrêt qu'elle a donné.
SGANARELLE. Si... Vous en doutez donc, et prenez pour des feintes
Tout ce que de sa part je vous ai fait de plaintes?
Voulez-vous qu'elle-même elle explique son cœur?
J'y consens volontiers pour vous tirer d'erreur.
Suivez-moi, vous verrez s'il est rien que j'avance,
Et si son jeune cœur entre nous deux balance.
(Il va frapper à sa porte.)

SCÈNE XIV.
ISABELLE, SGANARELLE, VALÈRE, ERGASTE.

ISABELLE. Quoi! vous me l'amenez! quel est votre dessein?
Prenez-vous contre moi ses intérêts en main?

Et voulez-vous, charmé de ses rares mérites,
M'obliger à l'aimer et souffrir ses visites?
SGANARELLE. Non, ma mie, et ton cœur pour cela m'est trop cher :
Mais il prend mes avis pour des contes en l'air,
Croit que c'est moi qui parle et te fais, par adresse,
Pleine pour lui de haine, et pour moi de tendresse;
Et par toi-même enfin j'ai voulu sans retour
Le tirer d'une erreur qui nourrit son amour.
ISABELLE *à Valère.* Quoi! mon âme à vos yeux ne se montre pas toute,
Et de mes vœux encor vous pouvez être en doute?
VALÈRE. Oui, tout ce que monsieur de votre part m'a dit,
Madame, a bien pouvoir de surprendre un esprit :
J'ai douté, je l'avoue; et cet arrêt suprême
Qui décide du sort de mon amour extrême
Doit m'être assez touchant pour ne pas s'offenser
Que mon cœur par deux fois le fasse prononcer.
ISABELLE. Non, non, un tel arrêt ne doit pas vous surprendre :
Ce sont mes sentiments qu'il vous a fait entendre;
Et je les tiens fondés sur assez d'équité
Pour en faire éclater toute la vérité.
Oui, je veux bien qu'on sache, et j'en dois être crue,
Que le sort offre ici deux objets à ma vue,
Qui, m'inspirant pour eux différents sentiments
De mon cœur agité font tous les mouvements.
L'un, par un juste choix où l'honneur m'intéresse,
A toute mon estime et toute ma tendresse;
Et l'autre, pour le prix de son affection,
A toute ma colère et mon aversion.
La présence de l'un m'est agréable et chère,
J'en reçois dans mon âme une allégresse entière;
Et l'autre, par sa vue, inspire dans mon cœur
De secrets mouvements et de haine et d'horreur.
Me voir femme de l'un est toute mon envie;
Et plutôt qu'être à l'autre on m'ôterait la vie.
Mais c'est assez montrer mes justes sentiments,
Et trop longtemps languir dans ces rudes tourments :
Il faut que ce que j'aime, usant de diligence,
Fasse à ce que je hais perdre toute espérance,
Et qu'un heureux hymen affranchisse mon sort
D'un supplice pour moi plus affreux que la mort.
SGANARELLE. Oui, mignonne, je songe à remplir ton attente.
ISABELLE. C'est l'unique moyen de me rendre contente.
SGANARELLE. Tu le seras dans peu.
ISABELLE. Je sais qu'il est honteux
Aux filles d'expliquer si librement leurs vœux.
SGANARELLE. Point, point.
ISABELLE. Mais, en l'état où sont mes destinées,
De telles libertés doivent m'être données;

Et je puis, sans rougir, faire un aveu si doux
A celui que déjà je regarde en époux.
SGANARELLE. Oui, ma pauvre fanfan, pouponne de mon âme.
ISABELLE. Qu'il songe donc, de grâce, à me prouver sa flamme.
SGANARELLE. Oui : tiens, baise ma main.
ISABELLE. 　　　　　　　Que sans plus de soupirs
Il conclue un hymen qui fait tous mes désirs,
Et reçoive en ce lieu la foi que je lui donne
De n'écouter jamais les vœux d'autre personne.
(*Elle fait semblant d'embrasser Sganarelle et donne sa main à baiser à Valère.*)
SGANARELLE. Hai, hai, mon petit nez, pauvre petit bouchon,
Tu ne languiras pas longtemps, je t'en répond.
　　　　(*A Valère.*)
Va, chut. Vous le voyez, je ne lui fais pas dire,
Ce n'est qu'après moi seul que son âme respire.
VALÈRE. Hé bien! madame, hé bien! c'est s'expliquer assez :
Je vois par ce discours de quoi vous me pressez;
Et je saurai dans peu vous ôter la présence
De celui qui vous fait si grande violence.
ISABELLE. Vous ne me sauriez faire un plus charmant plaisir;
Car enfin cette vue est fâcheuse à souffrir,
Elle m'est odieuse; et l'horreur est si forte...
SGANARELLE. Hé! hé!
ISABELLE. 　　　Vous offensé-je en parlant de la sorte?
Fais-je...
SGANARELLE. 　　　Mon Dieu! nenni, je ne dis pas cela :
Mais je plains, sans mentir, l'état où le voilà;
Et c'est trop hautement que ta haine se montre.
ISABELLE. Je n'en puis trop montrer en pareille rencontre.
VALÈRE. Oui, vous serez contente; et dans trois jours vos yeux
Ne verront plus l'objet qui vous est odieux.
ISABELLE. A la bonne heure. Adieu.
SGANARELLE *à Valère.* 　　　Je plains votre infortune :
Mais...
VALÈRE. 　　　Non, vous n'entendrez de mon cœur plainte aucune;
Madame assurément rend justice à tous deux,
Et je vais travailler à contenter ses vœux.
Adieu.
SGANARELLE. 　　Pauvre garçon! sa douleur est extrême.
Venez, embrassez-moi, c'est un autre elle-même.
　　　　(*Il embrasse Valère.*)

SCÈNE XV.
ISABELLE, SGANARELLE.

SGANARELLE. Je le tiens fort à plaindre.
ISABELLE. 　　　　　　Allez, il ne l'est point.
SGANARELLE. Au reste, ton amour me touche au dernier point,

Mignonnette, et je veux qu'il ait sa récompense :
C'est trop que de huit jours pour ton impatience;
Dès demain je t'épouse, et n'y veux appeler...
ISABELLE. Dès demain?
SGANARELLE.   Par pudeur tu feins d'y reculer :
Mais je sais bien la joie où ce discours te jette,
Et tu voudrais déjà que la chose fût faite.
ISABELLE. Mais...
SGANARELLE.   Pour ce mariage allons tout préparer.
ISABELLE *à part*. O ciel, inspirez-moi ce qui peut le parer!

ACTE TROISIÈME.

SCÈNE I.

ISABELLE *seule*.

Oui, le trépas cent fois me semble moins à craindre
Que cet hymen fatal où l'on veut me contraindre;
Et tout ce que je fais pour en fuir les rigueurs
Doit trouver quelque grâce auprès de mes censeurs.
Le temps presse, il fait nuit; allons, sans crainte aucune,
A la foi d'un amant commettre ma fortune.

SCÈNE II.

SGANARELLE, ISABELLE.

SGANARELLE *parlant à ceux qui sont dans sa maison*.
Je reviens, et l'on va pour demain de ma part...
ISABELLE. O ciel!
SGANARELLE.   C'est toi, mignonne! Où vas-tu donc si tard?
Tu disais qu'en ta chambre, étant un peu lassée,
Tu t'allais renfermer, lorsque je t'ai laissée;
Et tu m'avais prié même que mon retour
T'y souffrît en repos jusques à demain jour.
ISABELLE. Il est vrai; mais...
SGANARELLE.   Hé quoi?
ISABELLE.   Vous me voyez confuse,
Et je ne sais comment vous en dire l'excuse.
SGANARELLE. Quoi donc? que pourrait-ce être?
ISABELLE.   Un secret surprenant;
C'est ma sœur qui m'oblige à sortir maintenant,
Et qui, pour un dessein dont je l'ai fort blâmée,
M'a demandé ma chambre, où je l'ai renfermée.
SGANARELLE. Comment?
ISABELLE.   L'eût-on pu croire? Elle aime cet amant
Que nous avons banni.
SGANARELLE.   Valère?
ISABELLE.   Éperdument.
C'est un transport si grand, qu'il n'en est point de même:

ACTE III.

Et vous pouvez juger de sa puissance extrême,
Puisque seule, à cette heure, elle est venue ici
Me découvrir à moi son amoureux souci,
Me dire absolument qu'elle perdra la vie
Si son âme n'obtient l'effet de son envie.
Que depuis plus d'un an d'assez vives ardeurs
Dans un secret commerce entretenaient leurs cœurs ;
Et que même ils s'étaient, leur flamme étant nouvelle,
Donné de s'épouser une foi mutuelle...

SGANARELLE. La vilaine !

ISABELLE. Qu'ayant appris le désespoir
Où j'ai précipité celui qu'elle aime à voir,
Elle vient me prier de souffrir que sa flamme
Puisse rompre un départ qui lui percerait l'âme ;
Entretenir ce soir cet amant sous mon nom
Par la petite rue où ma chambre répond ;
Lui peindre, d'une voix qui contrefait la mienne,
Quelques doux sentiments dont l'appât le retienne,
Et ménager enfin pour elle adroitement
Ce que pour moi l'on sait qu'il a d'attachement.

SGANARELLE. Et tu trouves cela...

ISABELLE. Moi ? j'en suis courroucée,
Quoi ! ma sœur, ai-je dit, êtes-vous insensée ?
Ne rougissez-vous point d'avoir pris tant d'amour
Pour ces sortes de gens qui changent chaque jour,
D'oublier votre sexe, et tromper l'espérance
D'un homme dont le ciel vous donnait l'alliance?

SGANARELLE. Il le mérite bien ; et j'en suis fort ravi.

ISABELLE. Enfin de cent raisons mon dépit s'est servi
Pour lui bien reprocher des bassesses si grandes,
Et pouvoir cette nuit rejeter ses demandes :
Mais elle m'a fait voir de si pressants désirs,
A tant versé de pleurs, tant poussé de soupirs,
Tant dit qu'au désespoir je porterais son âme
Si je lui refusais ce qu'exige sa flamme,
Qu'à céder malgré moi mon cœur s'est vu réduit ;
Et, pour justifier cette intrigue de nuit,
Où me faisait du sang relâcher la tendresse,
J'allais faire avec moi venir coucher Lucrèce,
Dont vous me vantez tant les vertus chaque jour :
Mais vous m'avez surprise avec ce prompt retour.

SGANARELLE. Non, non, je ne veux point chez moi tout ce mystère.
J'y pourrais consentir à l'égard de mon frère :
Mais on peut être vu de quelqu'un du dehors ;
Et celle que je dois honorer de mon corps
Non-seulement doit être et pudique et bien née,
Il ne faut pas que même elle soit soupçonnée.
Allons chasser l'infâme ; et de sa passion...

ISABELLE. Ah! vous lui donneriez trop de confusion;
Et c'est avec raison qu'elle pourrait se plaindre
Du peu de retenue où j'ai su me contraindre :
Puisque de son dessein je dois me départir,
Attendez que du moins je la fasse sortir.
SGANARELLE. Hé bien! fais.
ISABELLE.   Mais surtout cachez-vous, je vous prie,
Et, sans lui dire rien, daignez voir sa sortie.
SGANARELLE. Oui, pour l'amour de toi je retiens mes transports :
Mais, dès le même instant qu'elle sera dehors,
Je veux, sans différer, aller trouver mon frère :
J'aurai joie à courir lui dire cette affaire.
ISABELLE. Je vous conjure donc de ne me point nommer.
Bonsoir; car tout d'un temps je vais me renfermer.
SGANARELLE seul. Jusqu'à demain, ma mie... En quelle impatience
Suis-je de voir mon frère, et lui conter sa chance!
Il en tient, le bonhomme, avec tout son phébus,
Et je n'en voudrais pas tenir cent bons écus.
ISABELLE dans la maison. Oui, de vos déplaisirs l'atteinte m'est sensible:
Mais ce que vous voulez, ma sœur, m'est impossible;
Mon honneur, qui m'est cher, y court trop de hasard.
Adieu. Retirez-vous avant qu'il soit plus tard.
SGANARELLE. La voilà qui, je crois, peste de belle sorte :
De peur qu'elle revînt, fermons à clef la porte.
ISABELLE en sortant. O ciel, dans mes desseins ne m'abandonnez pas!
SGANARELLE à part. Où pourra-t-elle aller? Suivons un peu ses pas.
ISABELLE à part. Dans mon trouble du moins la nuit me favorise.
SGANARELLE à part. Au logis du galant! Quelle est son entreprise?

SCÈNE III.
VALÈRE, ISABELLE, SGANARELLE.

VALÈRE sortant brusquement. Oui, oui, je veux tenter quelque effort
Pour parler... Qui va là?   [cette nuit
ISABELLE à Valère.   Ne faites point de bruit,
Valère; on vous prévient, et je suis Isabelle.
SGANARELLE. Vous en avez menti, chienne; ce n'est pas elle.
De l'honneur que tu fuis elle suit trop les lois;
Et tu prends faussement et son nom et sa voix.
ISABELLE à Valère. Mais à moins de vous voir par un saint hyménée...
VALÈRE. Oui, c'est l'unique but où tend ma destinée;
Et je vous donne ici ma foi que dès demain
Je vais où vous voudrez recevoir votre main.
SGANARELLE à part. Pauvre sot qui s'abuse!
VALÈRE.   Entrez en assurance :
De votre Argus dupé je brave la puissance;
Et, devant qu'il vous pût ôter à mon ardeur,
Mon bras de mille coups lui percerait le cœur.

SCÈNE IV.
SGANARELLE seul.

Ah! je te promets bien que je n'ai pas envie
De te l'ôter, l'infâme à tes feux asservie;
Que du don de ta foi je ne suis point jaloux,
Et que, si j'en suis cru, tu seras son époux.
Oui, faisons-le surprendre avec cette effrontée :
La mémoire du père à bon droit respectée,
Jointe au grand intérêt que je prends à la sœur,
Veut que du moins l'on tâche à lui rendre l'honneur.
Holà.
(Il frappe à la porte d'un commissaire.)

SCÈNE V.
SGANARELLE, UN COMMISSAIRE, UN NOTAIRE, UN LAQUAIS *avec un flambeau.*

LE COMMISSAIRE. Qu'est-ce?
SGANARELLE. Salut, monsieur le commissaire.
Votre présence en robe est ici nécessaire;
Suivez-moi, s'il vous plaît, avec votre clarté.
LE COMMISSAIRE. Nous sortions...
SGANARELLE. Il s'agit d'un fait assez hâté.
LE COMMISSAIRE. Quoi?
SGANARELLE. D'aller là dedans, et d'y surprendre ensemble
Deux personnes qu'il faut qu'un bon hymen assemble
C'est une fille à nous, que, sous un don de foi,
Un Valère a séduite et fait entrer chez soi.
Elle sort de famille et noble et vertueuse,
Mais...
LE COMMISSAIRE. Si c'est pour cela, la rencontre est heureuse,
Puisqu'ici nous avons un notaire.
SGANARELLE. Monsieur?
LE NOTAIRE. Oui, notaire royal.
LE COMMISSAIRE. De plus homme d'honneur.
SGANARELLE. Cela s'en va sans dire. Entrez dans cette porte,
Et sans bruit ayez l'œil que personne n'en sorte :
Vous serez pleinement contentés de vos soins;
Mais ne vous laissez pas graisser la patte, au moins.
LE COMMISSAIRE. Comment! Vous croyez donc qu'un homme de justice...
SGANARELLE. Ce que j'en dis n'est pas pour taxer votre office.
Je vais faire venir mon frère promptement :
Faites que le flambeau m'éclaire seulement.
(A part.)
Je vais le réjouir, cet homme sans colère.
Holà.
(Il frappe à la porte d'Ariste.)

SCÈNE VI.
ARISTE, SGANARELLE.

ARISTE. Qui frappe? Ah! ah! que voulez-vous, mon frère?
SGANARELLE. Venez, beau directeur, suranné damoiseau,
On veut vous faire voir quelque chose de beau.
ARISTE. Comment?
SGANARELLE. Je vous apporte une bonne nouvelle.
ARISTE. Quoi?
SGANARELLE. Votre Léonor, où, je vous prie, est-elle?
ARISTE. Pourquoi cette demande? Elle est, comme je croi,
Au bal chez son amie.
SGANARELLE. Hé! oui, oui; suivez-moi,
Vous verrez à quel bal la donzelle est allée.
ARISTE. Que voulez-vous conter?
SGANARELLE. Vous l'avez bien stylée:
Il n'est pas bon de vivre en sévère censeur,
On gagne les esprits par beaucoup de douceur;
Et les soins défiants, les verrous et les grilles,
Ne font pas la vertu des femmes ni des filles;
Nous les portons au mal par tant d'austérité,
Et leur sexe demande un peu de liberté.
Vraiment elle en a pris tout son soûl, la rusée;
Et la vertu chez elle est fort humanisée.
ARISTE. Où veut donc aboutir un pareil entretien?
SGANARELLE. Allez, mon frère aîné, cela vous sied fort bien;
Et je ne voudrais pas pour vingt bonnes pistoles
Que vous n'eussiez ce fruit de vos maximes folles:
On voit ce qu'en deux sœurs nos leçons ont produit:
L'une fuit les galants, et l'autre les poursuit.
ARISTE. Si vous ne me rendez cette énigme plus claire...
SGANARELLE. L'énigme est que son bal est chez monsieur Valère;
Que de nuit je l'ai vue y conduire ses pas,
Et qu'à l'heure présente elle est entre ses bras.
ARISTE. Qui?
SGANARELLE. Léonor.
ARISTE. Cessons de railler, je vous prie.
SGANARELLE. Je raille... Il est fort bon avec sa raillerie!
Pauvre esprit! Je vous dis et vous redis encor
Que Valère chez lui tient votre Léonor,
Et qu'ils s'étaient promis une foi mutuelle
Avant qu'il eût songé de poursuivre Isabelle.
ARISTE. Ce discours d'apparence est si fort dépourvu...
SGANARELLE. Il ne le croira pas encore en l'ayant vu:
J'enrage. Par ma foi, l'âge ne sert de guère
Quand on n'a pas cela.
(Il met le doigt sur son front.)
ARISTE. Quoi! voulez-vous, mon frère...?
SGANARELLE. Mon Dieu! je ne veux rien. Suivez-moi seulement;

ACTE III.

        Votre esprit tout à l'heure aura contentement;
        Vous verrez si j'impose, et si leur foi donnée
        N'avait pas joint leurs cœurs depuis plus d'une année.
ARISTE. L'apparence qu'ainsi, sans m'en faire avertir,
        A cet engagement elle eût pu consentir?
        Moi, qui dans toute chose ai, depuis son enfance,
        Montré toujours pour elle entière complaisance,
        Et qui cent fois ai fait des protestations
        De ne jamais gêner ses inclinations!
SGANARELLE. Enfin vos propres yeux jugeront de l'affaire.
        J'ai fait venir déjà commissaire et notaire:
        Nous avons intérêt que l'hymen prétendu
        Répare sur-le-champ l'honneur qu'elle a perdu;
        Car je ne pense pas que vous soyez si lâche
        De vouloir l'épouser avecque cette tache,
        Si vous n'avez encor quelques raisonnements
        Pour vous mettre au-dessus de tous les bernements.
ARISTE. Moi? Je n'aurai jamais cette faiblesse extrême
        De vouloir posséder un cœur malgré lui-même.
        Mais je ne saurais croire enfin...
SGANARELLE.   Que de discours!
        Allons; ce procès-là continuerait toujours.

SCÈNE VII.
UN COMMISSAIRE, UN NOTAIRE, SGANARELLE, ARISTE.

LE COMMISSAIRE. Il ne faut mettre ici nulle force en usage,
        Messieurs; et, si vos vœux ne vont qu'au mariage,
        Vos transports en ce lieu se peuvent apaiser.
        Tous deux également tendent à s'épouser;
        Et Valère déjà, sur ce qui vous regarde,
        A signé que pour femme il tient celle qu'il garde.
ARISTE. La fille...
LE COMMISSAIRE.   Est renfermée et ne veut point sortir
        Que vos désirs aux leurs ne veuillent consentir.

SCÈNE VIII.
VALÈRE, UN COMMISSAIRE, UN NOTAIRE, SGANARELLE, ARISTE.

VALÈRE *à la fenêtre de sa maison.* Non, messieurs; et personne ici n'aura
        Que cette volonté ne m'ait été montrée.   [l'entrée
        Vous savez qui je suis, et j'ai fait mon devoir
        En vous signant l'aveu qu'on peut vous faire voir.
        Si c'est votre dessein d'approuver l'alliance,
        Votre main peut aussi m'en signer l'assurance;
        Sinon, faites état de m'arracher le jour,
        Plutôt que de m'ôter l'objet de mon amour.
SGANARELLE. Non, nous ne songeons pas à vous séparer d'elle.
        (Bas à part.)
        Il ne s'est point encor détrompé d'Isabelle:
        Profitons de l'erreur.

ARISTE *à Valère.* Mais est-ce Léonor?
SGANARELLE *à Ariste.* Taisez-vous.
ARISTE. Mais...
SGANARELLE. Paix donc.
ARISTE. Je veux savoir...
SGANARELLE. Encor?
Vous tairez-vous? vous dis-je.
VALÈRE. Enfin, quoi qu'il avienne,
Isabelle a ma foi; j'ai de même la sienne,
Et ne suis point un choix, à tout examiner,
Que vous soyez reçus à faire condamner.
ARISTE *à Sganarelle.* Ce qu'il dit là n'est pas...
SGANARELLE. Taisez-vous, et pour cause;
 (A Valère.)
Vous saurez le secret. Oui, sans dire autre chose,
Nous consentons tous deux que vous soyez l'époux
De celle qu'à présent on trouvera chez vous.
LE COMMISSAIRE. C'est dans ces termes-là que la chose est conçue,
Et le nom est en blanc pour ne l'avoir point vue.
Signez. La fille après vous mettra tous d'accord.
VALÈRE. J'y consens de la sorte.
SGANARELLE. Et moi, je le veux fort.
 (A part.) *(Haut.)*
Nous rirons bien tantôt. La, signez donc, mon frère,
L'honneur vous appartient.
ARISTE. Mais quoi! tout ce mystère...
SGANARELLE. Diantre! que de façons! Signez, pauvre butor.
ARISTE. Il parle d'Isabelle, et vous de Léonor.
SGANARELLE. N'êtes-vous pas d'accord, mon frère, si c'est elle,
De les laisser tous deux à leur foi mutuelle?
ARISTE. Sans doute.
SGANARELLE. Signez donc; j'en fais de même aussi.
ARISTE. Soit. Je n'y comprends rien.
SGANARELLE. Vous serez éclairci.
LE COMMISSAIRE. Nous allons revenir.
SGANARELLE *à Ariste.* Or çà, je vais vous dire
La fin de cette intrigue.
 (Ils se retirent dans le fond du théâtre.)

SCÈNE IX.
LÉONOR, SGANARELLE, ARISTE, LISETTE.

LÉONOR. O l'étrange martyre!
Que tous ces jeunes fous me paraissent fâcheux!
Je me suis dérobée au bal pour l'amour d'eux.
LISETTE. Chacun d'eux près de vous veut se rendre agréable.
LÉONOR. Et moi, je n'ai rien vu de plus insupportable;
Et je préférerais le plus simple entretien
A tous les contes bleus de ces diseurs de rien.

Ils croyent que tout cède à leur perruque blonde,
Et pensent avoir dit le meilleur mot du monde,
Lorsqu'ils viennent, d'un ton de mauvais goguenard,
Vous railler sottement sur l'amour d'un vieillard;
Et moi, d'un tel vieillard je prise plus le zèle,
Que tous les beaux transports d'une jeune cervelle.
Mais n'aperçois-je pas...

SGANARELLE *à Ariste.* Oui, l'affaire est ainsi.
    (Apercevant Léonor.)
Ah! je la vois paraître, et sa suivante aussi.

ARISTE. Léonor, sans courroux, j'ai sujet de me plaindre.
Vous savez si jamais j'ai voulu vous contraindre,
Et si plus de cent fois je n'ai pas protesté
De laisser à vos vœux leur pleine liberté :
Cependant votre cœur, méprisant mon suffrage,
De foi comme d'amour à mon insu s'engage.
Je ne me repens pas de mon doux traitement :
Mais votre procédé me touche assurément;
Et c'est une action que n'a pas méritée
Cette tendre amitié que je vous ai portée.

LÉONOR. Je ne sais pas sur quoi vous tenez ce discours :
Mais croyez que je suis la même que toujours,
Que rien ne peut pour vous altérer mon estime,
Que toute autre amitié me paraîtrait un crime,
Et que, si vous voulez satisfaire mes vœux,
Un saint nœud dès demain nous unira tous deux.

ARISTE. Dessus quel fondement venez-vous donc, mon frère....

SGANARELLE. Quoi! vous ne sortez pas du logis de Valère?
Vous n'avez point conté vos amours aujourd'hui?
Et vous ne brûlez pas depuis un an pour lui?

LÉONOR. Qui vous a fait de moi de si belles peintures,
Et prend soin de forger de telles impostures?

SCÈNE X.

ISABELLE, VALÈRE, LÉONOR, ARISTE, SGANARELLE, UN COMMISSAIRE,
    UN NOTAIRE, LISETTE, ERGASTE.

ISABELLE. Ma sœur, je vous demande un généreux pardon,
Si de mes libertés j'ai taché votre nom.
Le pressant embarras d'une surprise extrême
M'a tantôt inspiré ce honteux stratagème :
Votre exemple condamne un tel emportement;
Mais le sort nous traita tous deux diversement.
    (A Sganarelle.)
Pour vous, je ne veux point, monsieur, vous faire excuse;
Je vous sers beaucoup plus que je ne vous abuse.
Le ciel pour être joints ne nous fit pas tous deux :
Je me suis reconnue indigne de vos feux;
Et j'ai bien mieux aimé me voir aux mains d'un autre,

Que ne pas mériter un cœur comme le vôtre.
VALÈRE à *Sganarelle*. Pour moi, je mets ma gloire et mon bien souverain
À la pouvoir, monsieur, tenir de votre main.
ARISTE. Mon frère, doucement il faut boire la chose :
D'une telle action vos procédés sont cause ;
Et je vois votre sort malheureux à ce point,
Que, vous sachant dupé, l'on ne vous plaindra point.
LISETTE. Par ma foi, je lui sais bon gré de cette affaire ;
Et ce prix de ses soins est un trait exemplaire.
LÉONOR. Je ne sais si ce trait se doit faire estimer,
Mais je sais bien qu'au moins je ne le puis blâmer.
ERGASTE. Au sort d'être cocu son ascendant l'expose ;
Et ne l'être qu'en herbe est pour lui douce chose.
SGANARELLE *sortant de l'accablement dans lequel il était plongé.*
Non, je ne puis sortir de mon étonnement.
Cette ruse d'enfer confond mon jugement ;
Et je ne pense pas que Satan en personne
Puisse être si méchant qu'une telle friponne.
J'aurais pour elle au feu mis la main que voilà.
Malheureux qui se fie à femme après cela !
La meilleure est toujours en malice féconde ;
C'est un sexe engendré pour damner tout le monde.
Je renonce à jamais à ce sexe trompeur,
Et je le donne tout au diable de bon cœur.
ERGASTE. Bon.
ARISTE. Allons tous chez moi. Venez, seigneur Valère ;
Nous tâcherons demain d'apaiser sa colère.
LISETTE *au parterre.* Vous, si vous connaissez des maris loups-garous,
Envoyez-les au moins à l'école chez nous.

FIN DE L'ÉCOLE DES MARIS.

SGANARELLE

ou

LE COCU IMAGINAIRE,

COMÉDIE EN UN ACTE.

1660.

PERSONNAGES.

GORGIBUS, bourgeois.
CÉLIE, fille de Gorgibus.
LÉLIE, amant de Célie.
GROS-RENÉ, valet de Lélie.
SGANARELLE, bourgeois, cocu imaginaire.
LA FEMME DE SGANARELLE.
VILLEBREQUIN, père de Valere.
LA SUIVANTE DE CÉLIE.
UN PARENT DE LA FEMME DE SGANARELLE.

La scène est dans une place publique.

SGANARELLE.

SCÈNE I.
GORGIBUS, CÉLIE, LA SUIVANTE DE CÉLIE.

CÉLIE *sortant tout éplorée.*
   Ah! n'espérez jamais que mon cœur y consente.
GORGIBUS. Que marmottez-vous là, petite impertinente?
   Vous prétendez choquer ce que j'ai résolu?
   Je n'aurai pas sur vous un pouvoir absolu?
   Et, par sottes raisons, votre jeune cervelle
   Voudrait régler ici la raison paternelle?
   Qui de nous deux à l'autre a droit de faire loi?
   A votre avis, qui mieux, ou de vous, ou de moi,
   O sotte, peut juger ce qui vous est utile?
   Par la corbleu! gardez d'échauffer trop ma bile;
   Vous pourriez éprouver, sans beaucoup de longueur,
   Si mon bras sait encor montrer quelque vigueur.
   Votre plus court sera, madame la mutine,
   D'accepter sans façon l'époux qu'on vous destine.
   « J'ignore, dites-vous, de quelle humeur il est,
   » Et dois auparavant consulter, s'il vous plaît. »
   Informé du grand bien qui lui tombe en partage,
   Dois-je prendre le soin d'en savoir davantage?
   Et cet époux, ayant vingt mille bons ducats,
   Pour être aimé de vous doit-il manquer d'appas?
   Allez, tel qu'il puisse être, avecque cette somme
   Je vous suis caution qu'il est très-honnête homme.
CÉLIE. Hélas!
GORGIBUS.   Hé bien, hélas! Que veut dire ceci?
   Voyez le bel hélas qu'elle nous donne ici!
   Hé!... Que si la colère une fois me transporte,
   Je vous ferai chanter hélas de belle sorte.
   Voilà, voilà le fruit de ces empressements
   Qu'on vous voit nuit et jour à lire vos romans;
   De quolibets d'amour votre tête est remplie,
   Et vous parlez de Dieu bien moins que de Clélie.
   Jetez-moi dans le feu tous ces méchants écrits
   Qui gâtent tous les jours tant de jeunes esprits;
   Lisez-moi, comme il faut, au lieu de ces sornettes,
   Les Quatrains de Pibrac, et les doctes Tablettes
   Du conseiller Matthieu; l'ouvrage est de valeur,

Et plein de beaux dictons à réciter par cœur.
La Guide des pécheurs est encore un bon livre :
C'est là qu'en peu de temps on apprend à bien vivre;
Et si vous n'aviez lu que ces moralités,
Vous sauriez un peu mieux suivre mes volontés.

CÉLIE. Quoi! vous prétendez donc, mon père, que j'oublie
La constante amitié que je dois à Lélie?
J'aurais tort si sans vous je disposais de moi;
Mais vous-même à ses vœux engageâtes ma foi.

GORGIBUS. Lui fût-elle engagée encore davantage,
Un autre est survenu dont le bien l'en dégage.
Lélie est fort bien fait; mais apprends qu'il n'est rien
Qui ne doive céder au soin d'avoir du bien,
Que l'or donne aux plus laids certain charme pour plaire,
Et que sans lui le reste est une triste affaire.
Valère, je crois bien, n'est pas de toi chéri;
Mais s'il ne l'est amant, il le sera mari.
Plus que l'on ne le croit, ce nom d'époux engage,
Et l'amour est souvent un fruit du mariage.
Mais suis-je pas bien fat de vouloir raisonner
Où de droit absolu j'ai pouvoir d'ordonner?
Trêve donc, je vous prie, à vos impertinences :
Que je n'entende plus vos sottes doléances.
Ce gendre doit venir vous visiter ce soir;
Manquez un peu, manquez à le bien recevoir :
Si je ne vous lui vois faire fort bon visage,
Je vous... Je ne veux pas en dire davantage.

SCÈNE II.

CÉLIE, LA SUIVANTE DE CÉLIE.

LA SUIVANTE. Quoi! refuser, madame, avec cette rigueur,
Ce que tant d'autres gens voudraient de tout leur cœur!
A des offres d'hymen répondre par des larmes,
Et tarder tant à dire un oui si plein de charmes!
Hélas! que ne veut-on aussi me marier!
Ce ne serait pas moi qui se ferait prier;
Et loin qu'un pareil oui me donnât de la peine,
Croyez que j'en dirais bien vite une douzaine.
Le précepteur qui fait répéter la leçon
A votre jeune frère a fort bonne raison
Lorsque, nous discourant des choses de la terre,
Il dit que la femelle est ainsi que le lierre,
Qui croît beau tant qu'à l'arbre il se tient bien serré,
Et ne profite point s'il en est séparé.
Il n'est rien de plus vrai, ma très-chère maîtresse,
Et je l'éprouve en moi, chétive pécheresse.
Le bon Dieu fasse paix à mon pauvre Martin!
Mais j'avais, lui vivant, le teint d'un chérubin,

ACTE I.

L'embonpoint merveilleux, l'œil gai, l'âme contente;
Et maintenant je suis ma commère dolente.
Pendant cet heureux temps, passé comme un éclair,
Je me couchais sans feu dans le fort de l'hiver;
Sécher même les draps me semblait ridicule :
Et je tremble à présent dedans la canicule.
Enfin il n'est rien tel, madame, croyez-moi,
Que d'avoir un mari la nuit auprès de soi,
Ne fût-ce que pour l'heur d'avoir qui vous salue
D'un Dieu vous soit en aide! alors qu'on éternue.

CÉLIE. Peux-tu me conseiller de commettre un forfait?
D'abandonner Lélie et prendre ce malfait?

LA SUIVANTE. Votre Lélie aussi n'est, ma foi, qu'une bête,
Puisque si hors de temps son voyage l'arrête;
Et la grande longueur de son éloignement
Me le fait soupçonner de quelque changement.

CÉLIE *lui montrant le portrait de Lélie.*
Ah! ne m'accable point par ce triste présage.
Vois attentivement les traits de ce visage;
Ils jurent à mon cœur d'éternelles ardeurs :
Je veux croire, après tout, qu'ils ne sont pas menteurs,
Et que, comme c'est lui que l'art y représente,
Il conserve à mes feux une amitié constante.

LA SUIVANTE. Il est vrai que ces traits marquent un digne amant,
Et que vous avez lieu de l'aimer tendrement.

CÉLIE. Et cependant il faut... Ah! soutiens-moi.
(*Elle laisse tomber le portrait de Lélie.*)

LA SUIVANTE.   Madame
D'où vous pourrait venir...? Ah! bons dieux! elle pâme!
Hé! vite, holà, quelqu'un!

SCÈNE III.
CÉLIE, SGANARELLE, LA SUIVANTE DE CÉLIE.

SGANARELLE.   Qu'est-ce donc? Me voilà.
LA SUIVANTE. Ma maîtresse se meurt.
SGANARELLE.   Quoi! n'est-ce que cela?
Je croyais tout perdu de crier de la sorte.
Mais approchons pourtant. Madame, êtes-vous morte?
Ouais! elle ne dit mot.
LA SUIVANTE.   Je vais faire venir
Quelqu'un pour l'emporter; veuillez la soutenir.

SCÈNE IV.
CÉLIE, SGANARELLE, LA FEMME DE SGANARELLE.

SGANARELLE *en passant la main sur le sein de Célie.*
Elle est froide partout, et je ne sais qu'en dire.
Approchons-nous pour voir si sa bouche respire.
Ma foi, je ne sais; mais j'y trouve encor, moi,
Quelque signe de vie.

LA FEMME DE SGANARELLE *regardant par la fenêtre.*
Ah! qu'est-ce que je vois?
Mon mari dans ses bras!... Mais je m'en vais descendre :
Il me trahit sans doute, et je veux le surprendre.
SGANARELLE. Il faut se dépêcher de l'aller secourir;
Certes, elle aurait tort de se laisser mourir.
Aller en l'autre monde est très-grande sottise,
Tant que dans celui-ci l'on peut être de mise.
(*Il la porte chez elle.*)

SCÈNE V.
LA FEMME DE SGANARELLE *seule.*

Il s'est subitement éloigné de ces lieux,
Et sa fuite a trompé mon désir curieux :
Mais de sa trahison je ne suis plus en doute,
Et le peu que j'ai vu me la découvre toute.
Je ne m'étonne plus de l'étrange froideur
Dont je le vois répondre à ma pudique ardeur;
Il réserve, l'ingrat, ses caresses à d'autres,
Et nourrit leurs plaisirs par le jeûne des nôtres.
Voilà de nos maris le procédé commun ;
Ce qui leur est permis leur devient importun.
Dans les commencements ce sont toutes merveilles,
Ils témoignent pour nous des ardeurs nonpareilles:
Mais les traîtres bientôt se lassent de nos feux,
Et portent autre part ce qu'ils doivent chez eux.
Ah! que j'ai de dépit que la loi n'autorise
A changer de mari comme on fait de chemise!
Cela serait commode ; et j'en sais telle ici
Qui, comme moi, ma foi, le voudrait bien aussi.
(*En ramassant le portrait que Célie avait laissé tomber.*)
Mais quel est ce bijou que le sort me présente?
L'émail en est fort beau, la gravure charmante.
Ouvrons.

SCÈNE VI.
SGANARELLE, LA FEMME DE SGANARELLE.

SGANARELLE *se croyant seul.* On la croyait morte, et ce n'était rien.
Il n'en faut plus qu'autant, elle se porte bien.
Mais j'aperçois ma femme.
LA FEMME DE SGANARELLE *se croyant seule.* O ciel! c'est miniature!
Et voilà d'un bel homme une vive peinture!
SGANARELLE *à part et regardant par-dessus l'épaule de sa femme.*
Que considère-t-elle avec attention?
Ce portrait, mon honneur, ne nous dit rien de bon.
D'un fort vilain soupçon je me sens l'âme émue.
LA FEMME DE SGANARELLE *sans apercevoir son mari.*
Jamais rien de plus beau ne s'offrit à ma vue;
Le travail plus que l'or s'en doit encor priser.
Oh! que cela sent bon!

ACTE I.

SGANARELLE *à part.* Quoi! peste! le baiser!
Ah! j'en tiens.
LA FEMME DE SGANARELLE *poursuit.* Avouons qu'on doit être ravie
Quand d'un homme ainsi fait on se peut voir servie,
Et que, s'il en contait avec attention,
Le penchant serait grand à la tentation.
Ah! que n'ai-je un mari d'une aussi bonne mine!
Au lieu de mon pelé, de mon rustre....
SGANARELLE *lui arrachant le portrait.* Ah! mâtine!
Nous vous y surprenons en faute contre nous,
Et diffamant l'honneur de votre cher époux.
Donc, à votre calcul, ô ma trop digne femme,
Monsieur, tout bien compté, ne vaut pas bien madame?
Et, de par Belzébut, qui vous puisse emporter,
Quel plus rare parti pourriez-vous souhaiter?
Peut-on trouver en moi quelque chose à redire?
Cette taille, ce port, que tout le monde admire,
Ce visage si propre à donner de l'amour,
Pour qui mille beautés soupirent nuit et jour;
Bref, en tout et partout ma personne charmante
N'est donc pas un morceau dont vous soyez contente?
Et pour rassasier votre appétit gourmand,
Il faut joindre au mari le ragoût d'un galant?
LA FEMME DE SGANARELLE. J'entends à demi-mot où va la raillerie :
Tu crois par ce moyen...
SGANARELLE. A d'autres, je vous prie.
La chose est avérée, et je tiens dans mes mains
Un bon certificat du mal dont je me plains.
LA FEMME DE SGANARELLE. Mon courroux n'a déjà que trop de violence,
Sans le charger encor d'une nouvelle offense.
Ecoute, ne crois pas retenir mon bijou,
Et songe un peu...
SGANARELLE. Je songe à te rompre le cou.
Que ne puis-je, aussi bien que je tiens la copie,
Tenir l'original!
LA FEMME DE SGANARELLE. Pourquoi?
SGANARELLE. Pour rien, ma mie.
Doux objet de mes vœux, j'ai grand tort de crier,
Et mon front de vos dons vous doit remercier.
 (*Regardant le portrait de Lélie.*)
Le voilà, le beau fils, le mignon de couchette,
Le malheureux tison de ta flamme secrète,
Le drôle avec lequel...
LA FEMME DE SGANARELLE. Avec lequel, Poursui.
SGANARELLE. Avec lequel, te dis-je... et j'en crève d'ennui.
LA FEMME DE SGANARELLE Que me veut donc compter par là ce maître [ivrogne?
SGANARELLE. Tu ne m'entends que trop, madame la carogne.
Sganarelle est un nom qu'on ne me dira plus,
Et l'on va m'appeler seigneur Cornélius.

J'en suis pour mon honneur; mais, à toi qui me l'ôtes,
Je t'en ferai du moins pour un bras ou deux côtes.
LA FEMME DE SGANARELLE. Et tu m'oses tenir de semblables discours?
SGANARELLE. Et tu m'oses jouer de ces diables de tours?
LA FEMME DE SGANARELLE. Et quels diables de tours? Parle donc sans rien
SGANARELLE. Ah! cela ne vaut pas la peine de se plaindre! [feindre.
D'un panache de cerf sur le front me pourvoir,
Hélas! voilà vraiment un beau venez-y voir!
LA FEMME DE SGANARELLE. Donc, après m'avoir fait la plus sensible offense
Qui puisse d'une femme exciter la vengeance,
Tu prends d'un feint courroux le vain amusement
Pour prévenir l'effet de mon ressentiment?
D'un pareil procédé l'insolence est nouvelle!
Celui qui fait l'offense est celui qui querelle.
SGANARELLE. Hé! la bonne effrontée! A voir ce fier maintien,
Ne la croirait-on pas une femme de bien?
LE FEMME DE SGANARELLE. Va, poursuis ton chemin, cajole tes maitresses,
Adresse-leur tes vœux, et fais-leur des caresses:
Mais rends-moi mon portrait sans te jouer de moi.
(*Elle lui arrache le portrait et s'enfuit.*)
SGANARELLE. Oui, tu crois m'échapper; je l'aurai malgré toi.

SCÈNE VII.
LÉLIE, GROS-RENÉ.

GROS-RENÉ. Enfin nous y voici. Mais, monsieur, si je l'ose,
Je voudrais vous prier de me dire une chose.
LÉLIE. Hé bien! parle.
GROS-RENÉ. Avez-vous le diable dans le corps,
Pour ne point succomber à de pareils efforts?
Depuis huit jours entiers avec vos longues traites
Nous sommes à piquer des chiennes de mazettes,
De qui le train maudit nous a tant secoués,
Que je m'en sens pour moi tous les membres roués;
Sans préjudice encor d'un accident bien pire
Qui m'afflige un endroit que je ne veux pas dire:
Cependant arrivé, vous sortez bien et beau
Sans prendre de repos ni manger un morceau.
LÉLIE. Ce grand empressement n'est pas digne de blâme;
De l'hymen de Célie on alarme mon âme:
Tu sais que je l'adore; et je veux être instruit,
Avant tout autre soin, de ce funeste bruit.
GROS-RENÉ. Oui : mais un bon repas vous serait nécessaire
Pour s'aller éclaircir, monsieur, de cette affaire;
Et votre cœur, sans doute, en deviendrait plus fort
Pour pouvoir résister aux attaques du sort.
J'en juge par moi-même; et la moindre disgrâce,
Lorsque je suis à jeun, me saisit, me terrasse:

Mais quand j'ai bien mangé, mon âme est ferme à tout,
Et les plus grands revers n'en viendraient pas à bout.
Croyez-moi, bourrez-vous, et sans réserve aucune,
Contre les coups que peut vous porter la fortune;
Et, pour fermer chez vous l'entrée à la douleur,
De vingt verres de vin entourez votre cœur.

LÉLIE. Je ne saurais manger.
GROS-RENÉ *bas à part.* Si fait bien moi, je meure.
    (*Haut.*)
Votre dîner pourtant serait prêt tout à l'heure.
LÉLIE. Tais-toi, je te l'ordonne.
GROS-RENÉ. Ah! quel ordre inhumain!
LÉLIE. J'ai de l'inquiétude, et non pas de la faim.
GROS-RENÉ. Et moi j'ai de la faim et de l'inquiétude
    De voir qu'un sot amour fait toute votre étude.
LÉLIE. Laisse-moi m'informer de l'objet de mes vœux,
    Et, sans m'importuner, va manger si tu veux.
GROS-RENÉ. Je ne réplique point à ce qu'un maître ordonne.

SCÈNE VIII.
LÉLIE *seul.*

Non, non, à trop de peur mon âme s'abandonne.
Le père m'a promis, et la fille a fait voir
Des preuves d'un amour qui soutient mon espoir.

SCÈNE IX.
SGANARELLE, LÉLIE.

SGANARELLE *sans voir Lélie et tenant dans ses mains le portrait.*
    Nous l'avons, et je puis voir à l'aise la trogne
    Du malheureux pendard qui cause ma vergogne.
    Il ne m'est point connu.
LÉLIE *à part.* Dieu! qu'aperçois-je ici?
    Et, si c'est mon portrait, que dois-je croire aussi?
SGANARELLE *sans voir Lélie.* Ah! pauvre Sganarelle, à quelle destinée
    Ta réputation est-elle condamnée!
    Faut...
(*Apercevant Lélie, qui le regarde, il se tourne de l'autre côté.*)
LÉLIE *à part.* Ce gage ne peut, sans alarmer ma foi,
    Etre sorti des mains qui le tenaient de moi.
SGANARELLE *à part.* Faut-il que désormais à deux doigts on te montre,
    Qu'on te mette en chanson, et qu'en toute rencontre
    On te rejette au nez le scandaleux affront
    Qu'une femme malnée imprime sur ton front!
LÉLIE *à part.* Me trompé-je?
SGANARELLE *à part.* Ah! truande, as-tu bien le courage
    De m'avoir fait cocu dans la fleur de mon âge?
    Et, femme d'un mari qui peut passer pour beau,
    Faut-il qu'un marmouset, un maudit étourneau...

LÉLIE *à part et regardant encore le portrait que tient Sganarelle.*
   Je ne m'abuse point, c'est mon portrait lui-même.
SGANARELLE *lui tourne le dos.* Cet homme est curieux.
LÉLIE *à part.*   Ma surprise est extrême.
SGANARELLE *à part.* A qui donc en a-t-il?
LÉLIE *à part.*   Je le veux accoster.
   (*Haut.*)   (*Sganarelle veut s'éloigner.*)
   Puis-je?... Hé! de grâce, un mot.
SGANARELLE *à part s'éloignant encore.*   Que me veut-il conter?
LÉLIE. Puis-je obtenir de vous de savoir l'aventure
   Qui fait dedans vos mains trouver cette peinture?
SGANARELLE *à part.* D'où lui vient ce désir? Mais je m'avise ici...
   (*Il examine Lélie et le portrait qu'il tient.*)
   Ah! ma foi! me voilà de son trouble éclairci;
   Sa surprise à présent n'étonne plus mon âme;
   C'est mon homme, ou plutôt c'est celui de ma femme.
LÉLIE. Retirez-moi de peine, et dites d'où vous vient...
SGANARELLE. Nous savons, Dieu merci, le souci qui vous tient.
   Ce portrait qui vous fâche est votre ressemblance :
   Il était en des mains de votre connaissance;
   Et ce n'est pas un fait qui soit secret pour nous
   Que les douces ardeurs de la dame et de vous.
   Je ne sais pas si j'ai, dans sa galanterie,
   L'honneur d'être connu de votre seigneurie :
   Mais faites-moi celui de cesser désormais
   Un amour qu'un mari peut trouver fort mauvais;
   Et songez que les nœuds du sacré mariage...
LÉLIE. Quoi! celle, dites-vous, dont vous tenez ce gage...
SGANARELLE. Est ma femme, et je suis son mari.
LÉLIE.   Son mari?
SGANARELLE. Oui, son mari, vous dis-je, et mari très-marri;
   Vous en savez la cause, et je m'en vais l'apprendre
   Sur l'heure à ses parents.

SCÈNE X.
LÉLIE *seul.*

                         Ah! que viens-je d'entendre!
   On me l'avait bien dit, et que c'était de tous
   L'homme le plus mal fait qu'elle avait pour époux.
   Ah! quand mille serments de ta bouche infidèle
   Ne m'auraient pas promis une flamme éternelle,
   Le seul mépris d'un choix si bas et si honteux
   Devait bien soutenir l'intérêt de mes feux,
   Ingrate; et quelque bien... Mais ce sensible outrage,
   Se mêlant aux travaux d'un assez long voyage,
   Me donne tout à coup un choc si violent,
   Que mon cœur devient faible et mon corps chancelant.

SCÈNE XI.

LÉLIE, LA FEMME DE SGANARELLE.

LA FEMME DE SGANARELLE.
 (Se croyant seule.)   (Apercevant Lélie.)
 Malgré moi mon perfide...... Hélas ! quel mal vous presse?
 Je vous vois prêt, monsieur, à tomber en faiblesse.
LÉLIE. C'est un mal qui m'a pris assez subitement,
LA FEMME DE SGANARELLE. Je crains ici pour vous l'évanouissement;
 Entrez dans cette salle en attendant qu'il passe.
LÉLIE. Pour un moment ou deux j'accepte cette grâce.

SCÈNE XII.

SGANARELLE, UN PARENT DE LA FEMME DE SGANARELLE.

LE PARENT. D'un mari sur ce point j'approuve le souci :
 Mais c'est prendre la chèvre un peu bien vite aussi;
 Et tout ce que de vous je viens d'ouïr contre elle
 Ne conclut point, parent, qu'elle soit criminelle.
 C'est un point délicat; et de pareils forfaits,
 Sans les bien avérer, ne s'imputent jamais.
SGANARELLE. C'est-à-dire qu'il faut toucher au doigt la chose.
LE PARENT. Le trop de promptitude à l'erreur nous expose.
 Qui sait comme en ses mains ce portrait est venu,
 Et si l'homme, après tout, lui peut être connu?
 Informez-vous-en donc; et si c'est ce qu'on pense,
 Nous serons les premiers à punir son offense.

SCÈNE XIII.

SGANARELLE seul.

On ne peut pas mieux dire, en effet; il est bon
D'aller tout doucement. Peut-être sans raison
Me suis-je en tête mis ces visions cornues,
Et les sueurs au front m'en sont trop tôt venues.
Par ce portrait enfin dont je suis alarmé
Mon déshonneur n'est pas tout à fait confirmé.
Tâchons donc par nos soins...

SCÈNE XIV.

SGANARELLE, LA FEMME DE SGANARELLE, sur la porte de sa maison, reconduisant Lélie; LÉLIE.

SGANARELLE à part les voyant. Ah ! que vois-je ! Je meure !
 Il n'est plus question de portrait à cette heure;
 Voici, ma foi, la chose en propre original.
LA FEMME DE SGANARELLE. C'est par trop vous hâter, monsieur; et votre mal,
 Si vous sortez sitôt, pourra bien vous reprendre.
LÉLIE. Non, non, je vous rends grâce, autant qu'on puisse rendre,
 Du secours obligeant que vous m'avez prêté.
SGANARELLE à part. La masque encore après lui fait civilité !
 (La femme de Sganarelle rentre dans sa maison.)

SCÈNE XV.
SGANARELLE, LÉLIE.

SGANARELLE *à part*. Il m'aperçoit; voyons ce qu'il me pourra dire.
LÉLIE *à part*. Ah! mon âme s'émeut, et cet objet m'inspire...
Mais je dois condamner cet injuste transport,
Et n'imputer mes maux qu'aux rigueurs de mon sort.
Envions seulement le bonheur de sa flamme.
(*En s'approchant de Sganarelle.*)
O trop heureux d'avoir une si belle femme!

SCÈNE XVI.
SGANARELLE, CÉLIE *à sa fenêtre voyant Lélie qui s'en va.*

SGANARELLE *seul*. Ce n'est point s'expliquer en termes ambigus.
Cet étrange propos me rend aussi confus
Que s'il m'était venu des cornes à la tête.
(*Regardant le côté par où Lélie est sorti.*)
Allez, ce procédé n'est point du tout honnête.
CÉLIE *à part en entrant*. Quoi! Lélie a paru tout à l'heure à mes yeux!
Qui pourrait me cacher son retour en ces lieux?
SGANARELLE *sans voir Célie*. « O trop heureux d'avoir une si belle femme! »
Malheureux bien plutôt de l'avoir, cette infâme
Dont le coupable feu, trop bien vérifié,
Sans respect ni demi nous a cocufié!
Mais je le laisse aller après un tel indice,
Et demeure les bras croisés comme un jocrisse!
Ah! je devais du moins lui jeter son chapeau,
Lui ruer quelque pierre, ou crotter son manteau,
Et sur lui hautement, pour contenter ma rage,
Faire au larron d'honneur crier le voisinage.
(*Pendant le discours de Sganarelle, Célie s'approche peu à peu,
et attend pour lui parler que son transport soit fini.*)
CÉLIE *à Sganarelle*. Celui qui maintenant devers vous est venu,
Et qui vous a parlé, d'où vous est-il connu?
SGANARELLE. Hélas! ce n'est pas moi qui le connais, madame;
C'est ma femme.
CÉLIE. Quel trouble agite ainsi votre âme?
SGANARELLE. Ne me condamnez point d'un deuil hors de saison,
Et laissez-moi pousser des soupirs à foison.
CÉLIE. D'où vous peuvent venir ces douleurs non communes?
SGANARELLE. Si je suis affligé, ce n'est pas pour des prunes;
Et je le donnerais à bien d'autres qu'à moi
De se voir sans chagrin au point où je me voi.
Des maris malheureux vous voyez le modèle,
On dérobe l'honneur au pauvre Sganarelle :
Mais c'est peu que l'honneur dans mon affliction;
L'on me dérobe encor la réputation.
CÉLIE. Comment?
SGANARELLE. Ce damoiseau, parlant par révérence,

SCÈNE XVII.

Me fait cocu, madame, avec toute licence;
Et j'ai su par mes yeux avérer aujourd'hui
Le commerce secret de ma femme et de lui.

CÉLIE. Celui qui maintenant...

SGANARELLE. Oui, oui, me déshonore;
Il adore ma femme, et ma femme l'adore.

CÉLIE. Ah! j'avais bien jugé que ce secret retour
Ne pouvait me couvrir que quelque lâche tour;
Et j'ai tremblé d'abord, en le voyant paraître,
Par un pressentiment de ce qui devait être.

SGANARELLE. Vous prenez ma défense avec trop de bonté :
Tout le monde n'a pas la même charité;
Et plusieurs qui tantôt ont appris mon martyre,
Bien loin d'y prendre part, n'en ont rien fait que rire.

CÉLIE. Est-il rien de plus noir que ta lâche action?
Et peut-on lui trouver une punition?
Dois-tu ne te pas croire indigne de la vie
Après t'être souillé de cette perfidie?
O ciel! est-il possible?

SGANARELLE. Il est trop vrai pour moi.

CÉLIE. Ah! traître, scélérat, âme double et sans foi!

SGANARELLE. La bonne âme!

CÉLIE. Non, non, l'enfer n'a point de gêne
Qui ne soit pour ton crime une trop douce peine.

SGANARELLE. Que voilà bien parler!

CÉLIE. Avoir ainsi traité
Et la même innocence et la même bonté!

SGANARELLE *soupire haut*. Haie!

CÉLIE. Un cœur qui jamais n'a fait la moindre chose
A mériter l'affront où ton mépris l'expose!

SGANARELLE. Il est vrai.

CÉLIE. Qui bien loin... Mais c'est trop, et ce cœur
Ne saurait y songer sans mourir de douleur.

SGANARELLE. Ne vous fâchez point tant, ma très-chère madame;
Mon mal vous touche trop, et vous me percez l'âme.

CÉLIE. Mais ne t'abuse pas jusqu'à te figurer
Qu'à des plaintes sans fruit j'en veuille demeurer :
Mon cœur, pour se venger, sait ce qu'il te faut faire;
Et j'y cours de ce pas, rien ne m'en peut distraire.

SCÈNE XVII.

SGANARELLE *seul*.

Que le ciel la préserve à jamais de danger!
Voyez quelle bonté de vouloir me venger!
En effet son courroux, qu'excite ma disgrâce,
M'enseigne hautement ce qu'il faut que je fasse;
Et l'on ne doit jamais souffrir, sans dire mot,
De semblables affronts, à moins qu'être un vrai sot.

Courons donc le chercher ce pendard qui m'affronte;
Montrons notre courage à venger notre honte.
Vous apprendrez, maroufle, à rire à nos dépens,
Et sans aucun respect faire cocus les gens.
 (*Il revient après avoir fait quelques pas.*)
Doucement, s'il vous plaît; cet homme a bien la mine
D'avoir le sang bouillant et l'âme un peu mutine;
Il pourrait bien, mettant affront dessus affront,
Charger de bois mon dos, comme il a fait mon front.
Je hais de tout mon cœur les esprits colériques,
Et porte grand amour aux hommes pacifiques.
Je ne suis point battant de peur d'être battu,
Et l'humeur débonnaire est ma grande vertu.
Mais mon honneur me dit que d'une telle offense
Il faut absolument que je prenne vengeance :
Ma foi, laissons-le dire autant qu'il lui plaira;
Au diantre qui pourtant rien du tout en fera.
Quand j'aurai fait le brave, et qu'un fer, pour ma peine,
M'aura d'un vilain coup transpercé la bedaine,
Que par la ville ira le bruit de mon trépas,
Dites-moi, mon honneur, en serez-vous plus gras?
La bière est un séjour par trop mélancolique,
Et trop malsain pour ceux qui craignent la colique;
Et quant à moi, je trouve, ayant tout compassé,
Qu'il vaut mieux être encor cocu que trépassé.
Quel mal cela fait-il? la jambe en devient-elle
Plus tortue, après tout, et la taille moins belle?
Peste soit qui premier trouva l'invention
De s'affliger l'esprit de cette vision,
Et d'attacher l'honneur de l'homme le plus sage
Aux choses que peut faire une femme volage !
Puisqu'on tient, à bon droit, tout crime personnel,
Que fait là notre honneur pour être criminel?
Des actions d'autrui l'on nous donne le blâme !
Si nos femmes sans nous font un commerce infâme,
Il faut que tout le mal tombe sur notre dos !
Elles font la sottise et nous sommes les sots!
C'est un vilain abus, et les gens de police
Nous devraient bien régler une telle injustice.
N'avons-nous pas assez des autres accidents
Qui nous viennent happer en dépit de nos dents?
Les querelles, procès, faim, soif, et maladie,
Troublent-ils pas assez le repos de la vie,
Sans s'aller, de surcroît, aviser sottement
De se faire un chagrin qui n'a nul fondement?
Moquons-nous de cela, méprisons les alarmes,
Et mettons sous nos pieds les soupirs et les larmes.
Si ma femme a failli, qu'elle pleure bien fort.

Mais pourquoi moi pleurer, puisque je n'ai point tort?
En tout cas, ce qui peut m'ôter ma fâcherie,
C'est que je ne suis pas seul de ma confrérie.
Voir cajoler sa femme, et n'en témoigner rien,
Se pratique aujourd'hui par force gens de bien.
N'allons donc point chercher à faire une querelle
Pour un affront qui n'est que pure bagatelle.
L'on m'appellera sot de ne me venger pas,
Mais je le serais fort de courir au trépas.
(*Mettant la main sur sa poitrine.*)
Je me sens là pourtant remuer une bile
Qui veut me conseiller quelque action virile.
Oui, le courroux me prend ; c'est trop être poltron :
Je veux résolument me venger du larron.
Déjà, pour commencer, dans l'ardeur qui m'enflamme,
Je vais dire partout qu'il couche avec ma femme.

SCÈNE XVIII.
GORGIBUS, CÉLIE, LA SUIVANTE DE CÉLIE.

CÉLIE. Oui, je veux bien subir une si juste loi,
Mon père ; disposez de mes vœux et de moi ;
Faites, quand vous voudrez, signer cet hyménée :
A suivre mon devoir je suis déterminée ;
Je prétends gourmander mes propres sentiments,
Et me soumettre en tout à vos commandements.
GORGIBUS. Ah! voilà qui me plaît de parler de la sorte!
Parbleu! si grande joie à l'heure me transporte,
Que mes jambes sur l'heure en caprioleraient,
Si nous n'étions point vus de gens qui s'en riraient.
Approche-toi de moi ; viens çà que je t'embrasse.
Une telle action n'a pas mauvaise grâce ;
Un père, quand il veut, peut sa fille baiser
Sans que l'on ait sujet de s'en scandaliser.
Va, le contentement de te voir si bien née
Me fera rajeunir de dix fois une année.

SCÈNE XIX.
CÉLIE, LA SUIVANTE DE CÉLIE.

LA SUIVANTE. Ce changement m'étonne.
CÉLIE.   Et lorsque tu sauras
Par quels motifs j'agis, tu m'en estimeras.
LA SUIVANTE. Cela pourrait bien être.
CÉLIE.   Apprends donc que Lélie
A pu blesser mon cœur par une perfidie ;
Qu'il était en ces lieux sans...
LA SUIVANTE.   Mais il vient à nous.

SCÈNE XX.
LÉLIE, CÉLIE, LA SUIVANTE DE CÉLIE.

LÉLIE. Avant que pour jamais je m'éloigne de vous,
Je veux vous reprocher au moins en cette place...
CÉLIE. Quoi! me parler encore! avez-vous cette audace?
LÉLIE. Il est vrai qu'elle est grande; et votre choix est tel,
Qu'à vous rien reprocher je serais criminel.
Vivez, vivez contente, et bravez ma mémoire
Avec le digne époux qui vous comble de gloire
CÉLIE. Oui, traître; j'y veux vivre; et mon plus grand désir,
Ce serait que ton cœur en eût du déplaisir.
LÉLIE. Qui rend donc contre moi ce courroux légitime?
CÉLIE. Quoi! tu fais le surpris et demandes ton crime?

SCÈNE XXI.
CÉLIE, LÉLIE, SGANARELLE *armé de pied en cap*, LA SUIVANTE DE CÉLIE.

SGANARELLE. Guerre, guerre mortelle à ce larron d'honneur
Qui sans miséricorde a souillé notre honneur.
CÉLIE *à Lélie en lui montrant Sganarelle.*
Tourne, tourne les yeux, sans me faire répondre.
LÉLIE. Ah! je vois...
CÉLIE. Cet objet suffit pour te confondre.
LÉLIE. Mais pour vous obliger bien plutôt à rougir.
SGANARELLE *à part.* Ma colère à présent est en état d'agir.
Dessus ses grands chevaux est monté mon courage;
Et si je le rencontre on verra du carnage.
Oui, j'ai juré sa mort; rien ne peut m'empêcher:
Où je le trouverai, je le veux dépêcher:
(*Tirant son épée à demi, il approche de Lélie.*)
Au beau milieu du cœur il faut que je lui donne...
LÉLIE *se retournant.* A qui donc en veut-on?
SGANARELLE. Je n'en veux à personne.
LÉLIE. Pourquoi ces armes-là?
SGANARELLE. C'est un habillement
(*A part.*)
Que j'ai pris pour la pluie. Ah! quel contentement
J'aurais à le tuer! Prenons-en le courage.
LÉLIE *se retournant encore.* Hai?
SGANARELLE. Je ne parle pas.
(*A part après s'être donné des soufflets pour s'exciter.*)
Ah! poltron, dont j'enrage,
Lâche, vrai cœur de poule!
CÉLIE *à Lélie.* Il t'en doit dire assez,
Cet objet dont tes yeux nous paraissent blessés.
LÉLIE. Oui, je connais par là que vous êtes coupable
De l'infidélité la plus inexcusable
Qui jamais d'un amant puisse outrager la foi.

SCÈNE XXII.

SGANARELLE *à part.* Que n'ai-je un peu de cœur!
CÉLIE. Ah! cesse devant moi,
Traître, de ce discours l'insolence cruelle.
SGANARELLE *à part.* Sganarelle, tu vois qu'elle prend ta querelle :
Courage, mon enfant! sois un peu vigoureux.
La, hardi! tâche à faire un effort généreux
En le tuant tandis qu'il tourne le derrière.
LÉLIE *faisant deux ou trois pas, sans dessein, fait retourner Sganarelle, qui s'approchait pour le tuer.*
Puisqu'un pareil discours émeut votre colère,
Je dois de votre cœur me montrer satisfait,
Et l'applaudir ici du beau choix qu'il a fait.
CÉLIE. Oui, oui, mon choix est tel qu'on n'y peut rien reprendre.
LÉLIE. Allez, vous faites bien de le vouloir défendre.
SGANARELLE. Sans doute, elle fait bien de défendre mes droits.
Cette action, monsieur, n'est point selon les lois :
J'ai raison de m'en plaindre; et, si je n'étais sage,
On verrait arriver un étrange carnage.
LÉLIE. D'où vous naît cette plainte, et quel chagrin brutal...
SGANARELLE. Suffit. Vous savez bien où le bât me fait mal :
Mais votre conscience et le soin de votre âme
Vous devraient mettre aux yeux que ma femme est ma femme;
Et vouloir à ma barbe en faire votre bien,
Que ce n'est pas du tout agir en bon chrétien.
LÉLIE. Un semblable soupçon est bas et ridicule.
Allez, dessus ce point n'ayez aucun scrupule.
Je sais qu'elle est à vous; et bien loin de brûler...
CÉLIE. Ah! qu'ici tu sais bien, traître, dissimuler!
LÉLIE. Quoi! me soupçonnez-vous d'avoir une pensée
De qui son âme ait lieu de se croire offensée,
De cette lâcheté voulez-vous me noircir?
CÉLIE. Parle, parle à lui-même, il pourra t'éclaircir.
SGANARELLE *à Célie.* Vous me défendez mieux que je ne saurais faire,
Et du biais qu'il faut vous prenez cette affaire.

SCÈNE XXII.

CÉLIE, LÉLIE, SGANARELLE, LA FEMME DE SGANARELLE, LA SUIVANTE DE CÉLIE.

LA FEMME DE SGANARELLE. Je ne suis point d'humeur à vouloir contre vous
Faire éclater, madame, un esprit trop jaloux;
Mais je ne suis point dupe, et vois ce qui se passe :
Il est de certains feux de fort mauvaise grâce;
Et votre âme devrait prendre un meilleur emploi
Que de séduire un cœur qui doit n'être qu'à moi.
CÉLIE. La déclaration est assez ingénue.
SGANARELLE *à sa femme.* L'on ne demande pas, carogne, ta venue.
Tu la viens quereller lorsqu'elle me défend,
Et tu trembles de peur qu'on t'ôte ton galant.

CÉLIE. Allez, ne croyez pas que l'on en ait envie.
   (Se tournant vers Lélie.)
   Tu vois si c'est mensonge, et j'en suis fort ravie.
LÉLIE. Que me veut-on conter?
LA SUIVANTE. Ma foi, je ne sais pas
   Quand on verra finir ce galimatias;
   Depuis assez longtemps je tâche à le comprendre,
   Et si plus je l'écoute et moins je puis l'entendre.
   Je vois bien à la fin que je m'en dois mêler.
   (Elle se met entre Lélie et sa maîtresse.)
   Répondez-moi par ordre, et me laissez parler.
   (A Lélie.)
   Vous, qu'est-ce qu'à son cœur peut reprocher le vôtre?
LÉLIE. Que l'infidèle a pu me quitter pour un autre;
   Que, lorsque, sur le bruit de son hymen fatal,
   J'accours tout transporté d'un amour sans égal,
   Dont l'ardeur résistait à se croire oubliée,
   Mon abord en ces lieux la trouve mariée.
LA SUIVANTE. Mariée! à qui donc?
LÉLIE *montrant Sganarelle.* A lui.
LA SUIVANTE. Comment! à lui?
LÉLIE. Oui-dà.
LA SUIVANTE. Qui vous l'a dit?
LÉLIE. C'est lui-même aujourd'hui.
LA SUIVANTE *à Sganarelle.* Est-il vrai?
SGANARELLE. Moi! j'ai dit que c'était à ma femme
   Que j'étais marié.
LÉLIE. Dans un grand trouble d'âme,
   Tantôt de mon portrait je vous ai vu saisi.
SGANARELLE. Il est vrai, le voilà.
LÉLIE *à Sganarelle.* Vous m'avez dit aussi
   Que celle aux mains de qui vous aviez pris ce gage
   Etait liée à vous des nœuds du mariage.
SGANARELLE *montrant sa femme.* Sans doute; et je l'avais de ses mains [arraché,
   Et n'eusse pas sans lui découvert son péché.
LA FEMME DE SGANARELLE. Que me viens-tu conter par ta plainte im-
   Je l'avais sous mes pieds rencontré par fortune; [portune?
   Et même quand, après ton injuste courroux,
   (*Montrant Lélie.*)
   J'ai fait, dans sa faiblesse, entrer monsieur chez nous,
   Je n'ai pas reconnu les traits de sa peinture.
CÉLIE. C'est moi qui du portrait ai causé l'aventure;
   Et je l'ai laissé choir en cette pâmoison
   (*A Sganarelle.*)
   Qui m'a fait par vos soins remettre à la maison.
LA SUIVANTE. Vous le voyez, sans moi vous y seriez encore;
   Et vous aviez besoin de mon peu d'ellébore.
SGANARELLE *à part.* Prendrons-nous tout ceci pour de l'argent comptant?

Mon front l'a, sur mon âme, eu bien chaude pourtant.
LA FEMME DE SGANARELLE. Ma crainte toutefois n'est pas trop dissipée,
Et, doux que soit le mal, je crains d'être trompée.
SGANARELLE *à sa femme*. Hé! mutuellement croyons-nous gens de bien;
Je risque plus du mien que tu ne fais du tien;
Accepte sans façon le marché qu'on propose.
LA FEMME DE SGANARELLE. Soit. Mais gare le bois si j'apprends quelque
CÉLIE *à Lélie après avoir parlé bas ensemble*. [chose!]
Ah Dieu! s'il est ainsi, qu'est-ce donc que j'ai fait?
Je dois de mon courroux appréhender l'effet.
Oui, vous croyant sans foi, j'ai pris pour ma vengeance
Le malheureux secours de mon obéissance,
Et depuis un moment mon cœur vient d'accepter
Un hymen que toujours j'eus lieu de rebuter :
J'ai promis à mon père; et ce qui me désole..
Mais je le vois venir.
LÉLIE.   Il me tiendra parole.

SCÈNE XXIII.
GORGIBUS, CÉLIE, LÉLIE, SGANARELLE, LA FEMME DE SGANARELLE,
LA SUIVANTE DE CÉLIE.

LÉLIE. Monsieur, vous me voyez en ces lieux de retour,
Brûlant des mêmes feux, et mon ardente amour
Verra, comme je crois, la promesse accomplie
Qui me donna l'espoir de l'hymen de Célie.
GORGIBUS. Monsieur, que je revois en ces lieux de retour,
Brûlant des mêmes feux, et dont l'ardente amour
Verra, que vous croyez, la promesse accomplie
Qui vous donna l'espoir de l'hymen de Célie,
Très-humble serviteur à votre seigneurie.
LÉLIE. Quoi! monsieur, est-ce ainsi qu'on trahit mon espoir?
GORGIBUS. Oui, monsieur, c'est ainsi que je fais mon devoir :
Ma fille en suit les lois.
CÉLIE.   Mon devoir m'intéresse,
Mon père, à dégager vers lui votre promesse.
GORGIBUS. Est-ce réponde en fille à mes commandements?
Tu te démens bientôt de tes bons sentiments;
Pour Valère tantôt... Mais j'aperçois son père;
Il vient assurément pour conclure l'affaire.

SCÈNE XXIV.
VILLEBREQUIN, GORGIBUS, CÉLIE, LÉLIE, SGANARELLE,
LA FEMME DE SGANARELLE, LA SUIVANTE DE CÉLIE.

GORGIBUS. Qui vous amène ici, seigneur Villebrequin?
VILLEBREQUIN. Un secret important que j'ai su ce matin
Qui rompt absolument ma parole donnée.
Mon fils, dont votre fille acceptait l'hyménée,
Sous des liens cachés trompant les yeux de tous,
Vit depuis quatre mois avec Lise en époux;

Et comme des parents le bien et la naissance
M'ôtent tout le pouvoir de casser l'alliance,
Je vous viens...

GORGIBUS. Brisons là. Si, sans votre congé,
Valère votre fils ailleurs s'est engagé,
Je ne vous puis celer que ma fille Célie
Dès longtemps par moi-même est promise à Lélie,
Et que, riche en vertus, son retour aujourd'hui
M'empêche d'agréer un autre époux que lui.

VILLEBREQUIN. Un tel choix me plaît fort.

LÉLIE. Et cette juste envie
D'un bonheur éternel va couronner ma vie...

GORGIBUS. Allons choisir le jour pour se donner la foi.

SGANARELLE *seul*. A-t-on mieux cru jamais être cocu que moi?
Vous voyez qu'en ce fait la plus forte apparence
Peut jeter dans l'esprit une fausse créance.
De cet exemple-ci ressouvenez-vous bien;
Et quand vous verriez tout, ne croyez jamais rien.

FIN DE SGANARELLE.

L'ÉCOLE DES FEMMES,

COMÉDIE EN CINQ ACTES,

1662.

NOTICE SUR L'ÉCOLE DES FEMMES

ET SUR LA

CRITIQUE DE L'ÉCOLE DES FEMMES.

L'Ecole des Femmes fut jouée le 20 décembre 1662. Molière s'était marié le 20 février, et les accès de sa propre jalousie l'ont sans doute inspiré dans la peinture des tourments d'Arnolphe, dont il créa lui-même le rôle avec un éclatant succès. Le rôle d'Horace était rempli par Lagrange, celui d'Alain par Brécourt, celui d'Agnès par mademoiselle de Brie, et celui de Georgette par mademoiselle Beauval. Mademoiselle de Brie, qui ne se retira que le 19 juin 1684, jouait encore Agnès à l'âge de soixante-cinq ans. Peu de temps avant sa retraite, ses camarades l'engagèrent à céder ce rôle à mademoiselle Ducroisy; mais quoique celle-ci eût plus de jeunesse et de beauté, le public, en la voyant paraître, se mit à crier : De Brie, de Brie!... On envoya chercher la vieille actrice, à laquelle on ne permit même pas de quitter son costume de ville, et qui fut accueillie avec enthousiasme.

Jamais, depuis le *Cid*, une pièce de théâtre n'avait produit une plus vive sensation. Elle eut de fervents admirateurs et des détracteurs acharnés. La muse historique de Loret nous apprend que

> Pour divertir seigneurs et dames,
> On joua *l'Ecole des Femmes*,
> Qui fit rire Leurs Majestés
> Jusqu'à s'en tenir les côtés.

Cette haute approbation n'empêcha pas une foule de marquis, de gens de lettres et de beaux esprits d'attaquer *l'Ecole des Femmes* comme contraire aux règles dans son ensemble, comme obscène dans ses détails. Le commandeur de Souvré la dénigra à la cour; le comte du Broussin se leva au milieu d'une représentation, et se retira en disant qu'il ne comprenait pas qu'on pût écouter de pareilles sornettes. Un certain Plapisson, professeur de philosophie, assis un jour sur un des bancs qui bordaient la scène, regardait les spectateurs d'un air dédaigneux, et répétait parfois en haussant les épaules : « Ris donc, public, ris donc! »

Molière fut vengé de ses détracteurs par les stances suivantes de Boileau-Despréaux, qui, jeune encore, annonçait déjà qu'il serait l'inflexible champion du bon goût :

En vain mille jaloux esprits,
Molière, osent avec mépris
Censurer ton plus bel ouvrage.
Sa charmante naïveté
S'en va pour jamais, d'âge en âge,
Divertir la postérité.

Que tu ris agréablement!
Que tu badines savamment!
Celui qui sut vaincre Numance,
Qui mit Carthage sous sa loi,
Jadis, sous le nom de Térence,
Sut-il mieux badiner que toi?

Ta muse avec utilité
Dit plaisamment la vérité;
Chacun profite à ton école:
Tout en est beau, tout en est bon,
Et ta plus burlesque parole
Est souvent un docte sermon.

Laisse gronder tes envieux:
Ils ont beau crier, en tous lieux,
Qu'en vain tu charmes le vulgaire,
Que tes vers n'ont rien de plaisant;
Si tu savais un peu moins plaire,
Tu ne leur déplairais pas tant.

Les écrivains médiocres qui se déchaînèrent contre *l'Ecole des Femmes* accusèrent surtout l'auteur d'avoir pillé de tous côtés les éléments de son œuvre. Il est vrai que Molière a puisé quelques détails dans la *Précaution inutile* de Scarron, le *Jaloux d'Estramadure* de Cervantes, et les *Piacevoli notti* de Straparola de Caravage, où Perrault a trouvé le sujet du *Chat botté*. Pour l'écrivain dramatique, comme pour le conteur, le mérite est tout entier dans l'exécution.

La *Précaution inutile*, nouvelle de Scarron, n'est qu'une détestable bouffonnerie. Don Pèdre, gentilhomme de Grenade, après une foule d'aventures qui lui donnent mauvaise opinion des femmes, se décide à épouser une jeune niaise appelée Laure, élevée au couvent, belle comme tous les anges ensemble, et sotte comme toutes les religieuses qui sont venues au monde sans esprit. Le jour de ses noces, il lui persuade que le devoir des femmes mariées est de veiller sur leurs époux, et en conséquence il lui fait revêtir une armure. Quelque temps après, un cavalier de Cordoue courtise la jeune niaise pendant l'absence de Don Pèdre, et lui dépêche une vieille intrigante, qui en obtient le passe-partout de toutes les portes de la maison. Le cavalier s'y introduit et détermine Laure à quitter son armure. Au retour de Don Pèdre, Laure s'empresse de lui raconter naïvement tout ce qui s'est passé; le mari trompé déplore son erreur, et reconnaît qu'une femme spirituelle peut être honnête par elle-même, mais qu'une sotte ne peut l'être sans le secours d'autrui.

On remarquera que l'héroïne de ce conte invraisemblable est totalement dénuée d'intelligence, tandis qu'Agnès est une spirituelle ignorante dont l'amour développe les sentiments et les facultés.

Les perpétuelles révélations d'Horace à Arnolphe ont eu pour modèle celles de Nérin au docteur Raymond, dans la *Quatrième Nuit* de Straparole. Amoureux d'une belle inconnue, Raymond prend accidentellement le mari pour confident, et celui-ci ne peut réussir à surprendre ceux dont il connaît toutes les démarches. Un jour, dans son désespoir, il met le feu aux quatre coins d'une chambre où il croit Nérin caché. Mais sa femme fait emporter le jeune homme dans une armoire qui contient, dit-elle, son contrat de mariage et autres papiers importants. Nérin finit par enlever sa maîtresse, et le docteur Raymond en meurt de chagrin. Ce sujet est ingénieux, mais lourdement traité. Les curieux qui voudraient en juger pourront consulter ou le texte italien ou la traduction française publiée par Jean Louveau et Pierre de Larrivey, sous ce titre : les *Facétieuses Nuits* de Jean François Straparole. Paris, Langelier 1588, in-16.

Voltaire, avec sa perfidie habituelle, s'efforce de déprécier l'*École des Femmes* en feignant de reproduire simplement les jugements portés sur cette pièce dans la nouveauté.

« Le théâtre de Molière, dit-il, avait donné naissance à la bonne comédie. Il fut abandonné la moitié de l'année 1661 et toute l'année 1662 pour certaines farces moitié italiennes, moitié françaises, qui furent alors accréditées par le retour d'un fameux pantomime italien connu sous le nom de Scaramouche. Les mêmes spectateurs qui applaudissaient sans réserve à ces farces monstrueuses se rendirent difficiles pour l'*Ecole des Femmes,* pièce d'un genre tout nouveau, laquelle, quoique toute en récits, est ménagée avec tant d'art que tout paraît être en action. Elle fut très-suivie et très-critiquée. Elle passe pour être inférieure en tact à l'*Ecole des Maris*, et surtout dans le dénoûment, qui est aussi postiche dans l'*Ecole des Femmes* qu'il est bien amené dans l'*Ecole des Maris*. On se révolta généralement contre quelques expressions qui paraissent indignes de Molière, on désapprouva le *corbillon*, la *tarte à la crème*, les *enfants faits par l'oreille,* mais aussi les connaisseurs admirèrent avec quelle adresse Molière avait su attacher et plaire pendant cinq actes par la seule confidence d'Horace au vieillard et par de simples récits. Il semblait qu'un sujet ainsi traité ne dût fournir qu'un acte ; mais c'est le caractère du vrai génie de répandre sa fécondité sur un sujet stérile, et de varier ce qui semble uniforme. »

L'examen de l'*École des Femmes* par la Harpe est plus judicieux et plus impartial.

« L'auteur a indiqué lui-même le défaut le plus sensible de sa pièce, par ce vers que dit Horace à ce vieil Arnolphe, lorsqu'il le rencontre dans la rue pour la troisième fois :

La place m'est heureuse à vous y rencontrer.

» Faire rencontrer ainsi Horace et Arnolphe à point nommé trois fois de suite, c'est trop montrer le besoin qu'on en a pour les confidences ; comme aussi le besoin d'un dénoûment se fait trop sentir par l'arrivée des deux vieillards, l'un père d'Horace et l'autre père d'Agnès, qui ne viennent au cinquième acte que pour conclure un mariage. On a beau abréger au théâtre le long roman qu'ils racontent en dialogue pour expliquer leurs aventures ; j'ai toujours vu qu'on n'écoutait même pas le peu qu'on en dit, parce que l'on est d'accord avec l'auteur pour ôter Agnès des mains d'Arnolphe, n'importe comment, et la donner au jeune homme qu'elle aime.

» Le choix d'une place publique pour le lieu de la scène occasionne aussi quelques autres invraisemblances ; par exemple : celle du sermon sur les devoirs du mariage, qu'Arnolphe devait faire dans sa maison bien plus naturellement que dans la rue. Mais ce sermon est d'un sérieux si plaisant, d'une harmonie si originale, qu'il importe peu où il se fasse, pourvu qu'on l'entende. »

Les défauts dont je viens de parler disparaissent au milieu du bon comique et de la vraie gaieté dont cette pièce est remplie. Situations, caractères, incidents, dialogue, tout concourt à ce grand objet de la comédie : instruire en divertissant.

A propos du rôle d'Agnès, la Harpe ajoute : « Il est soutenu d'un bout à l'autre avec la même perfection, il n'y a pas un mot qui ne soit de la plus grande ingénuité et en même temps de l'effet le plus saillant ; tout est à la fois et de caractère et de situation, et cette réunion est le comble de l'art. »

Molière lui-même fut son premier juge. Il résume les observations qu'on faisait pour ou contre *l'Ecole des Femmes* dans une petite comédie en un acte, qu'on doit moins regarder comme une œuvre dramatique que comme une discussion entre plusieurs interlocuteurs.

La *Critique de l'Ecole des Femmes*, la première pièce de ce genre qui ait paru, fut jouée le 1er juin 1663, sur le théâtre du Palais-Royal, et eut trente et une représentations. Les rôles étaient ainsi distribués : Uranie, mademoiselle de Brie ; Elise, Armande Béjart (femme Molière) ; Climène, mademoiselle Duparc ; le marquis, Lagrange ; Dorante, Brécourt ; Lysidas, Ducroisy.

Le succès qu'obtint la *Critique de l'Ecole des Femmes* est constaté par Loret, dans sa *Muse historique* du 2 juin :

> Les comédiens de Monsieur,
> Pour qui, dans mon intérieur,
> J'ai de l'amour et de l'estime,
> Et surtout pour un anonyme,
> Ont aussi mis sur le bureau
> Quelque chose de fort nouveau ;
> Savoir : une pièce comique,
> Qui s'intitule la *Critique*.
> Sans doute que très-bien de gens
> De la voir seront diligents,

> Etant, dit-on, fort singulière
> En venant du rare Molière :
> C'est-à-dire de bonne main.
> Je la verrai, je crois, demain.

La *Critique de l'Ecole des Femmes* enfanta plusieurs pièces du même genre. Edme Boursault donna au théâtre de l'hôtel de Bourgogne le *Portrait du Peintre* ou la *Contre-Critique de l'Ecole des Femmes*, comédie en un acte et en vers. Visé fit représenter en 1663 une comédie en un acte et en prose, intitulée *Zélinde, ou la Véritable critique de l'Ecole des Femmes*, et la *Critique de la Critique*. Pierre de la Croix publia en 1664 un opuscule intitulé la *Guerre comique, ou la Défense de l'Ecole des Femmes*, espèce de comédie en un acte, en prose, divisé, au lieu de scènes, en cinq disputes. La même année, parut le *Panégyrique de l'Ecole des Femmes, ou Conversation comique sur les œuvres de Molière*. Paris, Charles de Sercy. In-12.

ÉMILE DE LA BÉDOLLIÈRE.

ÉPITRE DÉDICATOIRE

A MADAME.

MADAME,

Je suis le plus embarrassé homme du monde lorsqu'il me faut dédier un livre ; et je me trouve si peu fait au style d'épître dédicatoire, que je ne sais par où sortir de celle-ci. Un autre auteur qui serait à ma place trouverait d'abord cent belles choses à dire de VOTRE ALTESSE ROYALE sur ce titre de *l'Ecole des Femmes* et l'offre qu'il vous en ferait. Mais, pour moi, MADAME, je vous avoue mon faible : je ne sais point cet art de trouver des rapports entre des choses si peu proportionnées ; et quelques belles lumières que mes confrères les auteurs me donnent tous les jours sur de pareils sujets, je ne vois point ce que VOTRE ALTESSE ROYALE pourrait avoir à démêler avec la comédie que je lui présente. On n'est pas en peine, sans doute, comme il faut faire pour vous louer : la matière, MADAME, ne saute que trop aux yeux ; et de quelque côté qu'on vous regarde, on rencontre gloire sur gloire et qualités sur qualités. Vous en avez, MADAME, du côté du rang et de la naissance, qui vous font respecter de toute la terre. Vous en avez du côté des grâces et de l'esprit et du corps, qui vous font admirer de toutes les personnes qui vous voient. Vous en avez du côté de l'âme, qui, si l'on ose parler ainsi, vous font aimer de tous ceux qui ont l'honneur d'approcher de vous : je veux dire cette douceur pleine de charmes dont vous daignez tempérer la fierté des grands titres que vous portez, cette bonté tout obligeante, cette affabilité généreuse que vous faites paraître pour tout le monde. Et ce sont particulièrement ces dernières pour qui je suis, et dont je sens fort bien que je ne me pourrai taire quelque jour. Mais encore une fois, MADAME, je ne sais point le biais de faire entrer ici des vérités si éclatantes; et ce sont choses, à mon avis, et d'une trop vaste étendue, et d'un mérite trop relevé, pour les vouloir renfermer dans une épître et les mêler avec des bagatelles. Tout bien considéré, MADAME, je ne vois rien à faire ici pour moi que de vous dédier simplement ma comédie, et de vous assurer, avec tout le respect qu'il m'est possible, que je suis,

  MADAME,

    DE VOTRE ALTESSE ROYALE

        le très-humble, très-obéissant
        et très-obligé serviteur.

          MOLIÈRE.

PRÉFACE.

Bien des gens ont frondé d'abord cette comédie : mais les rieurs ont été pour elle ; et tout le mal qu'on en a pu dire n'a pu faire qu'elle n'ait eu un succès dont je me contente. Je sais qu'on attend de moi dans cette impression quelque préface qui réponde aux censeurs et rende raison de mon ouvrage ; et sans doute que je suis assez redevable à toutes les personnes qui lui ont donné leur approbation pour me croire obligé de défendre leur jugement contre celui des autres : mais il se trouve qu'une grande partie des choses que j'aurais à dire sur ce sujet est déjà dans une dissertation que j'ai faite en dialogue, et dont je ne sais encore ce que je ferai. L'idée de ce dialogue, ou, si l'on veut, de cette petite comédie, me vint après les deux ou trois premières représentations de ma pièce. Je la dis, cette idée, dans une maison où je me trouvai un soir : et d'abord une personne de qualité, dont l'esprit est assez connu dans le monde, et qui me fait l'honneur de m'aimer, trouva le projet assez à son gré non-seulement pour me solliciter d'y mettre la main, mais encore pour l'y mettre lui-même. Et je fus étonné que, deux jours après, il me montra toute l'affaire exécutée d'une manière à la vérité beaucoup plus galante et plus spirituelle que je ne puis faire, mais où je trouvai des choses trop avantageuses pour moi ; et j'eus peur que, si je produisais cet ouvrage sur notre théâtre, on ne m'accusât d'avoir mendié les louanges qu'on m'y donnait. Cependant cela m'empêcha, par quelque considération, d'achever ce que j'avais commencé. Mais tant de gens me pressent tous les jours de le faire, que je ne sais ce qui en sera ; et cette incertitude est cause que je ne mets point dans cette préface ce qu'on verra dans la *Critique*, en cas que je me résolve à la faire paraître. S'il faut que cela soit, je le dis encore, ce sera seulement pour venger le public du chagrin délicat de certaines gens : car pour moi je m'en tiens assez vengé par la réussite de ma comédie ; et je souhaite que toutes celles que je pourrai faire soient traitées par eux comme celle-ci, pourvu que le reste soit de même.

PERSONNAGES.

ARNOLPHE ou LA SOUCHE.
AGNÈS, fille d'Enrique.
HORACE, amant d'Agnès, fils d'Oronte.
CHRYSALDE, ami d'Arnolphe.
ENRIQUE, beau-frère de Chrysalde et père d'Agnès.
ORONTE, père d'Horace et ami d'Arnolphe.
ALAIN, paysan, valet d'Arnolphe.
GEORGETTE, paysanne, servante d'Arnolphe.
UN NOTAIRE.

La scène est à Paris, dans une place d'un faubourg.

L'ÉCOLE DES FEMMES.

ACTE PREMIER.

SCÈNE I.

CHRYSALDE, ARNOLPHE.

CHRYSALDE. Vous venez, dites-vous, pour lui donner la main?
ARNOLPHE. Oui. Je veux terminer la chose dans demain.
CHRYSALDE. Nous sommes ici seuls; et l'on peut, ce me semble,
Sans craindre d'être ouïs, y discourir ensemble.
Voulez-vous qu'en ami je vous ouvre mon cœur?
Votre dessein pour vous me fait trembler de peur;
Et, de quelque façon que vous tourniez l'affaire,
Prendre femme est à vous un coup bien téméraire.
ARNOLPHE. Il est vrai, notre ami, peut-être que, chez vous,
Vous trouvez des sujets de craindre pour chez nous;
Et votre front, je crois, veut que du mariage
Les cornes soient partout l'infaillible apanage.
CHRYSALDE. Ce sont coups du hasard, dont on n'est point garant;
Et bien sot, ce me semble, est le soin qu'on en prend.
Mais quand je crains pour vous, c'est cette raillerie
Dont cent pauvres maris ont souffert la furie :
Car enfin vous savez qu'il n'est grands ni petits
Que de votre critique on ait vus garantis;
Que vos plus grands plaisirs sont, partout où vous êtes,
De faire cent éclats des intrigues secrètes...
ARNOLPHE. Fort bien. Est-il au monde une autre ville aussi
Où l'on ait des maris si patients qu'ici?
Est-ce qu'on n'en voit pas de toutes les espèces,
Qui sont accommodés chez eux de toutes pièces?
L'un amasse du bien, dont sa femme fait part
A ceux qui prennent soin de le faire cornard :
L'autre un peu plus heureux, mais non pas moins infâme,
Voit faire tous les jours des présents à sa femme,
Et d'aucun soin jaloux n'a l'esprit combattu,
Parce qu'elle lui dit que c'est pour sa vertu.
L'un fait beaucoup de bruit qui ne lui sert de guères :
L'autre en toute douceur laisse aller les affaires,
Et, voyant arriver chez lui le damoiseau,
Prend fort honnêtement ses gants et son manteau.

L'une de son galant, en adroite femelle,
Fait fausse confidence à son époux fidèle,
Qui dort en sûreté sur un pareil appas,
Et le plaint, ce galant, des soins qu'il ne perd pas :
L'autre, pour se purger de sa magnificence,
Dit qu'elle gagne au jeu l'argent qu'elle dépense;
Et le mari benêt, sans songer à quel jeu,
Sur les gains qu'elle fait rend des grâces à Dieu.
Enfin ce sont partout des sujets de satire;
Et, comme spectateur, ne puis-je pas en rire?
Puis-je pas de nos sots...?

CHRYSALDE. Oui : mais qui rit d'autrui
Doit craindre qu'en revanche on rie aussi de lui.
J'entends parler le monde; et des gens se délassent
A venir débiter les choses qui se passent :
Mais, quoi que l'on divulgue aux endroits où je suis,
Jamais on ne m'a vu triompher de ces bruits.
J'y suis assez modeste : et bien qu'aux occurrences
Je puisse condamner certaines tolérances,
Que mon dessein ne soit de souffrir nullement
Ce que quelques maris souffrent paisiblement,
Pourtant je n'ai jamais affecté de le dire;
Car enfin il faut craindre un revers de satire,
Et l'on ne doit jamais jurer sur de tels cas
De ce qu'on pourra faire, ou bien ne faire pas.
Ainsi, quand à mon front, par un sort qui tout mène,
Il serait arrivé quelque disgrâce humaine,
Après mon procédé, je suis presque certain
Qu'on se contentera de s'en rire sous main :
Et peut-être qu'encor j'aurai cet avantage
Que quelques bonnes gens diront que c'est dommage.
Mais de vous, cher compère, il en est autrement;
Je vous le dis encor, vous risquez diablement.
Comme sur les maris accusés de souffrance
De tout temps votre langue a daubé d'importance,
Qu'on vous a vu contre eux un diable déchaîné,
Vous devez marcher droit pour n'être point berné;
Et, s'il faut que sur vous on ait la moindre prise,
Gare qu'aux carrefours on ne vous tympanise,
Et...

ARNOLPHE. Mon Dieu! notre ami, ne vous tourmentez point.
Bien rusé qui pourra m'attraper sur ce point.
Je sais les tours rusés et les subtiles trames
Dont pour nous en planter savent user les femmes;
Et, comme on est dupé par leurs dextérités,
Contre cet accident j'ai pris mes sûretés;
Et celle que j'épouse a toute l'innocence
Qui peut sauver mon front de maligne influence.

CHRYSALDE. Hé! que prétendez-vous? qu'une sotte en un mot...?
ARNOLPHE. Epouser une sotte est pour n'être point sot.
Je crois, en bon chrétien, votre moitié fort sage;
Mais une femme habile est un mauvais présage;
Et je sais ce qu'il coûte à de certaines gens
Pour avoir pris les leurs avec trop de talents.
Moi, j'irais me charger d'une spirituelle
Qui ne parlerait rien que cercle et que ruelle,
Qui de prose et de vers ferait de doux écrits,
Et que visiteraient marquis et beaux esprits,
Tandis que, sous le nom du mari de madame,
Je serais comme un saint que pas un ne réclame?
Non, non, je ne veux point d'un esprit qui soit haut;
Et femme qui compose en sait plus qu'il ne faut.
Je prétends que la mienne, en clartés peu sublime,
Même ne sache pas ce que c'est qu'une rime;
Et s'il faut qu'avec elle on joue au corbillon,
Et qu'on vienne à lui dire à son tour : Qu'y met-on?
Je veux qu'elle réponde une tarte à la crème;
En un mot, qu'elle soit d'une ignorance extrême :
Et c'est assez pour elle, à vous en bien parler,
De savoir prier Dieu, m'aimer, coudre et filer.
CHRYSALDE. Une femme stupide est donc votre marotte?
ARNOLPHE. Tant, que j'aimerais mieux une laide bien sotte,
Qu'une femme fort belle avec beaucoup d'esprit.
CHRYSALDE. L'esprit et la beauté...
ARNOLPHE. L'honnêteté suffit.
CHRYSALDE. Mais comment voulez-vous, après tout, qu'une bête
Puisse jamais savoir ce que c'est qu'être honnête?
Outre qu'il est assez ennuyeux, que je croi,
D'avoir toute sa vie une bête avec soi,
Pensez-vous le bien prendre, et que sur votre idée
La sûreté d'un front puisse être bien fondée?
Une femme d'esprit peut trahir son devoir,
Mais il faut pour le moins qu'elle ose le vouloir;
Et la stupide au sien peut manquer d'ordinaire
Sans en avoir l'envie et sans penser le faire.
ARNOLPHE. A ce bel argument, à ce discours profond,
Ce que Pantagruel à Panurge répond :
Pressez-moi de me joindre à femme autre que sotte,
Prêchez, patrocinez jusqu'à la Pentecôte;
Vous serez ébahi, quand vous serez au bout,
Que vous ne m'aurez rien persuadé du tout.
CHRYSALDE. Je ne vous dis plus mot.
ARNOLPHE. Chacun a sa méthode.
En femme, comme en tout, je veux suivre ma mode :
Je me vois riche assez pour pouvoir, que je croi,
Choisir une moitié qui tienne tout de moi,

Et de qui la soumise et pleine dépendance
N'ait à me reprocher aucun bien ni naissance.
Un air doux et posé, parmi d'autres enfants,
M'inspira de l'amour pour elle dès quatre ans :
Sa mère se trouvant de pauvreté pressée,
De la lui demander il me vint en pensée;
Et la bonne paysanne, apprenant mon désir,
A s'ôter cette charge eut beaucoup de plaisir.
Dans un petit couvent, loin de toute pratique,
Je la fis élever selon ma politique,
C'est-à-dire ordonnant quels soins on emploierait
Pour la rendre idiote autant qu'il se pourrait.
Dieu merci, le succès a suivi mon attente;
Et grande, je l'ai vue à tel point innocentée,
Que j'ai béni le ciel d'avoir trouvé mon fait
Pour me faire une femme au gré de mon souhait.
Je l'ai donc retirée; et, comme ma demeure
A cent sortes de gens est ouverte à toute heure,
Je l'ai mise à l'écart, comme il faut tout prévoir,
Dans cette autre maison où nul ne me vient voir;
Et, pour ne point gâter sa bonté naturelle,
Je n'y tiens que des gens tout aussi simples qu'elle.
Vous me direz : Pourquoi cette narration?
C'est pour vous rendre instruit de ma précaution.
Le résultat de tout est qu'en ami fidèle
Ce soir je vous invite à souper avec elle;
Je veux que vous puissiez un peu l'examiner,
Et voir si de mon choix on doit me condamner.

CHRYSALDE. J'y consens.

ARNOLPHE. Vous pourrez, dans cette conférence,
Juger de sa personne et de son innocence.

CHRYSALDE. Pour cet article-là, ce que vous m'avez dit
Ne peut...

ARNOLPHE. La vérité passe encor mon récit.
Dans ses simplicités à tous coups je l'admire,
Et parfois elle en dit dont je pâme de rire.
L'autre jour, pourrait-on se le persuader?
Elle était fort en peine, et me vint demander,
Avec une innocence à nulle autre pareille,
Si les enfants qu'on fait se faisaient par l'oreille.

CHRYSALDE. Je me réjouis fort, seigneur Arnolphe...

ARNOLPHE. Bon !
Me voulez-vous toujours appeler de ce nom?

CHRYSALDE. Ah ! malgré que j'en aie, il me vient à la bouche,
Et jamais je ne songe à monsieur de la Souche.
Qui diable vous a fait aussi vous aviser
A quarante-deux ans de vous débaptiser,
Et d'un vieux tronc pourri de votre métairie

Vous faire dans le monde un nom de seigneurie?
ARNOLPHE. Outre que la maison par ce nom se connaît,
La Souche plus qu'Arnolphe à mes oreilles plaît.
CHRYSALDE. Quel abus de quitter le vrai nom de ses pères
Pour en vouloir prendre un bâti sur des chimères!
De la plupart des gens c'est la démangeaison;
Et, sans vous embrasser dans la comparaison,
Je sais un paysan qu'on appelait Gros-Pierre,
Qui, n'ayant pour tout bien qu'un seul quartier de terre,
Y fit tout alentour faire un fossé bourbeux,
Et de monsieur de l'Ile en prit le nom pompeux.
ARNOLPHE. Vous pourriez vous passer d'exemple de la sorte.
Mais enfin de la Souche est le nom que je porte :
J'y vois de la raison, j'y trouve des appas;
Et m'appeler de l'autre est ne m'obliger pas.
CHRYSALDE. Cependant la plupart ont peine à s'y soumettre,
Et je vois même encor des adresses de lettre...
ARNOLPHE. Je le souffre aisément de qui n'est pas instruit;
Mais vous...
CHRYSALDE. Soit : là-dessus nous n'aurons point de bruit;
Et je prendrai le soin d'accoutumer ma bouche
A ne vous plus nommer que monsieur de la Souche.
ARNOLPHE. Adieu. Je frappe ici pour donner le bonjour,
Et dire seulement que je suis de retour.
CHRYSALDE *à part en s'en allant.*
Ma foi, je le tiens fou de toutes les manières.
ARNOLPHE *seul.* Il est un peu blessé de certaines matières.
Chose étrange de voir comme avec passion
Un chacun est chaussé de son opinion!
(*Il frappe à sa porte.*)
Holà!

SCÈNE II.

ARNOLPHE, ALAIN ET GEORGETTE *dans la maison.*

ALAIN. Qui heurte?
(*A part.*)
ARNOLPHE. Ouvrez. On aura, que je pense,
Grande joie à me voir après dix jours d'absence.
ALAIN. Qui va là?
ARNOLPHE. Moi.
ALAIN. Georgette!
GEORGETTE. Hé bien?
ALAIN. Ouvre là-bas.
GEORGETTE. Vas-y toi.
ALAIN. Vas-y toi.
GEORGETTE. Ma foi, je n'irai pas.
ALAIN. Je n'irai pas aussi.

ARNOLPHE.   Belle cérémonie
Pour me laisser dehors! Holà ho! je vous prie.
GEORGETTE. Qui frappe?
ARNOLPHE.   Votre maître.
GEORGETTE.   Alain!
ALAIN.   Quoi?
GEORGETTE.   C'est monsieu.
Ouvre vite.
ALAIN.   Ouvre, toi.
GEORGETTE.   Je souffle notre feu.
ALAIN. J'empêche, peur du chat, que mon moineau ne sorte.
ARNOLPHE. Quiconque de vous deux n'ouvrira pas la porte
N'aura point à manger de plus de quatre jours.
Ah!
GEORGETTE.   Par quelle raison y venir, quand j'y cours?
ALAIN.   Pourquoi plutôt que moi? Le plaisant stratagème?
GEORGETTE. Ote-toi donc de là.
ALAIN.   Non, ôte-toi toi-même.
GEORGETTE. Je veux ouvrir la porte.
ALAIN.   Et je veux l'ouvrir, moi.
GEORGETTE. Tu ne l'ouvriras pas.
ALAIN.   Ni toi non plus.
GEORGETTE.   Ni toi.
ARNOLPHE. Il faut que j'aie ici l'âme bien patiente!
ALAIN *en entrant.* Au moins, c'est moi, monsieur.
GEORGETTE *en entrant.*   Je suis votre servante;
C'est moi.
ALAIN.   Sans le respect de monsieur que voilà,
Je te...
ARNOLPHE *recevant un coup d'Alain.* Peste!
ALAIN.   Pardon.
ARNOLPHE.   Voyez ce lourdaud-là.
ALAIN. C'est elle aussi, monsieur...
ARNOLPHE.   Que tous deux on se taise.
Songez à me répondre, et laissons la fadaise.
Hé bien! Alain, comment se porte-t-on ici?
ALAIN. Monsieur, nous nous...
(*Arnolphe ôte le chapeau de dessus la tête d'Alain.*)
Monsieur, nous nous por...
(*Arnolphe l'ôte encore.*)
Dieu merci,
Nous nous...
ARNOLPHE *ôtant le chapeau d'Alain pour la troisième fois et le jetant par terre.*   Qui vous apprend, impertinente bête,
A parler devant moi, le chapeau sur la tête?
ALAIN. Vous faites bien, j'ai tort.
ARNOLPHE *à Alain.*   Faites descendre Agnès.

SCÈNE III.
ARNOLPHE, GEORGETTE.

ARNOLPHE. Lorsque je m'en allai, fut-elle triste après?
GEORGETTE. Triste? Non.
ARNOLPHE. Non!
GEORGETTE. Si fait.
ARNOLPHE. Pourquoi donc?...
GEORGETTE. Oui, je meure
Elle vous croyait voir de retour à toute heure;
Et nous n'oyions jamais passer devant chez nous
Cheval, âne, ou mulet, qu'elle ne prît pour vous.

SCÈNE IV.
ARNOLPHE, AGNÈS, ALAIN, GEORGETTE.

ARNOLPHE. La besogne à la main! c'est un bon témoignage.
Hé bien, Agnès, je suis de retour du voyage :
En êtes-vous bien aise?
AGNÈS. Oui, monsieur, Dieu merci.
ARNOLPHE. Et moi de vous revoir je suis bien aise aussi.
Vous vous êtes toujours, comme on voit, bien portée?
AGNÈS. Hors les puces, qui m'ont la nuit inquiétée.
ARNOLPHE. Ah! vous aurez dans peu quelqu'un pour les chasser.
AGNÈS. Vous me ferez plaisir.
ARNOLPHE. Je le puis bien penser.
Que faites-vous donc là?
AGNÈS. Je me fais des cornettes.
Vos chemises de nuit et vos coiffes sont faites.
ARNOLPHE. Ah! voilà qui va bien! Allez, montez là-haut :
Ne vous ennuyez point, je reviendrai tantôt,
Et je vous parlerai d'affaires importantes.

SCÈNE V.
ARNOLPHE seul.

Héroïnes du temps, mesdames les savantes,
Pousseuses de tendresse et de beaux sentiments,
Je défie à la fois tous vos vers, vos romans,
Vos lettres, billets doux, toute votre science,
De valoir cette honnête et pudique ignorance.
Ce n'est point par le bien qu'il faut être ébloui;
Et pourvu que l'honneur soit...

SCÈNE VI.
HORACE, ARNOLPHE.

ARNOLPHE. Que vois-je! Est-ce?... Oui.
Je me trompe. Nenni. Si fait. Non, c'est lui-même.
Hor...

HORACE. Seigneur Ar...
ARNOLPHE. Horace.
HORACE. Arnolphe.
ARNOLPHE. Ah! joie extrême!
Et depuis quand ici?
HORACE. Depuis neuf jours.
ARNOLPHE. Vraiment?
HORACE. Je fus d'abord chez vous, mais inutilement.
ARNOLPHE. J'étais à la campagne.
HORACE. Oui, depuis dix journées.
ARNOLPHE. Oh! comme les enfants croissent en peu d'années!
J'admire de le voir au point où le voilà,
Après que je l'ai vu pas plus grand que cela.
HORACE. Vous voyez.
ARNOLPHE. Mais de grâce, Oronte votre père,
Mon bon et cher ami que j'estime et révère,
Que fait-il à présent? Est-il toujours gaillard?
A tout ce qui le touche il sait que je prends part :
Nous ne nous sommes vus depuis quatre ans ensemble,
Ni, qui plus est, écrit l'un à l'autre, me semble.
HORACE. Il est, seigneur Arnolphe, encor plus gai que nous :
Et j'avais de sa part une lettre pour vous;
Mais depuis par une autre il m'apprend sa venue,
Et la raison encor ne m'en est pas connue.
Savez-vous qui peut être un de vos citoyens
Qui retourne en ces lieux avec beaucoup de biens
Qu'il s'est en quatorze ans acquis dans l'Amérique?
ARNOLPHE. Non. Mais vous a-t-on dit comme on le nomme?
HORACE. Enrique.
ARNOLPHE. Non.
HORACE. Mon père m'en parle, et qu'il est revenu,
Comme s'il devait m'être entièrement connu,
Et m'écrit qu'en chemin ensemble ils se vont mettre
Pour un fait important que ne dit pas sa lettre.
(Horace remet la lettre d'Oronte à Arnolphe.)
ARNOLPHE. J'aurai certainement grande joie à le voir,
Et pour le régaler je ferai mon pouvoir.
(Après avoir lu la lettre.)
Il faut pour les amis des lettres moins civiles,
Et tous ces compliments sont choses inutiles.
Sans qu'il prît le souci de m'en écrire rien,
Vous pouvez librement disposer de mon bien.
HORACE. Je suis homme à saisir les gens par leurs paroles,
Et j'ai présentement besoin de cent pistoles.
ARNOLPHE. Ma foi, c'est m'obliger que d'en user ainsi,
Et je me réjouis de les avoir ici.
Gardez aussi la bourse.
HORACE. Il faut...

ARNOLPHE. Laissons ce style.
Hé bien ! comment encor trouvez-vous cette ville ?
HORACE. Nombreuse en citoyens, superbe en bâtiments ;
Et j'en crois merveilleux les divertissements.
ARNOLPHE. Chacun a ses plaisirs qu'il se fait à sa guise :
Mais pour ceux que du nom de galants on baptise,
Ils ont en ce pays de quoi se contenter,
Car les femmes y sont faites à coqueter :
On trouve d'humeur douce et la brune et la blonde,
Et les maris aussi les plus bénins du monde ;
C'est un plaisir de prince, et des tours que je voi
Je me donne souvent la comédie à moi.
Peut-être en avez-vous déjà féru quelqu'une.
Vous est-il point encore arrivé de fortune?
Les gens faits comme vous font plus que les écus,
Et vous êtes de taille à faire des cocus.
HORACE. A ne vous rien cacher de la vérité pure,
J'ai d'amour en ces lieux eu certaine aventure,
Et l'amitié m'oblige à vous en faire part.
ARNOLPHE *à part.* Bon! Voici de nouveau quelque conte gaillard ;
Et ce sera de quoi mettre sur mes tablettes.
HORACE. Mais, de grâce, qu'au moins ces choses soient secrètes.
ARNOLPHE. Oh!
HORACE. Vous n'ignorez pas qu'en ces occasions
Un secret éventé rompt nos prétentions.
Je vous avouerai donc avec pleine franchise
Qu'ici d'une beauté mon âme s'est éprise.
Mes petits soins d'abord ont eu tant de succès,
Que je me suis chez elle ouvert un doux accès,
Et, sans trop me vanter ni lui faire une injure,
Mes affaires y sont en fort bonne posture.
ARNOLPHE *en riant.* Et c'est?
HORACE *lui montrant le logis d'Agnès.* Un jeune objet qui loge en ce logis
Dont vous voyez d'ici que les murs sont rougis ;
Simple, à la vérité, par l'erreur sans seconde
D'un homme qui la cache au commerce du monde,
Mais qui, dans l'ignorance où l'on veut l'asservir,
Fait briller des attraits capables de ravir ;
Un air tout engageant, je ne sais quoi de tendre
Dont il n'est point de cœur qui se puisse défendre.
Mais peut-être il n'est pas que vous n'ayez bien vu
Ce jeune astre d'amour de tant d'attraits pourvu :
C'est Agnès qu'on l'appelle.
ARNOLPHE *à part.* Ah! je crève!
HORACE. Pour l'homme,
C'est, je crois, de la Zousse, ou Source, qu'on le nomme ;
Je ne me suis pas fort arrêté sur le nom :
Riche, à ce qu'on m'a dit : mais des plus sensés, non :

Et l'on m'en a parlé comme d'un ridicule.
Le connaissez-vous point?

ARNOLPHE *à part.* La fâcheuse pilule!

HORACE. Hé! vous ne dites mot?

ARNOLPHE. Et oui, je le connoi.

HORACE. C'est un fou, n'est-ce pas?

ARNOLPHE. Hé...

HORACE. Qu'en dites-vous? Quoi?
Hé, c'est-à-dire, oui. Jaloux à faire rire?
Sot? Je vois qu'il en est ce que l'on m'a pu dire.
Enfin l'aimable Agnès a su m'assujétir.
C'est un joli bijou, pour ne vous point mentir;
Et ce serait péché qu'une beauté si rare
Fût laissée au pouvoir de cet homme bizarre.
Pour moi, tous mes efforts, tous mes vœux les plus doux
Vont à m'en rendre maître en dépit du jaloux;
Et l'argent que de vous j'emprunte avec franchise
N'est que pour mettre à bout cette juste entreprise.
Vous savez mieux que moi, quels que soient nos efforts,
Que l'argent est la clef de tous les grands ressorts,
Et que ce doux métal qui frappe tant de têtes,
En amour, comme en guerre, avance les conquêtes.
Vous me semblez chagrin! Serait-ce qu'en effet
Vous désapprouveriez le dessein que j'ai fait?

ARNOLPHE. Non, c'est que je songeais...

HORACE. Cet entretien vous lasse.
Adieu. J'irai chez vous tantôt vous rendre grâce.

ARNOLPHE *se croyant seul.* Ah! faut-il...!

HORACE *revenant.* Derechef, veuillez être discret;
Et n'allez pas, de grâce, éventer mon secret.

ARNOLPHE *se croyant seul.* Que je sens dans mon âme...!

HORACE *revenant.* Et surtout à mon père,
Qui s'en ferait peut-être un sujet de colère.

ARNOLPHE *croyant qu'Horace revient encore.*
Oh!...

SCÈNE VII.

ARNOLPHE *seul.*

Oh! que j'ai souffert durant cet entretien!
Jamais trouble d'esprit ne fut égal au mien.
Avec quelle imprudence et quelle hâte extrême
Il m'est venu conter cette affaire à moi-même!
Bien que mon autre nom le tienne dans l'erreur,
Etourdi montra-t-il jamais tant de fureur?
Mais, ayant tant souffert, je devais me contraindre
Jusques à m'éclaircir de ce que je dois craindre,
A pousser jusqu'au bout son caquet indiscret,

Et savoir pleinement leur commerce secret.
Tâchons de le rejoindre; il n'est pas loin, je pense :
Tirons-en de ce fait l'entière confidence.
Je tremble du malheur qui m'en peut arriver,
Et l'on cherche souvent plus qu'on ne veut trouver.

ACTE DEUXIÈME.

SCÈNE I.

ARNOLPHE.

Il m'est, lorsque j'y pense, avantageux sans doute
D'avoir perdu mes pas et pu manquer sa route :
Car enfin de mon cœur le trouble impérieux
N'eût pu se renfermer tout entier à ses yeux;
Il eût fait éclater l'ennui qui me dévore,
Et je ne voudrais pas qu'il sût ce qu'il ignore.
Mais je ne suis pas homme à gober le morceau,
Et laisser un champ libre aux yeux d'un damoiseau.
J'en veux rompre le cours, et, sans tarder, apprendre
Jusqu'où l'intelligence entre eux a pu s'étendre :
J'y prends pour mon honneur un notable intérêt;
Je la regarde en femme aux termes qu'elle en est;
Elle n'a pu faillir sans me couvrir de honte,
Et tout ce qu'elle fait enfin est sur mon compte.
Eloignement fatal! voyage malheureux!
    (*Il frappe à sa porte.*)

SCÈNE II.

ARNOLPHE, ALAIN, GEORGETTE.

ALAIN.   Ah! monsieur, cette fois...
ARNOLPHE.   Paix. Venez çà, tous deux.
    Passez là, passez là. Venez là, venez, dis-je!
GEORGETTE. Ah! vous me faites peur, et tout mon sang se fige.
ARNOLPHE. C'est donc ainsi qu'absent vous m'avez obéi?
    Et tous deux de concert vous m'avez donc trahi?
GEORGETTE *tombant aux genoux d'Arnolphe.*
    Hé! ne me mangez pas, monsieur, je vous conjure.
ALAIN *à part.* Quelque chien enragé l'a mordu, je m'assure.
ARNOLPHE *à part.* Ouf! Je ne puis parler, tant je suis prévenu;
    Je suffoque, et voudrais me pouvoir mettre nu.
        (*A Alain et à Georgette.*)
    Vous avez donc souffert, ô canaille maudite!

(*A Alain qui veut s'enfuir.*)
Qu'un homme soit venu?... Tu veux prendre la fuite!
(*A Georgette.*)
Il faut que sur-le-champ... Si tu bouges... Je veux
(*A Alain.*)
Que vous me disiez... Hé! oui, je veux que tous deux..
(*Alain et Georgette se lèvent et veulent encore s'enfuir.*)
Quiconque remuera, par la mort! je l'assomme.
Comme est-ce que chez moi s'est introduit cet homme?
Hé! parlez. Dépêchez, vite, promptement, tôt,
Sans rêver. Veut-on dire?

ALAIN et GEORGETTE. Ah! ah!
GEORGETTE *retombant aux genoux d'Arnolphe.* Le cœur me faut.
ALAIN *retombant aux genoux d'Arnolphe.*
Je meurs.
ARNOLPHE *à part.* Je suis en eau : prenons un peu d'haleine;
Il faut que je m'évente et que je me promène.
Aurais-je deviné, quand je l'ai vu petit,
Qu'il croîtrait pour cela? Ciel! que mon cœur pâtit!
Je pense qu'il vaut mieux que de sa propre bouche
Je tire avec douceur l'affaire qui me touche,
Tâchons à modérer notre ressentiment.
Patience, mon cœur, doucement, doucement.
(*A Alain et à Georgette.*)
Levez-vous, et, rentrant, faites qu'Agnès descende.
(*A part.*)
Arrêtez. Sa surprise en deviendrait moins grande;
Du chagrin qui me trouble ils iraient l'avertir,
Et moi-même je veux l'aller faire sortir.
(*A Alain et à Georgette.*)
Que l'on m'attende ici.

SCÈNE III.

ALAIN, GEORGETTE.

GEORGETTE. Mon Dieu! qu'il est terrible!
Ses regards m'ont fait peur, mais une peur horrible;
Et jamais je ne vis un plus hideux chrétien
ALAIN. Ce monsieur l'a fâché; je te le disais bien.
GEORGETTE. Mais que diantre est-ce là, qu'avec tant de rudesse
Il nous fait au logis garder notre maîtresse?
D'où vient qu'à tout le monde il veut tant la cacher,
Et qu'il ne saurait voir personne en approcher?
ALAIN. C'est que cette action le met en jalousie.
GEORGETTE. Mais d'où vient qu'il est pris de cette fantaisie?
ALAIN. Cela vient... Cela vient de ce qu'il est jaloux.
GEORGETTE. Oui : mais pourquoi l'est-il? et pourquoi ce courroux?
ALAIN. C'est que la jalousie... entends-tu bien, Georgette?
Est une chose... là... qui fait qu'on s'inquiète...

Et qui chasse les gens d'autour d'une maison.
Je m'en vais te bailler une comparaison,
Afin de concevoir la chose davantage :
Dis-moi, n'est-il pas vrai, quand tu tiens ton potage,
Que, si quelque affamé venait pour en manger,
Tu serais en colère; et voudrais le charger?

GEORGETTE. Oui, je comprends cela.

ALAIN. C'est justement tout comme.
La femme est en effet le potage de l'homme;
Et quand un homme voit d'autres hommes parfois
Qui veulent dans sa soupe aller tremper leurs doigts,
Il en montre aussitôt une colère extrême.

GEORGETTE. Oui : mais pourquoi chacun n'en fait-il pas de même,
Et que nous en voyons qui paraissent joyeux
Lorsque leurs femmes sont avec les beaux monsieux?

ALAIN. C'est que chacun n'a pas cette amitié goulue
Qui n'en veut que pour soi.

GEORGETTE. Si je n'ai la berlue,
Je le vois qui revient.

ALAIN. Tes yeux sont bons; c'est lui.

GEORGETTE. Vois comme il est chagrin.

ALAIN. C'est qu'il a de l'ennui.

SCÈNE IV.
ARNOLPHE, ALAIN, GEORGETTE.

ARNOLPHE *à part*. Un certain Grec disait à l'empereur Auguste,
Comme une instruction utile autant que juste,
Que, lorsqu'une aventure en colère nous met,
Nous devons, avant tout, dire notre alphabet,
Afin que dans ce temps la bile se tempère,
Et qu'on ne fasse rien que l'on ne doive faire.
J'ai suivi sa leçon sur le sujet d'Agnès,
Et je la fais venir dans ce lieu tout exprès
Sous prétexte d'y faire un tour de promenade,
Afin que les soupçons de mon esprit malade
Puissent sur le discours la mettre adroitement,
Et, lui sondant le cœur, s'éclaircir doucement.

SCÈNE V.
ARNOLPHE, AGNÈS, ALAIN, GEORGETTE.

ARNOLPHE. Venez, Agnès.

(*A Alain et à Georgette.*)
Rentrez.

SCÈNE VI.

ARNOLPHE, AGNÈS.

ARNOLPHE. La promenade est belle.
AGNÈS. Fort belle.
ARNOLPHE. Le beau jour!
AGNÈS. Fort beau.
ARNOLPHE. Quelle nouvelle?
AGNÈS. Le petit chat est mort.
ARNOLPHE. C'est dommage; mais quoi!
Nous sommes tous mortels, et chacun est pour soi.
Lorsque j'étais aux champs, n'a-t-il point fait de pluie?
AGNÈS. Non.
ARNOLPHE. Vous ennuyait-il?
AGNÈS. Jamais je ne m'ennuie.
ARNOLPHE. Qu'avez-vous fait encor ces neuf ou dix jours-ci?
AGNÈS. Six chemises, je pense, et six coiffes aussi.
ARNOLPHE *après avoir un peu rêvé.*
Le monde, chère Agnès, est une étrange chose!
Voyez la médisance, et comme chacun cause!
Quelques voisins m'ont dit qu'un jeune homme inconnu
Était en mon absence à la maison venu;
Que vous aviez souffert sa vue et ses harangues :
Mais je n'ai point pris foi sur ces méchantes langues
Et j'ai voulu gager que c'était faussement...
AGNÈS. Mon Dieu! ne gagez pas, vous perdriez vraiment.
ARNOLPHE. Quoi! c'est la vérité qu'un homme...?
AGNÈS. Chose sûre.
Il n'a presque bougé de chez nous, je vous jure.
ARNOLPHE *bas à part.* Cet aveu qu'elle fait avec sincérité
Me marque pour le moins son ingénuité.
   (*Haut.*)
Mais il me semble, Agnès, si ma mémoire est bonne,
Que j'avais défendu que vous vissiez personne.
AGNÈS. Oui : mais quand je l'ai vu, vous ignoriez pourquoi;
Et vous en auriez fait sans doute autant que moi.
ARNOLPHE. Peut-être. Mais enfin contez-moi cette histoire.
AGNÈS. Elle est fort étonnante, et difficile à croire.
J'étais sur le balcon à travailler au frais,
Lorsque je vis passer sous les arbres d'auprès
Un jeune homme bien fait, qui, rencontrant ma vue,
D'une humble révérence aussitôt me salue :
Moi, pour ne point manquer à la civilité,
Je fis la révérence aussi de mon côté.
Soudain il me refait une autre révérence;
Moi, j'en refais de même une autre en diligence :
Et lui d'une troisième aussitôt repartant,
D'une troisième aussi j'y repars à l'instant.

ACTE II. 289

Il passe, vient, repasse, et toujours, de plus belle
Me fait à chaque fois révérence nouvelle;
Et moi, qui tous ses tours fixement regardais,
Nouvelle révérence aussi je lui rendais :
Tant que, si sur ce point la nuit ne fût venue,
Toujours comme cela je me serais tenue,
Ne voulant point céder, ni recevoir l'ennui
Qu'il me pût estimer moins civile que lui.

ARNOLPHE. Fort bien.

AGNÈS. Le lendemain, étant sur notre porte,
Une vieille m'aborde, en parlant de la sorte :
« Mon enfant, le bon Dieu puisse-t-il vous bénir,
» Et dans tous vos attraits longtemps vous maintenir!
» Il ne vous a pas faite une belle personne
» Afin de mal user des choses qu'il vous donne;
» Et vous devez savoir que vous avez blessé
» Un cœur qui de s'en plaindre est aujourd'hui forcé. »

ARNOLPHE *à part*. Ah! suppôt de Satan! exécrable damnée!

AGNÈS. Moi, j'ai blessé quelqu'un! fis-je tout étonnée.
« Oui, dit-elle, blessé, mais blessé tout de bon;
» Et c'est l'homme qu'hier vous vîtes du balcon. »
Hélas! qui pourrait, dis-je, en avoir été cause?
Sur lui, sans y penser, fis-je choir quelque chose?
« Non, dit-elle; vos yeux ont fait ce coup fatal,
» Et c'est de leurs regards qu'est venu tout son mal. »
Hé! mon Dieu! ma surprise est, fis-je, sans seconde;
Mes yeux ont-ils du mal pour en donner au monde?
« Oui, fit-elle, vos yeux, pour causer le trépas,
» Ma fille, ont un venin que vous ne savez pas.
» En un mot, il languit, le pauvre misérable;
» Et s'il faut, poursuivit la vieille charitable,
» Que votre cruauté lui refuse un secours,
» C'est un homme à porter en terre dans deux jours. »
Mon Dieu! j'en aurais, dis-je, une douleur bien grande.
Mais pour le secourir qu'est-ce qu'il me demande?
« Mon enfant, me dit-elle, il ne veut obtenir
» Que le bien de vous voir et vous entretenir;
» Vos yeux peuvent eux seuls empêcher sa ruine,
» Et du mal qu'ils ont fait être la médecine. »
Hélas! volontiers, dis-je, et puisqu'il est ainsi,
Il peut, tant qu'il voudra, me venir voir ici.

ARNOLPHE *à part*. Ah! sorcière maudite, empoisonneuse d'âmes,
Puisse l'enfer payer tes charitables trames!

AGNÈS. Voilà comme il me vit, et reçut guérison.
Vous-même, à votre avis, n'ai-je pas eu raison?
Et pouvais-je, après tout, avoir la conscience
De le laisser mourir faute d'une assistance?
Moi qui compatis tant aux gens qu'on fait souffrir,

290   L'ÉCOLE DES FEMMES.

Et ne puis, sans pleurer, voir un poulet mourir!
ARNOLPHE *bas à part.* Tout cela n'est parti que d'une âme innocente;
Et j'en dois accuser mon absence imprudente,
Qui sans guide a laissé cette bonté de mœurs
Exposée aux aguets des rusés séducteurs.
Je crains que le pendard, dans ses vœux téméraires,
Un peu plus fort que jeu n'ait poussé les affaires.
AGNÈS. Qu'avez-vous? Vous grondez, ce me semble, un petit?
Est-ce que c'est mal fait ce que je vous ai dit?
ARNOLPHE. Non. Mais de cette vue apprenez-moi les suites,
Et comme le jeune homme a passé ses visites.
AGNÈS. Hélas! si vous saviez comme il était ravi,
Comme il perdit son mal sitôt que je le vi,
Le présent qu'il m'a fait d'une belle cassette,
Et l'argent qu'en ont eu notre Alain et Georgette,
Vous l'aimeriez sans doute, et diriez comme nous.
ARNOLPHE. Oui. Mais que faisait-il étant seul avec vous?
AGNÈS. Il disait qu'il m'aimait d'une amour sans seconde,
Et me disait des mots les plus gentils du monde,
Des choses que jamais rien ne peut égaler,
Et dont, toutes les fois que je l'entends parler,
La douceur me chatouille, et là-dedans remue
Certain je ne sais quoi dont je suis tout émue.
ARNOLPHE *bas à part.* O fâcheux examen d'un mystère fatal,
Où l'examinateur souffre seul tout le mal!
    (*Haut.*)
Outre tous ces discours, toutes ces gentillesses,
Ne vous faisait-il point aussi quelques caresses?
AGNÈS. Oh tant! il me prenait et les mains et les bras,
Et de me les baiser il n'était jamais las.
ARNOLPHE. Ne vous a-t-il point pris, Agnès, quelque autre chose?
    (*La voyant interdite.*)
Ouf!
AGNÈS.   Hé! il m'a...
ARNOLPHE.   Quoi?
AGNÈS.   pris...
ARNOLPHE.   Hé!
AGNÈS.   le...
ARNOLPHE.   Plaît-il?
AGNÈS.   Je n'ose.
Et vous vous fâcherez peut-être contre moi.
ARNOLPHE. Non.
AGNÈS.   Si fait.
ARNOLPHE.   Mon Dieu! non.
AGNÈS.   Jurez donc votre foi.
ARNOLPHE. Ma foi, soit.
AGNÈS.   Il m'a pris... Vous serez en colère.
ARNOLPHE. Non.
AGNÈS.   Si.

ARNOLPHE.　　　　　Non, non, non, non. Diantre! que de mystère!
　　　Qu'est-ce qu'il vous a pris?
AGNÈS.　　　　　　　Il...
ARNOLPHE *à part*.　　　　　　　　　　Je souffre en damné.
AGNÈS. Il m'a pris le ruban que vous m'aviez donné.
　　　A vous dire le vrai, je n'ai pu m'en défendre.
ARNOLPHE *reprenant haleine*.
　　　Passe pour le ruban. Mais je voulais apprendre
　　　S'il ne vous a rien fait que vous baiser les bras.
AGNÈS. Comment! est-ce qu'on fait d'autres choses?
ARNOLPHE.　　　　　　　　　　　　　　Non pas.
　　　Mais, pour guérir du mal qu'il dit qui le possède,
　　　N'a-t-il pas exigé de vous d'autre remède?
AGNÈS. Non. Vous pouvez juger, s'il en eût demandé,
　　　Que pour le secourir j'aurais tout accordé.
ARNOLPHE *bas à part*.
　　　Grâce aux bontés du ciel, j'en suis quitte à bon compte :
　　　Si j'y retombe plus, je veux bien qu'on m'affronte.
　　　　　(*Haut.*)
　　　Chut! De votre innocence, Agnès, c'est un effet;
　　　Je ne vous en dis mot. Ce qui s'est fait est fait.
　　　Je sais qu'en vous flattant le galant ne désire
　　　Que de vous abuser, et puis après s'en rire.
AGNÈS. Oh! point. Il me l'a dit plus de vingt fois, à moi.
ARNOLPHE. Ah! vous ne savez pas ce que c'est que sa foi.
　　　Mais enfin apprenez qu'accepter des cassettes
　　　Et de ces beaux blondins écouter les sornettes,
　　　Que se laisser par eux, à force de langueur,
　　　Baiser ainsi les mains et chatouiller le cœur,
　　　Est un péché mortel des plus gros qu'il se fasse.
AGNÈS. Un péché, dites-vous! Et la raison, de grâce?
ARNOLPHE. La raison? La raison est l'arrêt prononcé
　　　Que par ces actions le ciel est courroucé.
AGNÈS. Courroucé! Mais pourquoi faut-il qu'il s'en courrouce?
　　　C'est une chose, hélas! si plaisante et si douce!
　　　J'admire quelle joie on goûte à tout cela,
　　　Et je ne savais point encor ces choses-là.
ARNOLPHE. Oui, c'est un grand plaisir que toutes ces tendresses,
　　　Ces propos si gentils et ces douces caresses;
　　　Mais il faut le goûter en toute honnêteté,
　　　Et qu'en se mariant le crime en soit ôté.
AGNÈS. N'est-ce plus un péché lorsque l'on se marie?
ARNOLPHE. Non.
AGNÈS.　　　Mariez-moi donc promptement, je vous prie.
ARNOLPHE. Si vous le souhaitez, je le souhaite aussi;
　　　Et pour vous marier on me revoit ici.
AGNÈS. Est-il possible?
ARNOLPHE.　　　　　Oui.

AGNÈS. Que vous me ferez aise!
ARNOLPHE. Oui, je ne doute point que l'hymen ne vous plaise.
AGNÈS. Vous nous voulez nous deux...?
ARNOLPHE. Rien de plus assuré.
AGNÈS. Que, si cela se fait, je vous caresserai!
ARNOLPHE. Hé! la chose sera de ma part réciproque.
AGNÈS. Je ne reconnais point, pour moi, quand on se moque;
Parlez-vous tout de bon?
ARNOLPHE. Oui, vous le pourrez voir.
AGNÈS. Nous serons mariés?
ARNOLPHE. Oui.
AGNÈS. Mais quand?
ARNOLPHE. Dès ce soir.
AGNÈS *riant*. Dès ce soir?
ARNOLPHE. Dès ce soir. Cela vous fait donc rire?
AGNÈS. Oui.
ARNOLPHE. Vous voir bien contente est ce que je désire.
AGNÈS. Hélas! que je vous ai grande obligation,
Et qu'avec lui j'aurai de satisfaction!
ARNOLPHE. Avec qui?
AGNÈS. Avec... la...
ARNOLPHE. La... la n'est pas mon compte.
A choisir un mari vous êtes un peu prompte.
C'est un autre, en un mot, que je vous tiens tout prêt.
Et quant au monsieur la, je prétends, s'il vous plaît,
Dût le mettre au tombeau le mal dont il vous berce,
Qu'avec lui désormais vous rompiez tout commerce;
Que, venant au logis, pour votre compliment
Vous lui fermiez au nez la porte honnêtement,
Et, lui jetant, s'il heurte, un grès par la fenêtre,
L'obligiez tout de bon à ne plus y paraître.
M'entendez-vous, Agnès? Moi, caché dans un coin,
De votre procédé je serai le témoin.
AGNÈS. Las! il est si bien fait! C'est...
ARNOLPHE. Ah! que de langage!
AGNÈS. Je n'aurai pas le cœur...
ARNOLPHE. Point de bruit davantage.
Montez là-haut.
AGNÈS. Mais quoi! voulez-vous...
ARNOLPHE. C'est assez.
Je suis maître, je parle; allez, obéissez.

ACTE TROISIÈME.

SCÈNE I.
ARNOLPHE, AGNÈS, ALAIN, GEORGETTE.

ARNOLPHE. Oui, tout a bien été, ma joie est sans pareille :
Vous avez là suivi mes ordres à merveille,
Confondu de tout point le blondin séducteur ;
Et voilà de quoi sert un sage directeur.
Votre innocence, Agnès, avait été surprise :
Voyez, sans y penser, où vous vous étiez mise.
Vous enfiliez tout droit, sans mon instruction,
Le grand chemin d'enfer et de perdition.
De tous ces damoiseaux on sait trop les coutumes :
Ils ont de beaux canons, force rubans et plumes,
Grands cheveux, belles dents, et des propos fort doux ;
Mais, comme je vous dis, la griffe est là-dessous,
Et ce sont vrais satans, dont la gueule altérée
De l'honneur féminin cherche à faire curée.
Mais encore une fois, grâce au soin apporté,
Vous en êtes sortie avec honnêteté.
L'air dont je vous ai vu lui jeter cette pierre,
Qui de tous ses desseins a mis l'espoir par terre,
Me confirme encor mieux à ne point différer
Les noces où j'ai dit qu'il vous faut préparer.
Mais, avant toute chose, il est bon de vous faire
Quelque petit discours qui vous soit salutaire.
(A Georgette et à Alain.)
Un siége au frais ici. Vous, si jamais en rien...
GEORGETTE. De toutes vos leçons nous nous souviendrons bien.
Cet autre monsieur-là nous en faisait accroire :
Mais...
ALAIN.   S'il entre jamais, je veux jamais ne boire.
Aussi bien est-ce un sot, il nous a l'autre fois
Donné deux écus d'or qui n'étaient pas de poids.
ARNOLPHE. Ayez donc pour souper tout ce que je désire ;
Et pour notre contrat, comme je viens de dire,
Faites venir ici, l'un ou l'autre, au retour,
Le notaire qui loge au coin du carrefour.

SCÈNE II.
ARNOLPHE, AGNÈS.

ARNOLPHE *assis*. Agnès, pour m'écouter, laissez là votre ouvrage :
Levez un peu la tête, et tournez le visage :
(Mettant le doigt sur son front.)
Là, regardez-moi là durant cet entretien ;

Et, jusqu'au moindre mot, imprimez-le-vous bien.
Je vous épouse, Agnès; et, cent fois la journée,
Vous devez bénir l'heur de votre destinée,
Contempler la bassesse où vous avez été,
Et dans le même temps admirer ma bonté,
Qui de ce vil état de pauvre villageoise
Vous fait monter au rang d'honorable bourgeoise,
Et jouir de la couche et des embrassements
D'un homme qui fuyait tous ces engagements,
Et dont à vingt partis fort capables de plaire
Le cœur a refusé l'honneur qu'il vous veut faire.
Vous devez toujours, dis-je, avoir devant les yeux
Le peu que vous étiez sans ce nœud glorieux,
Afin que cet objet d'autant mieux vous instruise
A mériter l'état où je vous aurai mise,
A toujours vous connaître, et faire qu'à jamais
Je puisse me louer de l'acte que je fais.
Le mariage, Agnès, n'est pas un badinage :
A d'austères devoirs le rang de femme engage;
Et vous n'y montez pas, à ce que je prétends,
Pour être libertine et prendre du bon temps.
Votre sexe n'est là que pour la dépendance :
Du côté de la barbe est la toute-puissance.
Bien qu'on soit deux moitiés de la société,
Ces deux moitiés pourtant n'ont point d'égalité :
L'une est moitié suprême, et l'autre subalterne;
L'une en tout est soumise à l'autre qui gouverne;
Et ce que le soldat dans son devoir instruit
Montre d'obéissance au chef qui le conduit,
Le valet à son maître, un enfant à son père,
A son supérieur le moindre petit frère,
N'approche point encor de la docilité,
Et de l'obéissance, et de l'humilité,
Et du profond respect où la femme doit être
Pour son mari, son chef, son seigneur et son maître.
Lorsqu'il jette sur elle un regard sérieux,
Son devoir aussitôt est de baisser les yeux,
Et de n'oser jamais le regarder en face,
Que quand d'un doux regard il lui veut faire grâce.
C'est ce qu'entendent mal les femmes d'aujourd'hui
Mais ne vous gâtez pas sur l'exemple d'autrui.
Gardez-vous d'imiter ces coquettes vilaines
Dont par toute la ville on chante les fredaines,
Et de vous laisser prendre aux assauts du malin,
C'est-à-dire d'ouïr aucun jeune blondin.
Songez qu'en vous faisant moitié de ma personne,
C'est mon honneur, Agnès, que je vous abandonne;
Que cet honneur est tendre et se blesse de peu,

Que sur un tel sujet il ne faut point de jeu,
Et qu'il est aux enfers des chaudières bouillantes
Où l'on plonge à jamais les femmes mal vivantes.
Ce que je vous dis là ne sont pas des chansons;
Et vous devez du cœur dévorer ces leçons.
Si votre âme les suit et fuit d'être coquette,
Elle sera toujours, comme un lis, blanche et nette :
Mais s'il faut qu'à l'honneur elle fasse un faux bond,
Elle deviendra lors noire comme un charbon;
Vous paraîtrez à tous un objet effroyable,
Et vous irez un jour, vrai partage du diable,
Bouillir dans les enfers à toute éternité,
Dont vous veuille garder la céleste bonté !
Faites la révérence. Ainsi qu'une novice
Par cœur dans le couvent doit savoir son office,
Entrant au mariage il en faut faire autant;
Et voici dans ma poche un écrit important
Qui vous enseignera l'office de la femme.
J'en ignore l'auteur, mais c'est quelque bonne âme;
Et je veux que ce soit votre unique entretien.
(Il se lève.)
Tenez. Voyons un peu si vous le lirez bien.

AGNÈS *lit.*

LES MAXIMES DU MARIAGE,
OU
LES DEVOIRS DE LA FEMME MARIÉE,
AVEC SON EXERCICE JOURNALIER.

PREMIÈRE MAXIME.

Celle qu'un lien honnête
Fait entrer au lit d'autrui
Doit se mettre dans la tête,
Malgré le train d'aujourd'hui,
Que l'homme qui la prend ne la prend que pour lui.

ARNOLPHE. Je vous expliquerai ce que cela veut dire :
Mais pour l'heure présente il ne faut rien que lire.

AGNÈS *poursuit.*

DEUXIÈME MAXIME.

Elle ne se doit parer
Qu'autant que peut désirer
Le mari qui la possède :
C'est lui que touche seul le soin de sa beauté;
Et pour rien doit être compté
Que les autres la trouvent laide.

TROISIÈME MAXIME.

Loin ces études d'œillades,
Ces eaux, ces blancs, ces pommades,

Et mille ingrédients qui font des teints fleuris :
A l'honneur, tous les jours, ce sont drogues mortelles;
Et les soins de paraître belles
Se prennent peu pour les maris.

QUATRIÈME MAXIME.

Sous sa coiffe en sortant, comme l'honneur l'ordonne,
Il faut que de ses yeux elle étouffe les coups ;
Car, pour bien plaire à son époux,
Elle ne doit plaire à personne.

CINQUIÈME MAXIME.

Hors ceux dont au mari la visite se rend,
La bonne règle défend
De recevoir aucune âme :
Ceux qui de galante humeur
N'ont affaire qu'à madame
N'accommodent pas monsieur.

SIXIÈME MAXIME.

Il faut des présents des hommes
Qu'elle se défende bien ;
Car, dans le siècle où nous sommes,
On ne donne rien pour rien.

SEPTIÈME MAXIME.

Dans ses meubles, dût-elle en avoir de l'ennui,
Il ne faut écritoire, encre, papier, ni plumes :
Le mari doit, dans les bonnes coutumes,
Écrire tout ce qui s'écrit chez lui.

HUITIÈME MAXIME.

Ces sociétés déréglées
Qu'on nomme belles assemblées,
Des femmes tous les jours corrompent les esprits :
En bonne politique on les doit interdire;
Car c'est là que l'on conspire
Contre les pauvres maris.

NEUVIÈME MAXIME.

Toute femme qui veut à l'honneur se vouer
Doit se défendre de jouer,
Comme d'une chose funeste :
Car le jeu, fort décevant,
Pousse une femme souvent
A jouer de tout son reste.

DIXIÈME MAXIME.

Des promenades du temps,
Ou repas qu'on donne aux champs,
Il ne faut point qu'elle essaie.

Selon les prudents cerveaux,
Le mari dans ces cadeaux
Est toujours celui qui paie.

ONZIÈME MAXIME.

ARNOLPHE. Vous achèverez seule ; et, pas à pas, tantôt
Je vous expliquerai ces choses comme il faut.
Je me suis souvenu d'une petite affaire :
Je n'ai qu'un mot à dire, et ne tarderai guère.
Rentrez, et conservez ce livre chèrement.
Si le notaire vient, qu'il m'attende un moment.

SCÈNE III.

ARNOLPHE seul.

Je ne puis faire mieux que d'en faire ma femme.
Ainsi que je voudrai je tournerai cette âme ;
Comme un morceau de cire entre mes mains elle est,
Et je lui puis donner la forme qui me plaît.
Il s'en est peu fallu que, durant mon absence,
On ne m'ait attrapé par son trop d'innocence ;
Mais il vaut beaucoup mieux, à dire vérité,
Que la femme qu'on a pèche de ce côté.
De ces sortes d'erreurs le remède est facile.
Toute personne simple aux leçons est docile ;
Et, si du bon chemin on la fait écarter,
Deux mots incontinent l'y peuvent rejeter.
Mais une femme habile est bien une autre bête :
Notre sort ne dépend que de sa seule tête,
De ce qu'elle s'y met rien ne la fait gauchir,
Et nos enseignements ne font là que blanchir :
Son bel esprit lui sert à railler nos maximes,
A se faire souvent des vertus de ses crimes,
Et trouver, pour venir à ses coupables fins,
Des détours à duper l'adresse des plus fins.
Pour se parer du coup en vain on se fatigue :
Une femme d'esprit est un diable en intrigue ;
Et, dès que son caprice a prononcé tout bas
L'arrêt de notre honneur, il faut passer le pas :
Beaucoup d'honnêtes gens en pourraient bien que dire.
Enfin mon étourdi n'aura pas lieu d'en rire :
Par son trop de caquet il a ce qu'il lui faut.
Voilà de nos Français l'ordinaire défaut :
Dans la possession d'une bonne fortune,
Le secret est toujours ce qui les importune ;
Et la vanité sotte a pour eux tant d'appas,
Qu'ils se pendraient plutôt que de ne causer pas.
Oh ! que les femmes sont du diable bien tentées
Lorsqu'elles vont choisir ces têtes éventées !

Et que... Mais le voici ; cachons-nous toujours bien,
Et découvrons un peu quel chagrin est le sien.

SCÈNE IV.

HORACE, ARNOLPHE.

HORACE. Je reviens de chez vous, et le destin me montre
Qu'il n'a pas résolu que je vous y rencontre.
Mais j'irai tant de fois, qu'enfin quelque moment...
ARNOLPHE. Hé! mon Dieu! n'entrons point dans ce vain compliment :
Rien ne me fâche tant que ces cérémonies ;
Et, si l'on m'en croyait, elles seraient bannies.
C'est un maudit usage ; et la plupart des gens
Y perdent sottement les deux tiers de leur temps.
            (Il se couvre.)
Mettons donc sans façon. Hé bien! vos amourettes,
Puis-je, seigneur Horace, apprendre où vous en êtes?
J'étais tantôt distrait par quelque vision ;
Mais depuis là-dessus j'ai fait réflexion.
De vos premiers progrès j'admire la vitesse,
Et dans l'événement mon âme s'intéresse.
HORACE. Ma foi, depuis qu'à vous s'est découvert mon cœur,
Il est à mon amour arrivé du malheur.
ARNOLPHE. Oh! oh! comment cela?
HORACE.   La fortune cruelle
A ramené des champs le patron de la belle.
ARNOLPHE. Quel malheur!
HORACE.   Et de plus, à mon très-grand regret,
Il a su de nous deux le commerce secret.
ARNOLPHE. D'où diantre a-t-il sitôt appris cette aventure?
HORACE. Je ne sais : mais enfin c'est une chose sûre.
Je pensais aller rendre, à mon heure à peu près,
Ma petite visite à ses jeunes attraits,
Lorsque, changeant pour moi de ton et de visage,
Et servante et valet m'ont bouché le passage,
Et d'un *Retirez-vous, vous nous importunez*,
M'ont assez rudement fermé la porte au nez.
ARNOLPHE. La porte au nez!
HORACE.   Au nez.
ARNOLPHE.   La chose est un peu forte.
HORACE. J'ai voulu leur parler au travers de la porte ;
Mais à tous mes propos ce qu'ils ont répondu,
C'est : *Vous n'entrerez point, monsieur l'a défendu.*
ARNOLPHE. Ils n'ont donc point ouvert?
HORACE.   Non. Et de la fenêtre
Agnès m'a confirmé le retour de ce maître,
En me chassant de là d'un ton plein de fierté,
Accompagné d'un grès que sa main a jeté.
ARNOLPHE. Comment! d'un grès!

HORACE. D'un grès de taille non petite,
Dont on a par ses mains régalé ma visite.
ARNOLPHE. Diantre! ce ne sont pas des prunes que cela!
Et je trouve fâcheux l'état où vous voilà.
HORACE. Il est vrai, je suis mal par ce retour funeste.
ARNOLPHE. Certes j'en suis fâché pour vous, je vous proteste.
HORACE. Cet homme me rompt tout.
ARNOLPHE. Oui : mais cela n'est rien,
Et de vous raccrocher vous trouverez moyen.
HORACE. Il faut bien essayer, par quelque intelligence,
De vaincre du jaloux l'exacte vigilance.
ARNOLPHE. Cela vous est facile; et la fille, après tout,
Vous aime?
HORACE. Assurément.
ARNOLPHE. Vous en viendrez à bout.
HORACE. Je l'espère.
ARNOLPHE. Le grès vous a mis en déroute;
Mais cela ne doit pas vous étonner.
HORACE. Sans doute;
Et j'ai compris d'abord que mon homme était là,
Qui, sans se faire voir, conduisait tout cela.
Mais ce qui m'a surpris, et qui va vous surprendre,
C'est un autre incident que vous allez entendre;
Un trait hardi qu'a fait cette jeune beauté,
Et qu'on n'attendrait point de sa simplicité.
Il le faut avouer, l'amour est un grand maître.
Ce qu'on ne fut jamais il nous enseigne à l'être;
Et souvent de nos mœurs l'absolu changement
Devient par ses leçons l'ouvrage d'un moment.
De la nature en nous il force les obstacles,
Et ses effets soudains ont de l'air des miracles.
D'un avare à l'instant il fait un libéral,
Un vaillant d'un poltron, un civil d'un brutal;
Il rend agile à tout l'âme la plus pesante,
Et donne de l'esprit à la plus innocente.
Oui, ce dernier miracle éclate dans Agnès;
Car, tranchant avec moi par ces termes exprès,
« Retirez-vous, mon âme aux visites renonce,
» Je sais tous vos discours, et voilà ma réponse, »
Cette pierre, ou ce grès, dont vous vous étonniez,
Avec un mot de lettre est tombée à mes pieds;
Et j'admire de voir cette lettre ajustée
Avec le sens des mots et la pierre jetée.
D'une telle action n'êtes-vous pas surpris?
L'amour sait-il pas l'art d'aiguiser les esprits?
Et peut-on me nier que ses flammes puissantes
Ne fassent dans un cœur des choses étonnantes?
Que dites-vous du tour et de ce mot d'écrit?

Hé! n'admirez-vous point cette adresse d'esprit?
Trouvez-vous pas plaisant de voir quel personnage
A joué mon jaloux dans tout ce badinage?
Dites?

ARNOLPHE. Oui, fort plaisant.

HORACE. Riez-en donc un peu.
(*Arnolphe rit d'un air forcé.*)
Cet homme gendarmé d'abord contre mon feu,
Qui chez lui se retranche, et de grès fait parade,
Comme si j'y voulais entrer par escalade;
Qui pour me repousser, dans son bizarre effroi,
Anime du dedans tous ses gens contre moi,
Et qu'abuse à ses yeux, par sa machine même,
Celle qu'il veut tenir dans l'ignorance extrême!
Pour moi, je vous l'avoue, encor que son retour
En un grand embarras jette ici mon amour,
Je tiens cela plaisant, autant qu'on saurait dire :
Je ne puis y songer sans de bon cœur en rire;
Et vous n'en riez pas assez, à mon avis.

ARNOLPHE *avec un ris forcé*. — Pardonnez-moi, j'en ris tout autant que [je puis.

HORACE. Mais il faut qu'en ami je vous montre sa lettre.
Tout ce que son cœur sent, sa main a su l'y mettre,
Mais en termes touchants et tout pleins de bonté,
De tendresse innocente et d'ingénuité,
De la manière enfin que la pure nature
Exprime de l'amour la première blessure.

ARNOLPHE *bas à part*. — Voilà, friponne, à quoi l'écriture te sert;
Et, contre mon dessein, l'art t'en fut découvert.

HORACE *lit :*

« Je veux vous écrire, et je suis bien en peine par où je m'y prendrai. J'ai
» des pensées que je désirerais que vous sussiez; mais je ne sais comment faire
» pour vous les dire, et je me défie de mes paroles. Comme je commence à con-
» naître qu'on m'a toujours tenue dans l'ignorance, j'ai peur de mettre quelque
» chose qui ne soit pas bien et d'en dire plus que je ne devrais. En vérité, je ne
» sais ce que vous m'avez fait; mais je sens que je suis fâchée à mourir de ce
» qu'on me fait faire contre vous, que j'aurai toutes les peines du monde à me
» passer de vous, et que je serais bien aise d'être à vous. Peut-être qu'il y a du
» mal à dire cela; mais enfin je ne puis m'empêcher de le dire, et je voudrais
» que cela se pût faire sans qu'il y en eût. On me dit fort que tous les jeunes
» hommes sont des trompeurs, qu'il ne les faut point écouter, et que tout ce que
» vous me dites n'est que pour m'abuser : mais je vous assure que je n'ai pu
» encore me figurer cela de vous; et je suis si touchée de vos paroles, que je ne
» saurais croire qu'elles soient menteuses. Dites-moi franchement ce qui en est :
» car enfin, comme je suis sans malice, vous auriez le plus grand tort du monde
» si vous me trompiez, et je pense que j'en mourrais de déplaisir. »

ARNOLPHE *à part.* — Hon! chienne!

HORACE. Qu'avez-vous?

ARNOLPHE. Moi? rien. C'est que je tousse.

HORACE. Avez-vous jamais vu d'expression plus douce?

ACTE III.

HORACE. Avez-vous jamais vu d'expression plus douce?
Malgré les soins maudits d'un injuste pouvoir,
Un plus beau naturel se peut-il faire voir?
Et n'est-ce pas sans doute un crime punissable
De gâter méchamment ce fonds d'âme admirable,
D'avoir dans l'ignorance et la stupidité
Voulu de cet esprit étouffer la clarté?
L'amour a commencé d'en déchirer le voile;
Et si, par la faveur de quelque bonne étoile,
Je puis, comme j'espère, à ce franc animal,
Ce traître, ce bourreau, ce faquin, ce brutal...
ARNOLPHE. Adieu.
HORACE. Comment! si vite?
ARNOLPHE. Il m'est dans la pensée
Venu tout maintenant une affaire pressée.
HORACE. Mais ne sauriez-vous point, comme on la tient de près,
Qui dans cette maison pourrait avoir accès?
J'en use sans scrupule; et ce n'est pas merveille
Qu'on se puisse, entre amis, servir à la pareille.
Je n'ai plus là-dedans que gens pour m'observer;
Et servante et valet, que je viens de trouver,
N'ont jamais, de quelque air que je m'y sois pu prendre,
Adouci leur rudesse à me vouloir entendre.
J'avais pour de tels coups certaine vieille en main,
D'un génie, à vrai dire, au-dessus de l'humain :
Elle m'a dans l'abord servi de bonne sorte;
Mais, depuis quatre jours, la pauvre femme est morte.
Ne me pourriez-vous point ouvrir quelque moyen?
ARNOLPHE. Non, vraiment; et sans moi vous en trouverez bien.
HORACE. Adieu donc. Vous voyez ce que je vous confie.

SCÈNE V.

ARNOLPHE seul.

Comme il faut devant lui que je me mortifie!
Quelle peine à cacher mon déplaisir cuisant!
Quoi! pour une innocente un esprit si présent!
Elle a feint d'être telle à mes yeux, la traîtresse,
Ou le diable à son âme a soufflé cette adresse.
Enfin me voilà mort par ce funeste écrit.
Je vois qu'il a, le traître, empaumé son esprit,
Qu'à ma suppression il s'est ancré chez elle;
Et c'est mon désespoir et ma peine mortelle.
Je souffre doublement dans le vol de son cœur;
Et l'amour y pâtit aussi bien que l'honneur.
J'enrage de trouver cette place usurpée,
Et j'enrage de voir ma prudence trompée.
Je sais que, pour punir son amour libertin,

Je n'ai qu'à laisser faire à son mauvais destin,
Que je serai vengé d'elle par elle-même :
Mais il est bien fâcheux de perdre ce qu'on aime.
Ciel! puisque pour un choix j'ai tant philosophé,
Faut-il de ses appas m'être si fort coiffé!
Elle n'a ni parents, ni support, ni richesse;
Elle trahit mes soins, mes bontés, ma tendresse :
Et cependant je l'aime, après ce lâche tour,
Jusqu'à ne me pouvoir passer de cet amour.
Sot! n'as-tu point de honte? Ah! je crève, j'enrage,
Et je souffletterais mille fois mon visage.
Je veux entrer un peu, mais seulement pour voir
Quelle est sa contenance après un trait si noir.
Ciel, faites que mon front soit exempt de disgrâce;
Ou bien, s'il est écrit qu'il faille que j'y passe,
Donnez-moi tout au moins, pour de tels accidents,
La constance qu'on voit à de certaines gens!

ACTE QUATRIÈME.

SCÈNE I.

ARNOLPHE.

J'ai peine, je l'avoue, à demeurer en place,
Et de mille soucis mon esprit s'embarrasse,
Pour pouvoir mettre un ordre et dedans et dehors
Qui du godelureau rompe tous les efforts.
De quel œil la traîtresse a soutenu ma vue!
De tout ce qu'elle a fait elle n'est point émue;
Et, bien qu'elle me mette à deux doigts du trépas,
On dirait, à la voir, qu'elle n'y touche pas.
Plus, en la regardant, je la voyais tranquille,
Plus je sentais en moi s'échauffer une bile;
Et ces bouillants transports dont s'enflammait mon cœur
Y semblaient redoubler mon amoureuse ardeur.
J'étais aigri, fâché, désespéré contre elle,
Et cependant jamais je ne la vis si belle,
Jamais ses yeux aux miens n'ont paru si perçants,
Jamais je n'eus pour eux des désirs si pressants;
Et je sens là-dedans qu'il faudra que je crève
Si de mon triste sort la disgrâce s'achève.
Quoi! j'aurai dirigé son éducation
Avec tant de tendresse et de précaution,
Je l'aurai fait passer chez moi dès son enfance,
Et j'en aurai chéri la plus tendre espérance,

Mon cœur aura bâti sur ses attraits naissants,
Et cru la mitonner pour moi durant treize ans,
Afin qu'un jeune fou dont elle s'amourache
Me la vienne enlever jusque sur la moustache,
Lorsqu'elle est avec moi mariée à demi!
Non, parbleu! non, parbleu! Petit sot mon ami
Vous aurez beau tourner, ou j'y perdrai mes peines,
Ou je rendrai, ma foi! vos espérances vaines,
Et de moi tout à fait vous ne vous rirez point.

SCÈNE II.
UN NOTAIRE, ARNOLPHE.

LE NOTAIRE. Ah! le voilà! Bonjour. Me voici tout à point
Pour dresser le contrat que vous souhaitez faire.
ARNOLPHE *se croyant seul et sans voir ni entendre le notaire.*
Comment faire?
LE NOTAIRE. Il le faut dans la forme ordinaire.
ARNOLPHE *se croyant seul.* A mes précautions je veux songer de près.
LE NOTAIRE. Je ne passerai rien contre vos intérêts.
ARNOLPHE *se croyant seul.* Il se faut garantir de toutes les surprises.
LE NOTAIRE. Suffit qu'entre mes mains vos affaires soient mises.
Il ne vous faudra point, de peur d'être déçu,
Quittancer le contrat que vous n'ayez reçu.
ARNOLPHE *se croyant seul.* J'ai peur, si je vais faire éclater quelque chose,
Que de cet incident par la ville on ne cause.
LE NOTAIRE. Hé bien! il est aisé d'empêcher cet éclat,
Et l'on peut en secret faire votre contrat.
ARNOLPHE *se croyant seul.* Mais comment faudra-t-il qu'avec elle j'en
LE NOTAIRE. Le douaire se règle au bien qu'on vous apporte. [sorte?
ARNOLPHE *se croyant seul.* Je l'aime, et cet amour est mon grand
LE NOTAIRE. On peut avantager une femme en ce cas. [embarras.
ARNOLPHE *se croyant seul.* Quel traitement lui faire en pareille aventure?
LE NOTAIRE. L'ordre est que le futur doit douer la future
Du tiers de dot qu'elle a; mais cet ordre n'est rien,
Et l'on va plus avant lorsque l'on le veut bien.
ARNOLPHE *se croyant seul.* Si...
(*Il aperçoit le notaire.*)
LE NOTAIRE. Pour le préciput, il les regarde ensemble.
Je dis que le futur peut, comme bon lui semble,
Douer la future.
ARNOLPHE. Hé!
LE NOTAIRE. Il peut l'avantager
Lorsqu'il l'aime beaucoup et qu'il veut l'obliger;
Et cela par douaire, ou préfix, qu'on appelle,
Qui demeure perdu par le trépas d'icelle;
Ou sans retour, qui va de ladite à ses hoirs;
Ou coutumier, selon les différents vouloirs;
Ou par donation dans le contrat formelle.

Qu'on fait ou pure ou simple; ou qu'on fait mutuelle.
Pourquoi hausser le dos? Est-ce qu'on parle en fat,
Et que l'on ne sait pas les formes d'un contrat?
Qui me les apprendra? Personne, je présume.
Sais-je pas qu'étant joints on est par la coutume
Communs en meubles, biens, immeubles et conquêts,
A moins que par un acte on n'y renonce exprès?
Sais-je pas que le tiers du bien de la future
Entre en communauté pour...?

ARNOLPHE. Oui, c'est chose sûre,
Vous savez tout cela : mais qui vous en dit mot?

LE NOTAIRE. Vous, qui me prétendez faire passer pour sot,
En me haussant l'épaule et faisant la grimace.

ARNOLPHE. La peste soit de l'homme et sa chienne de face!
Adieu. C'est le moyen de vous faire finir.

LE NOTAIRE. Pour dresser un contrat m'a-t-on pas fait venir?

ARNOLPHE. Oui, je vous ai mandé : mais la chose est remise,
Et l'on vous mandera quand l'heure sera prise.
Voyez quel diable d'homme avec son entretien!

LE NOTAIRE seul. — Je pense qu'il en tient, et je crois penser bien.

SCÈNE III.

LE NOTAIRE, ALAIN, GEORGETTE.

LE NOTAIRE allant au-devant d'Alain et de Georgette.
M'êtes-vous pas venu querir pour votre maître?

ALAIN. Oui.

LE NOTAIRE. J'ignore pour qui; vous le pouvez connaître :
Mais allez de ma part lui dire de ce pas
Que c'est un fou fieffé.

GEORGETTE. Nous n'y manquerons pas.

SCÈNE IV.

ARNOLPHE, ALAIN, GEORGETTE.

ALAIN. Monsieur...

ARNOLPHE. Approchez-vous; vous êtes mes fidèles,
Mes bons, mes vrais amis, et j'en sais des nouvelles.

ALAIN. Le notaire...

ARNOLPHE. Laissons, c'est pour quelque autre jour.
On veut à mon honneur jouer d'un mauvais tour;
Et quel affront pour vous, mes enfants, pourrait-ce être,
Si l'on avait ôté l'honneur à votre maître!
Vous n'oseriez après paraître en nul endroit;
Et chacun, vous voyant, vous montrerait au doigt.
Donc, puisqu'autant que moi l'affaire vous regarde,
Il faut de votre part faire une telle garde
Que ce galant ne puisse en aucune façon...

GEORGETTE. Vous nous avez tantôt montré notre leçon.

ACTE IV.

ARNOLPHE. Mais à ses beaux discours gardez bien de vous rendre.
ALAIN. Oh! vraiment!
GEORGETTE. Nous savons comme il faut s'en défendre.
ARNOLPHE. S'il venait doucement : Alain, mon pauvre cœur,
Par un peu de secours soulage ma langueur...
ALAIN. Vous êtes un sot.
(A Georgette.)
ARNOLPHE. Bon. Georgette, ma mignonne,
Tu me parais si douce et si bonne personne!...
GEORGETTE. Vous êtes un nigaud.
(A Alain.)
ARNOLPHE. Bon. Quel mal trouves-tu
Dans un dessein honnête et tout plein de vertu?
ALAIN. Vous êtes un fripon.
(A Georgette.)
ARNOLPHE. Fort bien. Ma mort est sûre,
Si tu ne prends pitié des peines que j'endure.
GEORGETTE. Vous êtes un benêt, un impudent.
ARNOLPHE. Fort bien.
(A Alain.)
Je ne suis pas un homme à vouloir rien pour rien;
Je sais, quand on me sert, en garder la mémoire :
Cependant par avance, Alain, voilà pour boire;
Et voilà pour t'avoir, Georgette, un cotillon.
(Ils tendent tous deux la main et prennent l'argent.)
Ce n'est de mes bienfaits qu'un simple échantillon.
Toute la courtoisie enfin dont je vous presse,
C'est que je puisse voir votre belle maîtresse.
GEORGETTE *le poussant.* A d'autres.
ARNOLPHE. Bon cela.
ALAIN *le poussant.* Hors d'ici.
ARNOLPHE. Bon.
GEORGETTE *le poussant.* Mais tôt.
ARNOLPHE. Bon. Holà! c'est assez.
GEORGETTE. Fais-je pas comme il faut?
ALAIN. Est-ce de la façon que vous voulez l'entendre?
ARNOLPHE. Oui, fort bien; hors l'argent, qu'il ne fallait pas prendre
GEORGETTE. Nous ne nous sommes pas souvenus de ce point.
ALAIN. Voulez-vous qu'à l'instant nous recommencions?
ARNOLPHE. Point :
Suffit. Rentrez tous deux.
ALAIN. Vous n'avez rien qu'à dire.
ARNOLPHE. Non, vous dis-je; rentrez, puisque je le désire
Je vous laisse l'argent. Allez. Je vous rejoins.
Ayez bien l'œil à tout, et secondez mes soins.

SCÈNE V.

ARNOLPHE seul.

Je veux pour espion qui soit d'exacte vue
Prendre le savetier du coin de notre rue.
Dans la maison toujours je prétends la tenir,
Y faire bonne garde, et surtout en bannir
Vendeuses de rubans, perruquières, coiffeuses,
Faiseuses de mouchoirs, gantières, revendeuses,
Tous ces gens qui sous main travaillent chaque jour
A faire réussir les mystères d'amour.
Enfin j'ai vu le monde, et j'en sais les finesses.
Il faudra que mon homme ait de grandes adresses,
Si message ou poulet de sa part peut entrer.

SCÈNE VI.

HORACE, ARNOLPHE.

HORACE. La place m'est heureuse à vous y rencontrer.
Je viens de l'échapper bien belle, je vous jure.
Au sortir d'avec vous, sans prévoir l'aventure,
Seule dans ce balcon j'ai vu paraître Agnès
Qui des arbres prochains prenait un peu le frais.
Après m'avoir fait signe, elle a su faire en sorte,
Descendant au jardin, de m'en ouvrir la porte :
Mais à peine tous deux dans sa chambre étions-nous,
Qu'elle a sur les degrés entendu son jaloux;
Et tout ce qu'elle a pu dans un tel accessoire,
C'est de me renfermer dans une grande armoire.
Il est entré d'abord : je ne le voyais pas,
Mais je l'oyais marcher, sans rien dire, à grands pas;
Poussant de temps en temps des soupirs pitoyables,
Et donnant quelquefois de grands coups sur les tables,
Frappant un petit chien qui pour lui s'émouvait,
Et jetant brusquement les hardes qu'il trouvait.
Il a même cassé, d'une main mutinée,
Des vases dont la belle ornait sa cheminée;
Et sans doute il faut bien qu'à ce becque-cornu
Du trait qu'elle a joué quelque jour soit venu.
Enfin, après vingt tours, ayant de la manière
Sur ce qui n'en peut mais déchargé sa colère,
Mon jaloux inquiet, sans dire son ennui,
Est sorti de la chambre, et moi de mon étui.
Nous n'avons point voulu, de peur du personnage,
Risquer à nous tenir ensemble davantage;
C'était trop hasarder : mais je dois cette nuit
Dans sa chambre un peu tard m'introduire sans bruit.
En toussant par trois fois je me ferai connaître;

Et je dois au signal voir ouvrir la fenêtre,
Dont, avec une échelle, et secondé d'Agnès,
Mon amour tâchera de me gagner l'accès.
Comme à mon seul ami, je veux bien vous l'apprendre;
L'allégresse du cœur s'augmente à la répandre;
Et, goûtât-on cent fois un bonheur tout parfait,
On n'en est pas content si quelqu'un ne le sait.
Vous prendrez part, je pense, à l'heur de mes affaires.
Adieu. Je vais songer aux choses nécessaires.

SCÈNE VII.

ARNOLPHE *seul*.

Quoi! l'astre qui s'obstine à me désespérer
Ne me donnera pas le temps de respirer!
Coup sur coup je verrai, par leur intelligence,
De mes soins vigilants confondre la prudence!
Et je serai la dupe, en ma maturité,
D'une jeune innocente et d'un jeune éventé!
En sage philosophe on m'a vu, vingt années,
Contempler des maris les tristes destinées,
Et m'instruire avec soin de tous les accidents
Qui font dans le malheur tomber les plus prudents;
Des disgrâces d'autrui profitant dans mon âme,
J'ai cherché les moyens, voulant prendre une femme,
De pouvoir garantir mon front de tous affronts,
Et le tirer du pair d'avec les autres fronts;
Pour ce noble dessein, j'ai cru mettre en pratique
Tout ce que peut trouver l'humaine politique :
Et, comme si du sort il était arrêté
Que nul homme ici-bas n'en serait exempté,
Après l'expérience et toutes les lumières
Que j'ai pu m'acquérir sur de telles matières,
Après vingt ans et plus de méditation
Pour me conduire en tout avec précaution,
De tant d'autres maris j'aurais quitté la trace
Pour me trouver après dans la même disgrâce!
Ah! bourreau de destin, vous en aurez menti.
De l'objet qu'on poursuit je suis encor nanti;
Si son cœur m'est volé par ce blondin funeste,
J'empêcherai du moins qu'on s'empare du reste;
Et cette nuit qu'on prend pour ce galant exploit
Ne se passera pas si doucement qu'on croit.
Ce m'est quelque plaisir, parmi tant de tristesse,
Que l'on me donne avis du piége qu'on me dresse,
Et que cet étourdi, qui veut m'être fatal,
Fasse son confident de son propre rival.

SCÈNE VIII.
CHRYSALDE, ARNOLPHE.

CHRYSALDE. Hé bien! souperons-nous avant la promenade?
ARNOLPHE. Non. Je jeûne ce soir.
CHRYSALDE. D'où vient cette boutade?
ARNOLPHE. De grâce, excusez-moi, j'ai quelque autre embarras.
CHRYSALDE. Votre hymen résolu ne se fera-t-il pas?
ARNOLPHE. C'est trop s'inquiéter des affaires des autres.
CHRYSALDE. Oh! oh! si brusquement! quels chagrins sont les vôtres?
Serait-il point, compère, à votre passion
Arrivé quelque peu de tribulation?
Je le jurerais presque, à voir votre visage.
ARNOLPHE. Quoi qu'il m'arrive, au moins aurai-je l'avantage
De ne pas ressembler à de certaines gens
Qui souffrent doucement l'approche des galants.
CHRYSALDE. C'est un étrange fait, qu'avec tant de lumières
Vous vous effarouchiez toujours sur ces matières,
Qu'en cela vous mettiez le souverain bonheur,
Et ne conceviez point au monde d'autre honneur!
Etre avare, brutal, fourbe, méchant et lâche
N'est rien, à votre avis, auprès de cette tache;
Et, de quelque façon qu'on puisse avoir vécu,
On est homme d'honneur quand on n'est point cocu.
A le bien prendre au fond, pourquoi voulez-vous croire
Que de ce cas fortuit dépende notre gloire,
Et qu'une âme bien née ait à se reprocher
L'injustice d'un mal qu'on ne peut empêcher?
Pourquoi voulez-vous, dis-je, en prenant une femme
Qu'on soit digne, à son choix, de louange ou de blâme,
Et qu'on s'aille former un monstre plein d'effroi
De l'affront que nous fait son manquement de foi?
Mettez-vous dans l'esprit qu'on peut du cocuage
Se faire en galant homme une plus douce image;
Que, des coups du hasard aucun n'étant garant,
Cet accident de soi doit être indifférent,
Et qu'enfin tout le mal, quoique le monde glose,
N'est que dans la façon de recevoir la chose :
Et, pour se bien conduire en ces difficultés,
Il y faut, comme en tout, fuir les extrémités,
N'imiter pas ces gens un peu trop débonnaires
Qui tirent vanité de ces sortes d'affaires,
De leurs femmes toujours vont citant les galants,
En font partout l'éloge et prônent leurs talents,
Témoignent avec eux d'étroites sympathies,
Sont de tous leurs cadeaux, de toutes leurs parties,
Et font qu'avec raison les gens sont étonnés
De voir leur hardiesse à montrer là leur nez.

Ce procédé sans doute est tout à fait blâmable :
Mais l'autre extrémité n'est pas moins condamnable :
Si je n'approuve pas ces amis des galants,
Je ne suis pas aussi pour ces gens turbulents
Dont l'imprudent chagrin, qui tempête et qui gronde,
Attire au bruit qu'il fait les yeux de tout le monde,
Et qui, par cet éclat, semblent ne pas vouloir
Qu'aucun puisse ignorer ce qu'ils peuvent avoir.
Entre ces deux partis il en est un honnête,
Où, dans l'occasion, l'homme prudent s'arrête ;
Et, quand on le sait prendre, on n'a point à rougir
Du pis dont une femme avec nous puisse agir.
Quoi qu'on en puisse dire enfin, le cocuage
Sous des traits moins affreux aisément s'envisage ;
Et, comme je vous dis, toute l'habileté
Ne va qu'à le savoir tourner du bon côté.

ARNOLPHE. Après ce beau discours, toute la confrérie
Doit un remercîment à votre seigneurie ;
Et quiconque voudra vous entendre parler
Montrera de la joie à s'y voir enrôler.

CHRYSALDE. Je ne dis pas cela, car c'est ce que je blâme
Mais, comme c'est le sort qui nous donne une femme,
Je dis que l'on doit faire ainsi qu'au jeu de dés,
Où, s'il ne vous vient pas ce que vous demandez
Il faut jouer d'adresse, et d'une âme réduite
Corriger le hasard par la bonne conduite.

ARNOLPHE. C'est-à-dire dormir et manger toujours bien,
Et se persuader que tout cela n'est rien.

CHRYSALDE. Vous pensez vous moquer : mais, à ne vous rien feindre,
Dans le monde je vois cent choses plus à craindre,
Et dont je me ferais un bien plus grand malheur
Que de cet accident qui vous fait tant de peur.
Pensez-vous qu'à choisir de deux choses prescrites
Je n'aimasse pas mieux être ce que vous dites
Que de me voir mari de ces femmes de bien
Dont la mauvaise humeur fait un procès sur rien,
Ces dragons de vertu, ces honnêtes diablesses,
Se retranchant toujours sur leurs sages prouesses,
Qui, pour un petit tort qu'elles ne nous font pas,
Prennent droit de traiter les gens du haut en bas,
Et veulent, sur le pied de nous être fidèles,
Que nous soyons tenus à tout endurer d'elles ?
Encore un coup, compère, apprenez qu'en effet
Le cocuage n'est que ce que l'on le fait ;
Qu'on peut le souhaiter pour de certaines causes,
Et qu'il a ses plaisirs comme les autres choses

ARNOLPHE. Si vous êtes d'humeur à vous en contenter,
Quant à moi, ce n'est pas la mienne d'en tâter ;

Et plutôt que subir une telle aventure...
CHRYSALDE. Mon Dieu! ne jurez point, de peur d'être parjure.
Si le sort l'a réglé, vos soins sont superflus,
Et l'on ne prendra pas votre avis là-dessus.
ARNOLPHE. Moi, je serais cocu?
CHRYSALDE. Vous voilà bien malade!
Mille gens le sont bien, sans vous faire bravade,
Qui de mine, de cœur, de biens et de maison,
Ne feraient avec vous nulle comparaison.
ARNOLPHE. Et moi, je n'en voudrais avec eux faire aucune.
Mais cette raillerie, en un mot, m'importune;
Brisons là, s'il vous plaît.
CHRYSALDE. Vous êtes en courroux!
Nous en saurons la cause. Adieu. Souvenez-vous,
Quoi que sur ce sujet votre honneur vous inspire,
Que c'est être à demi ce que l'on vient de dire
Que de vouloir jurer qu'on ne le sera pas.
ARNOLPHE. Moi, je le jure encore; et je vais de ce pas
Contre cet accident trouver un bon remède.
(Il court heurter à sa porte.)

SCÈNE IX.

ARNOLPHE, ALAIN, GEORGETTE.

ARNOLPHE. Mes amis, c'est ici que j'implore votre aide.
Je suis édifié de votre affection :
Mais il faut qu'elle éclate en cette occasion;
Et, si vous m'y servez selon ma confiance,
Vous êtes assurés de votre récompense.
L'homme que vous savez, n'en faites point de bruit,
Veut, comme je l'ai su, m'attraper cette nuit,
Dans la chambre d'Agnès entrer par escalade;
Mais il lui faut, nous trois, dresser une embuscade.
Je veux que vous preniez chacun un bon bâton,
Et, quand il sera près du dernier échelon,
Car dans le temps qu'il faut j'ouvrirai la fenêtre
Que tous deux à l'envi vous me chargiez ce traître,
Mais d'un air dont son dos garde le souvenir,
Et qui lui puisse apprendre à n'y plus revenir;
Sans me nommer pourtant en aucune manière,
Ni faire aucun semblant que je serai derrière.
Auriez-vous bien l'esprit de servir mon courroux?
ALAIN. S'il ne tient qu'à frapper, mon Dieu! tout est à nous :
Vous verrez, quand je bats, si j'y vais de main morte.
GEORGETTE. La mienne, quoiqu'aux yeux elle semble moins forte,
N'en quitte pas sa part à le bien étriller.
ARNOLPHE. Rentrez donc; et surtout gardez de babiller.

(*Seul.*)
Voilà pour le prochain une leçon utile;
Et, si tous les maris qui sont en cette ville
De leurs femmes ainsi recevaient le galant,
Le nombre des cocus ne serait pas si grand.

ACTE CINQUIÈME.

SCÈNE I.

ARNOLPHE, ALAIN, GEORGETTE.

ARNOLPHE. Traîtres, qu'avez-vous fait par cette violence?
ALAIN. Nous vous avons rendu, monsieur, obéissance.
ARNOLPHE. De cette excuse en vain vous voulez vous armer;
L'ordre était de le battre, et non de l'assommer;
Et c'était sur le dos, et non pas sur la tête,
Que j'avais commandé qu'on fît choir la tempête.
Ciel! dans quel accident me jette ici le sort!
Et que puis-je résoudre à voir cet homme mort?
Rentrez dans la maison, et gardez de rien dire
De cet ordre innocent que j'ai pu vous prescrire
 (*Seul.*)
Le jour s'en va paraître, et je vais consulter
Comment dans ce malheur je me dois comporter.
Hélas! que deviendrai-je? et que dira le père,
Lorsque inopinément il saura cette affaire

SCÈNE II.

HORACE, ARNOLPHE.

HORACE *à part*. Il faut que j'aille un peu reconnaître qui c'est.
ARNOLPHE *se croyant seul*. A-t-on jamais prévu?...
 (*Heurté par Horace, qu'il ne reconnaît pas.*)
                                Qui va là, s'il vous plaît?
HORACE. C'est vous, seigneur Arnolphe?
ARNOLPHE.   Oui. Mais vous?
HORACE.   C'est Horace.
Je m'en allais chez vous vous prier d'une grâce.
Vous sortez bien matin!
ARNOLPHE *bas à part*.   Quelle confusion!
Est-ce un enchantement? est-ce une illusion?
HORACE. J'étais, à dire vrai, dans une grande peine;
Et je bénis du ciel la bonté souveraine
Qui fait qu'à point nommé je vous rencontre ainsi.
Je viens vous avertir que tout a réussi,

Et même beaucoup plus que je n'eusse osé dire,
Et par un incident qui devait tout détruire.
Je ne sais point par où l'on a pu soupçonner
Cette assignation qu'on m'avait su donner :
Mais, étant sur le point d'atteindre à la fenêtre,
J'ai, contre mon espoir, vu quelques gens paraître
Qui, sur moi brusquement levant chacun le bras,
M'ont fait manquer le pied et tomber jusqu'en bas;
Et ma chute, aux dépens de quelque meurtrissure,
De vingt coups de bâton m'a sauvé l'aventure.
Ces gens-là, dont était, je pense, mon jaloux,
Ont imputé ma chute à l'effort de leurs coups;
Et, comme la douleur, un assez long espace
M'a fait sans remuer demeurer sur la place,
Ils ont cru tout de bon qu'ils m'avaient assommé,
Et chacun d'eux s'en est aussitôt alarmé.
J'entendais tout le bruit dans le profond silence :
L'un l'autre ils s'accusaient de cette violence :
Et, sans lumière aucune, en querellant le sort,
Sont venus doucement tâter si j'étais mort.
Je vous laisse à penser si, dans la nuit obscure,
J'ai d'un vrai trépassé su tenir la figure.
Ils se sont retirés avec beaucoup d'effroi;
Et, comme je songeais à me retirer, moi,
De cette feinte mort la jeune Agnès émue
Avec empressement est devers moi venue :
Car les discours qu'entre eux ces gens avaient tenus
Jusques à son oreille étaient d'abord venus,
Et, pendant tout ce trouble étant moins observée,
Du logis aisément elle s'était sauvée;
Mais, me trouvant sans mal, elle a fait éclater
Un transport difficile à bien représenter.
Que vous dirai-je? enfin cette aimable personne,
A suivi les conseils que son amour lui donne,
N'a plus voulu songer à retourner chez soi,
Et de tout son destin s'est commise à ma foi.
Considérez un peu, par ce trait d'innocence,
Où l'expose d'un fou la haute impertinence,
Et quels fâcheux périls elle pourrait courir,
Si j'étais maintenant homme à la moins chérir.
Mais d'un trop pur amour mon âme est embrasée;
J'aimerais mieux mourir que la voir abusée :
Je lui vois des appas dignes d'un autre sort,
Et rien ne m'en saurait séparer que la mort.
Je prévois là-dessus l'emportement d'un père;
Mais nous prendrons le temps d'apaiser sa colère.
A des charmes si doux je me laisse emporter,
Et dans la vie enfin il se faut contenter.

Ce que je veux de vous sous un secret fidèle,
C'est que je puisse mettre en vos mains cette belle;
Que dans votre maison, en faveur de mes feux,
Vous lui donniez retraite au moins un jour ou deux.
Outre qu'aux yeux du monde il faut cacher sa fuite,
Et qu'on en pourrait faire une exacte poursuite,
Vous savez qu'une fille aussi de sa façon
Donne avec un jeune homme un étrange soupçon;
Et comme c'est à vous, sûr de votre prudence,
Que j'ai fait de mes feux entière confidence,
C'est à vous seul aussi, comme ami généreux,
Que je puis confier ce dépôt amoureux.

ARNOLPHE. Je suis, n'en doutez point, tout à votre service.
HORACE. Vous voulez bien me rendre un si charmant office?
ARNOLPHE. Très-volontiers, vous dis-je; et je me sens ravir
De cette occasion que j'ai de vous servir.
Je rends grâces au ciel de ce qu'il me l'envoie,
Et n'ai jamais rien fait avec si grande joie.
HORACE. Que je suis redevable à toutes vos bontés!
J'avais de votre part craint des difficultés:
Mais vous êtes du monde, et, dans votre sagesse,
Vous savez excuser le feu de la jeunesse.
Un de mes gens la garde au coin de ce détour.
ARNOLPHE. Mais comment ferons-nous? car il fait un peu jour.
Si je la prends ici, l'on me verra peut-être;
Et s'il faut que chez moi vous veniez à paraître,
Des valets causeront. Pour jouer au plus sûr,
Il faut me l'amener dans un lieu plus obscur.
Mon allée est commode, et je l'y vais attendre.
HORACE. Ce sont précautions qu'il est fort bon de prendre.
Pour moi, je ne ferai que vous la mettre en main,
Et chez moi, sans éclat, je retourne soudain.
ARNOLPHE *seul*. Ah! fortune, ce trait d'aventure propice
Répare tous les maux que m'a faits ton caprice.
(*Il s'enveloppe le nez de son manteau.*)

SCÈNE III.

AGNÈS, HORACE, ARNOLPHE.

HORACE *à Agnès*. Ne soyez point en peine où je vais vous mener;
C'est un logement sûr que je vous fais donner.
Vous loger avec moi, ce serait tout détruire:
Entrez dans cette porte, et laissez-vous conduire.
(*Arnolphe lui prend la main sans qu'elle le connaisse.*)
AGNÈS *à Horace*. Pourquoi me quittez-vous?
HORACE. Chère Agnès, il le faut.
AGNÈS. Songez donc, je vous prie, à revenir bientôt.
HORACE. J'en suis assez pressé par ma flamme amoureuse.

AGNÈS. Quand je ne vous vois point, je ne suis point joyeuse.
HORACE. Hors de votre présence, on me voit triste aussi.
AGNÈS. Hélas! s'il était vrai, vous resteriez ici.
HORACE. Quoi! vous pourriez douter de mon amour extrême!
AGNÈS. Non, vous ne m'aimez pas autant que je vous aime.
(*Arnolphe la tire.*)
Ah! l'on me tire trop.
HORACE. C'est qu'il est dangereux,
Chère Agnès, qu'en ce lieu nous soyons vus tous deux;
Et ce parfait ami de qui la main vous presse
Suit le zèle prudent qui pour nous l'intéresse.
AGNÈS. Mais suivre un inconnu que...
HORACE. N'appréhendez rien :
Entre de telles mains vous ne serez que bien.
AGNÈS. Je me trouverais mieux entre celles d'Horace,
Et j'aurais...
(*A Arnolphe, qui la tire encore.*)
Attendez.
HORACE. Adieu, le jour me chasse.
AGNÈS. Quand vous verrai-je donc?
HORACE. Bientôt assurément.
AGNÈS. Que je vais m'ennuyer jusques à ce moment!
HORACE *en s'en allant.*
Grâce au ciel, mon bonheur n'est plus en concurrence,
Et je puis maintenant dormir en assurance.

SCÈNE IV.

ARNOLPHE, AGNÈS.

ARNOLPHE *caché dans son manteau et déguisant sa voix.*
Venez; ce n'est pas là que je vous logerai;
Et votre gîte ailleurs est par moi préparé.
Je prétends en lieu sûr mettre votre personne.
(*Se faisant connaître.*)
Me connaissez-vous?
AGNÈS. Hai!
ARNOLPHE. Mon visage, friponne,
Dans cette occasion rend vos sens effrayés,
Et c'est à contre-cœur qu'ici vous me voyez;
Je trouble en ses projets l'amour qui vous possède.
(*Agnès regarde si elle ne verra point Horace.*)
N'appelez point des yeux le galant à votre aide;
Il est trop éloigné pour vous donner secours.
Ah! ah! si jeune encor, vous jouez de ces tours!
Votre simplicité, qui semble sans pareille,
Demande si l'on fait les enfants par l'oreille,
Et vous savez donner des rendez-vous la nuit,

Et pour suivre un galant vous évader sans bruit!
Tudieu! comme avec lui votre langue cajole!
Il faut qu'on vous ait mise à quelque bonne école!
Qui diantre tout d'un coup vous en a tant appris?
Vous ne craignez donc plus de trouver des esprits?
Et ce galant, la nuit, vous a donc enhardie?
Ah! coquine, en venir à cette perfidie!
Malgré tous mes bienfaits former un tel dessein!
Petit serpent que j'ai réchauffé dans mon sein,
Et qui, dès qu'il se sent, par une humeur ingrate
Cherche à faire du mal à celui qui le flatte!

AGNÈS. Pourquoi me criez-vous?
ARNOLPHE.   J'ai grand tort en effet!
AGNÈS. Je n'entends point de mal dans tout ce que j'ai fait.
ARNOLPHE. Suivre un galant n'est pas une action infâme?
AGNÈS. C'est un homme qui dit qu'il me veut pour sa femme:
J'ai suivi vos leçons, et vous m'avez prêché
Qu'il se faut marier pour ôter le péché.
ARNOLPHE. Oui. Mais pour femme, moi, je prétendais vous prendre;
Et je vous l'avais fait, me semble, assez entendre.
AGNÈS. Oui. Mais, à vous parler franchement entre nous,
Il est plus pour cela selon mon goût que vous.
Chez vous le mariage est fâcheux et pénible,
Et vos discours en font une image terrible;
Mais, las! il le fait, lui, si rempli de plaisirs,
Que de se marier il donne des désirs.
ARNOLPHE. Ah! c'est que vous l'aimez, traîtresse!
AGNÈS.   Oui, je l'aime.
ARNOLPHE. Et vous avez le front de le dire à moi-même!
AGNÈS. Et pourquoi, s'il est vrai, ne le dirais-je pas?
ARNOLPHE. Le deviez-vous aimer, impertinente?
AGNÈS.   Hélas!
Est-ce que j'en puis mais? Lui seul en est la cause;
Et je n'y songeais pas lorsque se fit la chose.
ARNOLPHE. Mais il fallait chasser cet amoureux désir.
AGNÈS. Le moyen de chasser ce qui fait du plaisir?
ARNOLPHE. Et ne savez-vous pas que c'était me déplaire?
AGNÈS. Moi? point du tout. Quel mal cela vous peut-il faire?
ARNOLPHE. Il est vrai, j'ai sujet d'en être réjoui!
Vous ne m'aimez donc pas, à ce compte?
AGNÈS.   Vous?
ARNOLPHE.   Oui.
AGNÈS. Hélas! non.
ARNOLPHE.   Comment, non!
AGNÈS.   Voulez-vous que je mente?
ARNOLPHE. Pourquoi ne m'aimer pas, madame l'impudente?
AGNÈS. Mon Dieu! ce n'est pas moi que vous devez blâmer:
Que ne vous êtes-vous, comme lui, fait aimer?

Je ne vous en ai pas empêché, que je pense.

ARNOLPHE. Je m'y suis efforcé de toute ma puissance;
Mais les soins que j'ai pris, je les ai perdus tous.

AGNÈS. Vraiment il en sait donc là-dessus plus que vous,
Car à se faire aimer il n'a point eu de peine.

ARNOLPHE *à part*. Voyez comme raisonne et répond la vilaine!
Peste! une précieuse en dirait-elle plus?
Ah! je l'ai mal connue; ou, ma foi, là-dessus
Une sotte en sait plus que le plus habile homme.
(*A Agnès.*)
Puisqu'en raisonnements votre esprit se consomme
La belle raisonneuse, est-ce qu'un si long temps
Je vous aurai pour lui nourrie à mes dépens?

AGNÈS. Non. Il vous rendra tout jusques au dernier double

ARNOLPHE *bas à part*. Elle a de certains mots où mon dépit redouble.
(*Haut.*)
Me rendra-t-il, coquine, avec tout son pouvoir,
Les obligations que vous pouvez m'avoir?

AGNÈS. Je ne vous en ai pas de si grandes qu'on pense.

ARNOLPHE. N'est-ce rien que les soins d'élever votre enfance?

AGNÈS. Vous avez là-dedans bien opéré vraiment,
Et m'avez fait en tout instruire joliment!
Croit-on que je me flatte, et qu'enfin dans ma tête
Je ne juge pas bien que je suis une bête?
Moi-même j'en ai honte; et, dans l'âge où je suis,
Je ne veux plus passer pour sotte, si je puis.

ARNOLPHE. Vous fuyez l'ignorance, et voulez, quoi qu'il coûte,
Apprendre du blondin quelque chose?

AGNÈS. Sans doute.
C'est de lui que je sais ce que je peux savoir,
Et beaucoup plus qu'à vous je pense lui devoir.

ARNOLPHE. Je ne sais qui me tient qu'avec une gourmade
Ma main de ce discours ne venge la bravade.
J'enrage quand je vois sa piquante froideur,
Et quelques coups de poing satisferaient mon cœur.

AGNÈS. Hélas! vous le pouvez, si cela vous peut plaire.

ARNOLPHE *à part*. Ce mot et ce regard désarme ma colère
Et produit un retour de tendresse de cœur
Qui de son action efface la noirceur.
Chose étrange d'aimer, et que pour ces traîtresses
Les hommes soient sujets à de telles faiblesses!
Tout le monde connaît leur imperfection;
Ce n'est qu'extravagance et qu'indiscrétion;
Leur esprit est méchant, et leur âme fragile;
Il n'est rien de plus faible et de plus imbécile,
Rien de plus infidèle: et malgré tout cela,
Dans le monde on fait tout pour ces animaux-là.
(*A Agnès.*)
Hé bien! faisons la paix. Va, petite traîtresse,

ACTE V.

        Je te pardonne tout et te rends ma tendresse ;
        Considère par là l'amour que j'ai pour toi,
        Et, me voyant si bon, en revanche aime-moi.
AGNÈS. Du meilleur de mon cœur je voudrais vous complaire :
        Que me coûterait-il, si je le pouvais faire ?
ARNOLPHE. Mon pauvre petit cœur, tu le peux, si tu veux.
        Ecoute seulement ce soupir amoureux,
        Vois ce regard mourant, contemple ma personne,
        Et quitte ce morveux et l'amour qu'il te donne.
        C'est quelque sort qu'il faut qu'il ait jeté sur toi,
        Et tu seras cent fois plus heureuse avec moi.
        Ta forte passion est d'être brave et leste,
        Tu le seras toujours, va, je te le proteste ;
        Sans cesse, nuit et jour, je te caresserai,
        Je te bouchonnerai, baiserai, mangerai ;
        Tout comme tu voudras, tu pourras te conduire :
        Je ne m'explique point, et cela, c'est tout dire.
           (Bas à part.)
        Jusqu'où la passion peut-elle faire aller !
           (Haut.)
        Enfin à mon amour rien ne peut s'égaler :
        Quelle preuve veux-tu que je t'en donne, ingrate ?
        Me veux-tu voir pleurer ? Veux-tu que je me batte ?
        Veux-tu que je m'arrache un côté de cheveux ?
        Veux-tu que je me tue ? Oui, dis si tu le veux,
        Je suis tout prêt, cruelle, à te prouver ma flamme.
AGNÈS. Tenez, tous vos discours ne me touchent point l'âme :
        Horace avec deux mots en ferait plus que vous.
ARNOLPHE. Ah ! c'est trop me braver, trop pousser mon courroux.
        Je suivrai mon dessein, bête trop indocile,
        Et vous dénicherez à l'instant de la ville.
        Vous rebutez mes vœux et me mettez à bout ;
        Mais un cul de couvent me vengera de tout.

SCÈNE V.

ARNOLPHE, AGNÈS, ALAIN.

ALAIN. Je ne sais ce que c'est, monsieur ; mais il me semble
        Qu'Agnès et le corps mort s'en sont allés ensemble.
ARNOLPHE. La voici. Dans ma chambre allez me la nicher.
           (A part.)
        Ce ne sera pas là qu'il la viendra chercher.
        Et puis, c'est seulement pour une demi-heure.
        Je vais, pour lui donner une sûre demeure,
           (A Alain.)
        Trouver une voiture. Enfermez-vous des mieux,
        Et surtout gardez-vous de la quitter des yeux.
           (Seul.)
        Peut-être que son âme, étant dépaysée,

Pourra de cet amour être désabusée.

SCÈNE VI.
HORACE, ARNOLPHE.

HORACE. Ah! je viens vous trouver, accablé de douleur.
Le ciel, seigneur Arnolphe, a conclu mon malheur;
Et, par un trait fatal d'une injustice extrême,
On me veut arracher de la beauté que j'aime.
Pour arriver ici mon père a pris le frais;
J'ai trouvé qu'il mettait pied à terre ici près :
Et la cause, en un mot, d'une telle venue,
Qui, comme je disais, ne m'était pas connue,
C'est qu'il m'a marié sans m'en écrire rien,
Et qu'il vient en ces lieux célébrer ce lien.
Jugez, en prenant part à mon inquiétude,
S'il pouvait m'arriver un contre-temps plus rude.
Cet Enrique dont hier je m'informais à vous
Cause tout le malheur dont je ressens les coups:
Il vient avec mon père achever ma ruine,
Et c'est sa fille unique à qui l'on me destine.
J'ai dès leurs premiers mots pensé m'évanouir :
Et d'abord, sans vouloir plus longtemps les ouïr,
Mon père ayant parlé de vous rendre visite,
L'esprit plein de frayeur, je l'ai devancé vite.
De grâce, gardez-vous de lui rien découvrir
De mon engagement qui le pourrait aigrir;
Et tâchez, comme en vous il prend grande créance,
De le dissuader de cette autre alliance.
ARNOLPHE. Oui-dà.
HORACE. Conseillez-lui de différer un peu,
Et rendez en ami ce service à mon feu.
ARNOLPHE. Je n'y manquerai pas.
HORACE. C'est en vous que j'espère.
ARNOLPHE. Fort bien.
HORACE. Et je vous tiens mon véritable père.
Dites-lui que mon âge... Ah! je le vois venir!
Ecoutez les raisons que je vous puis fournir.

SCÈNE VII.
ENRIQUE, ORONTE, CHRYSALDE, HORACE, ARNOLPHE.

(*Horace et Arnolphe se retirent dans un coin du théâtre et parlent bas ensemble.*)

ENRIQUE *a Chrysalde.* Aussitôt qu'à mes yeux je vous ai vu paraître,
Quand on ne m'eût rien dit, j'aurais su vous connaître.
J'ai reconnu les traits de cette aimable sœur
Dont l'hymen autrefois m'avait fait possesseur,
Et je serais heureux si la parque cruelle

ACTE V.

M'eût laissé ramener cette épouse fidèle,
Pour jouir avec moi des sensibles douceurs
De revoir tous les siens après nos longs malheurs.
Mais, puisque du destin la fatale puissance
Nous prive pour jamais de sa chère présence,
Tâchons de nous résoudre, et de nous contenter
Du seul fruit amoureux qui m'en ait pu rester.
Il vous touche de près, et sans votre suffrage
J'aurais tort de vouloir disposer de ce gage.
Le choix du fils d'Oronte est glorieux de soi;
Mais il faut que ce choix vous plaise comme à moi.

CHRYSALDE. C'est de mon jugement avoir mauvaise estime,
Que douter si j'approuve un choix si légitime.

ARNOLPHE *à part à Horace.* Oui, je veux vous servir de la bonne façon.
HORACE *à part à Arnolphe.* Gardez encore un coup...
ARNOLPHE *à Horace.* N'ayez aucun soupçon.
(*Arnolphe quitte Horace pour aller embrasser Oronte.*)
ORONTE *à Arnolphe.* Ah! que cette embrassade est pleine de tendresse!
ARNOLPHE. Que je sens à vous voir une grande allégresse!
ORONTE. Je suis ici venu...
ARNOLPHE. Sans m'en faire récit,
Je sais ce qui vous mène.
ORONTE. On vous l'a déjà dit?
ARNOLPHE. Oui.
ORONTE. Tant mieux.
ARNOLPHE. Votre fils à cet hymen résiste,
Et son cœur prévenu n'y voit rien que de triste :
Il m'a même prié de vous en détourner.
Et moi, tout le conseil que je vous puis donner
C'est de ne pas souffrir que ce nœud se diffère
Et de faire valoir l'autorité de père.
Il faut avec vigueur ranger les jeunes gens,
Et nous faisons contre eux à leur être indulgents.

HORACE *à part.* Ah! traître!
CHRYSALDE. Si son cœur a quelque répugnance,
Je tiens qu'on ne doit pas lui faire résistance.
Mon frère, que je crois, sera de mon avis.

ARNOLPHE. Quoi! se laissera-t-il gouverner par son fils?
Est-ce que vous voulez qu'un père ait la mollesse
De ne savoir pas faire obéir la jeunesse?
Il serait beau vraiment qu'on le vît aujourd'hui
Prendre loi de qui doit la recevoir de lui!
Non, non : c'est mon intime; et sa gloire est la mienne :
Sa parole est donnée; il faut qu'il la maintienne;
Qu'il fasse voir ici de fermes sentiments,
Et force de son fils tous les attachements.

ORONTE. C'est parler comme il faut; et dans cette alliance
C'est moi qui vous réponds de son obéissance.

CHRYSALDE *à Arnolphe.* Je suis surpris, pour moi, du grand empresse-
Que vous me faites voir pour cet engagement, [ment
Et ne puis deviner quel motif vous inspire...
ARNOLPHE. Je sais ce que je fais, et dis ce qu'il faut dire.
ORONTE. Oui, oui, seigneur Arnolphe, il est...
CHRYSALDE. Ce nom l'aigrit;
C'est monsieur de la Souche; on vous l'a déjà dit.
ARNOLPHE. Il n'importe.
HORACE *à part.* Qu'entends-je !
ARNOLPHE *se tournant vers Horace.* Oui, c'est là le mystère;
Et vous pouvez juger ce que je devais faire.
HORACE *à part.* En quel trouble...

SCÈNE VIII.

ENRIQUE, ORONTE, CHRYSALDE, HORACE, ARNOLPHE, GEORGETTE.

GEORGETTE. Monsieur, si vous n'êtes auprès,
Nous aurons de la peine à retenir Agnès;
Elle veut à tous coups s'échapper, et peut-être
Qu'elle se pourrait bien jeter par la fenêtre.
ARNOLPHE. Faites-la-moi venir; aussi bien de ce pas
(*A Horace.*)
Prétends-je l'emmener. Ne vous en fâchez pas :
Un bonheur continu rendrait l'homme superbe;
Et chacun a son tour, comme dit le proverbe.
HORACE *à part.* Quels maux peuvent, ô ciel ! égaler mes ennuis?
Et s'est-on jamais vu dans l'abîme où je suis?
ARNOLPHE *à Oronte.* Pressez vite le jour de la cérémonie,
J'y prends part; et déjà moi-même je m'en prie.
ORONTE. C'est bien là mon dessein.

SCÈNE IX.

AGNÈS, ORONTE, ENRIQUE, ARNOLPHE, HORACE, CHRYSALDE,
ALAIN, GEORGETTE.

ARNOLPHE *à Agnès.* Venez, belle, venez,
Qu'on ne saurait tenir, et qui vous mutinez,
Voici votre galant, à qui, pour récompense,
Vous pouvez faire une humble et douce révérence.
(*A Horace.*)
Adieu. L'événement trompe un peu vos souhaits :
Mais tous les amoureux ne sont pas satisfaits.
AGNÈS. Me laissez-vous, Horace, emmener de la sorte?
HORACE. Je ne sais où j'en suis, tant ma douleur est forte.
ARNOLPHE. Allons, causeuse, allons!
AGNÈS. Je veux rester ici.
ORONTE. Dites-nous ce que c'est que ce mystère-ci :
Nous nous regardons tous sans le pouvoir comprendre.

ACTE V.

ARNOLPHE. Avec plus de loisir je pourrai vous l'apprendre.
Jusqu'au revoir.
ORONTE. Où donc prétendez-vous aller?
Vous ne nous parlez point comme il nous faut parler.
ARNOLPHE. Je vous ai conseillé, malgré tout son murmure,
D'achever l'hyménée.
ORONTE. Oui : mais pour le conclure,
Si l'on vous a dit tout, ne vous a-t-on pas dit
Que vous avez chez vous celle dont il s'agit,
La fille qu'autrefois de l'aimable Angélique
Sous des liens secrets eut le seigneur Enrique?
Sur quoi votre discours était-il donc fondé?
CHRYSALDE. Je m'étonnais aussi de voir son procédé.
ARNOLPHE. Quoi?
CHRYSALDE. D'un hymen secret ma sœur eut une fille
Dont on cacha le sort à toute la famille.
ORONTE. Et qui, sous de feints noms, pour ne rien découvrir,
Par son époux aux champs fut donnée à nourrir.
CHRYSALDE. Et, dans ce temps, le sort, lui déclarant la guerre,
L'obligea de sortir de sa natale terre.
ORONTE. Et d'aller essuyer mille périls divers
Dans ces lieux séparés de nous par tant de mers.
CHRYSALDE. Où ses soins ont gagné ce que dans sa patrie
Avaient pu lui ravir l'imposture et l'envie.
ORONTE. Et, de retour en France, il a cherché d'abord
Celle à qui de sa fille il confia le sort.
CHRYSALDE. Et cette paysanne a dit avec franchise
Qu'en vos mains à quatre ans elle l'avait remise.
ORONTE. Et qu'elle l'avait fait, sur votre charité,
Par un accablement d'extrême pauvreté.
CHRYSALDE. Et lui, plein de transport et l'allégresse en l'âme,
A fait jusqu'en ces lieux conduire cette femme.
ORONTE. Et vous allez enfin la voir venir ici
Pour rendre aux yeux de tous ce mystère éclairci.
CHRYSALDE *à Arnolphe*. Je devine à peu près quel est votre supplice :
Mais le sort en cela ne vous est que propice.
Si n'être point cocu vous semble un si grand bien,
Ne vous point marier en est le vrai moyen.
ARNOLPHE *s'en allant tout transporté et ne pouvant parler.*
Ouf!

SCÈNE X.

ENRIQUE, ORONTE, CHRYSALDE, AGNÈS, HORACE.

ORONTE. D'où vient qu'il s'enfuit sans rien dire?
HORACE. Ah! mon père,
Vous saurez pleinement ce surprenant mystère.
Le hasard en ces lieux avait exécuté

Ce que votre sagesse avait prémédité.
J'étais, par les doux nœuds d'une amour mutuelle,
Engagé de parole avecque cette belle ;
Et c'est elle en un mot que vous venez chercher,
Et pour qui mon refus a pensé vous fâcher.

ENRIQUE. Je n'en ai point douté d'abord que je l'ai vue,
Et mon âme depuis n'a cessé d'être émue.
Ah ! ma fille, je cède à des transports si doux.

CHRYSALDE. J'en ferais de bon cœur, mon frère, autant que vous ;
Mais ces lieux et cela ne s'accommodent guères.
Allons dans la maison débrouiller ces mystères,
Payer à notre ami ses soins officieux,
Et rendre grâce au ciel, qui fait tout pour le mieux.

FIN DE L'ÉCOLE DES FEMMES.

LA CRITIQUE

DE L'ÉCOLE DES FEMMES.

COMÉDIE EN UN ACTE.

1662.

A LA REINE MÈRE.

MADAME,

Je sais bien que votre majesté n'a que faire de toutes nos dédicaces, et que ces prétendus devoirs dont on lui dit élégamment qu'on s'acquitte envers elle sont des hommages, à dire vrai, dont elle nous dispenserait très-volontiers : mais je ne laisse pas d'avoir l'audace de lui dédier *la Critique de l'Ecole des Femmes*, et je n'ai pu refuser cette petite occasion de pouvoir témoigner ma joie à votre majesté sur cette heureuse convalescence qui redonne à nos vœux la plus grande et la meilleure princesse du monde, et nous promet en elle de longues années d'une santé vigoureuse. Comme chacun regarde les choses du côté de ce qui le touche, je me réjouis, dans cette allégresse générale, de pouvoir encore avoir l'honneur de divertir votre majesté ; elle, MADAME, qui prouve si bien que la véritable dévotion n'est point contraire aux honnêtes divertissements ; qui, de ses hautes pensées et de ses importantes occupations, descend si humainement dans le plaisir de nos spectacles, et ne dédaigne pas de rire de cette même bouche dont elle prie si bien Dieu : je flatte, dis-je, mon esprit de l'espérance de cette gloire, j'en attends le moment avec toutes les impatiences du monde ; et, quand je jouirai de ce bonheur, ce sera la plus grande joie que puisse recevoir,

MADAME,
DE VOTRE MAJESTÉ
Le très-humble, très-obéissant et très-fidèle serviteur
Molière.

PERSONNAGES.

URANIE.
ÉLISE.
CLIMÈNE.
LE MARQUIS.
DORANTE ou LE CHEVALIER.
LYSIDAS, poëte.
GALOPIN, laquais.

La scène est à Paris, dans la maison d'Uranie.

LA CRITIQUE

DE L'ÉCOLE DES FEMMES.

SCÈNE I.
URANIE, ÉLISE.

URANIE. — Quoi ! cousine, personne ne t'est venu rendre visite ?

ÉLISE. — Personne du monde.

URANIE. — Vraiment ! voilà qui m'étonne, que nous ayons été seules l'une et l'autre tout aujourd'hui.

ÉLISE. — Cela m'étonne aussi : car ce n'est guère notre coutume ; et votre maison, Dieu merci, est le refuge ordinaire de tous les fainéants de la cour.

URANIE. — L'après-dînée, à dire vrai, m'a semblé fort longue.

ÉLISE. — Et moi, je l'ai trouvée fort courte.

URANIE. — C'est que les beaux esprits, cousine, aiment la solitude.

ÉLISE. — Ah ! très-humble servante au bel esprit ! vous savez que ce n'est pas là que je vise.

URANIE. — Pour moi, j'aime la compagnie, je l'avoue.

ÉLISE. — Je l'aime aussi ; mais je l'aime choisie ; et la quantité des sottes visites qu'il vous faut essuyer parmi les autres est cause bien souvent que je prends plaisir d'être seule.

URANIE. — La délicatesse est trop grande de ne pouvoir souffrir que des gens triés.

ÉLISE. — Et la complaisance est trop générale de souffrir indifféremment toutes sortes de personnes.

URANIE. — Je goûte ceux qui sont raisonnables, et me divertis des extravagants.

ÉLISE. — Ma foi, les extravagants ne vont guère loin sans vous ennuyer, et la plupart de ces gens-là ne sont plus plaisants dès la seconde visite. Mais, à propos d'extravagants, ne voulez-vous pas me défaire de votre marquis incommode ? Pensez-vous me le laisser toujours sur les bras, et que je puisse durer à ses turlupinades perpétuelles ?

URANIE. — Ce langage est à la mode, et l'on le tourne en plaisanterie à la cour.

ÉLISE. — Tant pis pour ceux qui le font, et qui se tuent tout le jour à parler ce jargon obscur. La belle chose de faire entrer aux conversations du Louvre de vieilles équivoques ramassées parmi les boues des halles et de la place Maubert ! La jolie façon de plaisanter pour des courtisans ! et qu'un homme montre d'esprit lorsqu'il vient vous dire : Madame, vous êtes dans la place Royale, et tout le monde vous voit de trois lieues de Paris, car chacun vous voit de bon œil ; à cause que Bonneuil est un village à trois lieues d'ici ! Cela n'est-il pas bien galant et bien spirituel, et ceux qui trouvent ces belles rencontres n'ont-ils pas lieu de s'en glorifier?

URANIE. — On ne dit pas cela aussi comme une chose spirituelle, et la plupart de ceux qui affectent ce langage savent bien eux-mêmes qu'il est ridicule.

ÉLISE. — Tant pis encore de prendre peine à dire des sottises, et d'être mauvais plaisants de dessein formé. Je les en tiens moins excusables; et si j'en étais juge, je sais bien à quoi je condamnerais tous ces messieurs les turlupins.

URANIE. — Laissons cette matière, qui t'échauffe un peu trop, et disons que Dorante vient bien tard, à mon avis, pour le souper que nous devons faire ensemble.

ÉLISE. — Peut-être l'a-t-il oublié, et que...

SCÈNE II.

URANIE, ÉLISE, GALOPIN.

GALOPIN. — Voilà Climène, madame, qui vient ici pour vous voir.

URANIE. — Hé! mon Dieu! quelle visite!

ÉLISE. — Vous vous plaigniez d'être seule, aussi le ciel vous en punit.

URANIE. — Vite, qu'on aille dire que je n'y suis pas.

GALOPIN. — On a déjà dit que vous y étiez.

URANIE. — Et qui est le sot qui l'a dit?

GALOPIN. — Moi, madame.

URANIE. — Diantre soit le petit vilain! Je vous apprendrai bien à faire vos réponses de vous-même.

GALOPIN. — Je vais lui dire, madame, que vous voulez être sortie.

URANIE. — Arrêtez, animal, et la laissez monter, puisque la sottise est faite.

GALOPIN. — Elle parle encore à un homme dans la rue.

URANIE. — Ah! cousine, que cette visite m'embarrasse à l'heure qu'il est!

ÉLISE. — Il est vrai que la dame est un peu embarrassante de son naturel : j'ai toujours eu pour elle une furieuse aversion; et, n'en déplaise à sa qualité, c'est la plus sotte bête qui se soit jamais mêlée de raisonner.

URANIE. — L'épithète est un peu forte.

ÉLISE. — Allez, allez, elle mérite bien cela, et quelque chose de plus si on lui faisait justice. Est-ce qu'il y a une personne qui soit plus véritablement qu'elle ce qu'on appelle précieuse, à prendre le mot dans sa plus mauvaise signification?

URANIE. — Elle se défend bien de ce nom pourtant.

ÉLISE. — Il est vrai, elle se défend du nom, mais non pas de la chose : car enfin elle l'est depuis les pieds jusqu'à la tête, et la plus grande façonnière du monde. Il semble que tout son corps soit démonté, et que les mouvements de ses hanches, de ses épaules et de sa tête n'aillent que par ressorts. Elle affecte toujours un ton de voix languissant et niais, fait la moue pour montrer une petite bouche, et roule les yeux pour les faire paraître grands.

SCÈNE III.

URANIE. — Doucement donc. Si elle venait à entendre...

ÉLISE. — Point, point; elle ne monte pas encore. Je me souviens toujours du soir qu'elle eut envie de voir Damon, sur la réputation qu'on lui donne et les choses que le public a vues de lui. Vous connaissez l'homme et sa naturelle paresse à soutenir la conversation. Elle l'avait invité à souper comme bel esprit, et jamais il ne parut si sot parmi une demi-douzaine de gens à qui elle avait fait fête de lui, et qui le regardaient avec de grands yeux, comme une personne qui ne devait pas être faite comme les autres. Ils pensaient tous qu'il était là pour défrayer la compagnie de bons mots; que chaque parole qui sortait de sa bouche devait être extraordinaire; qu'il devait faire des impromptus sur tout ce qu'on disait, et ne demander à boire qu'avec une pointe. Mais il les trompa fort par son silence; et la dame fut aussi mal satisfaite de lui que je le fus d'elle.

URANIE. — Tais-toi. Je vais la recevoir à la porte de la chambre.

ÉLISE. — Encore un mot. Je voudrais bien la voir mariée avec le marquis dont nous avons parlé : le bel assemblage que ce serait d'une précieuse et d'un turlupin !

URANIE. — Veux-tu te taire, la voici !

SCÈNE III.

CLIMÈNE, URANIE, ÉLISE, GALOPIN.

URANIE. — Vraiment, c'est bien tard que...

CLIMÈNE. — Hé ! de grâce, ma chère, faites-moi vite donner un siége.

URANIE *à Galopin*. — Un fauteuil promptement.

CLIMÈNE. — Ah! mon Dieu!

URANIE. — Qu'est-ce donc?

CLIMÈNE. — Je n'en puis plus.

URANIE. — Qu'avez-vous?

CLIMÈNE. — Le cœur me manque.

URANIE. — Sont-ce vapeurs qui vous ont pris?

CLIMÈNE. — Non.

URANIE. — Voulez-vous qu'on vous délace?

CLIMÈNE. — Mon Dieu! non. Ah!

URANIE. — Quel est donc votre mal? et depuis quand vous a-t-il pris?

CLIMÈNE. — Il y a plus de trois heures, et je l'ai apporté du Palais-Royal.

URANIE. — Comment?

CLIMÈNE. Je viens de voir pour mes péchés cette méchante rapsodie de *l'École des Femmes*. Je suis encore en défaillance du mal de cœur que cela m'a donné; et je pense que je n'en reviendrai de plus de quinze jours.

ÉLISE. — Voyez un peu comme les maladies arrivent sans qu'on y songe!

URANIE. — Je ne sais pas de quel tempérament nous sommes ma cousine et moi; mais nous fûmes avant hier à la même pièce, et nous en revînmes toutes deux saines et gaillardes.

CLIMÈNE. — Quoi! vous l'avez vue?

URANIE. — Oui, et écoutée d'un bout à l'autre.

CLIMÈNE. — Et vous n'en avez pas été jusques aux convulsions, ma chère?

URANIE. — Je ne suis pas si délicate, Dieu merci; et je trouve pour moi que cette comédie serait plutôt capable de guérir les gens que de les rendre malades.

CLIMÈNE. — Ah! mon Dieu! que dites-vous là! Cette proposition peut-elle être avancée par une personne qui ait du revenu en sens commun? Peut-on impunément, comme vous faites, rompre en visière à la raison? Et, dans le vrai de la chose, est-il un esprit si affamé de plaisanterie, qu'il puisse tâter des fadaises dont cette comédie est assaisonnée? Pour moi, je vous avoue que je n'ai pas trouvé le moindre grain de sel dans tout cela. Les *enfants par l'oreille* m'ont paru d'un goût détestable; la *tarte à la crème* m'a affadi le cœur, et j'ai pensé vomir au *potage*.

ÉLISE. — Mon Dieu! que tout cela est dit élégamment! J'aurais cru que cette pièce était bonne : mais madame a une éloquence si persuasive, elle tourne les choses d'une manière si agréable, qu'il faut être de son sentiment malgré qu'on en ait.

URANIE. — Pour moi, je n'ai pas tant de complaisance; et pour dire ma pensée, je tiens cette comédie une des plus plaisantes que l'auteur ait produites.

CLIMÈNE. — Ah! vous me faites pitié de parler ainsi, et je ne saurais vous souffrir cette obscurité de discernement. Peut-on, ayant de la vertu, trouver de l'agrément dans une pièce qui tient sans cesse la pudeur en alarmes et salit à tout moment l'imagination?

ÉLISE. — Les jolies façons de parler que voilà! que vous êtes, madame, une rude joueuse en critique! et que je plains le pauvre Molière de vous avoir pour ennemie!

CLIMÈNE. — Croyez-moi, ma chère, corrigez de bonne foi votre jugement : et, pour votre honneur, n'allez point dire par le monde que cette comédie vous ait plu.

URANIE. — Moi, je ne sais pas ce que vous y avez trouvé qui blesse la pudeur.

CLIMÈNE. — Hélas! tout; et je mets en fait qu'une honnête femme ne la saurait voir sans confusion, tant j'y ai découvert d'ordures et de saletés.

URANIE. — Il faut donc que pour les ordures vous ayez des lumières que les autres n'ont pas; car, pour moi, je n'y en ai point vu.

CLIMÈNE. — C'est que vous ne voulez pas y en avoir vu, assurément; car enfin toutes ces ordures, Dieu merci, y sont à visage découvert : elles n'ont pas la moindre enveloppe qui les couvre, et les yeux les plus hardis sont effrayés de leur nudité.

ÉLISE. — Ah!

CLIMÈNE. — Hai, hai, hai.

URANIE. — Mais encore, s'il vous plaît, marquez-moi une de ces ordures que vous dites.

CLIMÈNE. — Hélas! est-il nécessaire de vous les marquer?

URANIE. — Oui. Je vous demande seulement un endroit qui vous ait fort choquée.

CLIMÈNE. — En faut-il d'autres que la scène de cette Agnès lorsqu'elle dit ce qu'on lui a pris?

URANIE. — Et que trouvez-vous là de sale?

CLIMÈNE. — Ah!

URANIE. — De grâce?

CLIMÈNE. — Fi!

URANIE. — Mais encore?

CLIMÈNE. — Je n'ai rien à vous dire.

URANIE. — Pour moi, je n'y entends point de mal.

CLIMÈNE. — Tant pis pour vous.

URANIE. — Tant mieux plutôt, ce me semble : je regarde les choses du côté qu'on me les montre, et ne les tourne point pour y chercher ce qu'il ne faut pas voir.

CLIMÈNE. — L'honnêteté d'une femme...

URANIE. — L'honnêteté d'une femme n'est pas dans les grimaces. Il sied mal de vouloir être plus sage que celles qui sont sages. L'affectation en cette matière est pire qu'en toute autre; et je ne vois rien de si ridicule que cette délicatesse d'honneur qui prend tout en mauvaise part, donne un sens criminel aux plus innocentes paroles, et s'offense de l'ombre des choses. Croyez-moi, celles qui font tant de façons n'en sont pas estimées plus femmes de bien; au contraire, leur sévérité mystérieuse et leurs grimaces affectées irritent la censure de tout le monde contre les actions de leur vie. On est ravi de découvrir ce qu'il y peut avoir à redire : et, pour tomber dans l'exemple, il y avait l'autre jour des femmes à cette comédie, vis-à-vis de la loge où nous étions, qui, par les mines qu'elles affectèrent durant toute la pièce, leurs détournements de tête et leurs cachements de visage, firent dire de tous côtés cent sottises de leur conduite que l'on n'aurait pas dites sans cela; et quelqu'un même des laquais cria tout haut qu'elles étaient plus chastes des oreilles que de tout le reste du corps.

CLIMÈNE. — Enfin il faut être aveugle dans cette pièce, et ne pas faire semblant d'y voir les choses.

URANIE. — Il ne faut pas y vouloir voir ce qui n'y est pas.

CLIMÈNE. — Ah! je soutiens, encore un coup, que les saletés y crèvent les yeux.

URANIE. — Et moi, je ne demeure pas d'accord de cela.

CLIMÈNE. — Quoi! la pudeur n'est pas visiblement blessée par ce que dit Agnès dans l'endroit dont nous parlons?

URANIE. — Non vraiment. Elle ne dit pas un mot qui de soi ne soit fort honnête; et, si vous voulez entendre dessous quelque autre chose, c'est vous qui faites l'ordure, et non pas elle, puisqu'elle parle seulement d'un ruban qu'on lui a pris.

CLIMÈNE. — Ah! ruban tant qu'il vous plaira; mais ce *le* où elle s'arrête n'est pas mis pour des prunes. Il vient sur ce *le* d'étranges pensées : ce *le* scandalise furieusement; et, quoi que vous puissiez dire, vous ne sauriez défendre l'insolence de ce *le*.

ÉLISE. — Il est vrai, ma cousine, je suis pour madame contre ce *le*. Ce *le* est insolent au dernier point, et vous avez tort de défendre ce *le*.

CLIMÈNE. — Il a une obscénité qui n'est pas supportable.

ÉLISE. — Comment dites-vous ce mot-là, madame?

CLIMÈNE. — Obscénité, madame.

ÉLISE. — Ah! mon Dieu! obscénité! Je ne sais ce que ce mot veut dire; mais je le trouve le plus joli du monde.

CLIMÈNE. — Enfin vous voyez comme votre sang prend mon parti.

URANIE. — Hé! mon Dieu! c'est une causeuse qui ne dit pas ce qu'elle pense, ne vous y fiez pas beaucoup si vous m'en voulez croire!

ÉLISE. — Ah! que vous êtes méchante de me vouloir rendre suspecte à madame! Voyez un peu où j'en serais si elle allait croire ce que vous dites. Serais-je si malheureuse, madame, que vous eussiez de moi cette pensée?

CLIMÈNE. — Non, non; je ne m'arrête pas à ses paroles, et je vous crois plus sincère qu'elle ne dit.

ÉLISE. Ah! que vous avez bien raison, madame! et que vous me rendrez justice quand vous croirez que je vous trouve la plus engageante personne du monde, que j'entre dans tous vos sentiments, et suis charmée de toutes les expressions qui sortent de votre bouche!

CLIMÈNE. — Hélas! je parle sans affectation.

ÉLISE. — On le voit bien, madame, et que tout est naturel en vous. Vos paroles, le ton de votre voix, vos regards, vos pas, votre action et votre ajustement ont je ne sais quel air de qualité qui enchante les gens. Je vous étudie des yeux et des oreilles; et je suis si remplie de vous, que je tâche d'être votre singe et de vous contrefaire en tout.

CLIMÈNE. — Vous vous moquez de moi, madame.

ÉLISE. — Pardonnez-moi, madame. Qui voudrait se moquer de vous?

CLIMÈNE. — Je ne suis pas un bon modèle, madame.

ÉLISE. — Oh que si, madame!

CLIMÈNE. — Vous me flattez, madame.

ÉLISE. — Point du tout, madame.

CLIMÈNE. — Epargnez-moi, s'il vous plaît, madame.

ÉLISE. — Je vous épargne aussi, madame; et je ne dis pas la moitié de ce que je pense, madame.

CLIMÈNE. — Ah! mon Dieu! brisons là, de grâce! Vous me jetteriez dans une confusion épouvantable. Enfin (*à Uranie*) nous voilà deux contre vous; et l'opiniâtreté sied si mal aux personnes spirituelles...

SCÈNE IV.

LE MARQUIS, CLIMÈNE, URANIE, ÉLISE, GALOPIN.

GALOPIN *à la porte de la chambre*. — Arrêtez, s'il vous plaît, monsieur!

LE MARQUIS. — Tu ne me connais pas, sans doute!

GALOPIN. — Si fait, je vous connais; mais vous n'entrerez pas.

LE MARQUIS. — Ah! que de bruit, petit laquais!

GALOPIN. — Cela n'est pas bien de vouloir entrer malgré les gens.

LE MARQUIS. — Je veux voir ta maîtresse.
GALOPIN. — Elle n'y est pas, vous dis-je.
LE MARQUIS. — La voilà dans sa chambre.
GALOPIN. — Il est vrai, la voilà : mais elle n'y est pas.
URANIE. — Qu'est-ce donc qu'il y a là?
LE MARQUIS. — C'est votre laquais, madame, qui fait le sot.
GALOPIN. — Je lui dis que vous n'y êtes pas, madame ; et il ne veut pas laisser d'entrer.
URANIE. — Et pourquoi dire à monsieur que je n'y suis pas?
GALOPIN. — Vous me grondâtes l'autre jour de lui avoir dit que vous y étiez.
URANIE. — Voyez cet insolent! Je vous prie, monsieur, de ne pas croire ce qu'il dit. C'est un petit écervelé qui vous a pris pour un autre.
LE MARQUIS. — Je l'ai bien vu, madame ; et, sans votre respect, je lui aurais appris à connaître les gens de qualité.
ÉLISE. — Ma cousine vous est fort obligée de cette déférence.
URANIE *à Galopin*. — Un siège donc, impertinent!
GALOPIN. — N'en voilà-t-il pas un?
URANIE. — Approchez-le.
(*Galopin pousse le siège rudement et sort.*)

SCÈNE V.
LE MARQUIS, CLIMÈNE, URANIE, ÉLISE.

LE MARQUIS. — Votre petit laquais, madame, a du mépris pour ma personne.
ÉLISE. — Il aurait tort, sans doute.
LE MARQUIS. — C'est peut-être que je paye l'intérêt de ma mauvaise mine.(*Il rit.*) Hai, hai, hai, hai.
ÉLISE. — L'âge le rendra plus éclairé en honnêtes gens.
LE MARQUIS. — Sur quoi en étiez-vous, mesdames, lorsque je vous ai interrompues?
URANIE. — Sur la comédie de *l'Ecole des Femmes*.
LE MARQUIS. — Je ne fais que d'en sortir.
CLIMÈNE. — Hé bien, monsieur, comment la trouvez-vous, s'il vous plaît?
LE MARQUIS. — Tout à fait impertinente.
CLIMÈNE. — Ah! que j'en suis ravie!
LE MARQUIS. — C'est la plus méchante chose du monde. Comment diable! à peine ai-je pu trouver place. J'ai pensé être étouffé à la porte, et jamais on ne m'a tant marché sur les pieds. Voyez comme mes canons et mes rubans sont ajustés, de grâce!
ÉLISE. — Il est vrai que cela crie vengeance contre *l'École des Femmes*, et que vous la condamnez avec justice.
LE MARQUIS. — Il ne s'est jamais fait, je pense, une si méchante comédie.
URANIE. — Ah! voici Dorante, que nous attendions.

SCÈNE VI.

DORANTE, CLIMÈNE, URANIE, ÉLISE, LE MARQUIS.

DORANTE. — Ne bougez, de grâce, et n'interrompez point votre discours. Vous êtes là sur une matière qui, depuis quatre jours, fait presque l'entretien de toutes les maisons de Paris; et jamais on n'a rien vu de si plaisant que la diversité des jugements qui se font là-dessus : car enfin j'ai ouï condamner cette comédie à certaines gens par les mêmes choses que j'ai vu d'autres estimer le plus.

URANIE. — Voilà monsieur le marquis qui en dit force mal.

LE MARQUIS. — Il est vrai, je la trouve détestable, morbleu! détestable, du dernier détestable, ce qu'on appelle détestable.

DORANTE. — Et moi, mon cher marquis, je trouve le jugement détestable.

LE MARQUIS. — Quoi! chevalier, est-ce que tu prétends soutenir cette pièce?

DORANTE. — Oui, je prétends la soutenir.

LE MARQUIS. — Parbleu! je la garantis détestable.

DORANTE. — La caution n'est pas bourgeoise. Mais, marquis, par quelle raison, de grâce, cette comédie est-elle ce que tu dis?

LE MARQUIS. — Pourquoi elle est détestable?

DORANTE. — Oui.

LE MARQUIS. Elle est détestable, parce qu'elle est détestable.

DORANTE. — Après cela il n'y a plus rien à dire, voilà son procès fait; mais encore instruis-nous, et nous dis les défauts qui y sont.

LE MARQUIS. — Que sais-je, moi? Je ne me suis pas seulement donné la peine de l'écouter. Mais enfin je sais bien que je n'ai jamais rien vu de si méchant, Dieu me sauve! et Dorilas, contre qui j'étais, a été de mon avis.

DORANTE. — L'autorité est belle, et te voilà bien appuyé!

LE MARQUIS. — Il ne faut que voir les continuels éclats de rire que le parterre y fait. Je ne veux point d'autre chose pour témoigner qu'elle ne vaut rien.

DORANTE. — Tu es donc, marquis, de ces messieurs du bel air qui ne veulent pas que le parterre ait du sens commun, et qui seraient fâchés d'avoir ri avec lui, fût-ce de la meilleure chose du monde? Je vis l'autre jour sur le théâtre un de nos amis qui se rendit ridicule par là. Il écouta toute la pièce avec un sérieux le plus sombre du monde; et tout ce qui égayait les autres ridait son front. A tous les éclats de risée, il haussait les épaules, et regardait le parterre en pitié; et quelquefois aussi le regardant avec dépit, il lui disait tout haut : *Ris donc, parterre, ris donc!* Ce fut une seconde comédie que le chagrin de notre ami : il la donna en galant homme à toute l'assemblée, et chacun demeura d'accord qu'on ne pouvait pas mieux jouer qu'il fit. Apprends, marquis, je te prie, et les autres aussi, que le bon sens n'a point de place déterminée à la comédie; que la différence du demi-louis d'or et de la pièce de quinze sous ne fait rien du tout au bon goût; que debout ou assis on peut donner un mauvais jugement; et qu'enfin, à le prendre en général, je me fierais assez à l'approbation du parterre, par la raison qu'entre ceux qui le composent il y en a plusieurs qui sont capables de juger d'une pièce selon les règles, et que les autres en jugent par la bonne façon d'en juger, qui est de se laisser prendre aux choses, et de n'avoir ni prévention aveugle, ni complaisance affectée, ni délicatesse ridicule.

LE MARQUIS. — Te voilà donc, chevalier, le défenseur du parterre ! Parbleu ! je m'en réjouis, et je ne manquerai pas de l'avertir que tu es de ses amis. Hai, hai, hai, hai, hai, hai.

DORANTE. — Ris tant que tu voudras. Je suis pour le bon sens, et ne saurais souffrir les ébullitions de cerveau de nos marquis de Mascarille. J'enrage de voir de ces gens qui se traduisent en ridicules malgré leur qualité; de ces gens qui décident toujours et parlent hardiment de toutes choses sans s'y connaître; qui, dans une comédie, se récrieront aux méchants endroits, et ne branleront pas à ceux qui sont bons; qui, voyant un tableau ou écoutant un concert de musique, blâment de même, et louent tout à contre-sens, prennent par où ils peuvent les termes de l'art qu'ils attrapent, et ne manquent jamais de les estropier et de les mettre hors de place. Hé ! morbleu ! messieurs, taisez-vous. Quand Dieu ne vous a pas donné la connaissance d'une chose, n'apprêtez point à rire à ceux qui vous entendent parler; et songez qu'en ne disant mot on croira peut-être que vous êtes d'habiles gens.

LE MARQUIS. — Parbleu ! chevalier, tu le prends là...

DORANTE. — Mon Dieu ! marquis, ce n'est pas à toi que je parle; c'est à une douzaine de messieurs qui déshonorent les gens de cour par leurs manières extravagantes, et font croire parmi le peuple que nous nous ressemblons tous. Pour moi, je m'en veux justifier le plus qu'il me sera possible; et je les dauberai tant en toutes rencontres, qu'à la fin ils se rendront sages.

LE MARQUIS. — Dis-moi un peu, chevalier : crois-tu que Lysandre ait de l'esprit?

DORANTE. — Oui, sans doute, et beaucoup.

URANIE. — C'est une chose qu'on ne peut pas nier.

LE MARQUIS. — Demande-lui ce qu'il lui semble de *l'École des Femmes*, tu verras qu'il te dira qu'elle ne lui plaît pas.

DORANTE. — Hé ! mon Dieu ! il y en a beaucoup que le trop d'esprit gâte, qui voient mal les choses à force de lumières, et même qui seraient bien fâchés d'être de l'avis des autres, pour avoir la gloire de décider.

URANIE. — Il est vrai. Notre ami est de ces gens-là, sans doute. Il veut être le premier de son opinion, et qu'on attende par respect son jugement. Toute approbation qui marche avant la sienne est un attentat sur ses lumières, dont il se venge hautement en prenant le contraire parti. Il veut qu'on le consulte sur toutes les affaires d'esprit; et je suis sûre que si l'auteur lui eût montré sa comédie avant que de la faire voir au public, il l'eût trouvée la plus belle du monde.

LE MARQUIS. — Et que direz-vous de la marquise Araminte, qui la publie partout pour épouvantable, et dit qu'elle n'a pu jamais souffrir les ordures dont elle est pleine?

DORANTE. — Je dirai que cela est digne du caractère qu'elle a pris, et qu'il y a des personnes qui se rendent ridicules pour avoir trop d'honneur. Bien qu'elle ait de l'esprit, elle a suivi le mauvais exemple de celles qui, étant sur le retour de l'âge, veulent remplacer de quelque chose ce qu'elles voient qu'elles perdent, et prétendent que les grimaces d'une pruderie scrupuleuse leur tiendront lieu de jeunesse et de beauté. Celle-ci pousse l'affaire plus avant qu'aucune; et l'habileté de son scrupule découvre des saletés où jamais personne n'en avait vu. On tient qu'il va, ce scrupule, jusqu'à défigurer notre langue, et qu'il n'y a presque point de mots dont la sévérité de cette dame ne veuille retrancher ou la tête ou la queue pour les syllabes déshonnêtes qu'elle y trouve.

URANIE. — Vous êtes bien fou, chevalier.

LE MARQUIS. — Enfin, chevalier, tu crois défendre ta comédie en faisant la satire de ceux qui la condamnent.

DORANTE. — Non pas; mais je tiens que cette dame se scandalise à tort...

ÉLISE. — Tout beau, monsieur le chevalier! il pourrait y en avoir d'autres qu'elle qui seraient dans les mêmes sentiments.

DORANTE. — Je sais bien que ce n'est pas vous, au moins; et que, lorsque vous avez vu cette représentation...

ÉLISE. — Il est vrai, mais j'ai changé d'avis; et madame (*montrant Climène*) sait appuyer le sien par des raisons si convaincantes, qu'elle m'a entraînée de son côté.

DORANTE à *Climène*. — Ah! madame, je vous demande pardon; et, si vous le voulez, je me dédirai, pour l'amour de vous, de tout ce que j'ai dit.

CLIMÈNE. — Je ne veux pas que ce soit pour l'amour de moi, mais pour l'amour de la raison : car enfin cette pièce, à le bien prendre, est tout à fait indéfendable; et je ne conçois pas...

URANIE. — Ah! voici l'auteur monsieur Lysidas. Il vient tout à propos pour cette matière. Monsieur Lysidas, prenez un siége vous-même, et vous mettez là.

SCÈNE VII.

LYSIDAS, CLIMÈNE, URANIE, ÉLISE, DORANTE, LE MARQUIS.

LYSIDAS. — Madame, je viens un peu tard : mais il m'a fallu lire ma pièce chez madame la marquise dont je vous avais parlé; et les louanges qui lui ont été données m'ont retenu une heure plus que je ne croyais.

ÉLISE. — C'est un grand charme que les louanges pour arrêter un auteur.

URANIE. — Asseyez-vous donc, monsieur Lysidas; nous lirons votre pièce après souper.

LYSIDAS. — Tous ceux qui étaient là doivent venir à sa première représentation, et m'ont promis de faire leur devoir comme il faut.

SCÈNE VII.

URANIE. — Je le crois. Mais, encore une fois, asseyez-vous, s'il vous plaît. Nous sommes ici sur une matière que je serai bien aise que nous poussions.

LYSIDAS. — Je pense, madame, que vous retiendrez aussi une loge pour ce jour-là?

URANIE. — Nous verrons. Poursuivons, de grâce, notre discours.

LYSIDAS. — Je vous donne avis, madame, qu'elles sont presque toutes retenues.

URANIE. — Voilà qui est bien. Enfin j'avais besoin de vous, lorsque vous êtes venu, et tout le monde était ici contre moi.

ÉLISE à *Uranie en montrant Dorante.* — Il s'est mis d'abord de votre côté : mais maintenant qu'il sait que madame (*montrant Climène*) est à la tête du parti contraire, je pense que vous n'avez qu'à chercher un autre secours.

CLIMÈNE. — Non, non, je ne voudrais pas qu'il fît mal sa cour auprès de madame votre cousine, et je permets à son esprit d'être du parti de son cœur.

DORANTE. — Avec cette permission, madame, je prendrai la hardiesse de me défendre.

URANIE. — Mais, auparavant, sachons un peu les sentiments de monsieur Lysidas.

LYSIDAS. — Sur quoi, madame?

URANIE. — Sur le sujet de *l'Ecole des Femmes.*

LYSIDAS. — Ah! ah!

DORANTE. — Que vous en semble?

LYSIDAS. — Je n'ai rien à dire là-dessus, et vous savez qu'entre nous autres auteurs nous devons parler des ouvrages les uns des autres avec beaucoup de circonspection.

DORANTE. — Mais encore, entre nous, que pensez-vous de cette comédie?

LYSIDAS. — Moi, monsieur?

URANIE. — De bonne foi, dites-nous votre avis.

LYSIDAS. — Je la trouve fort belle.

DORANTE. — Assurément?

LYSIDAS. — Assurément. Pourquoi non? n'est-elle pas en effet la plus belle du monde?

DORANTE. — Hon, hon, vous êtes un méchant diable, monsieur Lysidas; vous ne dites pas ce que vous pensez.

LYSIDAS. — Pardonnez-moi.

DORANTE. — Mon Dieu! je vous connais. Ne dissimulons point.

LYSIDAS. — Moi, monsieur?

DORANTE. — Je vois bien que le bien que vous dites de cette pièce n'est que par honnêteté, et que, dans le fond du cœur, vous êtes de l'avis de beaucoup de gens qui la trouvent mauvaise.

LYSIDAS. — Haï, haï, haï.

DORANTE. — Avouez, ma foi, que c'est une méchante chose que cette comédie.

LYSIDAS. — Il est vrai qu'elle n'est pas approuvée par les connaisseurs.

LE MARQUIS. — Ma foi, chevalier, tu en tiens, et te voilà payé de ta raillerie. Ah, ah, ah, ah, ah.

DORANTE. — Pousse, mon cher marquis, pousse!

LE MARQUIS. — Tu vois que nous avons les savants de notre côté.

DORANTE. — Il est vrai, le jugement de monsieur Lysidas est quelque chose de considérable; mais monsieur Lysidas veut bien que je ne me rende pas pour cela : et puisque j'ai bien l'audace de me défendre contre les sentiments de madame (*montrant Climène*), il ne trouvera pas mauvais que je combatte les siens.

ÉLISE. — Quoi! vous voyez contre vous madame, monsieur le marquis et monsieur Lysidas; et vous osez résister encore! Fi! que cela est de mauvaise grâce!

CLIMÈNE. — Voilà qui me confond, pour moi, que des personnes raisonnables se puissent mettre en tête de donner protection aux sottises de cette pièce.

LE MARQUIS. — Dieu me damne! madame, elle est misérable depuis le commencement jusqu'à la fin.

DORANTE. — Cela est bientôt dit, marquis. Il n'est rien plus aisé que de trancher ainsi; et je ne vois aucune chose qui puisse être à couvert de la souveraineté de tes décisions.

LE MARQUIS. — Parbleu! tous les autres comédiens qui étaient là pour la voir en ont dit tous les maux du monde.

DORANTE. — Ah! je ne dis plus mot; tu as raison, marquis. Puisque les autres comédiens en disent du mal, il faut les en croire assurément : ce sont tous gens éclairés et qui parlent sans intérêt. Il n'y a plus rien à dire, je me rends.

CLIMÈNE. — Rendez-vous, ou ne vous rendez pas, je sais fort bien que vous ne me persuaderez point de souffrir les immodesties de cette pièce, non plus que les satires désobligeantes qu'on y voit contre les femmes.

URANIE. — Pour moi, je me garderai bien de m'en offenser et de prendre rien sur mon compte de tout ce qui s'y dit. Ces sortes de satires tombent directement sur les mœurs, et ne frappent les personnes que par réflexion. N'allons point nous appliquer à nous-mêmes les traits d'une censure générale; et profitons de la leçon, si nous pouvons, sans faire semblant qu'on parle à nous. Toutes les peintures ridicules qu'on expose sur les théâtres doivent être regardées sans chagrin de tout le monde. Ce sont miroirs publics où il ne faut jamais témoigner qu'on se voie; et c'est se taxer hautement d'un défaut que se scandaliser qu'on le reprenne.

CLIMÈNE. — Pour moi, je ne parle pas de ces choses par la part que j'y puisse avoir, et je pense que je vis d'un air dans le monde à ne pas craindre d'être cherchée dans les peintures qu'on fait là des femmes qui se gouvernent mal.

ÉLISE. — Assurément, madame, on ne vous y cherchera point. Votre conduite est assez connue, et ce sont de ces sortes de choses qui ne sont contestées de personne.

URANIE *à Climène*. — Aussi, madame, n'ai-je rien dit qui aille à vous; et mes paroles, comme les satires de la comédie, demeurent dans la thèse générale.

CLIMÈNE. — Je n'en doute pas, madame. Mais enfin passons sur ce chapitre. Je ne sais pas de quelle façon vous recevez les injures qu'on dit à notre sexe dans un certain endroit de la pièce; et pour moi, je vous avoue que je suis dans une colère épouvantable de voir que cet auteur impertinent nous appelle des *animaux*.

URANIE. — Ne voyez-vous pas que c'est un ridicule qu'il fait parler?

DORANTE. — Et puis, madame, ne savez-vous pas que les injures des amants n'offensent jamais; qu'il est des amours emportés aussi bien que des doucereux; et qu'en de pareilles occasions les paroles les plus étranges, et quelque chose de pis encore, se prennent bien souvent pour des marques d'affection par celles mêmes qui les reçoivent?

ÉLISE. — Dites tout ce que vous voudrez, je ne saurais digérer cela, non plus que le *potage* et la *tarte à la crème* dont madame a parlé tantôt.

LE MARQUIS. — Ah! ma foi, oui, *tarte à la crème!* Voilà ce que j'avais remarqué tantôt; *tarte à la crème!* Que je vous suis obligé, madame, de m'avoir fait souvenir de *tarte à la crème!* Y a-t-il assez de pommes en Normandie pour *tarte à la crème? Tarte à la crème*, morbleu! *tarte à la crème!*

DORANTE. — Hé bien! que veux-tu dire? *tarte à la crème!*

LE MARQUIS. — Parbleu! *tarte à la crème*, chevalier.

DORANTE. — Mais encore?

LE MARQUIS. — *Tarte à la crème.*

DORANTE. — Dis-nous un peu tes raisons.

LE MARQUIS. — *Tarte à la crème.*

URANIE. — Mais il faut expliquer sa pensée, ce me semble.

LE MARQUIS. — *Tarte à la crème*, madame.

URANIE. — Que trouvez-vous là à redire?

LE MARQUIS. — Moi? rien. *Tarte à la crème.*

URANIE. — Ah! je le quitte.

ÉLISE. — Monsieur le marquis s'y prend bien et vous bourre de la belle manière. Mais je voudrais bien que monsieur Lysidas voulût les achever et leur donner quelques petits coups de sa façon.

LYSIDAS. — Ce n'est pas ma coutume de rien blâmer, et je suis assez indulgent pour les ouvrages des autres. Mais enfin, sans choquer l'amitié que monsieur le chevalier témoigne pour l'auteur, on m'avouera que ces sortes de comédies ne sont pas proprement des comédies, et qu'il y a une grande différence de toutes ces bagatelles à la beauté des pièces sérieuses. Cependant tout le monde donne là-dedans aujourd'hui; on ne court plus qu'à cela, et l'on voit une solitude effroyable aux grands ouvrages lorsque des sottises ont tout Paris. Je vous avoue que le cœur m'en saigne quelquefois, et cela est honteux pour la France.

CLIMÈNE. — Il est vrai que le goût des gens est étrangement gâté là-dessus, et que le siècle s'encanaille furieusement.

ÉLISE. — Celui-là est joli encore, *s'encanaille!* Est-ce vous qui l'avez inventé, madame?

CLIMÈNE. — Hé !

ÉLISE. — Je m'en suis bien doutée.

DORANTE. — Vous croyez donc, monsieur Lysidas, que tout l'esprit et toute la beauté sont dans les poëmes sérieux, et que les pièces comiques sont des niaiseries qui ne méritent aucune louange?

URANIE. — Ce n'est pas mon sentiment, pour moi. La tragédie, sans doute, est quelque chose de beau quand elle est bien touchée; mais la comédie a ses charmes, et je tiens que l'une n'est pas moins difficile que l'autre.

DORANTE. — Assurément, madame; et quand, pour la difficulté, vous mettriez un peu plus du côté de la comédie, peut-être que vous ne vous abuseriez pas : car enfin je trouve qu'il est bien plus aisé de se guinder sur de grands sentiments, de braver en vers la fortune, accuser les destins, et dire des injures aux dieux, que d'entrer comme il faut dans le ridicule des hommes, et de rendre agréablement sur le théâtre les défauts de tout le monde. Lorsque vous peignez des héros, vous faites ce que vous voulez; ce sont des portraits à plaisir, où l'on ne cherche point de ressemblance; et vous n'avez qu'à suivre les traits d'une imagination qui se donne l'essor, et qui souvent laisse le vrai pour attraper le merveilleux. Mais, lorsque vous peignez les hommes, il faut peindre d'après nature : on veut que ces portraits ressemblent; et vous n'avez rien fait si vous n'y faites reconnaître les gens de votre siècle. En un mot, dans les pièces sérieuses, il suffit, pour n'être point blâmé, de dire des choses qui soient de bon sens et bien écrites : mais ce n'est pas assez dans les autres, il y faut plaisanter; et c'est une étrange entreprise que celle de faire rire les honnêtes gens.

CLIMÈNE. — Je crois être du nombre des honnêtes gens, et cependant je n'ai pas trouvé le mot pour rire dans tout ce que j'ai vu.

LE MARQUIS. — Ma foi, ni moi non plus.

DORANTE. — Pour toi, marquis, je ne m'en étonne pas : c'est que tu n'y as point trouvé de turlupinades.

LYSIDAS. — Ma foi, monsieur, ce qu'on y rencontre ne vaut guère mieux; et toutes les plaisanteries y sont assez froides, à mon avis.

DORANTE. — La cour n'a pas trouvé cela...

LYSIDAS. — Ah! monsieur, la cour!

DORANTE. — Achevez, monsieur Lysidas. Je vois bien que vous voulez dire que la cour ne se connaît pas à ces choses; et c'est le refuge ordinaire de vous autres messieurs les auteurs, dans le mauvais succès de vos ouvrages, que d'accuser l'injustice du siècle et le peu de lumières des courtisans. Sachez, s'il vous plaît, monsieur Lysidas, que les courtisans ont d'aussi bons yeux que d'autres; qu'on peut être habile avec un point de Venise et des plumes aussi bien qu'avec une perruque courte et un petit rabat uni; que la grande épreuve de toutes vos comédies, c'est le jugement de la cour; que c'est son goût qu'il faut étudier pour trouver l'art de réussir; qu'il n'y a point de lieu où les décisions soient si justes; et, sans mettre en ligne de compte tous les gens savants qui y sont, que, du simple bon sens naturel et du commerce de tout le beau monde, on s'y fait une manière d'esprit qui, sans comparaison, juge plus finement des choses que tout le savoir enrouillé des pédants.

URANIE. — Il est vrai que, pour peu qu'on y demeure, il vous passe là tous les jours assez de choses devant les yeux pour acquérir quelque habitude de les connaître, et surtout pour ce qui est de la bonne ou mauvaise plaisanterie.

DORANTE. — La cour a quelques ridicules, j'en demeure d'accord; et je suis, comme on voit, le premier à les fronder : mais, ma foi, il y en a un grand nombre parmi les beaux esprits de profession; et, si l'on joue quelques marquis, je trouve qu'il y a bien plus de quoi jouer les auteurs, et que ce serait une chose plaisante à mettre sur le théâtre que leurs grimaces savantes et leurs raffinements ridicules, leur vicieuse coutume d'assassiner les gens de leurs ouvrages, leur friandise de louanges, leurs ménagements de pensées, leur trafic de réputation, et leurs ligues offensives et défensives, aussi bien que leurs guerres d'esprit et leurs combats de prose et de vers.

LYSIDAS. — Molière est bien heureux, monsieur, d'avoir un protecteur aussi chaud que vous. Mais enfin, pour venir au fait, il est question de savoir si sa pièce est bonne; et je m'offre d'y montrer partout cent défauts visibles.

URANIE. — C'est une étrange chose de vous autres messieurs les poëtes, que vous condamniez toujours les pièces où tout le monde court et ne disiez jamais du bien que de celles où personne ne va! Vous montrez pour les unes une haine invincible, et pour les autres une tendresse qui n'est pas concevable.

DORANTE. — C'est qu'il est généreux de se ranger du côté des affligés.

URANIE. — Mais, de grâce, monsieur Lysidas, faites-nous voir ces défauts dont je ne me suis point aperçue.

LYSIDAS. — Ceux qui possèdent Aristote et Horace voient d'abord, madame, que cette comédie pèche contre toutes les règles de l'art.

URANIE. — Je vous avoue que je n'ai aucune habitude avec ces messieurs-là, et que je ne sais point les règles de l'art.

DORANTE. — Vous êtes de plaisantes gens avec vos règles dont vous embarrassez les ignorants et nous étourdissez tous les jours! Il semble, à vous ouïr parler, que ces règles de l'art soient les plus grands mystères du monde, et cependant ce ne sont que quelques observations aisées que le bon sens a faites sur ce qui peut ôter le plaisir que l'on prend à ces sortes de poëmes; et le même bon sens qui a fait autrefois ces observations les fait fort aisément tous les jours sans le secours d'Horace et d'Aristote. Je voudrais bien savoir si la grande règle de toutes les règles n'est pas de plaire, et si une pièce de théâtre qui a attrapé son but n'a pas suivi un bon chemin. Veut-on que tout un public s'abuse sur ces sortes de choses, et que chacun n'y soit pas juge du plaisir qu'il y prend?

URANIE. — J'ai remarqué une chose de ces messieurs-là : c'est que ceux qui parlent le plus des règles, et qui les savent mieux que les autres, font des comédies que personne ne trouve belles.

DORANTE. — Et c'est ce qui marque, madame, comme on doit s'arrêter peu à leurs disputes embarrassées. Car enfin, si les pièces qui sont selon les règles ne plaisent pas, et que celles qui plaisent ne soient pas selon les règles, il faudrait, de nécessité, que les règles eussent été mal faites. Moquons-nous donc de cette chicane où ils veulent assujettir le goût du public, et ne consultons dans une comédie que l'effet qu'elle fait sur nous. Laissons-nous aller de bonne foi aux choses qui nous prennent par les entrailles, et ne cherchons point de raisonnements pour nous empêcher d'avoir du plaisir.

URANIE. — Pour moi, quand je vois une comédie, je regarde seulement si les choses me touchent; et, lorsque je m'y suis bien divertie, je ne vais point demander si j'ai eu tort, et si les règles d'Aristote me défendaient de rire.

DORANTE. — C'est justement comme un homme qui aurait trouvé une sauce excellente, et qui voudrait examiner si elle est bonne sur les préceptes du *Cuisinier français*.

URANIE. — Il est vrai; et j'admire les raffinements de certaines gens sur des choses que nous devons sentir nous-mêmes.

DORANTE. — Vous avez raison, madame, de les trouver étranges, tous ces raffinements mystérieux. Car enfin, s'ils ont lieu, nous voilà réduits à ne nous plus croire, nos propres sens seront esclaves en toutes choses; et, jusqu'au manger et au boire, nous n'oserons plus trouver rien de bon sans le congé de messieurs les experts.

LYSIDAS. — Enfin, monsieur, toute votre raison, c'est que *l'École des Femmes* a plu; et vous ne vous souciez point qu'elle ne soit pas dans les règles, pourvu...

DORANTE. — Tout beau, monsieur Lysidas; je ne vous accorde pas cela. Je dis bien que le grand art est de plaire, et que, cette comédie ayant plu à ceux pour qui elle est faite, je trouve que c'est assez pour elle, et qu'elle doit peu se soucier du reste. Mais, avec cela, je soutiens qu'elle ne pèche contre aucune des règles dont vous parlez : je les ai lues, Dieu merci, autant qu'un autre; et je ferais voir aisément que peut-être n'avons-nous point de pièce au théâtre plus régulière que celle-là.

ÉLISE. — Courage, monsieur Lysidas! nous sommes perdus si vous reculez.

LYSIDAS. — Quoi! monsieur, la protase, l'épitase et la péripétie...

DORANTE. — Ah! monsieur Lysidas, vous nous assommez avec vos grands mots. Ne paraissez point si savant, de grâce! humanisez votre discours, et parlez pour être entendu. Pensez-vous qu'un nom grec donne plus de poids à vos raisons, et ne trouveriez-vous pas qu'il fût aussi beau de dire l'exposition du sujet que la protase, le nœud que l'épitase, et le dénoûment que la péripétie!

LYSIDAS. — Ce sont termes de l'art, dont il est permis de se servir. Mais, puisque ces mots blessent vos oreilles, je m'expliquerai d'une autre façon, et je vous prie de répondre positivement à trois ou quatre choses que je vais dire. Peut-on souffrir une pièce qui pèche contre le nom propre des pièces de théâtre? Car enfin le nom de poëme dramatique vient d'un mot grec qui signifie *agir*, pour montrer que la

SCÈNE VII.

nature de ce poëme consiste dans l'action; et, dans cette comédie-ci, il ne se passe point d'actions, et tout consiste en des récits que vient faire ou Agnès ou Horace.

LE MARQUIS. — Ah! ah! chevalier!

CLIMÈNE. — Voilà qui est spirituellement remarqué, et c'est prendre le fin des choses.

LYSIDAS. — Est-il rien de si peu spirituel, ou, pour mieux dire, rien de si bas, que quelques mots où tout le monde rit, et surtout celui des *enfants par l'oreille?*

CLIMÈNE. — Fort bien.

ÉLISE. — Ah!

LYSIDAS. — La scène du valet et de la servante au dedans de la maison n'est-elle pas d'une longueur ennuyeuse et tout à fait impertinente?

LE MARQUIS. — Cela est vrai.

CLIMÈNE. — Assurément.

ÉLISE. — Il a raison.

LYSIDAS. — Arnolphe ne donne-t-il pas trop librement son argent à Horace? Et puisque c'est le personnage ridicule de la pièce, fallait-il lui faire faire l'action d'un honnête homme?

LE MARQUIS. — Bon. La remarque est encore bonne.

CLIMÈNE. — Admirable.

ÉLISE. — Merveilleuse.

LYSIDAS. — Le sermon et les maximes ne sont-elles pas des choses ridicules et qui choquent même le respect que l'on doit à nos mystères?

LE MARQUIS. — C'est bien dit.

CLIMÈNE. — Voilà parler comme il faut.

ÉLISE. — Il ne se peut rien de mieux.

LYSIDAS. — Et ce monsieur de la Souche, enfin, qu'on nous fait un homme d'esprit et qui paraît si sérieux en tant d'endroits, ne descend-il point dans quelque chose de trop comique et de trop outré au cinquième acte, lorsqu'il explique à Agnès la violence de son amour avec ces roulements d'yeux extravagants, ces soupirs ridicules et ces larmes niaises qui font rire tout le monde?

LE MARQUIS. — Morbleu! merveille!

CLIMÈNE. — Miracle!

ÉLISE. — *Vivat* monsieur Lysidas!

LYSIDAS. — Je laisse cent mille autres choses, de peur d'être ennuyeux.

LE MARQUIS. — Parbleu! chevalier, te voilà mal ajusté.

DORANTE. — Il faut voir.

LE MARQUIS. — Tu as trouvé ton homme.

DORANTE. — Peut-être.

LE MARQUIS. — Réponds, réponds, réponds, réponds.

DORANTE. — Volontiers. Il...

LE MARQUIS. — Réponds donc, je te prie.

DORANTE. — Laisse-moi donc faire. Si...

LE MARQUIS. — Parbleu! je te défie de répondre.

DORANTE. — Oui, si tu parles toujours.

CLIMÈNE. — De grâce, écoutons ses raisons.

DORANTE. — Premièrement, il n'est pas vrai de dire que toute la pièce n'est qu'en récits. On y voit beaucoup d'actions qui se passent sur la scène : et les récits eux-mêmes y sont des actions suivant la constitution du sujet; d'autant qu'ils sont tous faits innocemment, ces récits, à la personne intéressée, qui, par là, entre à tous coups dans une confusion à réjouir les spectateurs, et prend, à chaque nouvelle, toutes les mesures qu'il peut pour se parer du malheur qu'il craint.

URANIE. — Pour moi, je trouve que la beauté du sujet de *l'Ecole des Femmes* consiste dans cette confidence perpétuelle; et ce qui me paraît assez plaisant, c'est qu'un homme qui a de l'esprit, et qui est averti de tout par une innocente qui est sa maîtresse et par un étourdi qui est son rival, ne puisse avec cela éviter ce qui lui arrive.

LE MARQUIS. — Bagatelle, bagatelle.

CLIMÈNE. — Faible réponse.

ÉLISE. — Mauvaises raisons.

DORANTE. — Pour ce qui est des *enfants par l'oreille*, ils ne sont plaisants que par réflexion à Arnolphe; et l'auteur n'a pas mis cela pour être de soi un bon mot, mais seulement pour une chose qui caractérise l'homme, et peint d'autant mieux son extravagance, puisqu'il rapporte une sottise triviale qu'a dite Agnès, comme la chose la plus belle du monde et qui lui donne une joie inconcevable.

LE MARQUIS. — C'est mal répondre.

CLIMÈNE. — Cela ne satisfait point.

ÉLISE. — C'est ne rien dire.

DORANTE. — Quant à l'argent qu'il donne librement, outre que la lettre de son meilleur ami lui est une caution suffisante, il n'est pas incompatible qu'une personne soit ridicule en de certaines choses et honnête homme en d'autres. Et, pour la scène d'Alain et de Georgette dans le logis, que quelques-uns ont trouvée longue et froide, il est certain qu'elle n'est pas sans raison; et, de même qu'Arnolphe se trouve attrapé pendant son voyage par la pure innocence de sa maîtresse, il demeure au retour longtemps à sa porte par l'innocence de ses valets, afin qu'il soit partout puni par les choses qu'il a cru faire la sûreté de ses précautions.

LE MARQUIS. — Voilà des raisons qui ne valent rien.

CLIMÈNE. — Tout cela ne fait que blanchir.

ÉLISE. — Cela fait pitié.

DORANTE. — Pour le discours moral que vous appelez un sermon, il est certain que de vrais dévots qui l'ont ouï n'ont pas trouvé qu'il choquât ce que vous dites; et sans doute que ces paroles d'*enfer* et de *chaudières bouillantes* sont assez justifiées par l'extravagance d'Arnolphe et par l'innocence de celle à qui il parle. Et quant au transport amoureux du cinquième acte, qu'on accuse d'être trop outré et trop comique, je voudrais bien savoir si ce n'est pas faire la satire des amants, et si les honnêtes gens même et les plus sérieux, en de pareilles occasions, ne font pas des choses...

LE MARQUIS. — Ma foi, chevalier, tu ferais mieux de te taire.

DORANTE. — Fort bien. Mais enfin si nous nous regardions nous-mêmes, quand nous sommes bien amoureux...

LE MARQUIS. — Je ne veux pas seulement t'écouter.

DORANTE. — Ecoute-moi si tu veux. Est-ce que dans la violence de la passion...?
LE MARQUIS. — La, la, la, la, lare, la, la, la, la, la.
(Il chante.)
DORANTE. — Quoi!...
LE MARQUIS. — La, la, la, lare, la, la, la, la, la, la.
DORANTE. — Je ne sais pas si...
LE MARQUIS. — La, la, la, la, lare, la, la, la, la, la, la.
URANIE. — Il me semble que...
LE MARQUIS. — La, la, la, lare, la, la, la, la, la, la, la, la, la, la.
URANIE. — Il se passe des choses assez plaisantes dans notre dispute. Je trouve qu'on en pourrait bien faire une petite comédie, et que cela ne serait pas trop mal à la queue de *l'Ecole des Femmes*.
DORANTE. — Vous avez raison.
LE MARQUIS. — Parbleu! chevalier, tu jouerais là-dedans un rôle qui ne te serait pas avantageux.
DORANTE. — Il est vrai, marquis.
CLIMÈNE. — Pour moi, je souhaiterais que cela se fît, pourvu qu'on traitât l'affaire comme elle s'est passée.
ÉLISE. — Et moi, je fournirais de bon cœur mon personnage.
LYSIDAS. — Je ne refuserais pas le mien, que je pense.
URANIE. — Puisque chacun en serait content, chevalier, faites un mémoire de tout, et le donnez à Molière, que vous connaissez, pour le mettre en comédie.
CLIMÈNE. — Il n'aurait garde, sans doute, et ce ne serait pas des vers à sa louange.
URANIE. — Point, point : je connais son humeur; il ne se soucie pas qu'on fronde ses pièces, pourvu qu'il y vienne du monde.
DORANTE. — Oui. Mais quel dénoûment pourrait-il trouver à ceci? car il ne saurait y avoir ni mariage ni reconnaissance, et je ne sais point par où l'on pourrait faire finir la dispute.
URANIE. — Il faudrait rêver à quelque incident pour cela.

SCÈNE VIII.

CLIMÈNE, URANIE, ÉLISE, DORANTE, LE MARQUIS, LYSIDAS, GALOPIN.

GALOPIN. — Madame, on a servi sur table.
DORANTE. — Ah! voilà justement ce qu'il faut pour le dénoûment que nous cherchions, et l'on ne peut rien trouver de plus naturel. On disputera fort et ferme de part et d'autre, comme nous avons fait, sans que personne se rende; un petit laquais viendra dire qu'on a servi, on se lèvera, et chacun ira souper.
URANIE. — La comédie ne peut pas mieux finir, et nous ferons bien d'en demeurer là.

FIN DE LA CRITIQUE DE L'ÉCOLE DES FEMMES.

TABLE DES PIÈCES

CONTENUS DANS LE TOME PREMIER.

Vie de Molière... 1
L'Étourdi... 27
Le Dépit Amoureux.. 85
Don Garcie de Navarre.. 137
Les Précieuses Ridicules..................................... 185
L'École des Maris.. 209
Sganarelle... 245
L'École des Femmes... 265
La Critique de l'École des Femmes............................ 323

FIN DE LA TABLE.

LA FRANCE ILLUSTRÉE

GÉOGRAPHIE, HISTOIRE, ADMINISTRATION ET STATISTIQUE,
PAR V.-A. MALTE-BRUN.
CENT CARTES GÉOGRAPHIQUES COLORIÉES,
DRESSÉES PAR DUFOUR, GRAVÉES PAR EHRARD;
TROIS CENTS GRAVURES PAR J. BEST.

PROSPECTUS.

Un des premiers besoins intellectuels de l'homme, c'est de s'instruire de ce qui concerne la patrie. Ce qu'un Français veut connaître avant tout, c'est la France, les villes dont elle est fière, la nature des productions qui l'enrichissent, la configuration de son territoire, les richesses, les curiosités, les souvenirs qu'elle offre à l'admiration du monde.

Aussi les ouvrages composés sur ce vaste sujet ont-ils toujours été accueillis avec une immense faveur ; mais les plus récents datent de plus de vingt ans ; depuis, de grands changements se sont opérés, la population s'est accrue, des voies de communication ont été ouvertes, des industries naissantes se sont développées ; on a élevé des monuments, embelli les cités, nivelé des collines, jeté des ponts sur les fleuves ; en même temps les recherches des savants, plus consciencieuses et mieux dirigées, ont éclairci les points obscurs de l'histoire générale ou locale. Un nouveau travail sur la France était donc nécessaire, et c'est ce travail que vient d'entreprendre M. Malte-Brun.

La France illustrée comprend l'Algérie et les possessions françaises ; elle est composée d'après les documents les plus récents. L'auteur, dont le nom est cher à la science, n'a rien négligé pour que son œuvre fût complète sous tous les rapports ; chaque département y est décrit avec un soin minutieux. Les lecteurs en voient d'abord l'aspect général ; ils en étudient la population, le sol, les routes, les cours d'eau, le climat, les productions naturelles, l'industrie agricole, manufacturière et commerciale, les divisions politiques et administratives. Puis vient une histoire du département écrite sans aridité, abondante en faits curieux, en anecdotes intéressantes. M. Malte-Brun donne ensuite d'amples détails sur les villes, bourgs, châteaux remarquables. Il termine chaque monographie par une statistique exacte de toutes les communes, et par l'indication des sources où il a puisé ses renseignements.

Pouvait-on concevoir un plan aussi simple, aussi lucide, un cadre qui réunit tant de documents divers, pour les mettre à la portée de tout le monde ?

Des artistes estimés se sont associés à M. Malte-Brun pour faire de *la France et ses colonies* un véritable monument populaire. Des gravures exécutées avec talent reproduisent les sites, les localités importantes, les scènes de mœurs, les traits d'histoire qui se rattachent à chaque département. Des cartes coloriées, grand format in-4°, dues aux soins de MM. Dufour et Ehrard, indiquent les moindres inégalités de la superficie, le tracé des chemins de fer achevés ou projetés. Nous avons donc lieu de croire qu'on distinguera entre toutes les publications à bon marché le livre que nous annonçons.

GUSTAVE BARBA.

CET OUVRAGE FORMERA 100 LIVRAISONS A 40 CENT.
Chaque livraison contient un Département complet avec la Carte coloriée, et paraît régulièrement le mercredi de chaque semaine.

On peut souscrire au choix :

1° Par livraison contenant le Département et la Carte. . . . » fr 40 c.
2° Par série de cinq Départements avec les cinq Cartes. . . . 2 fr. 10 c.
3° Par volume contenant vingt Départements avec les vingt Cartes. 8 fr. » c.

En vente. Premier volume.	Sous presse. Deuxième volume.
1re Série. — Cher. — Nord. — Seine-et-Marne. — Loiret. — Pas-de-Calais.	5e Série. — Eure (Louviers). — Aisne. — Nièvre. — Ain.
2e Série. — Rhône (Lyon). — Doubs. — Bas-Rhin. — Oise.	6e Série. — Bouches-du-Rhône (Marseille). — Calvados. — Yonne. — Corse.
3e Série. — Haut-Rhin. — Indre-et-Loire — Seine-Inférieure (Havre). — Charente-Inférieure.	7e Série. — Gironde (Bordeaux). — Eure-et-Loir. — Orne. — Ille-et-Vilaine.
4e Série. — Seine-et-Oise (Versailles, St-Germain). — Loire-Infér. — Indre.	8e Série. — Saône-et-Loire. — Lot. — Somme. — Manche. — Drôme.

Publié par GUSTAVE BARBA, libraire-éditeur, rue de Seine, 31.

www.ingramcontent.com/pod-product-compliance
Lightning Source LLC
Chambersburg PA
CBHW060334170426
43202CB00014B/2778